Mine!《マイン》

私たちを支配する「所有」のルール

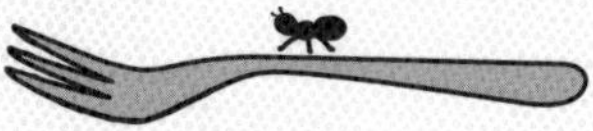

マイケル・ヘラー＆
ジェームズ・ザルツマン
村井章子訳

How the Hidden Rules of Ownership Control Our Lives

Michael Heller & James Salzman

早川書房

Ｍｉｎｅ！
私たちを支配する「所有」のルール

MINE!

How the Hidden Rules of Ownership Control Our Lives

by

Michael Heller and James Salzman

Translated by
Akiko Murai
First published 2024 in Japan by
Hayakawa Publishing, Inc.
This book is published in Japan by
arrangement with
Levine Greenberg Rostan Literary Agency
through The English Agency (Japan) Ltd.

装幀／早川書房デザイン室

私のものは君たちのもの

デボラ、エリー、ジョーナに
——マイケル・ヘラー

ヘザー、ベン、エレノア、エリザベス、ジェイミー、ケイトに
——ジェームズ・ザルツマン

目次

＊訳注は小さめの〔　〕で示した。

序章

誰が・何を・なぜ

「それ、私の！」この原始的な叫びは子供が最初に覚える単語の一つだ。[1] 子供たちはお砂場でのバケツを巡る英雄的な戦いでこの叫びを繰り返す。大人になると、所有権は誰も文句のつけられない当然の権利となる。何かを所有するとはどういうことか、誰でも知っている。たとえば新しく買った家、みんなに切り分けた後のパイの最後の一切れは、自分のものだ。これ以上わかりやすいことはない。

だがじつは、所有ということについて大方の人が持っている知識の大半は誤りである。

所有権のルールが実際にどんなものかを知ったら、自分がこれまで漠然と抱いていた所有権のイメージの裏でドラマが繰り広げられていることがわかるだろう。政府も企業もふつうの個人も、「誰が・何を・なぜ」所有するかのルールをのべつ変えている。そのたびに勝者と敗者が生まれる。歴史はそれを繰り返してきた。その根本にあるのは、人間社会の工夫である。食べ物や水であれ、金銀財宝であれ、あるいは結婚相手であれ、何によらず希少資源を巡って人間は対立する。それをいかに裁き、のべつ殺し合わずに済むようにするためにはどうしたらいいか、人間社会は苦慮してきた。

エデンの園の物語でさえ、所有権に帰結する。神はアダムとエヴァに知恵の木とその果実は神だけのものだと示唆した。「園の中央にある木の実は、取って食べてはいけない、触れてもいけない」と。

だがアダムとエヴァは木の実を取って食べ、楽園を追放される。こうして人類の歴史が始まり、以来ずっと所有権争いが続いてきた。

ニー・ディフェンダー騒動

ジェームズ・ビーチは大柄な男で、身長は一八〇センチ以上ある。[2] ニューアーク発デンバー行きのユナイテッド航空機に乗り込んだビーチは、離陸後すぐに前席の背中についているテーブルを出し、ニー・ディフェンダーを取り付けた。これは「座席のリクライニングを防いで膝を守る」というかんたんなプラスチック製の固定具で、二一・九五ドルで販売されている。これをテーブルの支持部に取り付けると、前の座席はリクライニングができなくなるという仕掛けだ。ニー・ディフェンダーの販売サイトには「座席のリクライニングができないようにするので、あなたはもう膝を縮こめなくてよい」とある。[3] ニー・ディフェンダーでスペースを確保したビーチはおもむろにノートPCを取り出した。

ニー・ディフェンダーは宣伝文句に違わず、前の座席のリクライニングを完全に不可能にした。前の座席の乗客は「背もたれを倒してくつろぎ、空の旅を楽しもうとした」が、背もたれはびくともしない。彼女は客室乗務員を呼び、乗務員はビーチに固定具を外すよう頼んだ。だがビーチは従おうとしない。激怒した女性は背もたれを激しく叩き、その勢いでニー・ディフェンダーが外れ、ビーチのノートPCは落ちそうになった。ビーチはすばやく背もたれを押し返してニー・ディフェンダーを再び装着する。女性は自分の飲み物をつかむといきなりビーチにぶちまけた。そこから先のことははっきりしない。ともかくも機長の判断で同機は行き先を変更してシカゴに緊急着陸し、二人を降ろしてからデンバーに向かった。デンバーには一時間三八分遅れで到着している。

同じような騒動が頻発している。[4] 最近の出来事は動画で拡散された。ニューオーリンズ発ノースカロライナ行きのアメリカン航空機に搭乗したウェンディ・ウィリアムズは、さっそく座席をリクライニングした。ところが後ろの席の男性客は最後尾だったため、リクライニングができない。イラついた彼は、ヒステリーのメトロノームよろしくウィリアムズの背もたれを何度も押し返した。高高度で起きたこの悶着をウィリアムズは逐一撮影してアップロードし、ネット上で大いに話題になったものである。

こうした出来事が起こるたびにネット社会は盛り上がり、ひとりよがりの意見が飛び交う。誰もが自分こそは正しいルールを知っていると確信しているらしい。人気のトーク番組のホストを務めるエレン・デジェネレスは、リクライニング側に同情的だ。「誰かの座席を押していいのは、自分の膝が先に押されたときだけよ」。[5] デルタ航空のCEOエドワード・バスティアンは反対の立場である。「望ましいのはリクライニングしていいか、事前に相手に聞くことだ」という。[6] たしかにウィリアムズは事前に確認しなかった。

では、いったい誰が正しいのか？

ウィリアムズの言い分は単純そのものだ。自分の座席のアームレストには押ボタンが付いており、リクライニングできるようになっている。よって、自分の座席には背もたれを傾けるだけのスペースが許容されている。だからリクライニングのための空間は自分のものだというのだ。この主張の根拠は「付属」である。[7]「あきらかに自分のものとわかっているものに付属するものはすべて自分のものだ」というこの言い分は古くから申し立てられてきたものの一つであり、数千年昔まで遡ることができる。

一方のビーチの言い分も「自分のものに付属するもの」ではあるが、ウィリアムズとは違う形だった。彼が拠りどころにしたのは、中世イングランドに伝わる「土地の所有権は、上は天国、下は地獄までおよぶ」という格言である。ビーチは、自分の座席の背もたれと前の座席の背もたれの間の垂直空間は、上部の荷物棚からカーペットの敷かれた足元にいたるまですべて自分の領域だと考えた。よって、この領域を侵すものは何であれ不法侵入であり、秩序を乱す闖入者である。

付属という根拠は、読者は聞いたことがないかもしれないが、じつはいたるところで耳にする。テキサスの土地所有者が地下に埋まっていた石油やガスを採掘できるのも、農場主が地下水を汲み上げてセントラルバレー一帯の地盤沈下を引き起こすのも、アラスカ州がベーリング海での漁獲量を制限するのも、この理屈に依拠している。「付属している」と主張することによって、二次元の座席や土地や領土が、三次元空間で希少資源を支配することになる。

だがビーチやウィリアムズの騒ぎで主張されたのはそれだけではない。どのフライトでも離陸時には座席の背もたれが「完全にまっすぐな位置に固定」してあるか、客室乗務員が見て回って確認する。その時点では、ビーチは自分の前の空間を独り占めすることができた。そして彼は先に固定具を取り付けた。所有権に関してもう一つの原始的で本能的な主張は、早い者勝ちというものである。子供たちは公園でこう叫ぶ。「ボクが先だったもん!」。大人はそれをお腹の中で叫ぶ。それからもう一つ思い出してほしい。ビーチはニー・ディフェンダーを取り付けてノートPCを開いた時点で、リクライニング空間を物理的に占有していた。この占有は九分の勝ちという主張も所有権に関してひんぱんに耳にする。

以上のようにリクライニングを巡る騒動は、付属（attachment）、早い者勝ち（first-in-time）、占有（possession）という所有権に関する三通りの主張を際立たせる結果となった。

インターネット上でニー・ディフェンダー問題の意見を募ったところ、はじめは大半の人が「わかりきっている」、「議論の余地などない」という態度だったが、私たちがさらに踏み込み、何通りかの主張を列挙して賛成・反対を送信するよう頼んだところ、意見はビーチ派とウィリアムズ派にみごとに割れ、どちらも反対側の意見を頭からはねつけた。二〇二〇年にUSAトゥデイ紙が行った世論調査によると、半数が「リクライニングできるならする」と答え、半数が「何の断りもなくそんなことはしない」と答えた。[8] だからこそウィリアムズは自分の座席が押し返される様子を動画に撮って投稿したのだし、ビーチは何の遠慮もなく前の座席がリクライニングできないようにしたのである。「私のものに手を出すな！」というわけだ。

なぜこのようなあさましい争いが今日多発するのか。かつてはリクライニングでこんな騒ぎが起きることはなかった。なぜならごく最近まで、座席の前後間隔はもっと広かったからである。リクライニングをするにも、テーブルを下ろして仕事をするにも、十分な空間が確保されていた。だから、リクライニングをするときのすこしばかりのくさび形の空間が誰のものかなど、誰も気にしなかったのである。だが航空会社はどんどんシートピッチを狭めてきた。さほど遠くない昔には九〇センチ近くあったのに、いまは八〇センチを下回っている。航空機によっては七一センチしかないケースもある。

航空会社にしてみれば死活問題だ。一列につき三センチ縮めれば、全体で六席よけいに売ることができる。利益を増やすために航空会社はより多くの乗客を詰め込もうとした。その一方で人間の体格は年々よくなっているうえ、テーブルは軽食ではなく高価なコンピュータを支えなければならなくなる。それに、乗客にとっては命のかかる問題でもあった。パンデミックのときなど、間隔が三センチ縮まるたびに感染の確率は高くなるのだから。

ニー・ディフェンダーを発明したアイラ・ゴールドマン（彼のウェブサイトは騒動後にページビューが五〇〇倍に跳ね上がった）は、問題をこう簡潔に分析している。「航空会社は、Aに足を伸ばす空間を売る。Ａの前の席のＢには背もたれをリクライニングする空間を売る。つまり彼らは、一つの同じ空間を二人の人間に売っているのだ」[9]。

そんなことをしていいのだろうか。

法律はこの点に関して沈黙している。連邦航空局（ＦＡＡ）は二〇一八年に航空機内の座席規制を求める要望を却下し、各社に委ねた。そこで航空会社は、どの便でも同じ空間を二度売るという荒技に出る。彼らには戦略的曖昧さという秘密兵器があった。これは要するに、くさび形のリクライニング空間の所有権を意図的にぼやかしておくという高度な技である。ほとんどの航空会社はルールを決めている。リクライニング・ボタンが付いている席の乗客は、リクライニングしてよい。しかしそのことをわざわざはっきり言ったりはしない。客室乗務員はリクライニングできますなどとアナウンスしないし、よほどのことがない限りリクライニングをやめてくださいとも言わない。

この曖昧さは、航空会社にとって好ましい方向に働く。というのも、所有権がどうなっているのかはっきりしない場合（そういうケースは読者が思うより多い）、乗客は常識に従い礼儀正しくふるまうからだ。航空会社は長い間このエチケットを頼りにリクライニング空間に関する曖昧さを浸透させてきた。デルタ航空のバスティアンが支持したのもまさにこれである。要するに航空会社は争いの決着を乗客に任せたわけだ。そこで乗客は、日々繰り返されるちょっとした小競り合い、たとえば共有のアームレスト上で肘があたった場合や頭上の荷物棚に収まりきらない場合などに、うまく決着をつけなければならなくなった。こうした場合に金銭で決着をつけることはまずない（それでもある調査によると、後ろの客に飲み物かスナックをおごってもらった場合、前の客の四分の三はリクライニングを控えるという）[10]。

航空会社がシートピッチを詰めるにつれて、リクライニング空間を巡る暗黙のルールはたびたび破られるようになる。空間がどちらのものかについて共通の理解が存在しなくなり、空間の希少性が高まったことも相俟って見解の相違が鮮明になると、相手の見方はとうてい容認できないと双方が考えるようになった。このようにすでに存在した諍いの種を、ニー・ディフェンダーは顕在化させたと言える。ゴールドマンは所有権に関する曖昧さを商機と捉えて画期的な商品を開発したわけだが、しかし一方的に前の座席をロックする行為は礼儀に反する点が問題である。なんだか黙って人のものを取り上げるような感じがする。

ニー・ディフェンダーはくだらないアイデア商品に見えるかもしれないが、そこには現代社会においてイノベーションを牽引する偉大な要因の一つが働いている。[11] 価値のある資源が希少になると、人間は一段と激しくそれを争うようになり、自分に都合のいい所有権の解釈を相手に押し付けようとする。そこに起業家はチャンスを見つけるという成り行きだ。

アメリカでは一八〇〇年代に西部で所有権争いが展開された。農民対カウボーイの争いである。かつての西部では自由放牧が行われており、広大な大地を牛は自由に移動し、カウボーイが追い立てていた。しかし農民の西部移住が進むと、困ったことが起きる。大量の牛を市場に売りに出すとき、牛たちがしばしば農地を横切るのだ。農家の側にはこれを防ぐ手立てが何もなかった。「不法侵入禁止」の立て札を出したところで牛には読めないし、草原地帯には木がなく、柵を作るのは金がかかりすぎる。というわけでカウボーイたちは牛を追い立てながら他人の土地を遠慮なく踏み越えて鉄道の駅に行ったものだった。

そうこうするうちに、一八七四年にジョセフ・グリデンが画期的な発明をする。「当代最高の発明」と言われた有刺鉄線である。[12] 有刺鉄線はニー・ディフェンダーと同じく単純なものだが、牛の侵入を防ぎ、農場の境界をはっきりと示すうえで絶大な効果を発揮した。しかも安価である。グリデン有刺鉄線は「空気より軽く、ウィスキーより強く、ゴミより安い」という謳い文句で売られた。カウボーイたちは態度を硬化させ、有刺鉄線を切断する行為におよぶ。果ては銃が持ち出され、死者も出るという物騒な事態になった。一八八三年にあるカウボーイは「タマネギやジャガイモを育てているところでマスタングの仔馬を調教し四歳の牛を追い立てるなんて、じつに気色が悪い」と憤慨したものだ。だがこの戦いは農家の勝利に終わることになった。

グリデンの発明はグレートプレーンズをすっかり様変わりさせた。[13] 移住してきた農民たちは作物をがっちり守れるようになる。育てた牛を市場に運ぶ手段のない小さな牧場主は廃業し、カウボーイたちは大牧場に雇われるようになった。多くのネイティブアメリカンにとって、「悪魔の綱」と呼ばれた有刺鉄線は放浪生活の終焉を意味した。有刺鉄線は「不法侵入禁止」という形で所有権を主張する必須のツールとなったのである。この立入禁止の類の所有権の主張は、今日でもアメリカにおける生活の多くの場でみられる。

所有権を主張するための効果的な新技術の出現は、往々にして痛ましい結果を招く。グレートプレーンズでは死者を出すような境界争いを、高度一万メートルではすこぶる見苦しいリクライニング騒動を引き起こした。有刺鉄線が農民にとって牛を締め出す有効な手段となったように、ニー・ディフェンダーは乗客にとって前席のリクライニングを防ぐ安上がりな手段となった。どちらも、諍いの対象となった希少資源の所有権について、自分に都合のいい理屈を相手に押し付けるうえで絶大な効果があり、古い慣習を退場させ、新しいルールはどうあるべきかを巡って激しい議論を巻き起こすことになる。

だが有刺鉄線とニー・ディフェンダーには大きな違いもある。前者は農家の間に普及したのに対し、後者は航空会社に禁止された。航空会社は、リクライニング空間を二度売るやり方を続けることにしたらしい。

これとまったく同種の所有権問題が今日ではインターネットで勃発している。こちらはあまり目につかないが、飛行機の座席などよりはるかに重大だ。私たちのクリックストリーム、つまりウェブサイト上でのクリックの履歴は、プライベートな生活を逐一暴露する。何を買ったか、何をフォローしたか、どこに住んでいるか、誰に投票したか、等々。クリックストリームは自分のものだと思う人が多いだろう。だが世界の大半の国でその所有権は明確に定義されていない。フェイスブック（Facebook）、グーグル（Google）をはじめとするいわゆるビッグテック（および暗躍するスパイ機関）は、所有権を主張して鍔迫り合いを演じている。彼らのトラッカー（情報追跡プログラム）は仮想の座席をリクライニングさせて私たちのプライベート空間に侵入してくる。そしてクリックの履歴に基づいて気味が悪いほど正確にプロフィールを構成し、それを活用して巨額の広告料収入を得るのである。

オンライン行動の管理に関して所有権の帰属をどう考えるべきかということは、現代における最重要問題の一つだ。欧州連合（ＥＵ）やカリフォルニア州などごく一部の地域では、市民にニー・ディフェンダーのインターネット版を与える試みが行われている。だが効果のほどは不透明だ。そもそもデータの所有権に関しては、これといった原則がまだ定まっていない。クリックストリームやニー・ディフェンダーにしても、また人々が希少資源の所有権を主張して目に見えない戦場で競っている諸々のことにしても、答えは出ていないのである。

「私の！」と「いや私の！」という争いの大半は視界に入らないところで起きており、まれにニー・ディフェンダーのような代物が登場して世間に醜態をさらすことになる。このようなときに得をするのは、所有権とは実際にどう役に立つかを知っている人間である。

パスワードの共有

ある夜、マンハッタンのバーにたむろしていたジェナ・ウォータムと友人たちは、今晩これから何をしようか、という話になった。するとみんな、ケーブルテレビ局HBOの人気ドラマ『ゲーム・オブ・スローンズ』のシーズンプレミア（そのシーズンの第一回）を見たいという。しかしこの番組をストリーミング再生するには、サブスクリプション契約をしなければならない。ウォータムの友人の一人（マイケルとしよう）は契約していたが、みんなもう家に帰って自分の部屋で見たかった。この問題は、かんたんに解決できる。ログインに必要な情報をマイケルから教えてもらってアクセスすればいいのだ。ウォータム自身、「メキシコ料理店で一度会ったことがあるだけのニュージャージーから来た男」にログインパスワードを教えてもらったことがあるという。[14]

この手の話はめずらしくも何ともない。他人のアカウントを使って人気の配信サービスの番組をストリーミング再生することは、いまや日常茶飯事だ。ただし、ウォータムはニューヨーク・タイムズ紙の記者だった。サブスクリプション契約者限定の番組を他人のパスワードで見ることがどんな意味を持つのか、彼女はよく考えなかったのだろう。あろうことか、その晩の愉快な（人によっては厚かましいというだろう）出来事を公表してしまったのである。

ウォータムは（タイムズ紙も）知らなかったが、これで彼女はコンピュータ詐欺・不正利用防止法（CFAA）違反を公然と認めたことになる。この連邦犯罪の処罰は、最長で懲役一年だ。たとえ他人のパスワードでログインすることが広く行われているとしても、HBOは利用規約でこれを明確に禁じている。フォーブス誌の記者がウォータムを弁護して、あれは「合法」だと言ったが、その認識はまちがいだ。[15] CFAAに照らせばウォータムはまず確実に有罪である。

だが、誰も気にしていないようだ――ＨＢＯ以外は。他人のパスワードを使って大勢の人が視聴していることを、みんな知っている。授業で「この中にコンテンツを不法にストリーミング再生したことのある人はいますか」と質問したら、学生（法学部の学生も）のほぼ全員が手を挙げるだろう。その半数は、自分のやっていることが違法とは知らなかったと弁解する（ほんとうだろうか）。残り半分は違法と知りつつやった、ということになる。これはれっきとした盗みである。こんなことを野放しにしておいてよいのだろうか。

まず一つ言えるのは、ストリーミング再生をしても盗みを働いているとは感じないことだ。パスワードを共有することは、店から『ゲーム・オブ・スローンズ』のＤＶＤを盗むこととはまったく別だと感じられる。ウォータムと友人がＤＶＤを万引きし、あとになってそのことをメディアで自慢するとは考えられない。

違法な再生と万引きの違いは捕まる可能性に帰結するのかもしれないが、それだけではないはずだ。というのもＨＢＯは誰がコンテンツを再生したか、かんたんに突き止められるのである。現にアメリカレコード協会は、音楽ファイル共有サイトのナップスター（Napster）経由で誰が音楽をダウンロードしたかを特定し、一人ひとりを相手取って数百万ドルの損害賠償訴訟を起こしている（ナップスターも提訴され敗訴した）。だからＨＢＯにしても、誰が再生したか容易に特定できる。だがＨＢＯは見て見ぬふりをした。

私たちは子供の頃から他人のものをとってはいけないと教えられて育った。この教えは、脳の最も原始的な部分に根付いた本能と一致する。ブルドッグも鳥もクマも他の個体の縄張りに足を踏み入れてはいけないことを知っている。だが人間の本能は、無形物、たとえばアイデアについてはそうは感じないらしい。ある調査によると、「私の！」という言葉を小さな子供が発したとき、大人は「おもちゃか食べ物を誰かに取られたのだろうと考える。創作したジョークやお話や歌をとられたとはまず考えない」という。[16]おそらくストリーミングも脳の最も原始的な部分を刺激しないのだろう。パスワードの共有が法的にも倫理的にも悪いことだと感じられないのはこのためかもしれない。

コンテンツの所有者にとってはとんでもないことだ。彼らはデジタルデータについての人々の感じ方を変えさせ、有形物と同じように扱わせようと努力してきた。かくしてDVDの冒頭にはインターポールからの不気味な警告が現れ、どの映画も最初に「著作権侵害は犯罪です」という表示が出る。だがさして効果を上げているとは言えない。「知的財産権」という言葉ですら、じつは戦いの一部をなしている。有形資産についての人間の直観的な所有権感覚に無形資産であるコンテンツも含めたいという顧客の要望に応えようと、著作権・特許・商標専門の弁護士たちがこの言葉を作り上げたのだ。[17]弁護士たちは、原始的な本能が著作権を財産とみなさないことをよく知っていた。

コンテンツの所有者と利用者が繰り広げるバトルは、基本的には所有権争いである。デジタル財は無料で共有できるようにすべきなのか。たとえばコンサートで聴いたメロディを友人に歌って聞かせるように。それともデジタル財もマグカップやバイクと同じく財産であって、たとえかんたんに盗めるとしても法律や慣習や道徳で禁じるべきなのだろうか。いまのところ、どちらの側にも言い分があって決着はついていない。

コンテンツ所有者の言い分にはどんな根拠があるのだろうか。はっきり言えるのは、ニー・ディフェンダー騒動の際の直観的な根拠、すなわち付属、早い者勝ち、占有とは違うということだ。HBOは、やはり直観的に正当化できる別の根拠を持ち出してきた。それは、労働が所有権を正当化する、というものである。つまり、自分が蒔いた種は自分で収穫するということだ。

労働に報いるのはじつにもって正当だと感じられることが多い。[18]だがこの主張は必ず争いの一方の側の肩を持つことになる。ファッション業界はこの主張に対する反例の代表格だ。ファッションデザイナーはみな互いの創作をコピーし合ってきた。オリジナルデザインに費やされた労働の成果は保護されない。デザインを真似るのは盗みではなく完全に合法である。現代の経済には、シェフのレシピ、スポーツの監督が編み出す戦術や技、コメディアンのネタなど数々の創造的な領域に小さな真空地帯があり、そこでは労働に所有権を与えて報いるよりも、活発な競争と自由なイノベーションを促すほうが重要だとされている。言い換えれば、他人が蒔いた種を収穫することが認められる。ファッションデザイナーの団体は自分が蒔いた種は自分だけが収穫できるようルールの変更を議会に毎年陳情しているが、これまでのところ成功していない。

対照的に音楽業界は、ロビー活動にかけてファッション業界より上手《うわて》だ。彼らは音楽著作権の法制化に成功し、デジタル空間の楽曲も音楽業界の所有慣行に従わせている。音楽業界は法律を盾にとって、少なく見積もっても三万人以上を訴えるか、和解するか、訴えると脅してきた。大手レーベルにとってはまことに残念なことに、こうした活動は違法なダウンロードにとどめを刺すには至っていない。むしろ世論を敵に回す結果となっている。

ＨＢＯはこうした経緯を見守り、教訓を学んだ。テック系のブログサイト、テッククランチ（TechCrunch）によると、ＨＢＯの認識は「ストリーミング再生のためのアカウント共有はグレーゾーンである」らしい[19]。そこで彼らは戦略的曖昧さを容認することにした。まさかと思うかもしれないが、盗みを奨励したのである。ＨＢＯの経営陣は、あなた（およびあなたの家族や友人）が無許可のストリーミングを平気でやっていることをちゃんと知っている。だが彼らは、これから顧客になってくれるかもしれない人たちを罪人同然に扱うようなことはしない。現にＨＢＯはウォータムと友人たちを番組に出演させている。

ＨＢＯのＣＥＯリチャード・プレプラーは、著作権侵害を後押しするようなこの戦略について、「これは次世代の視聴者を獲得するためのすばらしいマーケティング手法だ」と誇らしげに語っている。[20]パスワードの共有によって「ＨＢＯのブランドをより多くの人が知るようになり、大好きになってくれることを期待している」というのである。インターネット上の発言では、プレプラーはこう付け加えている。「われわれのビジネスで重要なのは、できるだけ多くのファンを獲得することだ。製品、ブランド、番組をできるだけ多くの人の目に触れさせることによって、われわれはこの目的を達成しようとしている」。

競争相手も常識破りのＨＢＯのこのアプローチに気づいており、ある程度まで追随している。たとえばネットフリックスのＣＥＯリード・ヘイスティングスも「ネットフリックスをシェアするのは大歓迎だ。それは好ましいことであって、禁止したいことじゃない」と話している。[21]ただしネットフリックスの場合、アカウントの使用は一度に一台のデバイスに限られる。

ＨＢＯとネットフリックスにとって、戦略の決め手となるのはウォータムのような若い視聴者である。彼らは悪いことをしていると（ちょっとだけ）知ってはいる。プレプラーもヘイスティングスも、こうした若い視聴者が、正規のサブスクリプション契約をたとえ今はしていなくても、とにかく番組や作品に熱中し病みつきになってくれることを願っている。そうなったら、彼らが長じて給料をもらうようになった暁には正規料金を払うようになってくれるのではないか、違法行為から足を洗ってくれるのではないか、と期待しているわけだ。

この長期戦略の成否はまだはっきりしない。プレプラーもヘイスティングスも、「知的財産は財産である」という所有権に関する自分たちの主張に若い視聴者が納得してくれることを期待している。そのためにコンテンツ盗みに寛容な姿勢で臨んでいる——すくなくとも今のところは。

所有権に関する影のルール

本書では、すでに取り上げた飛行機の座席のリクライニングや配信サービスのパスワード共有のほか、キッチンカー、赤ちゃんの市場が存在しない理由など、日々の生活からさまざまな難問や不可解な現象を論じていく。本書の目的は、モノの所有のあり方がそうした難問とどう関わっているのかを解き明かすことにある。難問には、アメリカの貴族制への回帰から気候変動にいたるまで、幅広い問題が含まれる。本書の終わりに近づく頃には、読者はいくつかの基本的な理解を踏まえ、自分を取り巻く世界を新しい視点から見ることができるだろう。

所有権を考える旅に乗り出す前に、この本を書くにいたった理由らしきものをお話ししておきたい。著者である私たちは二人とも長いこと、そう、二五年以上も大学で教えてきた。どちらもそう不出来ではなかったと思う。どちらも学生から「年間最優秀教授」に選ばれたことがあり、長い間に輩出した弁護士、実業家、環境運動家は五〇〇〇人以上にのぼる。そんな私たちにとって最もうれしい瞬間は、思いがけない発見で学生たちの目が輝くときである。たとえば、所有権は厳然と定まったものではなく設計次第で人々の行動を変えられること、複雑な世界を導いているのは少数の単純な原則であることに気づくときがそうだ。

本書には、教員としてまた研究者としての私たちの研究のエッセンスが詰まっている。読者は高い授業料を払わずともそれを知ることができる。これから本書で論じることの前触れとして、以下ではニー・ディフェンダーとパスワード共有のケースを改めて取り上げ、所有権に関してぜひ知っておいてほしい三つのポイントを示しておくことにする。

その一：所有権を主張するときによく持ち出される根拠は全部まちがっている

「私の！」と主張するときによく持ち出される古い格言にはどんなものがあるか、ここでちょっと考えてみてほしい。私たちは子供のときからずっと、所有権とは何か、どんなときにこれは自分のものだと主張できるのかを学習してきた。そして本書を読めばおわかりいただけるように、希少資源の最初の所有者になるときに根拠として持ち出されるものは、ここに挙げる六つの格言で網羅されている。

・早い者勝ち
・占有は九分の勝ち
・自分が蒔いた種は自分で収穫する
・私の家は私の城
・私の身体は私のもの
・家族のものだから私のもの

ドローンを飛ばすときまたは自宅のプライバシーを主張するとき、腎臓の売買に賛成または反対するとき、列に並んで順番が来るのを待つときまたは押しのけて前へ出るとき、あなたは否応なくこの六項目のどれかを持ち出して権利を主張することになる。

だがじつに衝撃的なことだが、これらはのべつ申し立てられるにもかかわらず、どれ一つとして完全には正しくない。なぜまちがっているのかと言えば、根本的なところで所有権を二元論で見ているからだ。オンかオフに切り替わるスイッチのように、私たちは「私の」か「私のではない」のどちらかしかないと感じがちだ。この単純な見方はわかりやすくはあるが、正しくない。所有権を巡る係争が増えている今日では、いま挙げた六つの格言はむしろ遅い者勝ち、占有は一分の勝ち、他人が蒔いた種を収穫する、等々という具合に変化してきているのである。

かつてのアメリカでは、所有権争いの多くが二元論でうまく説明できた。ほぼ全面的な農業経済だったため、争いの大半は有形資産を巡って起きたからである。たとえば農地、家畜、そしてじつに非人道的なことだが奴隷などだ。奴隷はアメリカの歴史において倫理と正義の重大問題というだけでなく、所有権争いの主な対象でもあった。人間は自由なのか、それとも誰かの財産なのか。

二〇世紀になると、所有権に関する議論は単純な二元論では片付けられなくなる。私有財産と公権力の介入との間の曖昧な境界が激しい議論の的になった。食堂の主人は別の人種の注文に応じることを強制されるべきなのか。地主は自分の土地に何を建てるか制限されるべきなのか。患者は科学研究用に切除された細胞の所有権を主張できるのか。

今日では議論の対象が再び変化している。係争の多くが個人所有者対個人所有者、つまり「私の！」対「私の！」の対決になってきたためだ。この新しい世界では、六つの古い根拠はこれまで以上に誤解を招くようになっている。

もしあなたがKindleで読むために購入ボタンをクリックしたら、自分はその本のデータを所有したのだと考えるだろう。それはもっともではある。何と言っても占有は九分の勝ちなのだから。だがアマゾンの見方は違う。アマゾンからすれば、あなたが所有したのはきわめて限定的な使用許諾（ライセンス）に過ぎない。アマゾンはあなたのデバイスからただちにデータを消去できるし、実際にそうしたこともある。企業は所有権を自分たちに都合よく設計することができる。これは、企業が持ち合わせている能力のうち過小評価されているものの一つだ。所有権というものは融通無碍であるとアマゾンは気づいた。すこしばかり足したり引いたりすることはきわめて容易だ。多くの人は電子書籍もハードカバーと同じように所有できるのだと、つまりオンラインでもオフラインでも所有権は同じだと考えていることを、アマゾンはちゃんと知っている（このことは調査で判明している）[22]。だが実際には同じではない。だから、読み放題サービスのKindle Unlimitedを解約すると、ダウンロードした本が読めなくなってあわてることになる。

残念ながら、お客様は常に正しいわけではない。お客様が自分の所有物だと思い込んでいるものと実際に所有しているものとの違いは広がる一方なのである。

その二：所有権争いとは六通りのストーリーのバトルである

あなたが持っているものの大半は、誰かから買ったかもらったものだろう。だがその誰かの所有権は何に由来するのか。最初の所有者まで遡ると、その人はさきほど挙げた六つの根拠のどれかを主張するにちがいない。どんなものについても、誰もが必ずそうしている。

ストーリーを巡るバトルは、選挙運動中の候補者たちのバトルにそっくりだ。どちらも周囲の支持と信頼を勝ち得ようと戦いを繰り広げる。どれももっともらしく聞こえるのは、どうすれば所有権を主張できるかという強力な直観に根ざしているからだ。しかしこれらの直観は相矛盾する。だから重要なのは六通りの根拠をよく理解し、所有権を設計する手段と知識を身につけることだ。そうすれば、自分の都合のいいように説得力のあるストーリーを練り上げることができる。

背の高い乗客は「膝を守る権利」を主張するだろう。だがこの主張は、疲れ切った乗客が叫ぶ「リクライニングする権利」と衝突する。航空会社がどちらか一方に味方することは容易だ。リクライニングに関するルールを座席の後ろに表示するか、搭乗券に印刷して注意を促し、乗客を従わせればよい。あるいはすべてのシートをある角度に固定してしまってもいいだろう。現に格安航空会社の一部はそうしている。

だが現時点では大半の航空会社は戦略的曖昧さを選んでおり、エコノミークラスの座席間隔を詰めつつ、リクライニング空間を二度売っている。ほとんどの航空会社がニー・ディフェンダーを禁止し苛立った乗客同士のやり合いに任せているのはこのためだ。乗客は、騒動になって互いに対立する主張を言い立てることが航空会社の得になると気づいていない。航空会社にしてみれば、ちっぽけなリクライニング空間を巡る不快な争いにうんざりした乗客が、足をゆっくり伸ばせて口論の起きないビジネスクラスなどを利用するようになり、利益の多い市場が拡大することが望ましい。[23]このように所有権の設計に長けている企業は、意図的な曖昧さが経済価値を生むことを知っている。

以上が、リクライニング騒動の背後にある真のストーリーである。

パスワード共有にしてもクリックストリームにしても、同じことだ。現時点ではデジタルコンテンツとユーザーデータは誰のものかという問題が、あたかも所有権に関してまったく新しいテーマであるかのように政治家の注意を引き、訴訟になり、雑誌や書籍で取り上げられている。だがどこにも目新しい点などない。ニー・ディフェンダー騒動のオンライン版というだけである。私たちは、データトラッカーがデジタル空間の膝に侵入してくるのを阻止すべきなのだろうか。

あらゆる所有権争いは、結局のところ対立するストーリーのせめぎ合いに帰結する。争いの当事者は自分が優位に立てるような理屈を選び、所有権を自分の見方に合わせて都合よくねじ曲げようと試みる。だがだまされてはいけない。所有権争いを規定する正当で自然な論理など存在しない。ただし、争いを解決しうる選択肢には優劣がある。そしてあなたが選べる立場にない場合、誰かがあなたに代わって選ぶことになるのだ。

その三：所有権は日々の生活の多くの場面をリモートコントロールしている

所有権に関するルールは、想像しうるすべての場面で勝ち組と負け組を作ることになる。アメリカには相乗りを奨励するためのカープール・レーンというものがある。ここは通常、バス、バイクのほか一台に二人以上乗った乗用車だけが通行できる。あなたはきっとラッシュアワーにカープール・レーンをすいすい走りたいだろう。誰かもう一人乗せれば、あるいは地域によっては電気自動車を運転していれば、カープール・レーンを走行できる。あなたは飛行機に優先搭乗したいだろうか。その航空会社のステータスの高い会員になるか、ファーストクラスのチケットを買えば優先搭乗できる。ラッシュアワーの道路でも空港でも「早い者勝ち」は通用しない。

貴重な希少資源の所有者は、強力なリモートコントロールを行っている。彼らは、利用者を自分の狙い通りに行動させるようなルール作りを常に試みる。それは、利益を最大化しトラブルを最小化することが目的だ。所有権の定義をちょっとばかり変えることによって、気づかないようにそっと、しかし有無を言わせず利用者の行動を導き、所有する希少資源を最大限に活用する。このリモートコントロールはなかなか効果的だ。所有権の概念が日常の行動に深く根を下ろしているため、ルールが多少変わったところで誰も気づきもしないからだ。

政府は追越車線をカープール・レーンに変更することによって、渋滞解消あるいは大気汚染抑制に効果のある行動をとるよう促す。ＨＢＯはパスワードの共有を一時的に容認することによってファンを増やし、将来サブスクリプション契約をしてくれる予備軍を確保する。

所有権を設計することは、人々の行動を知らないうちに決定的に操作するソーシャルエンジニアリングの一手法だと考えるとよい。さしたる衝突もなく日常生活を送れる状況では、所有権それ自体は面倒なものではない。しかし希少資源の所有者が意図的に自分の行動を操ろうとしていると気づいたら、あなたはそのリモートコントロールを逆手にとって自分に有利になるようにすることも、公共の利益に寄与できるようにすることも可能だ。

なぜ所有権を、なぜいま問題にするのか

最近では、日々の判断に困るちょっとした問題の理解を助けてくれる有意義な本が数多く出版されている。現代の経済学に興味を感じたら、ぜひスティーヴン・D・レヴィットとスティーヴン・J・ダブナーの『ヤバい経済学』（邦訳・東洋経済新報社）を読んでほしい。嘘や犯罪から育児、スポーツにいたるあらゆる事柄に新鮮な視点を示してくれる。心理学寄りの知識が欲しい読者には、リチャード・セイラーとキャス・サンスティーンの『実践　行動経済学』（邦訳・日経ＢＰ）がおすすめだ。健康、富、幸福に関してよりよい判断をするにはどうしたらいいかがわかってくるだろう。経済学と心理学はすばらしい思考の道具であり多くのことを説明してくれるが、多くのまちがいも犯す。どちらの学問も所有権をすでに定まっているもののように扱うことは、その一つである。だが実際には、所有権には明確に定まっていることなど何もない。

本書の以下の章では、人々の日常生活を支配している所有権の設計を解き明かす出発点として、「私の！」と叫ぶときによく持ち出される言い分や直観的主張を一つひとつ取り上げて検討していく。その途中で時々次のような問題を出すので、どうか考えてみてほしい。

・シカゴでは、通りに椅子を置いておけば吹雪の後でもあなたの駐車スペースを確保できたが、ニューヨークではできなかった。これはなぜか？　逆にニューヨークのバーでは飲み物にナプキンを置いておけば席を確保できたが、シカゴではできなかった。なぜか？

・ディズニーワールドのＶＩＰパスはなぜあれほど高額（最低でも約三〇〇〇ドル）なのか？　もうすこし安くすればもっと大勢が買うので利益が増えるのではないか？　一％の人間が優先搭乗しても、スペースマウンテンの長い列に並んだ人々が抗議しないのはなぜか？

・血漿は売ってもよいが腎臓はいけないのはなぜか？　ミシガン州では、お金を払って誰かに代理母になってもらうことが法律で禁じられたが、カリフォルニア州ではふつうに行われているのはどうしてか？

・飛行機はあなたの家の上空を飛んでもよいが、ドローンはいけないのはなぜか？　アメリカの半分の州では、あなたの土地が柵で囲われていない場合、よそものが事前許可なく入り込んで野草を摘んでもよいことになっている。だがリンゴをもいではいけないのはなぜか？

これらの質問の答えは、人々のモノの所有のあり方に隠されている。読者は本書を通じて、消費者あるいは起業家あるいは市民としての生活に深く関わるこうした問題とその答えを学ぶことになる。これは私のものでこれは私のものではないという線引きは自然になされる不変のものだ、と読者は思っていたかもしれない。だが実際には、その線を引いているのは政府や企業や他の誰かだ。みんなが欲しがる希少資源をどうコントロールするか、彼らの決めた選択の結果として、私のものかどうかが決まるのである。

ロッキングチェア

それではここで、問題である。

バー・マクダウェルは一九七三年にニューヨーク州北部の町で亡くなった。遺言により、愛用のロッキングチェアは成人している二人の子供アーサーとミルドレッドに残された。おんぼろの古い椅子に金銭的価値はない。だが子供たちはその椅子が好きだったし、二人とも欲しがった。ではどう分けるか。その点について遺言は何も言っていない。そこでアーサーは父親の家へ行くと椅子を持ち帰った。ミルドレッドは自分も欲しいと言ったが、アーサーは拒絶する。するとアメリカではありがちなことだが、ミルドレッドが裁判に訴えた。そこで私たちがこの事案を知ったわけである。そう、これは実際に起きたことだ[24]。

読者は自分が裁判官だと想像してほしい。ニューヨーク州の州法は、こうした場合にどうすべきか何も定めていない。類似の判例もない。となれば、あなたが判断しなければならない。子供は二人で椅子は一脚だ。自分ならどうするか、しばし考えてほしい。こういう場合の選択肢をいくつか思いつくままに列挙してみた。

・コイン投げで決める。
・最初に手にしたアーサーのものにする。
・最初に訴えたミルドレッドのものにする。
・オークションにかける。そうすれば、片方は椅子を、もう片方は現金を手にできる。
・子供たちが和解するまで待つ。
・椅子をノコギリで半分に切断し、一人ずつに分ける。
・一日おき、あるいは一年おきで交代で使う。
・椅子を燃やしてケリをつける。

どうだろう、あなたならどれを選ぶだろうか。どれを選ぶにしても、その選択は所有権についてあなたが持っている直観や欲求を示す手がかりとなる。

コイン投げで決めるのは最も公平なように見える。だがふしぎなことに、この方法は裁判官や陪審員に明確に禁じられている。それも、禁止行為のかなり上位に位置付けられているのだ。コイントスは遊びの順番を決めるときなどには有効で、実際サッカーの試合はコイントスでキックオフをするチームを決める[25]。だが裁判でこれはだめだ。裁判官としてのあなたは、どちらの側を選ぶか、確たる理由を示さなければならない。たとえどっちもどっちだと心の中では思ったにしても。

早い者勝ちは、ものごとの決め方として魅力的ではある。だがこの場合に当てはまるだろうか。先に椅子を取ったのはアーサーだが、先に訴えたのはミルドレッドだ。どちらも道徳的にみて報いるべき立派な行動とは言い難い。アーサーが物理的に占有したことも、アーサーに椅子を与える根拠になるとは思えない。オークションは争いを手っ取り早く解決できるかもしれないが、これでは家族の思いを大切にすべき場面で単純に裕福なほうが勝つことになる。和解するまで椅子をどちらにも渡さないという方法は、親の立場に立ってみればなかなかよさそうに見える。だがこれでは、相手が根負けするまで強情に粘ったほうが勝つことになるだろう。ノコギリで切断するのは、知恵者ソロモンのごときひねりの利いた解決だという以外、これを選ぶ理由はないだろう。

交代で使うという解決はもっともらしいし、実際の裁判でもこの判決が下された。子供たちは互いに相手が死ぬまで、六カ月ごとに相手の家に椅子を送り届ける、と決められたのである。大いに結構。ただし、つまらぬ内輪揉めをしている二人の当事者をこれからずっと裁判所の監視下に置かなければならない。どちらかが乱暴に扱ってジョイントが緩み、修理が必要になったらどちらが負担するのか。ミルドレッドがアーサーへ椅子を送る期日に遅れたらどうするのか。送ったり戻したりする面倒と費用は、たとえば離婚した両親の子供といったケースであれば正当化できるかもしれない。だがこれは子供ではなく椅子に過ぎない。それに交代で使う解決は、椅子を運ぶという時間の浪費をする余裕のある子供のほうに有利になる。

では、椅子を燃やしてしまうという解決はどうだろうか。これは、子供たちに無用の争いをするなという教訓を与える効果はあるだろうし、くだらぬことで揉める二人を裁判所から遠ざける効果もある。裁判所の貴重な時間を無駄にするな、というわけだ。だがこれは、アーサーとミルドレッドにとっては辛い結末だろう。

つまり、こういうことだ。「誰が・何を・なぜ」を決めるのはたいへんなことであり、しかもどうしても決めなければならない。誰か第三者に、たとえば裁判官や議員に、代わりに決めてもらうことは可能だ。だがそれはまさに、誰かにリモートコントロールを委ねることになる。所有者、消費者、市民として、あなたは自分で決めることだって可能である。偶然か理性か、時間かお金か、速さか裏付けか、正義か効率か、報奨か懲罰か――あなたならどちらを選ぶだろうか。

所有権を巡るあらゆる選択において、あなたは否応なく、自分の根深い価値観をはからずも表現することになる。

第1章

遅い者勝ち

行列代行

ワシントンで無料見物できる最高のショーは、最高裁である。荘厳な法廷内は意外に距離が近い。国内で最も権威のある裁判所で下される裁きからほんの数歩のところにいて、国内最高の弁護士による弁論を聞くこともできる。これは民主主義の最高の形であり、すべての人に開かれ傍聴可能になっている。妊娠中絶の是非や銃規制や信教の自由についての裁判を自分の目で見たければ、見ることができるのである。ただし一般の傍聴席は一〇〇席程度で早い者勝ちだから、かなり早くから行かなければならない。

世間の注目を集めるような訴訟では、何日も前から並ぶ人がいる。キャンピングチェアに寝袋、ポンチョ、モバイルバッテリーまで用意して。最高裁は行列の警備まではしてくれないので、行列に並ぶ人たちは互いに監視し合う。割り込みや友人の合流を抜かりなく見張っていて大声で注意するわけだ。またトイレに行きたくなったらお互い近くの人に場所をとっておいてもらう。荷物の見張りもお互いにする。

ところが、である。入場時間になると妙なことが起きる。列の先頭付近にいた汚れた服装の人たちの多くが、パリッとスーツを着こなした男女と入れ替わるのだ。スーツの彼らはさっさと法廷に入って一番いい席を占める。列の後ろのほうに並んでいた人たちがまだ入場してもいないうちに。いったい何が起きたのか。

これは行列代行とか並び代行と呼ばれるビジネスだ。[1] それを専門にする会社が並び屋《ラインスタンダー》を雇って賃金を払う。並び屋はホームレスであることもめずらしくない。彼らは何日も前から列の先頭を確保し、あとはひたすら待つ。そして最後の瞬間に、つまり「法の下の平等な正義」と刻まれた裁判所の扉が開かれる直前に、依頼主と交代するのである。依頼主は並び屋に払う金はあっても並ぶ時間はない人たちだ。行列代行専門の小さなスタートアップ（Linestanding.com、Skip the Line、Washington Express など）は、もともと無料の席に六〇〇〇ドルを請求することもある。一方、雨風や寒さの中で待ち続ける並び屋には最低賃金しか払わない。

行列代行業は、行列待ちの席を手に入れる方法をがらりと変えた。最高裁の傍聴席だけではない。国家の法律が議論される議会の公聴会もそうだ。公聴会も誰にでも開かれており、現役議員の論戦を間近に見聞きできる。とはいえ今日では公聴会は弁護士やロビイストで埋まっていることが多く、その全員が誰かに代行料を払い、列に並ばずして席を手に入れている。同じことが、更新申請したパスポートを窓口で受け取る列や建築許可を地方当局で申請する列にも起きている。

行列代行業は、いまや民間部門でも大繁盛だ。代行料を払う気さえあれば、iPhone のニューモデルや、大人気のスケートボードブランド、シュプリーム（Supreme）の新作ウェアや、ブロードウエイのチケットに並ぶ列の先頭を確保できる。メイシーズ（Macy's）の感謝祭パレードを見るニューヨークの路上の特等席だって手に入れられるのだ。行列代行業のセイム・オール・ライン・デュード（Same Ole Line Dudes）に雇われた並び屋の一人は、人気番組『シャーク・タンク』（起業家のプレゼンに対して投資家が出資の有無を決めるリアリティ番組）のオーディションに出るための行列に四三時間並んだという。セイムの創業者ロバート・サミュエルのほうが、お金を払って並んでもらった起業家候補より起業家として優秀だったことはまちがいない。

同様の現象はオンラインでも起きている。ミュージカル『ハミルトン』は、初演から何年も経つというのに、いまだにブロードウェイで売り切れ続きだ。ウェブサイトではチケットを通常の方法で、つまり早い者勝ちで販売している。問題は、抜け目のないテック系の転売業者がコンピュータ・プログラム（事前に決められた処理を自動で実行するプログラムで「ボット」と呼ばれる）を開発し、発売と同時に一瞬でチケットを全部買い占めてしまうことだ。その結果、ミュージカルの興行主や出演者はチケットの額面通りの金額しかもらえないのに対し、ファンのほうはプレミアムを上乗せされたチケットを転売屋から買わなければならない。チケット販売サイト、スタブハブ（StubHub）などでは、もとの何倍もの値段で売っている。こうしたわけだから、チケット転売業者は『ハミルトン』の興行主以上の利益を手にすることになる。ボットがマウスを使う人間より常に早く買い占めてしまうとしたら、早い者勝ちのルールは何の役に立つだろう。だからと言って『ハミルトン』が劇場のチケット売り場だけで販売することにしたら、今度は行列代行業者が現れてさっさと行列の先頭をとってしまうにちがいない。

伝説的なロックシンガー、ブルース・スプリングスティーンは、ブロードウェイでソロコンサートをやることになったとき、別のアプローチを試みている。チケット販売大手のチケットマスター（TicketMaster）が発足させたヴェリファイド・ファン（Verified Fan）という新たなチケット販売システムを採用したのだ。ボットや並び屋に対抗すべく開発されたシステムで、チケット購入希望者は事前登録し、独自アルゴリズムに「熱心なファン」と認識された場合にのみ購入用ＵＲＬと暗証コードが送られてくるしくみである。このシステムなら、すくなくとも一部のチケットは本物のファンに直接販売することができる。しかしこれほどの対策を講じても、かなりの枚数が転売市場に流れたという。八五〇ドルのチケットが転売サイトで一万ドルで売られていたら、よほどそのアーティストに夢中でない限り、払う気にはなるまい。

先頭を取るためにお金を払う現象は急速に増殖中だ。これをどう考えるべきだろうか。

多くの人の目には、これはひどく不公平で非民主的な変化だと映るだろう。ある女性は二〇一五年に裁判所の外で何日も待ったのに、同性婚を認める歴史的な裁判を傍聴できなかった。落胆した彼女は「裕福な白人の席取りのために貧乏な黒人にお金を払いましょう」というのが現在のシステムだと苦々しげに語っている。[2]だが別の視点から見れば、行列代行業の出現はいいことだ。貧しい人には列に並ぶ、プログラマーにはボットを書くという、それまで存在しなかった新たな雇用を創出したのだから、究極の資本主義だとも言える。

これまでこうした問題が起きたことはなかった。だが今日では避けて通れない。早い者勝ちの原則の内部崩壊が始まったのである。

一番乗りは誰なのか？

人類の歴史の大半を通じて、ほとんどの資源の最初の所有権は古代ローマ法の文言に従って定められていた。それは、「最初の者の権利が強い」という文言である。つまり早い者勝ちだ。

これは家督相続に関する古くからの慣習でもある。聖書を思い出してほしい。イサクの次男ヤコブは腕に山羊の皮を巻きつけて毛深い長男エサウのふりをし、エサウに祝福を与えようとしていた目の悪い老父イサクをまんまとだまして祝福を得た。エサウは最初に生まれた息子として父の祝福を受ける正当な権利があったから、ヤコブは父をだます必要があったのである。最初の息子と認められれば、父親から祝福を得るだけでなくその土地の恵みもすべて与えられる。そこでヤコブは計略を使って列の先頭に出たのだった。

長子相続制は、長年にわたり世界中の王室で王位継承順を決めてきた。今日でもそうだ。ただし男女平等を重んじる国も出てきており、現在ではスウェーデンやオランダなどで、最初の息子ではなく最初の子供が王位継承権の第一位となっている。

早い者勝ちの原則は、植民地開発も支配してきた。アメリカ大陸の植民地はヨーロッパの大国の間で切り分けられたが、その時の基準となったのは、その国の開拓者が一番乗りで祖国の国旗を立てることだった。なるほど直観的には、誰も住んでいない土地ならそれでよさそうに思える。だが誰かがすでに住み着いていたらどうなのか。一番乗りかどうかが土地の所有者を決めるのだとすれば、アメリカの土地の権利はネイティブアメリカンが主張できるはずだ。だがヨーロッパの大国が定めた当時の国際法に照らすと、そうはならない。ヨーロッパ人がアメリカに上陸したとき、彼らは「最初」の意味を「その土地を発見した最初のキリスト教徒」だと定義したからだ[3]。

ここにこそ、所有権の古い格言を理解するカギがある。誰が一番乗りかは事実に基づいて容易に決められるように聞こえるかもしれないが、実際にはまったく自明ではない。正しくは「誰が一番乗りかを誰が決めるのか」を問うべきである。有名なジョンソン対マッキントッシュ訴訟の首席判事ジョン・マーシャルによれば、アメリカの法律では「征服者の属す政府が決める」という[4]。この判決は一八二三年に最高裁で下されており、法曹関係者はロースクールの学生時代にほぼ必ず読んでいるはずだ。ヨーロッパの大国が定めた法を適用する限りにおいて、「最初のヨーロッパ人キリスト教徒」になることが権利を正当化する。スペインがカリブ諸島、テキサス、メキシコ、カリフォルニアについて、フランスがニューオーリンズ、カナダ、アメリカ中西部のかなりの部分について、イギリスがニューイングランドとヴァージニアについて権利を主張できたのはこのためだ。

だがそうであるならば、一九六九年七月にニール・アームストロングがアメリカ国旗を月面に立てたとき、なぜ世界は抗議の声を上げなかったのか。かつてのアメリカがヨーロッパのものになったように、アメリカが国旗を立てたからには月はアメリカの領土になるのではないか。答えは、こうだ。一九六〇年代までには、世界各国は一番乗りを発見や征服の根拠とすることをやめていた。そして一九六七年にアメリカとソ連を筆頭に多数の国が、地球外資源について一番乗りの原則を明確に否定した宇宙条約に署名している（現在一〇〇カ国以上が批准）。

よってアームストロングが月に降り立った最初の人類になったからといって、アメリカの所有権を主張したわけではない。現にアメリカの意図を明確にするために、アメリカ議会は一九六九年に、仮にアメリカの宇宙飛行士が月面にアメリカ国旗を立てたとしても、それは「あくまでも偉業を成し遂げた国の誇りの象徴としてであって、支配権を主張し国家所有を宣言するものと解釈すべきではない」と明記した法案を可決している。[5]

それでも世界の国々は「一番乗り」ゲームをいっこうにやめず、紛争を招く結果となっている。二〇〇七年にはロシア海軍がチタン製の小さなロシア国旗を北極海の海底に立てて国際社会で物議を醸した。ロシアは旗を立てるという象徴的な行為でもって、北極の下にある鉱物資源の豊富な海域と北極点を通る貿易航路の所有権を主張したのである。どちらも気候変動と海氷の融解により新たに開発が可能になると考えられている。単に最初に旗を立てただけで自分のものになるという考えに国際社会は憤慨しているが、彼らの戦略が功を奏するかどうかは時が証明するだろう。また第4章で取り上げるように、中国は現在同じような戦略を推進しており、南シナ海に人工島を建設している。

一番乗りが幅をきかせているのは家督相続や領土の主張だけではない。大方の人は自分の所有物ではないあらゆる種類のモノについて、当然のごとく早い者勝ちを主張する。たとえば一八四八年にカリフォルニアで起きたゴールドラッシュのとき、金鉱は最初に見つけた人のものになった。一八八九年には、オクラホマの広大な土地が文字通り早い者勝ちで入植の対象になった。入植希望者が州境に集合し、正午の号砲とともに一斉に馬で駆け出して土地を獲得するのである（ちなみに入植許可が出る前に抜け駆けした移住者をスーナー［sooner］と呼んだ）。今日では潤沢に資金を獲得したスタートアップが月や小惑星で水、プラチナ、金等々の採掘をめざしているが、[6]彼らはみな国際的に認められた所有権ルールに抵触する可能性がある。ウーバー（Uber）、エアビーアンドビー（Airbnb）、ユーチューブ（YouTube）などのインターネット事業にしてもそれは同じだ。彼らは法律に先んじて市場を創出し、それを独占してしまおうと競っている。所有権に関する曖昧さは、先陣争いをする大胆で向こう見ずな無法者たちに有利に働くのである。

　だがつねにそうだとは限らない。

　法律は、誰が主張しているのかだけでなく、何に対して主張しているのかも問題にする。一八〇〇年代には、入植希望者は割り当てられる一六〇エーカー〔約六五万平米、東京ドーム一四個分に相当〕の土地に最初に到達しなければならないだけでなく、伐採・野焼き・柵作り・播種ができ、数年にわたって土地を耕して生計を立てられることを証明しなければならなかった。このことは、当時の裁判所がネイティブアメリカンには先祖代々の土地を所有する権利がないとしたもう一つの理由になっている。ヨーロッパ人は、ネイティブアメリカンは森の中を歩き回って魚や動物を捕まえるだけで、土地の所有権を主張するに足るような生産的な労働はしていないと考えた。[7]そこでヨーロッパ人は、入植者の農業と商業を重んじる精神からして、「最初」とは最初に汗水垂らして労働をしたことを意味すると定義した。

「最初」というのはつかみどころのない概念である。けっして経験的な事実ではなく、つねに法的解釈を伴う。古典的な児童書『星の王子さま』には、星を数える実業家が登場する。数えてどうするのかと王子さまが尋ねると、所有するのだと実業家は答える。「私が最初に（所有することを）思いついたのだから、星は私のものだ」という。[8] だが星を所有することを最初に思いついただけでは、所有できることにはならない。これまで裁判所と政府は何をもって「最初」とするかを定義しては再定義し、その定義が気づかれないうちに市民の厳格な指針となり、社会的に納得できる形で希少資源との関わりを規定できるよう腐心してきた。

「最初」の概念についてはピアソン対ポストという一八〇五年の有名な訴訟がある。アメリカにはおよそ一三〇万人の弁護士がいるが、その全員がこの訴訟の判例を読んだことがあるはずだ。[9] ロドウィック・ポストは猟犬を連れ馬で狐（裁判記録によると有害な野生動物）を狩っていた。場所は所有者のいない無人の海岸（裁判記録によると荒地）である。さんざん追い回して狐が疲弊し、さあ仕留めようという瞬間にピアソンなる人物が現れ、あっさり獲物を仕留めて持ち去ってしまう。ポストはピアソンが自分の所有物を取ったとして裁判に訴えた。最初に狐を追い立て仕留める直前まで追い詰めたのは自分だからあれは自分の物だとポストは申し立てた（ちなみに、どちらが訴えを起こしたのかは常に注目する価値がある。[c] 死んだ狐や古びたロッキングチェアのためにわざわざ裁判に持ち込む人間がどれだけいるだろうか。このような訴訟を起こす人は往々にして社会の基準から逸脱している。人生は短い。無駄にしないほうがよい）。

さてどちらが勝ったのか。法律はどちらの所有に帰すのかについて何も語っていない。裁判官は、野生動物の所有は早い者勝ちの原則に従って決めるべきだという点では一致した。だが何をもって

「早い者」とするのか。この点で裁判官の意見は割れた。所有権を巡る顕著な意見対立の一つであり、明確なルールと規範の対立だったと言うことができる。[10]明確なルールは、一定範囲のケースに容易に適用できる予測可能な条件を厳密に規定する。規範は一般的な指針を掲げるにとどめ、ケースバイケースでのこまやかな判断の余地を残す。場合によっては、規範は硬直的なルールより公正な結果を導くことがある。両者の違いをわかりやすく言えば、「制限速度四〇キロ」は明確なルール、「状況に適した安全運転をしましょう」が規範である。

裁判官の過半数が明確なルールを求めた。裁判をする身としては、獲物をとりそこなって落胆したハンターに狩りの微妙な問題を縷々説明されるのはまっぴらだという気持ちがあったのだろう。そこで彼らは、のちに「捕獲の法則（rule of capture）」として知られることになるルールを定め、裁判記録では「無礼な侵入者」と表現されたピアソンに狐の所有権を認めた。誰であれ「野生動物に致命傷を与え、疑う余地なく支配下に置いた者」のものだと定めたのである。つまり「最初」とは最初に止めを刺した者であって、最初に狐狩りをしようと考えた者ではないし、最初に実際に狩り立てた者ですらない、ということである。

反対意見としては、一人の裁判官が「最初」とは「狡猾な動物」を殺す可能性を最初に最大化した者であるべきだと述べた。それが誰かを決めるには、捕獲の「合理的な可能性」があったかどうかをポストに問うべきだという。これは、判断の余地を残した規範に相当する。この裁判官は、ポストは捕獲が可能だと考えていたと判断し、よって彼に狐の所有権があると主張した。この主張は直観的にみて理に適っている。自分が追い回して疲弊させた狐を最後の瞬間に偶然通りかかった人間がさらっていく可能性があるなら、誰が馬と猟犬と時間を投入するだろうか。

ではピアソンの勝利以降の狩猟はどうなっただろうか。狐狩りなど誰もやらなくなっただろうか。

逆である。捕獲の法則が適用されるようになると、狩猟自体の破壊力が高まった。明確なルールの導入を契機に、強力な新しい捕獲技術が次々に開発された。しかもことは狐狩りだけではない。野生動物の狩りで一番乗りを果たしたければ、できるだけ殺傷力の高い武器を使うほうがよい。狩猟のこの原則は、他の多くの自然資源にも拡張された。アメリカの多くの州では、水、石油、ガスといった流体の地下資源の所有権は、とにもかくにもそれを最初にポンプで汲み上げた者に帰属すると決められている。

　今日では、発明の所有権にも同じことが当てはまる。アメリカは二世紀にわたって最初に発明した者に特許権を与えてきた。これを先発明主義と呼ぶ。しかしこの方式は規範に相当し、誰が最初だったのかを判断する余地が残されているため、大量の訴訟を誘発する結果となっていた。そこでアメリカはついに二〇一一年に明確なルール、すなわち先願主義に切り替える。発明家たちの競争によって実現した進歩とはいっさい無関係に、特許商標庁の窓口に一番乗りした発明家に特許権を与える。アメリカは世界で最後に先願主義を採用した国である。このとき議会で展開された議論は、二世紀前のピアソン対ポスト訴訟で戦わされた主流的な意見と反対意見にそっくりだった。

　捕獲の法則には、競争者たちにより早くより強くなる動機を与える点で、多大なメリットがある。しかし、最初をこのように厳格に定義することには代償も伴う。とりわけ天然資源に関して大勢の人間が早さと強さを競うようになったら、種の絶滅や漁場の消滅につながりかねない。こうした環境の悲劇の解決策については第4章と第7章で論じる。

　ピアソン対ポスト訴訟の裁判官は誰一人として、自分たちの判断が現実の世界におよぼす影響を理解していなかった。こうしたことは、裁判所や議会や企業や親が何らかの目標の実現をめざすときに起こりがちである。人々のふるまいや心理を推測して所有権のあり方を決めても、実際には推測がまちがっていることが多い。このような意思決定方式を、厳密な実証手続きを経ないという意味で、粗雑な経験主義（casual empiricism）と私たちは呼んでいる。この粗雑な経験主義は、じつは日常生活にも司法の場にもはびこっているのだ。誰かがあなたに向かって粗雑な経験主義でモノを言ってきたら、警戒しなければならない。「結果Yを導くためにルールXを決めるべきだ」と誰かが言ったら、あなたはこう反論するとよい。「ルールXなら結果がYになるとどうしてわかるのか？　Zになるかもしれないじゃないか」と。

「最初」を巡るどれほど激しいバトルも、長い間には忘れられていく。バトルの関係者（ハンター、発明家、国家、チケット購入者等々）が何をもって「最初」とするかに合意すれば、だいたいの人は競争しなくなる。昔ながらの先陣争いだけでなく、いま現在の先頭争いもそうだ。静止軌道に投入する衛星の位置も、ランチをオーダーする行列も、何をもって「最初」とするかが決まっていれば混乱はない。列の先頭の方、どうぞ前へお進みください。

要するに早い者勝ちはソーシャルエンジニアリングの強力なツールであり、人がひしめき合う現代社会ではデフォルトのルールでもある。なぜだろうか。何か本質的に有利な点があるのだろうか。まず、ピアソン対ポスト訴訟で過半数の裁判官が認めたように、わかりやすく適用しやすい。早い者勝ちなら子供にもわかる。最初にブランコに座った子が最初に遊んでいい。それに、どちらが先かで揉めたときも決着はだいたいすぐにつくし、コストもかからない。証拠集めをしたり長々と議論したりする必要はないし、親や先生を呼ぶ必要もない。なぜなら、順番待ちの列に並んだ子供たちがちゃんと見張っているからだ。

早い者勝ちは、原始的・直観的な公平さの観点からも好ましい。早い者を優先するという原則には道徳的根拠があるように見える。ルールに従い列の先頭になれるよう努力したのだから、まっさきに権利が与えられる、というわけだ。また多くの人にとって、早い者勝ちは民主主義や平等主義を求める傾向とも一致する。王子であれ貧者であれ列の先頭になるチャンスは誰にでもある。希少資源を巡る争いにおいて、時は偉大な平等化装置《イコライザー》だと言えよう。

歴史と伝統、効率と生産性、運用や調整のしやすさ、正義と公平の観点から、所有権の中心的な原則は結局「最初に来た者に権利がある」というところに落ち着いている。

ここまでは問題ない。

だが今日では、早い者勝ちの原則はあらゆる方面から攻撃されるようになった。すでに見てきたように、行列代行業やボットはルールの意義を損ねている。列の先頭を確保することには絶好の商機が潜んでおり、セイムのロバート・サミュエルのような抜け目のない起業家は、時を金に変える方法を見つけ出したのだった。

つまり早い者勝ちの原則には数多くの長所がある一方で、決定的な欠陥がある。先頭になれば得られる価値は大きく、所有権ルールを操作する術を心得ている者なら誰でもその価値を獲得できることだ。政府も企業もごくふつうの所有者も、一番乗りをした者を無視してよいなら自分にとっての価値をもっと増やせると気づいている。

そう、私たちが暮らしている世界では、遅い者勝ちがまかり通るようになってきた。その理由を知るために、今度は最高裁とはまったく別の場所にご案内しよう。バスケットボールの名門大学である。

キャメロン・クレージー

本書の著者の一人であるジェームズ・ザルツマンがデューク大学ロースクールの教授になったとき、学部長はこう言った。「報酬は交渉の余地がある。だがバスケットボールの試合のチケットはだめだ。

こちらについては君の力にはなれない」。

デューク大学は五回の全米制覇を誇るバスケットボールの強豪校だ。コーチKことマイク・シャシェフスキーの名将ぶりもつとに名高い。観客同士の距離が近い昔ながらのアリーナ、キャメロン・インドア・スタジアムもすばらしい。母校を応援する学生ファンはキャメロン・クレージーと呼ばれ、国内で最も熱狂的なことで知られる。デューク大の試合のチケットはなかなか手に入らない。教員にとってもむずかしく、学生にとってはそれ以上に困難である。

毎年九月第三週の週末に、デュークの大学院生はキャンプアウトと呼ばれるイベントに参加する。金曜の夜から日曜朝にかけて、スタジアムの外でキャンプをするのだ。昼夜を問わず時折ランダムに警笛が鳴ったら、一〇分以内に出頭して自分がちゃんとその場にいることを証明しなければならない。要領のいいビジネススクールの学生は、キャンピングカーやトレーラートラックを借りてきたりする。要領の悪い文学や歴史専攻の学生は、そのトラックの荷台にマットレスを敷き、ぎゅう詰めになって寝袋で寝る。雨が降らないよう祈りながら。

お祭り気分のイベントであり、学生たちは浮かれてハイになっているが、それでも日曜が来る頃には少々疲れてくる。しかも日曜の朝になったらチケットが手に入るわけではない。辛抱強く待ち続けた学生には抽選に参加する権利が与えられるだけだ。運よく抽選に当たればシーズンチケットを割引価格で買うことができ、コートの真横にある学生専用の立見席で応援できる。ホームゲームを観戦する学生に販売されるチケットは、それよりかなり高い（それでも学生たちはよろこんで払う）。抽選で入手したシーズンチケットの転売はむずかしい。スタジアムに入場する際にＩＤカードの提示を求められるからだ。それにどのみち学生たちは、数倍の値段を示されても転売する気などない[11]。

キャンプアウトは特別な価値のあるイベントになっており、多くの学生がデュークで最高の体験の一つだと語っている。とはいえ、チケットを販売する方法として奇妙であることはたしかだ。なぜ三六時間もスタジアムの外でキャンプさせなければならないのか。ほかの大学はごくふつうに窓口またはウェブサイトで早い者勝ちで販売しているのに。

答えは、所有権は設計次第で効果が何倍にもなることをデューク大が熟知しているからだ。デューク大は困難な二者択一に直面していた。大学には希少資源がある。バスケットボールの試合で誰もが欲しがるコートサイドのチケットである。ここで重要なのは、その所有権と引き換えに大学は何を望むのか、ということだ。

デューク大が望むのは単に観客席を満員にすることではない。単に熱心な学生ファンを望んでいるのでもない。デューク大が観戦に来てほしいのは、キャメロン・クレージーである。キャメロン・クレージーは試合の間中、選手からほんの一、二メートルのところでずっと立ったまま応援し、足を踏み鳴らし声がかれるまで叫び続ける。顔や身体をスクールカラーのブルーでペイントし、デューク大のスローガンにあるように「青い血を流す」。デューク大としては、全米トップクラスの強豪校としてのブランドを数百万人のテレビ視聴者に印象付けたいのだ。第三者の目にはキャンプアウトはばかばかしいイベントに映るかもしれないが、しかしデューク大の目的にはみごとに適っている。

早い者勝ちのほうがかんたんなチケット販売方式であることはまちがいない。だがこれでは、本物のファンの手にチケットが届かない可能性がある。デューク大にとってキャンプアウトは、チケットの所有権を活用して特別なファンだけの元に届くようにする確実な方法にほかならない。キャンプアウトの苦労は、デューク大のバスケットボールの試合チケットをスペシャルなものにする。そう、試練に耐えた唯一無二の仲間の一人だという証拠になるのである。チケットの抽選に参加するためにだけ三六時間ずっと雨の中も猛暑の中もスタジアムの外でキャンプするのは、キャメロン・クレージーだけだ。苦労を共にした経験は彼らを固い絆で結びつける（母校愛の強い彼らが社会人になってから多額の寄付をしてくれるだろうということは、ここでは触れずにおこう）。

キャンプアウトはくだらないイベントだとか、特殊なケースだと感じられたかもしれない。だがその意味合いはなかなか深い。デューク大は、所有権について曰く言い難い重要な何かを掴んだと言える。早い者勝ちは広く採用されていて適切なように見えるが、だからと言って早い者勝ちにしなければならないわけではない。所有権ルールは所有者の利益に適うよう設計することが可能だし、実際にもそうされており、その結果人々の行動を狙い通りの方向に誘導している。デューク大の関心事は、所有する貴重な希少資源すなわちバスケットボールのチケットを目的に適うよう最適配分することだ。そのために、異なる種類のファンに異なるルールを適用している。

裕福な卒業生のためには特別なシステムがある。こちらも厳密な早い者勝ちではない。年会費八〇〇〇ドルを払ってアイアン・デュークス・クラブの会員になるのだ。そうすれば、チケットの優先購入が可能になる。ただしシーズンチケットを購入するためには、自分の名前がウェイティングリストの先頭に上がってくるまで待たなければならない。それには数年かかる。

学部生のための第三のシステムもある。こちらは昔ながらの早い者勝ちで、学生は試合開始数時間前から行列に無料で並ぶことができる。ただしビッグゲームは別だ。デューク大と近くの強豪校ノースカロライナ大学とはライバル関係にあり、この試合のチケットを手に入れたければ、二カ月前からスタジアム正面の芝生でテントを張って待たなければならない（この芝生エリアはコーチKに因んでK村と呼ばれる）。最初のテントが張られると、その後は試合当日まで指定された数の学生を交代で揃えておかなければならない。二時間の試合のために二カ月待つのである。学生たちはK村で大いに盛り上がり仲間意識を高める。二カ月はごめんだという学生はビッグゲームを諦め、短い列でチケットを入手できるふつうの試合で満足する。

デューク大のプログラムは、高度なチケット販売システムを展開することで三種類の価値を実現している。最高にクレージーなファン、超満員のスタジアム、そして多額の収入である。列の先頭にいた人間にだけ報いるという単純なやり方を採用せず、デューク大はチケットの割り当てをソーシャルエンジニアリングの手段として活用した。彼らは洗練されたリモートコントロールを行って学生たちの行動を望み通りに誘導している。考えてみてほしい。デューク大は大学院生を数日間キャンプさせ、学部生は二カ月もキャンプさせ、それで抗議されるどころか気分を高揚させ、しかも価値を最大化しているのだから、じつに驚くべきことではないか。

希少資源の所有者の目的に適うよう早い者勝ちを見直したのは、デューク大だけではない。誰もが欲しがる貴重な資源の所有者はみな、単に長時間辛抱強く待った人に報いる方式を転換すれば、（自分にとって）より多くの価値を生み出す可能性に気づいている。そして、大勢の人をさんざん待たせ振り回しておきながら感謝させる技にかけては、ディズニーの右に出る者はいない。

ディズニーのプライベートVIPツアー

ディズニーは魅力的なアトラクションやショーの創作で卓越しているが、それだけではない。行列を管理することにかけてもエキスパートだ。[12] 911テロ攻撃の後、アメリカの空港ではディズニーの従業員を招いて、保安検査の強化で果てしなく長く延びた乗客の列をどう捌いたらいいのか指南してもらったほどである。ディズニーは、世界各地にあるテーマパークで人々の待ち時間をどう管理するか、経験を重ねて知識を蓄えてきた。

数十年にわたり、子供たちはスペースマウンテンやジャングルクルーズなどに乗るために長い列を作ってきた。混雑時には行列はひどく長くなり、数時間待ちということもめずらしくない。子供は我慢強くないが、早い者勝ちだから仕方がない。人々は手持ち無沙汰で何時間も待ち、割り込みに神経を尖らせた。ディズニー・ファンの掲示板にはたびたびこのトピックが投稿され、厚かましく割り込んだ人と怒った順番待ちの人の殴り合いが勃発したなどと報告されたものである。

ディズニーは一九九〇年代に、長い行列のせいで楽しかったはずの体験が多くの利用者（ディズニーではゲストと呼ぶ）にとって不快なものになってしまうことに気づく。しかしディズニーには解決困難な問題があった。スペースマウンテンが乗せられる一時間あたりのゲストの数は限られていることである。不快な行列待ちを減らしつつ、より多くの利益を生み出せるような方法は何かないものか……。

そこでディズニーの出した答えが、のちに「ファストパス＋」と呼ばれるようになる待ち時間短縮パスだった（パンデミック中はファストパス＋の発券は中止され、さらに二〇二一年八月に正式に廃止されて、代わってさまざまな有料の優先搭乗サービスが導入された）。ゲストは希望のアトラクションまたはショーを三つまで選び、事前にパスを取得する。パスは無料だが、指定時間枠内に使わなければならない。行列は大嫌いというゲストや事前に計画を立てておきたいというゲストは、パスを活用すると長蛇の列の一部をスキップできる。パスを取得したゲストは、そこらを見物したり、あまり待たずに乗れるものを楽しんだりし、時間が来たらお目当てのアトラクションに出向いてファストパス＋専用の短い列に並んで満喫する、というしくみだ。パスを三枚使い切ってしまったら、追加で一枚取得できる。ただし一定時間置かないと使えないので、その間子供たちは空いているショーを見たり、ソフトクリームを食べたりする。そして時間が来たらお目当てのアトラクションに出向き、パスを使い切ったらまたもう一枚……という具合に、疲れ切るか財布が空っぽになるまでこれが続く。

ファストパス＋は、世界各国のディズニーリゾートによって多少の違いはあるものの、混雑をある程度緩和し、ゲストの経験を向上させる効果があることが確かめられている。

だがファストパス＋のほんとうのマジックは、人々をパークに長い間滞在させる効果があることだ。その間に、ただ行列待ちをしていたときよりも多くのお金を使わせることができる。まる一日の滞在中にいくつかのアトラクションを短い待ち時間で楽しむことができるが、アトラクションの合間は一時間か二時間ある。その間、何をするのか。乗り物と乗り物の間はかなり離れており、その道中は子供たちの欲望をそそるようにじつに巧みに設計されているのだ。ついおねだりしたくなるミッキーのグッズ、飲みたくてたまらなくなるパイナップル・スムージー、等々。

ディズニーはデューク大と同じような難題に直面していた。彼らは人気アトラクションへのアクセスという希少資源を持っている。このアクセスは、従来は早い者勝ち方式で割り当てられてきた。これはすべての人に同じ扱いをする公平なシステムに見えた。今日でも何時間も行列待ちをする人々はいるが、その全員が、無料のファストパス＋が用意されていることは知っているはずだ。ファストパス＋にはいろいろと制約があって超便利というわけではないにしても、長々と待つことはとにかく回避できる。

ファストパス＋の導入で、ディズニーは三つの効果を上げている。第一に、長時間の行列待ちを辛抱できない人たちの苦痛を和らげた。第二に、行列待ちの時間を園内での買い物や飲食に充てさせた。第三の効果は少々わかりづらいが、ディズニーにとってはおそらく今挙げた二つ以上に価値がある。それは、早い者勝ちがアトラクションの順番を決める唯一無二のルールではないという事実にゲストたちを慣れさせたことである。ファストパス＋は、明確に正当化された限定的な割り込みが存在しうること、自分たちもその割り込みの権利を取得できることを人々に教えたのである。

続いてディズニーは次の一手を打つ。所有権の設計において天才的な一手だった。

一部の超富裕層は、時間はなくても使えるお金は潤沢にある。最高裁の傍聴席やiPhoneのニューモデル発売で列の先頭を確保するために、行列代行業者にお金を払うような人たちがそうだ。こういう人たちは、ディズニーワールドで行列をスキップするためならいくらでも払う用意がある。そこでこうした顧客を狙ってディズニーは「プライベートVIPツアー」なるものを考案した。言うなれば「スーパーファストパス++」といった体のものである。このツアーを購入すればどのアトラクションも待たずに乗れる。それも、一日中。スプラッシュマウンテンを五回連続で乗ることも可能だ。一部の人たちにとって、この特権を手に入れるためなら大金を払う価値がある。

これは、ディズニーにとって利益を増やすかんたんな方法に見える。だがそこには落とし穴がある。もし、あまりに多くの裕福なファミリーが目立つ形で行列の先頭に割り込んだら、辛抱強く待っている人たちが怒り出すにちがいない。

ディズニーは、プライベートVIPツアーの値段を十分に高くして利益を増やすと同時に、割り込みに神経を尖らせる行列待ちの人々に気づかれない方策を講じられる兼ね合いを探り、最適価格を見つけ出すことで、この問題を解決した。じつに巧妙な計算の結果、気づかれないように利益を最大化しうる価格は、シーズンによって三〇〇〇〜五〇〇〇ドルとされた。これが一グループ当たりのツアー料金（入場料は別）で、七時間連続ですべてのアトラクションの行列をスキップできる。いかに大金持ちといえども、これ以上の金額と時間をディズニーワールドに費やす気はないということだろう。

プライベートVIPツアーには専属ガイドが一グループに一人付き、スマートく且つ控えめに誘導してくれる。通常はファストパス+専用レーンから入るので、特別扱いと気づかれることはない。超人気アトラクションなどは、ガイドが通用口や出口から案内する。

ディズニーにはごく最近まで待ち時間短縮方法が何通りか用意されていた。中でも悪名高かったのが、身体障害者用パスである。入園時にこのパスをもらうと、身体障害者一人につき最大六人までのグループが優先搭乗できる。だが甚だ遺憾なことに、身体障害者が自身を一時間一三〇ドル程度で貸し出し、健常者のファミリーが付き添い人として行列をスキップできるようにしていることが判明する。プライベートＶＩＰツアーと比べたら、このほうがはるかに安上がりだ。

車椅子をレンタルしてきて身体障害者のふりをする悪質な連中もいた。あるゲストはこんなことを言っている。「ブラックマーケットで身体障害者を雇えば行列を全部飛ばせるのに、誰がＶＩＰツアーに大金を出すもんか」[13]。身体障害者を雇ったというあるニューヨークから来た富裕層のママは罪の意識などかけらもなく、「これが一％（の超富裕層）のやり方よ」とさも当然のように話した。

こうした事態を憂慮したディズニーは、身体障害者用パスを廃止する。「たいへん遺憾なことに、一部の利用者が障害者を雇い、障害を持つ方への私どもの配慮を悪用していることがわかったため」だと述べている。[14] 一％が行列をスキップしたいなら、その一％に払わせたいというのがディズニーの考えだ。

読者が周囲を注意深く見回してみたら、早い者勝ちのルールがそこここで崩れていることを発見するだろう。だが心配する必要はないかもしれない。結局のところ、キャンプアウトはデューク大学のスペシャルな体験として学生に歓迎されている。ファストパス＋は一般ゲストのイライラ解消に役立っている。プライベートＶＩＰツアーでさえ、それなりに社会的価値がある。すくなくともディズニーの株主にとってはそう言える。

動的課金とキッチンカー

所有権ルールを変更するたびに、得をする人と損をする人が必ず出てくる。ルールの変更をどう評価するかは、あなたがどちらの側かによってちがってくるだろう。もしいまカープール・レーンを走行中なら、どの区間を走っているかによってちがってくるかもしれない。

相乗りの車と電気自動車（多くの市が電気自動車にもカープール・レーンの走行を認めている）に優先レーンを提供することは、道路上の車を減らし、大気汚染を減らすうえで好ましいと考えられる。だが上乗せ料金を払えば一人乗りのガソリン車にもカープール・レーンを走行する権利が与えられると知ったら、どう感じるだろうか。上乗せ料金は、動的課金《ダイナミック・トーリング》の形をとる。ホテルや航空会社ですでに導入されているダイナミック・プライシングの高速料金版だ。この方式では、カープール・レーン上のスムーズな走行を維持するために、リアルタイムで最適課金が計算される。

二〇一七年一二月から、ヴァージニア州からワシントンＤＣ方面へ州間高速六六号線を走行するドライバーには渋滞時間帯に動的課金が適用されるようになった。施行に先立ち実施された聞き取り調査では、動的課金はよいアイデアだと思うとドライバーは口を揃えている。理論上は、数ドル余計に払えばカープール・レーンを走行できる。だが渋滞がひどかったある朝は、たった一〇マイル（約一六キロ）で三五ドル近く課金された。「非常識だわ」とある女性はワシントンポスト紙の記者に不満をぶちまけている。[15]

だが動的課金制度は設計された通りのことをしただけである。料金を上げれば一人乗りガソリン車の多くは六六号線から出ていくので渋滞は解消し、走行速度は時速六〇キロから九〇キロに上がる。すると、上乗せ料金を払ってもよいと考えるドライバー（おそらくは議会の公聴会の席やディズニーのプライベートＶＩＰツアーにお金を出すのと同じ一％）が入ってくる。いや、特別裕福な一％ではなく、ほんとうに急ぐ必要のあるふつうの通勤者かもしれないのだが。

ヴァージニア州は、デューク大学やディズニーと同じく、所有権を設計できる立場だ。昔ながらの早い者勝ち方式では、渋滞と大気汚染という代償を払わねばならない。動的課金は時間か金かをドライバーに選ばせる。カープール・レーンと動的課金の組み合わせは、大気汚染を減らし人々を健康にすることに一役買っているのである。州が補助金を出して路線バスを走らせたら、高速道路を走る車の数をもっと減らすことができるだろう。そうでもしないと、カープール・レーンは金持ちばかりが走行する車線になりかねない。

早い者勝ちの原則がソーシャルエンジニアリングのツールとしてどう働くかを理解する最後のヒントとして、キッチンカーの駐車を巡るバトルを取り上げよう。[16] 大流行のキッチンカーは外食産業において最もイノベーションがさかんな部門であり、ここから生まれた料理が本格的なレストランのメニューになることもめずらしくない。二〇〇八年にロイ・チョイが家族や仲間とキッチンカー Kogi（コギ）をロサンゼルスで開業すると、プルコギとタコスの組み合わせなどコリアン・フードとメキシカン・フードを融合させた料理は大人気になり、全米に広がる。そしてコギ流のタコスは金持ち相手のレストランのメニューにも載るようになった。

ロイ・チョイは食文化に貢献しただけでない。それ以上に重要なのは、アメリカで一旗あげたい移民起業家にとって、キッチンカーは現実的な手段だと手本を示す役割を果たした。店舗を構える昔ながらのレストランは、キッチンカーの出現に警戒心を強める。レストランは家賃や光熱費を払い、厳格な食品衛生基準に合格し、規則を遵守しなければならない。必然的に営業経費のかさむレストランが、自分たちの近くに停めて営業するキッチンカーとの競争を不公平だと考えるのも、無理はなかった。とはいえ読者はこのあたりで、それが所有権と何の関係があるのか、と疑問を感じたことだろう。

大いに関係がある。レストラン側は駐車場を巡る論戦で早い者勝ちの論理を押したてきたからだ。

彼らは地元の行政当局にロビー活動を仕掛け、キッチンカーが既存レストランの近隣に停めて営業することを禁じるよう陳情した。最初にここで営業したのはわれわれだ、とレストラン側は主張した。キッチンカーは後から来た。だから近隣の駐車場を早い者勝ちで割り当てるのはかまわないが、その「早い者」とは「フードサービス業以外」という条件付きにすべきだという。

ボルチモア郡ではロビー活動が功を奏し、キッチンカーはレストランから六〇メートル以内に駐車・営業することを禁じられた。事実上、繁華街から締め出された格好である。シカゴも同様の条例を定め、キッチンカーにGPSの搭載を義務付けて遵守しているかどうかを監視した。その結果、シカゴで営業しているキッチンカーは七〇台にとどまっている。一方、オレゴン州ポートランドは駐車規制を導入しておらず、シカゴの四分の一の人口規模にもかかわらず、五〇〇台以上のキッチンカーがにぎやかに営業している。当然ながら、両市のローカルフードには顕著な違いが見られる。規制が敷かれていないポートランドでは、保守的なスタイルのレストランで座って食べるか、キッチンカーでタコスを立ち食いするかをまず選べるのだ。

だがもっと重要なことがある。駐車規制は既存のレストランを保護し、市の課税ベースを堅持する一方で、料理のイノベーションを抑圧し、雇用の創出を制限する。移民起業家の成功への道筋を一つ減らしてしまう。誰がどういう理由で駐車スペースを与えられるべきかを巡る議論で、移民の起業の問題は重要な争点となった。これはまさに、新参者と先住民の権利を巡って争われたジョンソン対マッキントッシュ訴訟の再現である（早い者勝ちの定義は「征服者の属す政府が決める」とされた）。ただ今回違うのは、新参者のほうが負けたことだ。

早い者勝ちの定義は、誰かの目的（その多くは秘密にされている）を達成するためのソーシャルエンジニアリングの一手段であることを忘れてはならない。所有権を設計できる立場にある人間は誰でも、自分の得になるように用意周到に考案された方法で人々の行動を変えることができる。デューク大学の目的はクレージーなファンを選りすぐることだった。ディズニーの目的は利益の最大化、ヴァージニア州の目的は環境改善に役立つ料金徴収方法の確立である。あらゆる希少資源（試合のチケット、人気アトラクションのアクセス、カープール・レーンの走行）の所有者にしてみれば、ひたすら行列待ちをした人に報いるだけではあまりにも多くの価値が無駄になる。早い者勝ちはもはや時代遅れであり、儲からないやり方に成り下がっている。

所有者の目的は？

私たちは一日何十回も、自分の欲しいものの所有権を誰が管理しているのか、とくに考えもせずに見きわめている。飲み物を買いに行く間どうやって席を確保しておくかとか、ビーチのどこにタオルを広げるかを決めるとき、私たちは意識せずに「どうやったらこれを自分のものだと主張できるか？」と考えている。社会でうまくやっていける大人になることの一部は、目の前の状況でどんな所有権ルールが適用されているのかを察知する能力にあると言えるだろう。

多くの場合、早い者勝ちが主流だ。たとえばスーパーマーケットの駐車場では早い者勝ちがデフォルトとなっており、先に入場した車が空いている好みのスペースに停めることができる。他の方式にしたいなら、駐車場のオーナーは別のルールを誤解しようのないほど明確にしなければならない。たとえば特定のスペースに「許可車両のみ」とか「身体障害者用」などと大書してあるのはその一例だ。ビーチでも、映画館でも、レストランでも、最高裁の傍聴席でも、そうした特別ルールは存在する。

あなたが次回行列に並ぶときには、先頭の人が並び屋だとしたらいくら貰っているのかと想像して時間を潰すのもいいが、それとは別に、行列方式の他にどんな選択肢がありうるのか考えてみてほしい。貴重な希少資源の所有者は、他の方式を選ばず、ひたすら行列させて先頭の人に資源へのアクセスを与える方式を選んだのだろうか。それとも特定の行動を誘導するために、早い者勝ちと何か別の方法を組み合わせるハイブリッド方式を採用しているのだろうか。単純に早い者勝ち方式を選んだとすれば、この方式が所有者の（隠れた）目的の実現に都合のいい技術的・道徳的選択肢だったことになる。その隠れた目的は、あなたにもっと払わせることかもしれないし、相乗りの奨励や競争の回避かもしれない。あるいは、顔を青くペイントして熱狂的に応援してもらうことかもしれない。

目的を察知したら、あなたはこう自問するといいだろう。どうやったら所有権をうまく設計して、人々の行動をこちらの思い通りに誘導できるだろうか。昔ながらの早い者勝ち方式が利益を最大化する最善の方法だと決めつけるべきではない。親としてあるいは教師として、自分が一番だったと自己申告した子供に報いるべきなのか、それとも現に列の先頭にいる子供に報いるべきなのか。あるいはエアビーのような民泊のホストとして、一番先に申し込んだグループを優先するのか、それとも評価の高いゲストに限定するのか、それともあなた自身が独自基準でゲストを選別するのか。

もちろん早い者勝ちにはすぐれた点が多い。運用しやすく、公平性や平等性という私たちの直観的な物差しにも適合する。聖書の昔から採用されているのも理由あってのことにちがいない。だが早い者勝ちは原始的な方法であり、容易に攻略されたり裏をかかれたりするという弱点がある。得られるはずの価値が得られないことも多い。また、望まぬ客を招き入れる結果になることも多々ある。その結果、希少資源の所有者は早い者勝ちで所有権を与えるやり方を考え直すようになった。

行列代行のような仲介事業者が資源を買い占めて富裕な希望者に転売することもあるが、所有者自身が新たな方式を設計することも少なくない。全員に均一価格で売ることをやめ、一握りの希望者にのみ特別な体験を販売するというふうに。こうしたハイブリッド方式を導入することで、希少資源からより多くの価値を引き出すことが可能になる。
所有権に関する錬金術のようなテクニックは、単にチケットの買い手からダフ屋へお金が移転する以上の意味がある。行列代行のスタートアップは、ある種の社会革命への道を示したと言える。静かな革命ではあるが、革命にはちがいない。起業家たちは、時間をお金に置き換えれば利益を得られると気づいたのだ。
早い者勝ちが今後どうなるかということは、社会の主要な価値観にかかわる論争の一部をなしているのだが、そうと認識されることはめったにない。行列は問題なのか、それとも解決なのか。金で雇われた並び屋と競争することなく一般市民が最高裁で傍聴できるようにすべきなのか、傍聴のために数千ドル払う用意のある弁護士やロビイストで席が埋まるほうが社会にとってより価値があるのか。最高裁は学生団体のために傍聴席の一部を確保すべきだろうか。それとも席をオークションにかけ、その収益で高校生をガイド付きの最高裁見学に招待すべきだろうか。あるいは、アクセス方法をすっかり変えることも考えられる。たとえば動画のストリーミング配信を行い、誰でも無料でオンライン視聴できるようにする。本書の著者である私たちはこの方法に賛成だ。パンデミックによるロックダウンの間、裁判所は音声のライブストリーミング配信を行ったが、それで司法の運用に支障をきたすということはなかった。[17]
何に価値を見出すかは人によってさまざまだ。だから誰のものかを決めるルールは、そのさまざまな意見のどれか一つに報いるものだと言える。ロッキングチェアが誰のものかを決めるときにいくつもの選択肢があったことを思い出してほしい。昔ながらの早い者勝ちは、列の先頭を確保して辛抱強く待つ時間のある人に報いるシステムである。時間は誰でも平等に持っており、誰にとっても一日は二四時間しかない。これに対して遅い者勝ちは、お金に報いることが多い。このシステムは、時間はないがお金はある人、正確に言えば他人の時間にお金を出す用意のある人に有利になる。

　このことを理解していれば、世界で成功している企業が顧客にどんなサービスを提供しているか、解明できるようになる。たとえばスターバックスはモバイルオーダーが優先されるアプリを提供している。ユナイテッド航空はひんぱんに利用するロイヤルカスタマーを優先搭乗させている。ウォルマートは買い物が「二〇アイテム以下」の人のための列を用意している。長続きする企業は従来の早い者勝ちのルールをすこしばかり調整する術に長けており、利用者に時間またはお金またはその両方を使わせる、それも喜んで使わせることができる。

　所有権の設計は、チョコレートアイスとバニラアイスのどちらを選ぶか決めることとはわけが違う。そこには重要な価値観が懸かっているのだ。経済のそこここで、希少資源の所有者は所有権の影のルールをひそかに変えてきた。早い者勝ちから遅い者勝ちへ、時間からお金へ、平等から特権へ。こうした変更はどれも所有者の利益にはなっても、必ずしもあなたの利益にはならない。こうして選択されたルールは永続的なものではないし、必然でもない。それでも、現代の生活に必須のモノを巡る人々の相互作用の中で、消費者として、また市民としての行動を規定することになる。

第2章

占有は一分の勝ち

アメリカの豪雪地帯の都市部で育った人は、雪かきの大変さをよく知っているだろう。ブリザードの翌朝は早起きをして、路上の雪の塊の中から自分の車を掘り出さなければならない。重労働の末にようやく車を救い出し、運転して会社へ行く。問題はここからだ。夕方別の車がやってきて、雪かきされた駐車スペースを見つけると、大喜びで停めてしまう。遅く帰宅したあなたはどこへ車を停めればいいのか。通りの大半はまだ雪に埋もれている。こんなときこそ、パーキングチェアの出番である。[1]

ボストンには、公共の駐車スペースであっても大雪のあとで雪かきをしたら椅子などを置いておけば、場所を確保できるという習慣が根付いている。シカゴではこのシステムを使用権《ディブズ》、フィラデルフィアでは場所取り《セーブシーズ》と呼ぶ。ペンシルベニア州の他の地域では「ピッツバーグのパーキングチェア」と呼ぶ。これらの都市や州では、通りがすっかり除雪されて通常のルールが回復されるまでは、雪かきした人が椅子を置くことで駐車スペースを確保できる。すくなくとも数日間は、住民が公道上の駐車スペースに権利を主張でき、市当局は介入しない。地元の住民はみなこの不文律を承知しており、こうした習慣の存在を誇りにしてもいる。[2]決まりはかなりルーズで、椅子でなくオレンジ色のコーンでもいいし、何なら掃除機や壊れたアイロン台の類でもかまわない。シリアルの箱だっていいのだ。重要なのは「このスペースは私のもの」だと他のドライバーに明確に伝えることである。

古くからの住人によると、パーキングチェアが出現したのは車の数が路上の駐車スペースを上回った時期だったという。生まれたときからサウスボストン（通称サウジー）に住んでいるブライアン・マホニーは、子供の頃には「誰も椅子など置かなかった。だって、誰がどこに車を停めるか、お互いに知っていたからね。みな同じ世代の人間で、同じ通りの住人は全員知り合いだったんだ」と話す。[3] サウジーの住人たちはお互いに雪かきを助け合い、通りを見張り、よそものが駐車しようとしたら注意した。自分のスペースを椅子で確保する必要などなかったのである。

だが一九七〇年代後半あたりから古い戸建て住宅に代わって高層アパートが建ち始め、流入人口がどっと増えると、車の数が駐車スペースを上回るようになる。どうやら一九七八年のブリザードが転機になったらしい。このときから住人たちは駐車スペースの占有（possession）を主張する簡便な手段として椅子を置くようになった。そしてほとんどの地区でこのシグナルは了解された。無視する者には手ひどい報復が待っていたものである。

駐車場不足が顕著になってからも、ボストン市当局は見て見ぬふりをした。事業所や商店は、客が駐車するスペースがどこにもないと抗議した。修理や保守のために来た業者もひどく離れたところに停めざるを得なかったし、個人の家に来た客は駐車スペースを探して走り回るありさまだった。その一方で椅子の置かれたスペースは一日中ずっと空のままで、「所有者」が帰ってくるのをひたすら待っている。苦情が増え続ける中、ついにボストン市当局は二〇〇五年に規則を定める。パーキングチェアの有効期限は大雪の日から四八時間を上限とする、という規則である。猛烈な抗議の声が上がった。サウスボストン出身の市議会議員ジェームズ・ケリーは市長に公然と反旗を翻す。「この問題は、アメリカ人であることがどんな意味を持つかという原則に関わっている……金鉱掘りや西部の開拓者と同じく、住民には占有を主張する権利があるのだ」[4]。サウジーの住人たちは当初四八時間ルールを無視していたが、ここ一〇年ほどでルールは徐々に浸透してきた。

サウスボストンから大きな通りを隔てて富裕な人々の住むサウスエンド地区は、別の対策を採用した。地区連合が共同戦線を張って市当局に圧力をかけ、二〇一五年に市議会がサウスエンドを「場所取りのないモデル地区」にすると宣言する[5]。駐車スペースの占有を主張する椅子などが置かれたら、サウスエンドの住民はただちに市に通報し、「放置された家具」を即時撤去してもらう。四八時間の猶予はない。マーティ・ウォルシュ市長はこれを支持した。「そもそも駐車スペースは住民のものではない。雪かきをして車を出したにしても……そこは市が管理する道路だ」[6]。市長の指摘は的を射ている。結局のところ、人々が雪かきをしたのは車を掘り出してどこかへ行くためだ。その目的は果した。そのうえ、なぜその人のためにだけ公共スペースをとっておかなければならないのか。

ボストンで生まれ育ったアダム・レスコフは、この騒動について次のように考察している。そもそもパーキングチェアが出現したのは、変化する近隣環境と折り合いをつけるためだった。「大局的にみれば、あれはある種のご近所さん感覚を保つための保守的な方法だったと言える。長年のお隣さんが自分の家から離れたところで駐車料金を払わなければならなくなったことに対して、この町の住人が昔ながらのやり方を維持しようとするもう一つの方法なのだ」とレスコフは語っている[7]。

ブルック・グライデンは新しいルールと古い習慣との板挟みになった一人だ。二〇一五年に彼女はニューヨークからサウスボストンに引越してきた。ニューヨークで雪かきをして椅子を置こうものなら、駐車スペースと椅子の両方を失うことになる。だから彼女は大雪の翌朝車を掘り出すと、ニューヨークの習慣に従って駐車スペースを空けておいた。グライデンは駐車するときはだいたいにおいて良識あるふるまいを心がけ、椅子のないスペースを探すようにしていた。ところがある夜遅く帰宅したとき、彼女はコーンの立ててあったスペースに駐車してしまう。数日前に大雪があり、そのときから置かれていたものだった。翌朝グライデンの車のフロントガラスには赤の油性インクで「私のコーンをどこへやった？　コーンも盗んだのか？」と大書されていた。

グライデンは警察に届け出たが、ボストンの警察はパーキングチェアを巡るいざこざには介入しないと知って失望する。彼女はいっこうにへこたれず、また別の夜に同じスペースでコーンをどかして駐車した。「誰かの持ち物を傷つけるなんて許せないわ」。だがグライデンは軽く済んだほうだ。駐車スペースを巡る争いはエスカレートしやすい。コーンや椅子を無視した車は鍵穴を壊されたり、窓ガラスが破られたり、タイヤを切られたりすることもある。いざこざが暴力沙汰や発砲に発展しない限り、警察は介入しない。

パーキングチェアをどう扱うかの選択は、古くからの習慣の尊重、新参者や事業者の要求、暴力行為に対する許容度の低下のせめぎ合いによって決まる。サウジーの古くからの住人にとって、パーキングチェアは占有権を表すシグナルだ。一方グライデンのような新参の住人にとっては早い者勝ちが当然のルールである。ボストンより降雪量の多いニューヨーク州北部では、椅子を出しても何の効果もない。ニューヨーク州より南のフィラデルフィアは #nosavesies（場所取り禁止）キャンペーンを展開し、ボストンのサウスエンドのようなモデル地区をめざしている。しかし多くの都市ではルールがまだ定まっておらず、都市によってはパーキングチェアをどかしたら生命が危うくなりかねない。では公道に置かれた椅子は何を意味するべきなのか。

正解はない。

占有は子供のときに覚えてしまう秘密の言葉だ。この言葉の意味するところを知っていないと、世馴れた大人にはなれない。個人も企業も政府も占有の条件を巡って絶えずぶつかり合っている。パーキングチェアにとどまらず、私たちは毎日何百回も、駐車場、カフェ、エレベーター、公園や遊園地等々で占有の主張の正当性を無意識のうちに評価しているのだ。そうした主張の大半は、無言のシグナル、敬意、習慣などの形をとる。それを理解しているかどうかによって、日々の生活の中で座る席、立つ位置、移動する場所、希少資源との関わり方が決まる。本章ではこれらのシグナルを読み解くお手伝いをしたい。

身近なところでは、近隣住民や起業家や政府は占有を表すものを使って、気づかれないように私たちの行動を誘導する。もっと大きな規模で言えば、政治指導者は人々の本能的な占有感覚に訴えて、戦争や征服を正当化する。占有は、所有者が好きなように現実を再構成できる強力なツールだと言えよう。占有のルールは多くの場合に法律ではないが、法律より強制力があったりする。

お砂場とショッピングカート

なぜサウジーの住人は、パーキングチェアを無視したらタイヤを切ってもかまわないと考えたのだろうか。彼らの反応には、よそものに対する単なる不快感以上のものが隠されている。サウジーの主張の一部は早い者勝ち（第1章）に、一部は生産的労働（第3章）にあるものの、彼らの所有権を成り立たせているのは占有にほかならない。財産権の権威であるキャロル・ローズは、「雪かきは有益な行為ではあるが、他の車両の入場を妨害する物体を置くことを明確に裏付けるとは言えない」と書いている。[8]

読者はここで、教会の会衆席やジムのエクササイズのレッスンで「自分のいつもの場所」を誰かが取ってしまったときのことを思い出してほしい。おそらくそいつを殴ったりはしないにしても、あまりいい気持ちはしなかっただろう。

物理的な占有に基づく所有権の主張、具体的には「私がいま持っているんだから私のもの！」は、最も原始的な所有権の根拠である。そう、敢えて「原始的な」という形容詞をつけた。[9]というのも占有は動物の行動を司る原始的本能の一つであり、ヒトの脳にも生まれつき備わっているからだ。[10]私たちが日々の生活で「自分のもの」だとする理由の多くは占有に由来する。

物理的な占有へと人々を駆り立てる衝動は人間心理のコアな部分を占めており、幼児の発育の早い段階から現れる。一歳になる頃にはどんな文化圏の赤ちゃんも、何か特定の物（たとえば毛布）に対して強い所有感覚を持つものだ。心理学用語ではそうした品物を「移行対象」という。移行対象は、母親への全面的な依存を脱してハイハイを始める赤ちゃんに安心感を与えてくれる。赤ちゃんにとってモノは自分の延長だ。一八カ月にもなると、「私の！」は幼児のボキャブラリーの中で重要な地位を占めるようになる。魔の二歳児と呼ばれる時期の揉め事の大半は、モノの占有を巡って起きる。

これは自分のものだと他人に発信することは、自我と自立にめざめた子供にとってとてつもなく重要だ。[11]あの人形、あのミニカーが「私の」であれば、それは他の誰のものでもない。三、四歳にもなると、自分の欲しいものをいかに手に入れるか日々戦うことになる。幼児期のこうしたバトルは、所有権を主張し所有物を守る術を学ぶと同時に、他人の主張を理解し譲ることを学ぶ最初の機会である。

占有したがるのはなにも幼児だけでなく大人も同じだ。ノーベル経済学賞を受賞したダニエル・カーネマンとリチャード・セイラーは、ごくありきたりの品物であっても、それをしばらく持っていただけで、人々がその品物に認める価値に影響が出ることを実証した。いまや古典となった実験では、学生の一部にごく一般的なマグカップを渡し、そのマグカップを誰かに譲るとしたらいくら欲しいか、という質問に答えてもらう。[12]他の学生には現金を渡し、同じマグカップを手に入れるのにいくらなら払うか、という質問に答えてもらう。マグカップは何の特徴もない一般的な品物なので、前者のつける値段と後者のつける値段に大差がつくはずがない。最初にマグカップを渡されるか、現金を渡されるかが何らかの違いを生じさせるとは考えられなかった。

ところが実際には違いが生じたのである。何度やっても、最初にマグカップを渡された学生が売ってもいいと思う金額は、現金を渡された学生が買ってもいいと思う金額の二倍以上に達した（五・七八ドル対二・二一ドル）。チョコレートバー、試合のチケット、宝くじの券、音楽ＣＤなどを使って巧みに設計された実験が一〇〇回以上行われたが、結果は同じだった。チンパンジーやオマキザルも同様のふるまいを示した。[13]

こうした結果はすべて、同じ基本的な心理を表している。何かを物理的に占有した瞬間から、その品物はあなたにとって占有前より大切になる、ということだ。その品物への執着が価値を高め、その品物をふつうに買うときより高い値段を払ってもらわないと手放したくなくなる。つまり、もはや単純にマグカップを売るのではなく、すでに自分の一部となっている自分のマグカップを売るのである。となれば、その分の上乗せをしてもらわないといやだ、ということになる。セイラーはこれを「授かり効果（endowment effect）」と名付けた。[14]

授かり効果は、日々の多くの行動を規定している。つい先日スーパーマーケットで買い物をしたときのことを思い出してほしい。ショッピングカートを押してレジの行列に並んでいたはずだ。そこへ誰か見知らぬ人がやってきてあなたのカートを覗き込み、やにわにシリアルの箱を取り出し、さらにじろじろ見てから牛乳パックを手に取ったと想像してほしい。非常識きわまる行動だし、ふつうはそんなことをする人はいない（もっとも、パンデミック初期に品不足パニックが起きたときには、他人のカートからトイレットペーパーを取る行為が横行した[15]）。きっとあなたは大声を上げるだろう。「ちょっと、何するの！　それ、私のよ！」。だがシリアルや牛乳はあなたのものなのだろうか。あなたはまだ精算を済ませていない。それなのに、どうしてそんなに自信たっぷりに「私の」だと言えるのか。あなたが物理的に占有していることは、法的な所有権を意味しないのである。

小売事業者はこの占有本能をよく承知しており、これをうまく活用して、商品に客が執着するよう仕向ける。アップル・ストアが開放的なフロアプランを採用し、おしゃれだがいくらか雑然とした雰囲気を醸し出しているのは偶然ではない。スタッフはよく訓練されており、客が歓迎されていると感じ、長居して iPhone や iPad や他のクールな製品を心ゆくまで試し、欲しくてたまらなくなるように仕向ける。物理的に長いこと iPad を占有し、あれこれいじって遊んでいるうちに、客にとっての iPad の価値はどんどん高まる。「あの iPad」が「私の iPad」になる。そうなったら、値段を聞いても法外だとは感じない。

占有の心理は、他の小売店でも活用されている。アパレルショップのスタッフがしきりに試着を勧めるのも、車のディーラーが試乗を勧めるのも、このためだ。新しい服を着てみたり、新しい車を運転してみたりすると、それが自分のものになったときのことを想像するのはたやすい。だから靴の通販のザッポスは無条件で返品無料にして客が気軽に試着できるよう工夫を凝らし、マットレスの販売業者は「六カ月以内ならいつでも送料無料で返品できます」と売り込む。一部のインターネット通販では商品が届いて試着してから決済すればよいというサービスを導入しているが、これも授かり効果を最大限に活用するためだ。一度手にした商品は手放すのが惜しくなる。物理的に占有した品物の価値は高まるのである。

法律も、物理的占有についての私たちの本能的な感覚におおむね味方している。あなたが毎日持ち歩くものを考えてほしい。たとえば財布、スマートフォン、リュックサック、着ている服、ハンカチや化粧品、等々。あるいはカフェのテーブルに置いた本でもいい。誰かがこうした物を持ち去ろうとしたとき、あなたはそれが自分のものだということをどうやって証明するのか。意外に思われるかもしれないが、答えはだいたいにおいて物理的占有に帰着し、それ以上の証明を必要としない。私があなたの本を取ったら、それまであなたが持っていたというだけで、法律はあなたに所有権があるとみなす。たとえあなたが泥棒であって、その本を誰かから盗んだのだとしても、答えは変わらない。あなたがそれまで占有していたという事実が、いま取った私に勝つのである。

このルールは、ある重要な経済上の関係を生む。服をドライクリーニングに出すときや、バレットパーキング（ホテルなどでの駐車代行サービス）の係員に車のキーを渡すときのことを考えてほしい。なぜあなたは大切なドレスや車が戻ってくると確信できるのだろうか。答えは、あなたが物理的に占有していたからだ。あなたがほんとうに法的な所有者であることを証明する契約や証書や裁判記録などなくてよい。あなたに必要なのはクリーニングの預かり証だけだ。その預かり証は、店員に渡す前まであなたが占有していたことを示す。法律用語ではクリーニング店でのこのような受け渡しを「寄託」という。寄託とは、当事者の一方（受寄者）が相手方（寄託者）のために物の保管をすることを約束し、その物を受け取ることによって効力を生じる契約のことである。このときあなたはその物の所有権を失わない。特定目的のために一時的に物理的占有が移転するだけである。こうしたわけで、あなたは何の疑いもなく知らない人に貴重な品物を預け、相手がそれをちゃんと返してくれると信頼できる。

物理的占有が意味を持つのは、信頼があってこそ、である。信頼のないところでは、有益な経済活動の大半が成り立たない。信頼が存在しないなら、私たちは本やサングラスやスマートフォンを買ったときの領収書を持ち歩かなければなるまい。信頼が存在するからこそ、スリはあなたのズボンのポケットから抜き取った財布の所有権を主張できないのだし、あなたの庭に足を踏み入れた侵入者は土地の所有権を主張できないのだし、あなたが落とした時計を拾った人はその所有権を主張できないのである。「拾った物は自分の物」という言葉には説得力がありそうだが、実際には法律も習慣も逆のことを言っている。ほんとうのルールは「拾った物は持ち主に返す」なのであり、[16]その経験は誰でも何度もあるだろう。ほとんどの人は、ほとんどの場合に、もとの持ち主に返そうとする。

物理的占有は、所有権争いを解決するこのうえなく単純明快な決め手だ。長年の実績もあり、しかもコストをかけずに容易に検証できる。他の条件がすべて同じなら、その物を先に占有していた人があとから手に入れた人に勝つのが一般的だ。だが、つねにそうなるとは言えない。

裏庭の無法者

一九八〇年代のこと。ドンとスージーのカーリン夫妻は、コロラド州ボルダーのハードスクラブル・ドライブに隣接するいくつかの区画を購入した。[17]雄大なロッキー山脈フロントレンジを眺望できる場所である。二人は注意深く老後の計画を立てており、土地は何もせずに放置していた。いずれ値上がりしたら売って、老後資金の足しにするつもりだった。実際に土地は一〇〇万ドルまで値上がりし、賢明な投資だったことを証明する。すくなくともカーリン夫妻はそう考えていた。

さてカーリン夫妻が購入した区画の隣には、ボルダー市の元市長で郡の判事を務めるリチャード・マクリーンと妻エディー・スティーブンスが住んでいる。彼らは二〇年にわたり、カーリン夫妻の土地の三分の一ほどを公然と使い、自分の家の裏庭のように扱っていた。二人はそこを整地してたびたびパーティーを開き、薪を保管し、裏庭に通じる「エディーの小径」を整備した。他人から見ればマクリーンがその土地を物理的に占有しており、土地の所有者であるように見えたものである。実際の境界線を知らない人は、その土地がマクリーンの敷地の延長だと考えたにちがいない。

そして二〇〇七年になると、マクリーンとスティーブンスは「自分たちの裏庭」の所有権を裁判所に申し立てる。カーリン夫妻は狼狽した。マクリーンとスティーブンスは侵入者だ。所有権を主張するなんて、厚かましいにもほどがある。だが裁判所がマクリーンとスティーブンスに味方するとわかってカーリン夫妻は一段とショックを受けることになった。激怒したのは夫妻だけではない。判決の直後にマクリーンとスティーブンスは弾丸と脅迫状の入った匿名の郵便物を受け取った。「開拓時代の西部を忘れるな。おまえたちのような連中がどんな目に遭うか、わかっているだろう」。

だがこの脅しはお門違いだ。開拓時代の西部は物理的占有による所有権の主張が今日よりもっと強くもっとひんぱんに行われていた。当時はそこに住んで耕したというだけで移住者が土地の権利を主張し、あやふやな昔の公式記録に基づいて所有権を主張する所有者に向かって発砲したりした。なにしろアメリカでは土地の所有権者をたどっていくと、その大半が一八〇〇年代の不法占拠者に行き着くという。[18] 彼らは入植者連盟あるいは不法占拠者同盟といったものを結成して地元議員に圧力をかけ、土地の占有を認めさせた。今日の世界でも、多くの地域でこうしたやり方がいまだにまかり通っている。

マクリーンとスティーブンスに所有権を認めた法的措置は、「時効取得（adverse possession）」である。[19] これは古代からあるルールで、いまから四〇〇〇年前のハムラビ法典に出てくるが、もっと古い時代からあったのではないかと推測されている。本章の章題のもとになった所有権の格言「占有は九分の勝ち」は、こうした古代の法にルーツがある。

当時のルールは今日のルールとそう大きくはちがわない。許可なくあなたの敷地に入り込んだ侵入者は、十分長期にわたって（コロラド州の場合一八年）公然且つ継続的に占有していたら、この土地は自分のものだと主張できる。もちろん一八年が経過するまでは彼らは不法占拠者であり、あなたは撃退してよい。「私の家は私の城」なのだから。正当防衛法が定められている州では、他人があなたの土地に侵入してきた場合、殺傷力の高い武器を使用することも許されている。たとえあなたが命の危険にさらされておらず、退避可能であっても、だ。だが不法占拠者があなたの土地を首尾よく長期にわたって占有し続けたら、そのときルールは変わる。あなたは彼らに発砲してはならず、裁判所に訴えて合法的な手段で立ち退かせなければならない。それには何年もかかることがあるし、費用もかかる。厚かましい侵入者をあなたが放置し、十分に長い年月が経過したら、不法占拠者は自動的に所有者になるのである。カーリン夫妻に対する訴訟のような事案では、単純に現場の事実を確認するだけだ。このとき物理的占有は法的な所有権に昇格する。

　アメリカ中の都市の広場や歩道に「私有地につき通行許可は随時取り消されることがある」などと書かれた小さなブロンズのプレートが埋め込まれているのは、このルールを意識しているからだ[20]。所有者はこうして明示的な許可を与えたという体裁をとることによって、歩行者がわがもの顔で通っている歩道を時効取得できないようにしている。所有者はいつの日かその土地の所有権を改めて主張し、自分の好きなように使いたくなるかもしれないのだから。

　著者の一人であるヘラーが教えているコロンビア大学では、さらに踏み込んだ措置を講じた。ある静かな夏の朝、カレッジウォークと呼ばれるエントランスの並木道を閉鎖したのだ。保守作業のためではない。大学は立ち入りを禁止し、入場を許可制にできるのだぞと示すためである。ロックフェラーセンターも、同じように広場への立ち入りを禁じた。じつは他の多くの団体も、一見すると公共スペースのような場所の私的所有権を保護するために、同様の措置を講じている。小さなプレートでは飽き足らず、ゲートを閉じることのできる所有者は敢えてそれをして、「これは私のものだ」と世界に誇示するのである。物理的に支配していることを明示しておくことは、時効取得の訴えを退けるうえで有効だ。

私たちが教えている学生は、時効取得が法律で認められていることを授業で学ぶと必ずショックを受ける。なんだか不公平で、むしろ盗みに近く、原始的だと感じるのだろう。カーリン夫妻も、踏んだり蹴ったりだと感じたにちがいない。だが最初はショックを受けた学生たちも、一〇〇人中十数人が、そう言えばウチでも……と思い当たる節があることに気づく。たとえば、近所の子供たちが近道をするために自宅の庭をいつも横切っていないだろうか。家の横に生えているバラの茂みは誰が手入れをしているのだろうか。公道に出るまでの共用の私有車道の権利関係はどうなっているのだろうか。隣家との間のフェンスは所有権の境界線に正しく沿っているのだろうか。隣人が常識をわきまえた人なら、訴訟にまで発展することはまずあるまい。それでも、こうした問題は意外に厄介である。

そもそも時効取得が認められるということ自体、物理的な結びつきがいかに強いかを示している。それは人間心理に根差す本能なのだ。尊敬される最高裁判事のオリバー・ウェンデル・ホームズ・ジュニアは、一八九七年に次のように書いた。

「長い間自分のものとして使い続けてきたら、それが土地であれ意見であれあなたの中に根を下ろし、恨みや抗議を受けずに取り去ることはできなくなる。法律は、人間の根深い本能以上にもっともな理由を要求することはできない」[21]

結局のところマクリーンとスティーブンスの主な根拠も物理的占有だった。二人は自分たちの裏庭に愛着を感じ、所有者のようにふるまい、近隣の人々も所有者だと思い込んでいた。対照的にカーリン夫妻の所在は遠く、所有権は抽象的である。

所有権はもちろん重んじられるにしても、その一方でアメリカ社会はしばしば所有権以上に物理的占有に報いてきた。それにはもっともな理由がある。一般的に言って不在の所有者と比べると、時効狙いの占有者は攻撃的に強く主張するので世間の注目を集めやすく、しかも土地を生産的に活用しているので世間から認められやすい。環境活動家が時効取得の主張に勝つのはむずかしい。[22]土地を自然のままにしておくべきだという主張は賛同を得にくいからだ。アメリカでは実際に物理的に占有して土地を活用する行為が、紙の証書や裁判記録や用意周到な投資家の老後の計画に勝つ可能性が大いにある。

もっとも物理的占有が重要だとはいっても、それだけが重視されるわけではない。今日では登記簿など所有権の公式記録へのアクセスがハムラビ法典や西部開拓の時代よりはるかに容易になり、費用もさほどかからなくなった。加えてアメリカ社会としても、土地の消極的活用（環境保全や投資目的での保有など）を土地の有効利用（マクリーンとスティーブンスの裏庭パーティー）と同程度には評価するようになっている。現にカーリン夫妻の敗訴に世論は憤慨し、その結果コロラド州議会は時効取得を訴えても容易には勝訴できないよう法改正した。いまでは判事は、時効取得の代償として取得した土地の代金を時価で払うよう命じることができる。この改正で、時効取得の訴えを起こす動機が大きく削がれることになった。

いや、マクリーンとスティーブンス自身も勝訴したあとで態度を変えている。カーリン夫妻は上訴したが、その裁判が始まる前にマクリーンとスティーブンスは夫妻と和解した。裁判で取得が認められた夫妻の土地の三分の一の代わりに、彼らの家沿いの「エディーの小径」だけをもらうということで決着したのである。なぜ彼らは残りの土地を断念したのだろうか。ドン・カーリンは「友達に見捨てられたりしたからだろう。きっと、地域での地位や評判をいくらかなりとも取り戻そうとしたのではないか」と推測している。たしかに、弾丸の入った郵便物を受け取ったのは、カーリン夫妻ではなくマクリーンとスティーブンスだった。

物理的占有は本能に根ざしているにしても、その領域をあまりに押し広げようとすると、社会は押し戻してくる。そして近所の人たちは「なんてずうずうしい！」と憤慨するだろう。法律は重みがあるが、評判はもっと重くのしかかってくるものだ。だから今日では、時効取得が十分に申し立てられる場合でも裁判に訴える人は少ないし、勝訴する人はもっと少ない。これはコロラド州に限った話ではなく、アメリカ全体でそうである。その結果、現在のアメリカでは「占有は九分の勝ち」とは言えなくなり、時効取得は大幅に減っている。

涙の道

カーリン夫妻の土地を巡る係争は、より大きな紛争のミニチュア版だったと言える。人類の歴史は、大規模な時効取得紛争の連続だったと言っても過言ではない。征服、大量虐殺《ジェノサイド》、歴史上の不正義、強制退去などが、土地返還要求を引き起こす原因となっている。長い時間をかけて、こうした暴力的で破壊的な出来事が所有権を形成してきた。けっして褒められたことではなく、公平でもない。だがこうした事例は地球上どこにでも見受けられる。

あなたが家を買ったら、その所有権は権原連鎖すなわち物権移転の記録を通じて最初の所有者までたどることができる。連鎖の多くは、ネイティブアメリカンの征服後に実施されたアメリカ政府または州からの払い下げから始まる。ネイティブアメリカンの所有権は記録から削除された。一つだけ例を挙げておこう。インディアン移住法（一八三〇年）により、軍隊がネイティブアメリカン（チェロキー族、セミノール族など）を強制的に移住させた。先祖伝来の土地を離れ、オクラホマ州などミシシッピ川以西の辺境の保留地に移動しなければならなかったのである。道のりは苛酷で、オクラホマに辿り着く前に大勢が命を落とし、「涙の道」として知られるようになる。なぜネイティブアメリカンの生き残りは、祖先が強制退去させられたノースカロライナの土地に対して所有権を主張できないのか。

納得し難い答えではあるが、その土地の現在の所有権は、ネイティブアメリカンが強制退去させられた後に入植した白人による一七〇年以上の占有に基づいている。この所有権の主張は究極的にはある種の時効取得であり、長い年月の経過によって正当化される。このことはノースカロライナのみならず、事実上世界のどの土地でも成り立つ。

物理的占有の有効性は、ベルリンの壁崩壊後のヨーロッパで多くの共産主義国家が再び市場経済を導入した際に大問題となった。ヘラーは一九九〇年代前半に、多くの元社会主義国の政府に私有財産制をどう創設するかを現地で助言した。[23] 政府は、没収された財産の返還を要求する共産主義時代の所有者（およびその相続人）と自分たちの家に執着する現在の占有者のどちらに所有権を認めるか、決めなければならなかった。外国に住んでいたハンガリー人が「共産主義者が家族を殺し、彼らの支持者を私の家に住まわせた」と主張したら、どう対応すればいいのか。高齢のユダヤ人が色褪せた証書を手に「一九四二年にナチスがこのワルシャワのアパートを私の家族から取り上げた」と主張したら、どう答えたらいいのか。私たちは共産主義やナチズムの悪を正すべきなのではないか。

これは心に響く主張ではある。だがこれまで見てきたように、所有権はつねにせめぎ合う物語、国家の強制力に裏付けられた物語の間の選択だった。アパートの没収から数十年が経つ間に、ハンガリー人、ポーランド人、チェコ人、ロシア人が数世代にわたってそこで暮らしてきた。その状況は、今日のノースカロライナと基本的に同じである。占有者の大半はごくふつうの家族であり、彼ら自身が元の所有者から取り上げたわけではない。彼らはおおむね借家人で、共産主義政権からそこに住めと命じられて住んだだけだった。実際に何十年も物理的に占有していたことに加え、彼ら自身が共産主義者に抑圧されてきたこと、家族共々その家に愛着があること、ほかにどこへも行き場がないという現実には重みがあり、遠くに住む相続人の色褪せた証書より説得力があったことはまちがいない。

　このジレンマに直面したポスト共産主義政府は、ほとんどの場合に現在の占有者の主張を受け入れ、継続して住むことを認めた。理由の一部は、最高裁判事オリバー・ウェンデル・ホームズ・ジュニアの指摘にある。すなわち長期にわたる占有は「あなたの中に根を下ろし、恨みや抗議を受けずに取り去ることはできなくなる」ということだ[24]。もう一つの理由もある。単なる物理的占有を完全な所有権に転換することによって、ポスト共産主義政権は数十万人のアパート居住者を、市場経済への移行の支持者へとたちどころに変身させることができたのである。いちばんいいアパートを割り当てられている共産党の職員にとってさえ、突如として資本主義の成功が重要な意味を持つようになった。

　現在の占有者にそのまま住むことを認めたからといって、元の所有者の権利が完全に消滅したわけではない。所有権がオール・オア・ナッシングで与えられたり取り上げられたりすることはめったにない。東・中欧諸国の政府は、没収財産に対してさまざまな補償を用意した。現金、クーポン券、株式のこともあれば、公式の謝罪ということもあった。各国政府は自国の資金力や価値観に応じて、それぞれ独自の方法を採用した。このとき重要だったのは、市場経済を一気に導入することである。前所有者の相続人のために裁判で厳密な司法判断を仰ぐことの優先度は低かった。現在の占有者を追い出したら、誕生したばかりの不動産市場は冷え込んでしまううえに、世間を敵に回すことになる。

　土地の占有を巡る係争は、地球上どこでも、またどの時代にも数え切れないほどあった。今日の争いだけを考えても、イスラエルとパレスチナがエルサレムを巡って、現在の住民とマイアミに来た亡命者がハバナを巡って、インドとパキスタンがカシミールを巡って、ロシアとウクライナがクリミア半島を巡って争っている。何といっても物理的占有は強力であり、しばしば歴史的正義や倫理といった抽象的な概念に勝つ。

時効取得は文化遺産などにも影響をおよぼしている。イラクはニューヨークのメトロポリタン美術館に対し、バビロニアの彫刻の返還を正当に要求できるのだろうか。エジプトは世界各地に散らばった蒐集家に対し、ミイラや彫像の返還を要求できるのだろうか。同じことが中国、カンボジア、ギリシャ、ペルー、ベナンに当てはまる。彼らは自国が属していた古代文明からかつて略奪された財宝の所有権を主張できるのだろうか。ホロコーストの犠牲者から没収された美術品が返還されるのは、単に犠牲者の身元が判明しているからなのだろうか。

現代の国際法は、国際連盟やのちの国際連合の根拠法となった法律も含め、国や個人にそもそも物理的占有をさせないことに重点が置かれてきた。征服や財産没収は今日の国際法の下では疑問の余地なく非合法である。だが軍隊も略奪者もしばしば法律を無視する。そして時は彼らに味方するのである。

「力は正義なり」という現実を前にして、明快な答えを私たちは持ち合わせていない。私たちにできるのは、希少資源の所有を巡る争いを支配するのは、往々にしてある乱暴な方程式だと肝に銘じることぐらいである。その方程式とは、「占有＋時間＝所有権」というものだ。

この席はふさがっています

占有の主張の多くは、実際には物理的な支配に依拠しているわけではない。端的に言って、所有したいものをすべて同時に持っていることは不可能だからだ（小さな子供はおもちゃを全部同時に抱え込もうとがんばるが）。必要なのは、「それは私のものだから触るな！」とはっきり伝える方法を見つけることである。そのために、占有を主張する何らかの印をつける。パーキングチェアはまさにそれだ。印をつける行為はマーキングと呼ばれ、動物の縄張り意識に遡ることができる。自然界では、占有は一〇分の九以上に強力だ。ローズが述べたとおり、占有は「誰にでもわかるように大声で吠えるようなものだ。最初に〝これは私のものだ〟と誰にでもはっきり理解できるように言った者が勝つ」のである。[25]

鳥のさえずりはとても楽しく、春先のハイカーをよろこばせるが、実際には仲間の鳥に向けたコミュニケーション手段だ。鳴き声で獲物のありかや所有権を伝えることもある。たとえばアニメ映画『ファインディング・ニモ』（二〇〇三年）では、カモメの大群がマーリンとドリーに狙いを定めたときに「私の！　私の！　私の！　私の！　私の！　私の！」とガーガー鳴いていた。ただし科学者によると、鳥の歌声は縄張りを主張するためや異性の気を引くためであることが多いらしい。[26]彼らはそうしたときに特有のアクセントをつけるという。ヨーロッパコマドリの鳴き声はかわいらしいが、仲間にとっては重大な意味がある。「おい、そこ、どけよ！　ここは俺様の縄張りなんだからさ。とっとと出ていけ、さもないとひどい目に遭うぞ」といったところだ。鳥たちは物理的に占有できる以上のリソースに所有権を主張したがる。[27]そこで、鳴き声でけたたましく警告するわけだ。

散歩中の犬は、どの木や電柱におしっこをひっかけるか、絶えず物色しているようにしか見えない。[28]彼らは象徴的に自分の縄張りを主張すると同時に、仲間の主張を解読している。ハイエナもおしっこで縄張りを主張し、サイは糞で主張する。ミツバチは匂いを出す外分泌腺を使い、クマは爪痕でマーキングする。だが時間が経つとこうした印は薄れて判別しにくくなる。ジャングルの掟では、占有の印を正確につけ正確に解読することは生死に関わる。この匂いやマーキングは最近つけられたものか？　上位の動物がつけたものか？　読み誤ったら命が危ない。

人間の世界に戻ると、無言の言葉には三段階（認識・評価・行動）の文法がある。たとえば、混雑した映画館にいると想像してほしい。もうすぐ映画が始まる。座席は残り少ない。その一つの背もたれにナプキンがかけてある。このときあなたは頭の中で次のように自問するだろう。「上着がかけてあったらまちがいなく誰かが先に取ったとわかるが、ナプキンはどうなのか？」（認識）。「ナプキンは席がふさがっている印だとしても、残り少ない席を取る根拠にはなるまい」（評価）。「ここに座っても誰も何も言わないだろう」または「相手は俺の体格を見てたじろぎ、どうぞと譲るだろう」（行動）。サウスボストンでブルック・グライデンがこのプロセスを踏んだことを思い出そう。彼女はコーンを見てその意味するところを理解した。しかし無視することに決めた。その結果、フロントガラスに脅迫文を書かれた。

占有の印を読み解くときに厄介なのは、言葉に方言があることだ。しかも、三段階すべてに方言がある。ニューヨークの一部のバーでは、グラスにナプキンをかけておくのは、自分は席に戻ってくると近くの客に知らせ、飲み物を下げないでくれとバーテンダーに知らせる印である。ペンシルベニア州の一部とウィスコンシン州では、同じナプキンがもう帰るという印になる。ヨーロッパの一部では、「こちらから頼むまでもう酒を注がないでくれ」という意味になる。こんな具合だから、まちがった方言を使おうものなら、目の玉の飛び出るような請求書を突きつけられたり、席がなくなったり、バーで喧嘩ということになりかねない。

席取りで揉めるのは、もちろんバーだけではない。映画館、教会、アルコール依存症の会、列車、ディズニーランドのエレクトリカルパレード、バスケットボールの試合の観覧席といったところでは誰もが席取りをする。毎年の一般教書演説の際には、一部の議員が何時間も早く来て大統領に近い席に陣取る。[29] そうすれば、大統領とハイタッチするところがテレビに映るからだ。

席取りのシグナルは状況に応じて調整される。「この席はふさがっています」というメッセージを発信するために、映画館ではまだたくさん入っているポップコーンの箱を置き、教会では刺繍入りのクッションを置くという具合に。人気ロックバンド、フィッシュのライブでは、席を取るためにカラフルなシートを広げるのが決まりだ。こうした席取りは、だいたいは抵抗なく受け入れられる。だが席がだんだん少なくなってきたときにあまり大きいシートを広げておくと、日頃はおだやかなフィッシュのファンでも押し問答になることがある[30]。

読者はおそらく席取りを巡るトラブルでどちらの側にも立ったことがあるだろう。あなたはどんなときに置かれた上着やクッションやシートを尊重するだろうか。ここでは、今日さかんに議論されているサウスウエスト航空の全席自由席を考えてみよう。サウスウエスト航空はチェックインした順番にAグループの一番からCグループの六〇番までの整理番号を与え、乗客はこの整理番号の順に搭乗する。出発時刻の二四時間前からアプリでチェックインが可能なので、一秒でも早くチェックインすれば若い整理番号をもらうことができる。追加料金を払えば、早めの番号をもらえるアーリーバード・チェックインというサービスも用意されている。搭乗したあとは早い者勝ちだ。当然ながらAグループのほうがCグループより選択の幅が広い。Cグループの搭乗者は、だいたいは三列席の真ん中かはるか後方の席に座る羽目になる。

ところが、である。ときに早い順番の搭乗者が、列のずっと後ろのほうから乗る家族や友人のために席取りをする。すると大揉めに揉めることになる。たびたびの騒動を取材したサイコロジー・トゥデイ誌は「お釈迦様がサウスウエスト航空に乗ったらどうするか？」という記事を掲載した[31]。記事を書いたアリソン・カーメンに言わせると、お釈迦様は席取りなんてしないし、した人を非難もしないという。「自分の席がどこだって気にしないと思う。友人のために席取りをした乗客を祝福するかもしれない」。

いずれにせよステュ・ワインシャンカーはお釈迦様ではない。[32] 身長が一八〇センチを超える大柄な男で、営業という仕事柄よく飛行機に乗る。ワインシャンカーは物理的占有の信奉者だった。彼はあるとき夫婦でラスベガスへ行くため、アーリーバード料金（一五〜二〇ドル）を払ってAグループの前の方に入り、最高の席を二人分見つけた。非常口席（前に席がなく足元が広い）で、通路をはさんだ二席である。しかも誰も座っていない。最高だ――ただし片方には誰かのiPadが置いてあった。置いたのは三列席中央の女性客で、Cグループで乗ってくるボーイフレンドのための席だという。

ワインシャンカーは、サウスウエスト航空では搭乗順に好きな席に座ることになっていると説明すると、女性にiPadを渡してどっかりと腰を下ろし、席を取りたいなら窓側にしてはどうかと言った。数分後にボーイフレンドが乗り込んでくると、件の女性はわっと泣き出し、あの男に脅されたと言い張った。すくなくともUSAトゥデイ紙によるとそうなっている。女性はiPadを置くことで占有を象徴的に示した。ワインシャンカーはそれを完璧に理解し、iPadをどけて座った。つまり象徴的占有を拒絶した。

いったいどちらが悪いのか。席を取ったほうか、席に座ったほうか。象徴的な占有（iPad）と物理的な占有（着席）のどちらがサウスウエスト航空で権利があるのか。

このすったもんだを巡る議論はずいぶんと無遠慮だった。オンラインでは約半数がワインシャンカーに味方し、席取りをした女性を「席泥棒」「ペテン師」「しみったれ」などと罵った。議論は過熱し、Aグループの搭乗者があとからくる連れのために非常口席を全部押さえようとした行為が報告され、非難囂々となる。一方、残り半分はワインシャンカーを「冷酷」「別の席に座ればいいでしょ」「席取りされるのがいやなら別の航空会社にしろよ」などと非難した。要するにワインシャンカーにお釈迦様になれというわけだ。

占有をどう扱うかは、立場次第である。

奇妙なことだが、サウスウエスト航空に怒りをぶつける乗客はほとんどいない。しかし乗客同士をいがみ合わせるような自由席システムを導入したのは、フレンドリーなエアラインだと定評あるサウスウエストにほかならない。同社は席取りを容認しているとはけっして認めないと同時に、席取りを禁止しているとも絶対に言わないよう細心の注意を払っている。占有ゲームの両方の側に味方する技を、スタッフは完璧にマスターしている。サウスウエストはこの問題に瞬時にカタをつけることが可能なはずだ。「席取り禁止」だとアナウンスすればよい。あるいは「非常口席の席取りは禁止」、「一列なら席取りＯＫ」とする方法もあるだろう。そのほか、「一席なら席取りＯＫ」、「前方座席での席取りは禁止」という手もあるだろう。または、象徴的・物理的占有の両方を認めず、他の航空会社と同じく座席指定にする。サウスウエストがどれか一つのルールを選ぶだけで、問題は解決する。だが彼らはそうしない。なぜだろうか。

理由の一部は、サウスウエストにとって自由席はメリットがあるからだ。乗客は座席指定の場合よりさっさと搭乗するので、すぐに離陸することができる。加えて、ワインシャンカーのように追加料金を払ってもＡグループで搭乗したい客からの収入が得られる。だがそれだけではない。ここからが肝心だが、席取りに関する戦略的あいまいさの維持は、サウスウエストの三つの目標を同時に実現させるのである。同社独特のおおらかで自由なブランドイメージを発信する（好きな席を選べる）、よく利用する客を満足させる（席取りを容認する）、収益を最大化する（地上での待機時間を短縮する）、の三つである。席取りをする人は、一人分のアーリーバード料金を払うだけで連れの分まで席を確保できるのだから、海老で鯛を釣るような気分だろう。ひょっとするとサウスウエストはマグカップの実験を研究して搭乗プロセスを設計したのだろうか。多くの乗客が好みの席を見つけて自分のものにし、さらに連れの分も確保することで、ボーナス付きの授かり効果を得るようにしたわけである。これでは座席は無尽蔵にあるように見える。

サウスウエストの戦略は、序章で紹介したニー・ディフェンダー騒動を思い出させる。あのケースでは、航空会社はリクライニングをするためのくさび形の空間を前後の客の両方に売っていた。つまり二度売りしていた。そうしておきながら、揉めたときの解決は客に委ねていたことに注意されたい。サウスウエストも同様の争いを引き起こしている。今回は、象徴的占有（iPad）と物理的占有（着席）の争いだ。

現実には、iPadを置いておけば席を確保できることが多い。後から搭乗した人はこの無言の占有の主張を理解し、だいたいは尊重する。だがサウスウエストを利用すること自体に、何か不快な意味が隠れているのかもしれない。席取りをするのも肘掛けを独り占めするのも男性のほうが多いことからすると、女性に譲歩させようという魂胆かもしれない。席取りは隣の客を選ぶ手段であって、人種差別の意図が隠されているのかもしれない。[33]実際のルールがどうなっているのかを誰も知らない状況では、乗客は座席を巡る不愉快な経験は自分のせいだと感じるだろう。大方の人は感じのいい人間だと思われたいし、威張っているとは思われたくないものだ。そこでお人好しや控えめな人はどんどん後方の不人気な席に押しやられることになる。ただし誰もが座りたがる非常口席は別であり、そこでは乗客の無言の駆け引きが勃発する可能性が高い。

サウスウエストの自由席は、ジャングルの掟の航空機バージョンだと言える。匂いや爪痕のマーキングに代わってiPadや上着が使われるだけだ。ある乗客はサウスウエストのオンライン掲示板にこう投稿した。「サウスウエストで席取りをしたければ、〝この席はふさがっています〟と言うのがいちばんいい。それでも相手が座ろうとしたら、もはや止める手立てはない。その時点で席取りは無効になる」[34]。どんな結末になろうとも、それはサウスウエストが自社の利益のために実行している所有権戦略が招いた結果だということを忘れてはならない。意図的なあいまいさは同社に有利に働いている。絶えず繰り広げられる乗客同士の無言の駆け引きは、ほとんどの争いを解決してくれるのである。

だがすべての争いが乗客の間で解決されるわけではない。実際にはサウスウエストは、争いがひどくなったら客室乗務員が解決するよう求めている。席取りは「ときにわれわれのスタッフを困難な立場に追い込むことの一つだ」とサウスウエストの客室乗務員組合の代表を務めるオードリー・ストーンは認める[35]。席取りを巡るトラブルはどの便でもすくなからず起きており、そのときには客室乗務員が介入する。どちらの側にもフレンドリーに、どちらの側の肩も持たずに。彼らは、上着を置いておいたのにと主張する乗客の味方もしなければ、上着をどかしてその席に座った乗客の非難もしない。占有を巡る口論が決着するまで秩序を維持し、客が次第に激昂して暴力沙汰になるのを食い止める役割だけを果たす。

ここで忘れてはならないのは、座席を所有しているのはあくまでサウスウエストであって、ワインシャンカーでもなければ、他のAグループの搭乗者でもないということだ。サウスウエストは、意図的なあいまいさを残した所有権の設計がひどく高い代償を伴う事態にならない限り、現在の方針を維持するだろう。しかし、たとえばうんざりした大勢の客が他社にスイッチするとか、トラブル頻発で客室乗務員の仕事ができなくなるといった事態にいたったら、サウスウエストは象徴的占有を容認しなくなると考えられる（たとえば「席の確保はお連れ様一人分のみといたします」など）。

暴力行為にいたるケースが増えてもサウスウエストが方針を変えない場合には、今度は連邦当局が介入してきて、問題を解決するようサウスウエストに命じるだろう。おそらくは座席指定を勧告するはずだ。連邦航空局（FAA）は、象徴的占有を無視する規則を決めることができるし、別の方法が彼らのニーズに適うなら、まったく別の規則に置き換えることもできる。ボストンのパーキングチェアがそうだったが、所有権ルールは下位のルールに優先する上位のルールが定められることがめずらしくない。市民は象徴的占有の独自ルールを維持したがるが、企業や政府はそうしたローカルルールの上に君臨する正式の法的ルールを決めたがる。そう、まるでマトリョーシカのように。

影の席取り

多くの場合、「これ、私の！」と主張する人物は見えているものだ。たとえばサウスウエストで通路側の席を取ろうとする乗客がそうである。だが占有の印を置いたのが誰かわからないというケースもじつは少なくない。しかも占有を主張する人物は、通常予想される人物とはまったく違うということもありうる。

リゾート地のプールやビーチへ行ったときのことを思い出してほしい。空いているデッキチェアを探してもほとんどが埋まっていたという経験はないだろうか。それも人間が寝そべっているのではなく、雑誌やタオルが置かれている。見渡す限り誰もいない。おそらくあなたは通り過ぎるだろう。だんだん苛立ってはくるが、タオルをどかして座り、面倒なことに巻き込まれるリスクを冒す気はない。だがこの象徴的占有が偽装されていると知ったらどうだろう？

リゾート地のプール係の中には、内情に通じた客を相手にこっそりサイドビジネスをやっている連中がいる。彼らにデッキチェア一脚あたり二〇ドルほど渡しておけば、翌朝早くあなたのために確保してくれる。広げた雑誌、休暇にふさわしい小説、水遊び用のおもちゃといったものを置いて、いかにも本物らしい光景を演出するのもお手の物だ。こうした品々は、他の客には「別のお客様が使っています」と知らせ、ホテルの支配人には「何も問題はありません。上得意のお客様ですし、お客様同士で解決できます」と知らせる。

真の所有者（＝ホテル）が十分な注意を払っていないところでは、自ら仲介を買って出る偽の所有者（＝係員）に商売のチャンスが巡ってくる。こうした事実を知ったあなたなら、あちこちでプール係のようなマイクロ起業家が暗躍していることに気づくだろう。彼らにとっては象徴的占有が可能かどうかだけが問題であって、実際の所有権はどうでもよい。プール係はお金をもらって占有の印を置くことで、占有は九分の勝ちという格言を商売に変えてみせた。

リゾートホテルの経営者は、プール係による席取りも、宿泊客による席取りも、その実態をとっくに承知している。どちらが席取りをするにせよ、座るところがどこにもないと苦情を言いにくる客がいるからだ。こうしたトラブルは国を問わずに起きている。夏休みにスペインに来たイギリス人はドイツ人がデッキチェアを取ってしまうと考え、ドイツ人は正反対のことを主張する。クルーズクリティック・コム（CruiseCritic.com）の編集長キャロライン・スペンサー＝ブラウンによると、クルーズ船でのデッキチェアの席取りは「船室内への酒類の持ち込みの次に問題になっている」という。「乗客は本気で怒っている。クルーズに大金を払っているのに、誰かがシステムを悪用しているのだ。これは、誰にとってもフェアではない」[36]。

休暇は希少資源であり、リゾート地やクルーズ船の客はデッキチェアの席取りを重大な悪事だと考える。データもこのことを裏付けている[37]。トリップアドバイザー（TripAdvisor）が実施したビーチとプールにおけるエチケット調査の結果、回答者の八四％が、誰かが持ち物を置いてデッキチェアの席取りをしているのはほんとうに腹が立つと答えた。また八六％が、一時間以上の席取りは認められないと答えた。ちなみに席取りを三〇分以内にすべきだと答えた人は三七％にとどまった。つまり休暇中の客の忍耐は三〇分を超えると切れ始めるということである。

こうしたデータと席取りの実態を知ったカーニバル・クルーズはどうしたか。象徴的占有の主張に時間制限を設けた。席取りのしてある無人のデッキチェアにプール係が時刻を表示したプレートを置く。そして四〇分後には係がタオルや雑誌などの占有を主張する品物を回収し、チェアを使用可能にするのである。宿泊客はこの措置を「大歓迎した」とカーニバルは発表している。[38] ノルウェージャン・クルーズラインは刻印システムを採用し、刻印されてから無人のまま四五分経過したら席取りは無効となる。アトランティック・シティのカジノリゾート、ウォーター・クラブはまた別の方法を採用している。プール係は席取りされたデッキチェアのウェイティングリストを作り、三〇分後に置かれた品物を回収し、リストの先頭の客にチェアが空いたことを知らせる。

　象徴的占有の扱いがこのように変更されたことは、リゾート地の経営上の大ニュースだが、ホテルやビーチの係員からすればじつにおぞましい。低賃金で働きほとんど権限がない彼らは、余計な仕事が増えるうえに、品物を回収された席取り客からは文句を言われるし、サイドビジネスをやっていた連中は小遣い稼ぎができなくなる。こうしてプール係は客と愛想よく立ち話をしなくなる。チップをもらえるおいしい仕事はなくなり、のべつクリップボードを持ってデッキチェアの間を歩き回り、時刻を記録し、品物を回収して保管しなければならない。

　どんな所有権システムにもメリットとデメリットがある。混雑したリゾート地で文句を言う客に悩まされていた経営者にとっては、象徴的占有の時間制限は一つの勝利と言えるだろう。この措置によってデッキチェアは不在の利用者《パッシブユーザー》ではなく実際の利用者《アクティブユーザー》に提供されるようになり、満足した客からはより多くの価値を引き出すことが可能になる。ただしそれは、客が新しい所有権スキームを正しく評価した場合に限られる。時間制限は、従来のルールとそれを実行するスタッフに対する客の怒りの解消を重視した対策である。経営者にとっては、占有の意思表示をする品物が「手に負えない」レベルに達したことが有利に働き、客の強い不満を追い風にルールの変更に踏み切ることができた。サウスウエスト航空とは異なりカーニバルは、いざこざの解決をもはや客に委ねておくことはできないと判断したのだった。

たとえ最終的な所有者が介入しないとしても、占有の意思表示は時とともに変化する。なぜなら、象徴的占有を表すのは、上着であれ、雑誌であれ、毛布であれ、すべてモノだからだ。モノは言葉を発しないから解釈する必要があるが、その意味するところは絶えず移り変わる。ボストンのパーキングチェアは雪かきをした駐車スペースの権利を主張するが、それは大雪の翌日まで有効なのか、それとも一週間か。サウスウエスト航空では、一人の乗客が座席一列まるごとを連れのために取っておけるのか。人間は鳥やライオンと同じく、占有の範囲を押し広げようとする。そして他の人は押し返そうとする。

混雑したニューヨークの地下鉄では、リュックサックで数人分の席を占有する輩が後を絶たない。立っている乗客は、礼儀正しい人なら「その席は誰かいらっしゃいますか？」と尋ねる。向かっ腹を立てた人はリュックをどかして腰掛けたあとで、一応「いいだろ？」と断る。リュックではなく大股開きで座って二、三人分の席を独り占めしてしまう人（ほとんどは男性だ）もいる。地下鉄側はポスターを貼ったり、そのような行為は罰金または逮捕の対象になるとアナウンスしたりして対抗してはいるが、地下鉄警察のようなものが巡回しているのを見たことがない。占有者が範囲を広げすぎたときに待っている現実的な罰は、にらまれたりため息をつかれたりする程度だ。

ニュージャージーのビーチでは、大股開きの砂浜バージョンが展開された。[39] ビーチにやってきた先発隊が、テント、バーベキューグリル、クーラーボックスからベンチやタオルにいたるまで、さまざまなビーチ用品を最大限に展開する。こうして最高のスポットを確保して広げるだけ広げると姿を消し、あとから本隊がやってきて大いにキャンプを楽しむという段取りだ。ビーチは狭いうえに混雑していたため、あとから無計画にやってきた人たちは波打ち際に近寄ることすらできなかった。彼らはクーラーボックスとビーチチェアの間に割り込んでもいいのだろうか。答えるのはむずかしい。この手の場所取りが占有範囲の拡大をもくろむ一方で、海面水位の上昇でニュージャージーの砂浜の面積は縮小しているため、トラブルは頻発する一方だ。ライフガードやビーチの清掃員を雇っている地元住民は、場所取りのせいで彼らの仕事がままならないと知って激怒している。

ビーチの場所取りに類することは、新型コロナウイルス（Covid-19）の感染拡大期には一段と深刻な問題になった。ホワイトハウスのコロナ担当官を務めたデボラ・バークス医師は、ビーチへ行く人はパラソルの範囲からけっして逸脱せず、他人との距離を取るよう強く勧告した。「パラソルの下だけがあなたのスペースであることを忘れないように。このスペースを守らなければなりません」[40]。バークスは、アメリカ全土でビーチでのソーシャルディスタンスを厳守するよう強調した。実際、所有権が適切に設計されていなかったために、ニュージャージーでもフロリダでも他のビーチでも死者を出すにいたっている。

カーニバル・クルーズの例でみたように、希少資源の所有者は占有の意思表示をするモノの意味を変えることができる。その一つの方法が時間制限だった。だが時間制限を守ってもらうためには監視と強制を継続的に行う必要がある。ボストンでパーキングチェアの有効期限を大雪から四八時間に制限したとき、市民の大半はこの新しいルールを無視した。チェアはひとりでに四八時間後に退場するわけではない。市民の間に時間制限が浸透するまで、ボストン市当局は清掃員のチームを編成し、チェアに時間表示のタグを付け、四八時間後に撤去する作業に当たらせなければならなかった。

もう一つ、占有の印として置く品物を制限する方法もある。ニュージャージーの一部の市町村では、場所取り対策としてこの方法を試みた。たとえばシーサイドハイツ村では大型テントを禁止している。しかしテントのサイズを検査するのはコストがかかる。そこで一部の市町村ではテントはすべて禁止にした。ベルマーがそうだ。「メットライフスタジアムの後追いをしているように見えるかもしれない（NFLのスタジアムでは三〇センチ×三〇センチ以上のバッグの持ち込みが禁止されている）」とベルマー市長のマット・ドハーティは語る。「いっこうにかまわない。実際そうなんだからね。重要なのは、テントをビーチで見たくはないということだ」。マナスカンはさらにグリルの持ち込みも禁じている。シーサイドハイツは大型テントのほかに「鉄板、ポット、フライパン」など調理用「機材」の持ち込みも禁止している。

だが所有者が既存の占有の印の効果を減らすたびに、他の所有権ルールの役割を強化することになり、それはときに驚くべき結果をもたらす。

サーファーとロブスター

しぶとく残っている占有システムは、強固に、ときに暴力で守られてきた歴史を持つことが多い。もしあなたがビーチで本書を読んでいるなら、近くでは大勢のファミリーがまずまず平和に場所取りをしているかもしれない。だがもっと先の波が砕けるあたりでは、かなり荒っぽく占有が主張されている可能性がある。

カリフォルニアのサーファーは成熟した大人だという評判を獲得している。だが実際は大違いだ。一部の過激な連中は、最高のビーチは地元サーファー（ローカルと称する）だけのものだと主張して憚らない。それ以外は排除すべきトロール（よそもの）かクーク（ど素人）だという。ロサンゼルスの南にあるルナダ・ベイ・ビーチでは、ベイボーイズと呼ばれる中年の地元サーファーが幅をきかせている。[41] 金持ちのぼんぼんである彼らは、何十年もビーチを物理的に独占してきた。このビーチには絶好の強い波が来る。しかも混み合っていない。だがよそものサーファーがビーチに入り込もうものなら、すぐさま取り囲まれ、罵られ、さらには暴行される。ビーチから上がると土礫を投げつけられることもある。車はサーフワックスと砂でめちゃめちゃにされる。ベイボーイズは攻撃の拠点としてビーチを見下ろす崖の上に石造りの要塞まで構えているのだ。そこにはクーラーボックスのほかに「この場所に立ち入るな」と刻まれたプレートも置かれている。[42]

すでに一九九一年の時点でロサンゼルス・タイムズにこんな記事が載った。「このエリアはある種の交戦地帯として知られる」[43]。地元サーファーは公然と自分たちの占有権を主張している。「サーファーが多すぎて波が十分にない。誰でも入れるようにしたら、大勢がやって来るだろう。だから、先手を打つ必要がある。このビーチが混雑していないのは守られているからだ」という言い分だ。「一度でも波を横取りしたらただじゃおかない」。

ジョーダン・ライトは、ロサンゼルス郡の保安官に守られてルナダ・ベイでサーフィンをやろうとしたが、結局は退却せざるを得なかった。「まるで組織犯罪だった。強盗団だ」とライトは話す。[44] 自身もサーフィンをするコーリー・スペンサーは「自分はロサンゼルス警察南中央署に勤務しているが、なかなかあそこへ行く勇気は出なかった」と告白する。「あそこ」とはもちろんルナダ・ベイである。意を決して乗り込み、二度目に波に乗ったとき、ベイボーイの一人が攻撃してきたという。「彼は七〇メートルぐらい後ろにいて、距離は十分にあった。なのに、ボードで攻撃しようとした……結局、手に傷をつけられたよ」。マリブ・ビーチはさらに激しいらしい。サーファーのジョニー・ロックウッドによると、「カリフォルニアでサーフィンをするのが夢だった。天国のようなところだと思っていたんだ。だが実際にはテロまがいの行為が横行していた。相手はゲリラみたいなものだった」という。[45]

よそから来たサーファーは不満を爆発させ、ルナダ・ベイをアロハ・ビーチと改名し、集団でサーフィンをして互いを守った。自分たちこそがルールを作るサーファー・コミュニティだと主張し、独自の占有ルールを強行しようとしたわけである。このやり方は、一日だけはうまくいった。だがベイボーイズはすぐさま鉄の掟を回復させる。地元の警察官は「彼らにとってここは自分たちの庭だ。他人が遊ぶのは許せない」とため息をつく。既存の占有者が攻撃的な姿勢を貫くとき、よそものや新参者を寛容に受け入れるよう説得するのはきわめてむずかしい。

警察と自治体はルナダ・ベイやマリブ・ビーチをはじめとするビーチを開放しようと、ウェブカメラ、集団訴訟、罰金、逮捕などあの手この手の手段を繰り出して長年にわたって努力してきた。さらに近年はビーチを公的管理下に置き、より開かれたサーファー・コミュニティを形成する動きが加速している。ルナダ・ベイを管轄する警察の新しい署長は、ベイボーイズが拠点とする要塞周辺に年間四〇〇回もパトロール隊を派遣したという。れっきとした州機関であるカリフォルニア沿岸委員会は、ベイボーイズ要塞の強制撤去を命じた。

だがどうやらベイボーイズはあとで建て直したらしい。彼らに対する訴訟は継続中だ。占有者が自分たちに都合のいいルールを維持しようと躍起になるのは、その是非はともかく、理解できる。だがなぜ公的機関はあれほど長い間彼らのルールを容認してきたのだろうか。容認にいたった枠組みは、じつは完全に正しいとは言えない。重要な所有権の設計でつねに問題になるのは、何と比べて適切か、ということだ。仮に州政府がローカルルールを一掃したら、今度は公共の利益に配慮した所有権スキームを自ら考案し、強制し、遵守させなければならない。さもないと無条件参加自由ということになってしまい、トロールやクークがどっと押し寄せ、互いにぶつかり合い、誰もロングライドを楽しめなくなるだろう。占有はたしかに暴力的で無駄の多いやり方かもしれないが、ともかくも希少資源の管理に役立ってはいる。

この最後の点をあきらかにするために、今度はメイン州のロブスターのケースを考えてみよう。読者は、レストランが毎年安定してロブスター・ロールを提供できるのはなぜか、考えたことはあるだろうか。もちろん誰かが毎年罠をしかけてロブスターを捕獲しているからだが、誰も彼もがそうしたらロブスターを取り尽くしてしまうだろう。だがメイン州沖合のロブスターの豊富な海域は、アメリカで最もよく管理された漁場と評価されている。なぜだろうか。

じつはカリフォルニアのビーチと同じく、メイン州の港には地元の「ロブスター・ギャング」がいる。[46]彼らは数世代にわたる漁師の家族や仲間たちで、自分たちの漁場をがっちり守っている。彼らの占有の印はロブスタートラップと呼ばれる大きなカゴに餌を仕込んだ罠で、各自固有のブイが付けられている。ロブスター・ギャングたちは漁の解禁日、漁獲量、港湾設備の整備と利用、販売ルート等々、ロブスターに関して万事を取り仕切り、船の故障などの際には互いに助け合う。内輪揉めが起きたときには、地元の酒場や教会や実家で自力で解決する。よそものが入り込んだら団結して追い払う。よそものが罠をしかけたら、口頭で注意する。それでもやめなかったら、罠と綱は排除されたり切られたりする。ボストンでパーキングチェアを無視するとフロントガラスに落書きされるのと同じで、これはまだおだやかな警告である。それでもよそものがやり続けたら、ギャングたちはエスカレートし、船を沈めるとか発砲するといった手荒な手段に訴える。

ロブスター・ギャングの行為は違法だが、彼らがよそものに対して行う制裁にはメリットもある。長年にわたってロブスターを安定的に供給してこられたのは、よそものの漁を禁じたからだ。漁師仲間からみれば、またロブスターの消費者にとっても、彼らのルールはじつにうまく機能している。ギヤングたちは地元の漁業経済を支え、息子が父の跡を継いで、数世代にわたって雇用を維持してきた。これはなかなか価値があると言ってよかろう。その一方で、よそものや新参者には入り込む余地がない。それにギャングたちが設定する漁獲量の上限は彼らだけの利益に配慮したもので、ロブスターと他の海洋生物との相互作用や生態系への影響といったものはまったく考慮していない。ロブスターの天敵となりうる底魚を追い払うことで、ギャングたちはもしかしたら海の生態系を脆弱にしているのかもしれない。

メイン州は数十年にわたってロブスター・ギャングを容認してきた。州の規則は彼らの漁場管理にいっさい言及していない。ギャングたちの占有権を制限しようとしたら、相当なコストがかかるだろう。ギャング組織を解体し、よそものがしかけた罠を保護するためには、取り締まりや監視にかなりのエネルギーと人員を投入しなければなるまい。州当局が本気を出せばいずれはギャングの占有を一〇分の一ぐらいまで弱体化させることはできるかもしれないが、仮にそうなったとして次にどうするのか。

ギャングの占有をやめさせるのは有意義な目標かもしれない。すくなくとも新参者にとっては公平になるし、生態系の総合的な健全性を高める効果も期待できる。だがこの解決が現在の問題よりよいという保証はどこにもない。規制当局がギャングを退散させた後、しかけるトラップの数量制限を守らせることができなかったら、すぐさまロブスターの乱獲が始まるだろう。暴力沙汰はなくなったがロブスターもいなくなったということになりかねない。

ルナダ・ベイについても同じことが言える。ただし、占有者が守ろうとするものは違う。ベイボーイズはビーチの理想的なあり方について明確なビジョンを持っている。サーファーの数が少なく、豪快なライドができて、写真撮影にぴったりのビーチであり続けることだ。カリフォルニア当局がビーチの開放に成功したら、新参者にとっては公平になったと感じられるだろう。だがそうなったら大勢のクークが押し寄せてきて、波の取り合いになる。サーファーが増えるほどライドはつまらなくなる。現状とも全面開放とも異なる結果を求めるのは結構だが、その場合、所有権の問題をどうするかを考えなければならない。

陰口の効果

　希少資源の所有者は、占有を主張する非公式の印が自分たちの目的に適う限りは容認する。そして不都合になったら、禁止したり効果を妨げたりする。そのプロセスはおおむね似たような経過を辿る。

　占有が容認されている間は、「これがここのやり方だ」という占有者の呪文がまかり通る。資源の近くにいる人は、占有をはっきり示すと同時に揉め事をすみやかに解決できるよう、印をその時に応じて微調整する。地元の住民は印の意味を理解するだけでなく、法律の強制がなくとも他人の主張を積極的に尊重し、そのことに誇りを感じたりする。試合会場や教会や酒場での陰口や軽蔑（「あれがわからんとは田舎者だな！」「あんなことするなんて物知らずね！」）は、人間がこしらえた規律の強制力の中でもきわめて強力であることがわかっている[47]。法律自体の強制力を上回ることも少なくない。

　だが陰口を叩く対象が増え且つ多様化するにつれて、効果は薄れていく。だからと言って占有がなくなるわけではない。占有を主張する印はより単純で脅迫的になる。映画館の椅子にかけられた上着、サウスウエスト航空の座席に置かれたiPad、車のフロントガラスの脅迫文、空にされたロブスタートラップ、等々。騒動になったとき、よそものは印の効力が薄れてきたのをいいことに無視し続けることが可能だ。暴力沙汰や訴訟になることはめったにない。以上をまとめると、こうなる。さまざまな状況において、象徴的な占有は希少資源を巡る争いを解決する草の根的な手段であり、効果的で費用がかからず、しかも融通が利く。

だが時が経つうちに、占有を主張するしくみには綻びが出てくる。内部的な要因はすでに取り上げてきた。プール係のサイドビジネスのやりすぎ、テントやグリルなどを使った大々的なビーチの場所取り、ベイボーイズのような排他的集団による脅し、ロブスター・ギャングのような暴力的行為などである。

加えて、三つの外部的な要因も占有の主張に圧力をかけてくる。第一は人口の増加、第二は資源の希少化、第三は新しい技術の出現である。第一に人口の流入や増加があると、地元のルールが通用しなくなる。ニューヨークからボストンに移ってきたグライデンはパーキングチェアというシグナルを理解はしたが無視した。陰口や軽蔑も新参者にはあまり効果がない。新参者は元からいる住民と一緒に遊んだり、教会へ行ったり、飲んだりしないからだ。最終的には州や自治体の当局が介入してきて、方言も含めて占有の印が意味するところを廃止する。発展中の都市は古くからの地元の習慣をあまり尊重しないものだ。

第二に、一般に経済が成長するにつれ、既存資源の価値は一段と高まる。よって希少になればなるほど、占有のルールに対抗する意義が大きくなるわけだ。駐車スペースを探して一〇分も走り回るのは腹が立つ。そして一時間も探し続けた後なら、コーンをどかして駐車するリスクを冒す気になるだろう。ボストンでは、小売店やサービス事業者が新参者に味方してパーキングチェアに対抗した。やがて世論は、昔ながらのやり方を尊重するより市の経済成長を推進するほうがいいという方向に落ち着く。市当局はパーキングチェアを排他的な意図を示す時代遅れの手段とみなした。もちろん過去の遺物の中にも魅力的なものはたくさんあるが（たとえばバックベイ地区のテラスハウスなど）、パーキングチェアはそれではない、と。

第三に、占有の主張は合法的な技術の形をとりうる。よって、よりよい技術が出てくれば旧来の技術は駆逐される。行列代行業者が列の先頭の確保を収益化したように、起業家はパーキング・アプリを導入して物理的占有の収益化をもくろんでいる。車を出すときにパーキング・アプリ経由で近くを走っている車にスペースを売るわけだ。ちょっとした小遣い稼ぎにはなる。路上の駐車スペースの本来の所有者である市当局は、この種のイノベーションを好まない。ボストン、ロサンゼルス、サンフランシスコなどではアプリを禁止している。当局の考えでは、駐車から利益を上げられるとしたら、それを手にするのは市であるべきだ。市当局は場所取り合戦を緩和し利益の一部を直接吸い上げる目的で、駐車料金の値上げも行ってきた。サンフランシスコでは駐車料金にダイナミック・プライシングを導入する実験を行っている。第1章で取り上げた高速道路の動的課金と同じように、混雑時間帯の料金は上がり、空いている時間帯の料金は下がる。よって高いお金を払っても駐車したい人にとっては、一部のスペースはほぼつねに空いている状態になる。

高値をつけた入札者に所有権を与えるオークション方式でも、占有争いを回避することが可能だ。しかも市が収入を得られ、地元企業や商店は客のためにスペースを確保でき、裕福なドライバーは空いたスペースに乗りつけられる。駐車スペースを探して走り回る車が減れば、環境にとっても好ましい。所有権の根拠としての単純な占有に代わる新しい技術は、所有者に利益をもたらす。ただし、地元住民や金欠のドライバーは割りを食う。彼らはいったいどこに車を停めればよいのか。

そう遠くない将来に、映画館での席取りは歴史上の出来事になるかもしれない。ロサンゼルスのアークライト・シネマはだいぶ前から全席指定にしている。メガチェーンのＡＭＣシアターも検討中だ。座席指定にすれば映画館にとっては管理が容易になるのだから、自由席にして客を苛立たせる意味はない。いま映画館は、「ネットフリックスを見ながら家でくつろぐ」習慣から人々を引き離そうと躍起だ。このため極上体験を売るという方針に転換しており、座席はゆったりと大きくし、食べ物や飲み物も上質なものを提供するようになった。航空会社とはまったく逆の路線である。飛行機は乗ること自体が最終目的ではないため、座席間隔はどんどん詰まっている。

所有権の技術の進化によって、希少資源をローコストで狙い通りに運用できるようになってきている。それに伴って導入される新しいルールは、占有の有効性の多くを再現しつつも、攻撃的な要素を減らし、所有者が価値を引き出せるような柔軟性を高める。これに比べたら、品物を置く象徴的な占有はずいぶんと無遠慮に見える。要は最終所有者が無頓着だったり都合のよい所有権の設計を強制できなかったりするから、象徴的占有が幅をきかすのである。新しい所有権技術の前では、いずれ背もたれにかけた上着は時代遅れになるだろう。そう、エンサイクロペディア・ブリタニカ（紙版は一七六八～二〇一二年）やイエローページ（一八八三～二〇一九年）がそうなったように。

占有は日々の生活に深く根付いているし、所有権を主張する強力な根拠にもなる。だから、すぐになくなることはあるまい。だが、「私がいま持っているんだから私のもの！」という主張は新参者やよそものには誤解されやすいし、不公平だとも受け取られがちだ。そして時が経つにつれて紛争のタネになる。

一〇〇万ドルのボール

二〇〇一年シーズンの後半、サンフランシスコ・ジャイアンツの外野手バリー・ボンズはシーズン最多ホームラン記録に手が届こうとしており、全国的なニュースとなっていた。シーズン最終戦でホームランが出れば、そのボールには天文学的な値段がつくにちがいない。

アレックス・ポポフは記念すべきホームランボールをぜひともキャッチしたかった。彼はボンズがこれまでに打ったホームランの軌道を調べ、最も着弾する可能性の高いゾーンのチケットを購入し、ソフトボールのミットをつけて万全の準備を整える。[48] 彼の推定は正しかった。シーズン最多記録となる七三号ホームランはポポフの座席のあたりをめがけて飛んできたのだ。ボールは落ちていき、みごとポポフのミットに収まる——ただしほんの一瞬だけ。周囲の観客がどっとポポフに押し寄せてきて倒れ込んだため、ボールはミットから飛び出して跳ね返り、最後は幸運なパトリック・ハヤシが拾い上げる。彼はたまたま近くにいた観客の一人だった。ハヤシは、一〇〇万ドルの値が付くと見込まれる記念ボールを持って球場を後にする。

そこで話は終わるはずだった。何と言ってもボールはハヤシが物理的に占有していたのだから。だがおさまらないのはポポフである。彼はすぐさま裁判に訴えた。正当な所有者は自分である。瞬時といえどもボールがミットに入ったとき、自分は占有していたのだ。その状態を維持できなかったのは、群衆に奪われたからである。ポポフの見解によれば、ハヤシは盗人である。泥棒が占有しても法律上は一〇分の〇の所有権しか認められないはずだ、と（実際にはすでに見てきたように、一〇分の〇ではなく一〇分の一だと考えられる。泥棒は真の所有者に負けるだけで、他のすべての人には勝つからだ）。

盗人呼ばわりされたハヤシは、野球ファンは何世代にもわたってシンプルな占有ルールに従ってきたと反論した。すなわち、揉み合いになった場合のボールの所有者は最後にボールをしっかり手中に収めた者であって、その途中で手を触れた者ではない。そして最終的に占有したのは自分ハヤシである、と。この主張は、狐を追い回したポストではなく最後に仕留めたピアソンに所有権を認める「捕獲の法則」に近い。

裁判になってわかったことだが、法律はこの種の問題に関して何も言及していないし、過去に類似の判例もない。[49]ホームランボールに適用できそうな解決策はたくさんあった。序章で取り上げたロッキングチェアの例に倣えば、コイン投げで決める、ボールを半分に割って分け合う、交代で所有する、ボールを潰してしまってケリをつける、といったことが考えられる。この件ではほかにも選択肢があった。

・ボールのもともとの所有者であるジャイアンツがとる。
・ボールに価値を創出したボンズがとる。
・最終占有者であるハヤシがとる。
・最初の占有者であるポポフがとる。
・オークションにかけて売上金を折半する。

あなたはどれを選ぶだろうか。どれを選ぶかによって、所有権についてのあなたの考え方があきらかになる。あるいは、あなたがどれほど熱心な野球ファンかがあきらかになるかもしれない。結果を先に言うと、野球ファンの多くはハヤシに味方した。裁判官はオークションにかけて売上金を折半するよう判決を下した。本書の著者である私たちはポポフに所有権を認めるべきだと考えている。

では、先ほどのリストを上から順に検討しよう。もともとの所有者であるジャイアンツがボールをとるのはどうか。ジャイアンツはローリングス製のボールを購入して試合に提供している（メジャーリーグの球団は一試合あたり平均一〇〇個のボールを使うという。リーグ全体では一シーズンで二〇万個以上のボールを使う計算だ）。ボンズのバットに当たる瞬間まで球団がボールの所有者であることに疑いの余地はない。ではなぜその瞬間の後も所有できないのか。

サッカー、フットボール、バスケットボールでは、ボールが観客席に飛び込むと返球するように要求され、観客はそれに従う。だが野球だけは戻さない。一九二〇年代以降、観客席に飛び込んだボールについてはどの球団も所有権を放棄している。法律によれば、放棄された財産は次の占有者が自由にできる。たとえば観客のボール争いが熾烈になって暴力沙汰が起きるようになったら、ジャイアンツはルールを変更し、所有権の放棄を打ち切ることが可能だ。だが球団にとっては、現在の所有権スキームを維持することにビジネス上のもっともな理由がある。まず、野球のボールは安い。ファウルボールやホームランボールを進呈すればファンは喜ぶ。野球観戦に行けば、家に帰るときにはひょっとするとボールを持ち帰ることができるかもしれない、と子供たちはみな知っていてわくわくしている。

　では、ボンズの仕事に敬意を表して彼にボールを与えるのはどうか。労働は、次章で検討するように、所有権を主張する正当な理由となりうる。彼の並外れた能力とがんばりがあったからこそ、ボールに価値が生まれたのだ。そもそもボール争奪戦が起きたのは、それがシーズン最多記録を更新する七三号ホームランボールだったからにほかならない。実際、多くの球場では、ボールの所有権は占有ではなく打者の労働に基づくべきであると観客は理解している。だから、もしかすると数千ドル、数万ドルの価値があるかもしれないボールを、観客は打者に返し、見返りとして記念撮影をしたりサイン入りのユニフォームをもらったりする。たとえばロサンゼルス・エンゼルスの強打者アルバート・プホルスが通算六〇〇号ホームランを打ったときには、それをキャッチした観客のスコット・ステフェルは彼にボールを渡してこう言った。「これはボクのものじゃない、彼のものだ。彼はそれに値する」と。[50] だがボンズのケースでは、ボンズはボールを要求しなかったし、ハヤシもポポフも返す気はなかった。

　では、野球ファンが支持するようにハヤシがボールをもらうのはどうか。私たちが取材したある熱心な野球ファンは、これは判断に迷うケースではないと断言した。ほとんどの球場で、観客席のルールはハヤシに味方するという。押し合いへし合いの中で何が起きようとも最後に占有した人がボールの所有者になる。片手にボールを握りしめた観客がテレビスクリーンに向かって満面の笑みを浮かべ、左右を向いて近くの観客に感謝するというのがお決まりの儀式だ。このルールは単純明快で運用しやすいというメリットがある。価値判断について議論する余地もなければ、裁判に訴える必要もない。野球ファンは、第1章で取り上げた捕獲の法則によろこんで従う。このルールは、人類の歴史の大半を通じて認められてきた物理的占有の役割を尊重してもいる。たしかにジャングルの掟のように原始的に見えるかもしれない。だが時の試練に耐えてきた重みがある。

この件を担当した判事ケヴィン・マッカーシーは、観客席のルールよりよい判断を下せると考えたらしい。彼にとって、問題は占有の意味に帰着する。ポポフが腕を伸ばして差し出したミットにボールが瞬間的に収まった時点では、ボールはまだしっかり捕球されてはいなかったが、落としてもいなかった。その瞬間にポポフは「群衆に襲われ、ミットからボールをかき出された」と判事は述べている[51]。ハヤシもまた、ボールをしっかり握りしめた姿を世間に誇示するまでは同じ「無法者集団」に押し寄せられた被害者である。よって判事の見解によれば「二人はいずれもボールに対して他の誰よりも強固な所有権を主張できる。しかも各人の主張は相手と同等の重みがある」。ロッキングチェアの場合は交互に所有せよとの判決が下されたが、この件では先ほど述べたように、オークションにかけて売上金を折半するようマッカーシーは命じた。

ボールは結局四五万ドルで落札された。落札したのは漫画家のトッド・マクファーレンである。ハヤシは弁護士に成功報酬（事前に取り決めたパーセンテージ）を払い、この騒動で生じた費用は有名になったことで埋め合わせた。だがポポフのほうは一時間単位で請求された弁護士報酬のせいで破産してしまう。ここから得られる人生の教訓は、こうだ。弁護士を雇う前に報酬をどう取り決めるかよくよく考えること。弁護士のほうはちゃんと考えているに決まっている。それから、所有権を巡るトラブルは、裁判に訴える価値はまずないと肝に銘じることだ。

私たちはマッカーシー判事の決定に懐疑的だ。かと言って、最終占有者のものだとする野球ファンの安易な決め方にも賛同できない。

ここでこの件に固有の特徴をひとまず棚上げし、もっと大局的に考えてみたい。野球の試合では年間一七五〇人ほどの観客が怪我をしている。その多くがライナー性のファウルボールに当たるか、それを捕ろうと争って突き飛ばされたりしたことが原因だ。一部の観客席はネットで保護されている（最も高いチケットの席なのは偶然ではなかろう）が、それ以外の観客は無防備だ。近くにミットをはめて警戒を怠らないキャッチのうまいファンがいれば、大いに心強い。

しかし最終占有者にボールの所有権が帰属するというルールは、ミットをはめた熱心なファンが球よけになってくれる効果にすこしも寄与しない。法律が群衆に味方し、ボールがハヤシのような最終占有者のものになってしまうなら、誰がわざわざ野球観戦にミットを持って行くだろうか。そう考えれば、マッカーシー判事の判決は全然よくない。飛んでくるボールにミットを差し出す行為は、結果のわからない裁判への入場切符になってしまう。

私たちの考えでは、いやしくも法律や司法判断は、野球場で毎日のように起こりうることを包含するようにボールの占有を定義すべきであって、一回限りの一〇〇万ドルの価値のあるボールだけを想定すべきではない。そもそもオークションにかけるという判断が可能になるのは、そのように高い価値があるときに限られる。よって観客にしてほしいことをまず考え、次にその行動を誘導できるように所有権のリモートコントロールを設計すべきである。

たとえばこんなルールはどうだろう。「お客様がミットでボールをキャッチした場合には、その後揉み合いになって落としても、ボールは最初にキャッチしたお客様のものになります」。これならば、未来のポポフすなわち他の観客をボールの直撃から守ってくれるスーパーファンに対し、せっかくの熱心な守備が無駄骨に終わることはないとの明確なメッセージを発信できる。このルールはスーパーファンに向けて「ぜひミットを着けて観戦し、ボールを警戒していてください。あなたがミットで周辺の観客を守ってくれれば、法律はあなたを守ります。ボールが群衆のものになることはありません」と呼びかけると同時に、一般の観客には「危ないですから下がっていてください」と警告を発している。読者がスポーツの比喩をお望みなら、パス・インターフェアランスをするな、ということだ（パス・インターフェアランスとは、アメリカンフットボールでボールをキャッチしようとする選手への妨害行為を意味する。これは反則である）。インターフェアランス・ルールを持ち出して観客に手を出すなと言うのは、ちょっとずるいかもしれない。そうは言っても、これは観客の行動を望ましい方向に誘導する絶好の機会である。ボンズのホームランボールのようなケースは、ニュースになり世間の注目を集めるからこそ重要な意味を持つ。あのときポポフにボールを与えるべきだったと私たちは考えている。

私たちの解決では、当事者であるポポフにもハヤシにも言及していないことに読者はお気づきだろうか。意図的にそうした。というのも、所有権を巡るこの争いを、将来の野球ファンの安全を守る好機だと捉えたからである。このケースで私たちが問題にしたのは、ボールの占有に関するルールをどう決めれば、今後の観客の安全に最も寄与するだろうか、ということだった。これは、所有権の設計における事前的なアプローチ、すなわち「事が起きる前に」将来を見越したアプローチである。このアプローチはざっくりした経験的（ありていに言えば裏付けのない）将来予測に依拠する。そして、ルールが個々の観客や社会全体におよぼす影響を考慮した枠組みを採用する。私たちのルールが実際に観客をより安全にするかどうかは現時点ではわからない。それでも私たちは、将来の観客の安全性を高めることを目標にした（たぶん、私たちがボールをキャッチする側ではなく直撃される側だからだろう）。

マッカーシー判事のアプローチは正反対だ。彼の主要関心事は、ポポフとハヤシという二人の当事者を正当に取り扱うことにあった。判事は司法判断が当事者以外の人々の行動に影響を与えることを十分承知しつつも、事後的な、すなわち事が起きてからの審理を重視した。マッカーシーが発したのは個別の当事者に関する問いである。悪いことをしたのは誰か？　よいことをしたのは誰か？　この法廷にいる二人にとって私に導き出せる最も公平な結果はどういうものか？

所有権に関するあらゆる選択は、結局のところ事前／事後という二つの戦略のどちらかに行き着く。[52]ある法律専門家は、「ロースクールの一年生が修得すべき理論的な枠組みを一つだけ選べと言われたら、事前／事後の区別を選ぶだろう」と語っている。[53]この意見には賛成だが、もうすこし踏み込んで言いたい。事前／事後の区別は所有権を考えるうえで最も強力なツールなのだから、誰もが学べるようにすべきである、と。

ボンズのホームランボールのエピソードで覚えておくべきポイントは、こうだ。占有は裁判で証拠の裏付けとなるような事実ではないし、法律がそれを規定しているわけでもない。占有には、所有権を巡って対立するストーリーの中から何を選んだかが反映される。その選択は、あなたのいまの価値観によっては良くもなれば悪くもなりうる。

第3章

他人の蒔いた種を収穫する

私には夢がある

マーティン・ルーサー・キング・ジュニア博士から何を連想するかと問われたら、ほとんどの人が「私には夢がある」の一節で名高いあの演説を挙げるのではないだろうか。一九六三年八月、「ワシントン大行進」でリンカーン記念堂前に集結した二五万人近い人々の前で、キング牧師はこう述べた。「私には夢がある。それは、いつの日か、私の四人の幼い子供たちが、肌の色によってではなく、人格そのものによって評価される国に住むという夢である」。この演説はいまなおアメリカの歴史において最も賞賛されたものの一つとして記憶されている。

キング牧師の演説のあとすぐに、いくつかの企業が「私には夢がある」という言葉を印刷して販売し始めた。一カ月後、キング牧師の個人的な弁護士であるクラレンス・ジョーンズがあの演説の著作権を登録し、事前許可および著作権料の支払いをせずに複製した場合には訴訟を起こすようになる。キング牧師は一九六八年に暗殺され、その時点ではけっして裕福ではなかった。だが彼の資産には著作権の生じるありとあらゆるものが含まれていたのである。

キング牧師の残したものはブランドとなった。[1]彼の言葉、動画、書簡、その他あらゆるものが営利企業であるキング社（King Inc.）の財産となっている。エヴァ・デュヴァネイはアメリカ公民権運動を率いるキング牧師を描いた映画『グローリー／明日への行進』（二〇一四年）を制作したが、この映画の中のキング牧師の演説を注意深く聞いた人は、本物と似てはいるが同じ言葉を使っていないことに気づくだろう。デュヴァネイは、演説を使う許可を求めることは「考えもしなかった」と明かす。[2]というのもキング社はすでに権利をスティーブン・スピルバーグ監督に売却していたからだ。

キング社に著作権料を払わない限り、キング牧師の言葉の大半は使用できない。ＣＢＳがドキュメンタリーの中でキング牧師の演説の一部を引用して放送したところ、キング社から訴えられている。またワシントンＤＣのナショナルモールにキング記念碑を建造するための財団に対し、キング社は肖像権使用料と著作権料として八〇万ドルを請求した。しかも記念碑が完成してしまうとキング社は財団名にキングを入れることを禁じ、財団は単に「メモリアル財団」と改称されている。キング牧師のスピーチライターでもあったクラレンス・ジョーンズにさえ、キング社は著作権料二万ドルを請求した。ジョーンズが公民権運動をテーマにした著作の中で「私には夢がある」演説を引用したからである。だがその演説原稿に知恵を出したのは、ほかならぬジョーンズだった。

キング社は携帯電話、コンピュータ、自動車などに売り込みをかけ、演説を使用許諾した。二〇一八年に自動車のダッジ（Dodge）はスーパーボウル用に制作したコマーシャルの中で、キング牧師の別の演説を引用した。その演説は、もともとは自動車会社を非難するために書かれたもので、「ご存じのとおり、彼らの言葉にはたいへん説得力がある」という文言はけっして褒めているのではなく、自動車メーカーは「周囲から羨望の眼差しで見られたかったらこんな車に乗らなければならない」と人々に信じ込ませてしまうとの批判が込められている。[3]キング社はダッジに対し、引用の仕方が不適切であるとして修正を要求した。

キング社を長年経営していたのは、キング牧師の末息子デクスターである。彼は何かにつけて物議を醸しており、キング牧師の他の子供から公民権運動の指導者まで、大勢の人と裁判沙汰になっている。ジョーンズは「じつに痛ましい……彼らはキング牧師の遺産をどう扱うかで揉めているが、その動機はといえばカネ、カネ、カネなのだ」と嘆く。[4] ニューズウィーク誌の記事によると、「キング家の友人たちが、利益を得ることと暴利を貪ることとは違うとデクスターに言い聞かせたが無駄だった」という。[5] キング牧師がこのありさまを知ったらどう思うだろうか。

ここで、基本的な疑問に立ち返りたい。そもそもなぜキング社がキング牧師の演説を所有しているのか。第一に、演説は、人種差別のないアメリカを作りたいと願ったキング牧師の労働の産物である。作家や芸術家がみなそうであるように、彼こそが「自分が蒔いた種」を収穫できるはずだ。第二に、キング牧師が死去してから五〇年以上が経つ。それなのになぜキング社がいまだに著作権を主張し、ドキュメンタリーから収入を得たり自動車メーカーに売り込んだりできるのか。もっと広く言えば、知的労働は誰のものなのか。

驚かれるかもしれないが、誰のものでもない、というのがアメリカの法律における所有権のベースラインである。人は所有権が保障されなくとも創造性を発揮しうるとの前提から、法律は模倣を奨励しているのだ。キング牧師は、金銭的利益を期待して名演説を書いたわけではない。彼の目的は、アメリカにおける公民権のあり方を変えることだった。キング牧師からすれば、著作権など法律家の後知恵にほかならない。

だがほとんどの作り手はキング牧師とは違う。彼らは自分たちの創造的労働に対価を払ってほしいと考える。画期的な新薬を開発しても、競合他社にすぐさまそっくり真似される可能性があるとしたら、いったいどこの製薬会社が巨額の投資をするだろう。よって生産的なイノベーションを促すには、労働に所有権で報いなければならない、ということになる。このロジックからすれば、キング社は命を救う薬や最先端の技術や活気ある文化を生み出すアプローチに比肩しうる限りにおいて、キング牧師の遺産を活用して好きなように利益を上げていいのかもしれない。

ただし労働に所有権で報いると一言で言うが、これは一回限りの話ではない。キング牧師は一九六八年に亡くなったのに、キング社はいまだに彼の遺産へのアクセスをコントロールしている。いったい誰が、どのような所有権で、どの程度の期間にわたって報われるべきなのか、決めなければならない。さらに付け加えれば、誰が決めるべきなのかも選ぶ必要がある。連邦なのか、州なのか。法律で決めるのか、司法判断に委ねるのか。ずいぶん細かい質問だと思われるかもしれないが、その答えは語られる言葉、毎日着る服、日々楽しむ音楽や映画から生命を救ってくれる薬にいたるまで、私たちの生活のあらゆる面にかかわってくる。

額に汗して

労働を根拠とする所有権の主張、すなわち「私ががんばって働いたのだから私のものだ」という主張は、所有権を正当化する第三の基本的な要因となっている。ごくわかりやすく言えば、一日しっかり働くと、ああ今日はよく働いた、この労働の果実を楽しむ権利は私のものだ、としみじみ感じる。「報われるに値する」というこの感覚こそ、所有権に関する私たちの直観の多くの根底にあるものだ。列の先頭をとろうとがんばって早くやってきた人は一番に手に入れるべきだし、がんばって雪かきをした人がパーキングチェアで場所取りをするのは当然だ、という具合に。

労働と報いのこの密接な関係は、はるか昔から存在する。聖書のそこここで「自分が蒔いた種は自分で収穫する」という考え方のさまざまなバリエーションを読み取ることが可能だ。ほとんどの人が種を蒔き、収穫することによって生きていた古代イスラエルの農民たちにとって、この考え方は文字通りの意味を持っていた。イギリスの偉大な哲学者ジョン・ロックは、いまから三〇〇年以上も前に、この関係性を『統治二論』の中で所有権論の中心に据えている。彼は「人は誰でも自分自身の身体という財産を所有している[6]」とする自己所有権（self-ownership）から出発し、「その肉体の労働、その手の仕事は正しくその人のものだと言うことができる」とした[7]。かくして、人間が労働を加えた瞬間に、それまで誰のものでもなかった資源に（重要な条件付きながら）所有権が出現することになる。

ロックにとって、アメリカは所有されていない資源の代表例だった。アメリカの大地は、労働によって誰かの私的所有物に移行するのを待っているというのである。ロックは「原初の世界はアメリカと同じだった」と書いている[8]。だがヨーロッパ人入植者が初めて上陸したとき、アメリカは空っぽの大地だったわけではない。そこには何百万人ものネイティブアメリカンが住み着いており、大地の恵みを得て生活していた。となれば、なぜ彼らがアメリカを所有しないのか。彼らこそ長い間そこで労働をしていたのではなかったか。

ヨーロッパ人が入植してすぐに、裁判所は誰のどんな労働が所有権の根拠になりうるのかを決めなければならなかった。第1章で取り上げた一八二三年のジョンソン対マッキントッシュ訴訟において、最高裁はこう主張した。「この国に住んでいるインディアン【ママ】の部族はきわめて野蛮である……この国を彼らに占有させておけば、いつまでも野蛮のままにしておくことになる」[9]。このとき最高裁はネイティブアメリカンに対する偏見を露呈しただけではない。それが大きな理由ではあったが、この判決が意味するところはもっと根が深い。

最高裁の見解によれば、アメリカの所有権は特定の生産的労働に依拠する[10]。ネイティブアメリカンの狩猟採集生活、野生の獣や魚やベリー類を求めて季節ごとに移動する生活は、労働のうちに入らない。土地を耕すネイティブアメリカンも大勢いたが、それも最高裁は労働とは認めなかった。最高裁の考えでは、所有権が成立するためには、伐採、整地、石垣の整備など特定の方法で手付かずの自然を改良しなければならない。[11] 別の言い方をすれば、入植者が元いたオールドイングランドと同じようにニューイングランドを整えない限り、所有権は認められない。この論理立てはうさんくさいと感じられただろうか。その通りだ。だがこの論理を押し通せば、最高裁はネイティブアメリカンから土地を没収することを正当化できる。

早い者勝ちも占有も自明ではないように、労働もまた自明ではない。誰のどんな労働が所有権の根拠となりうるかを決める価値中立的な方法など、存在しないのである。どれも経験的な事実ではなくあれこれ勘案した末の単なる結論に過ぎず、異議申し立ては十分に可能だ。言うなれば早い者勝ちも占有も労働も、希少資源の所有に関して入植者と裁判所が自分たちの選択を不格好にまとめ、大急ぎで貼り付けた粗雑なラベルに過ぎない。

所有権を規定したこの粗雑なラベルは、土地の現状と司法解釈との大きな乖離を表している。所有権とはソーシャルエンジニアリングにおける一つの選択にほかならず、発見された事実ではなくて到達した結論である。そう教えられると、毎年ロースクールの新入生はひどく困惑する。まず、所有権を使って実現したい目的を定める。次に、どんな手段を使えば目的を最も確実に実現できるか判断する。最後に、おおむね隠された価値判断とおおざっぱな経験的推論から導かれた結論に所有者という法律用語を貼り付ける。このように、所有権とは分析プロセスの終点であって起点ではない。

ジョンソン対マッキントッシュ訴訟における最高裁の判断では、ヨーロッパの農民と商人の世界観を反映して、一段と強化した所有権の定義が選択された。この選択は、今日からすると独りよがりのうえに冷酷無慈悲だが、当時は子供でも理解できるものだった。正確に言えば、当時のアングロアメリカンの価値観の中で育てられた子供には理解できた。

あの有名な子供、ローラ・インガルス・ワイルダーがそうだ。彼女は中西部で移住生活を送った少女時代を描く自伝的小説「小さな家」シリーズの著者として名高い。シリーズ第三作『大草原の小さな家』（一九三五年）では、一家が一八六九年にネイティブアメリカンから獲得した土地のことが描かれている。夏から秋にかけて、白人不法入植者の大群がオーセージ族の保留地として知られる土地に入り込んだ。ローラの父親もその一人である。彼は物語の中ではオーセージ族に深い理解を示す人物として描かれているが、入植者の土地所有権についてこう語っている。「白人入植者が入ってきたら、インディアンは出て行くことになる……だから私たちはここにいるんだよ、ローラ。白人はいずれこの国全体に住み着き、最高の土地を手に入れる。なぜならここに最初にやってきて収穫をしたからだ。わかったかい？」[12]。

インガルス一家は、カンザスでは所有権を主張できるほど長期にわたって労働をすることができなかった。土地は痩せていて、冬の寒さは厳しく、ネイティブアメリカンの抵抗は頑強だった。そこで一家は先へ進む。ダコタでは、もっと肥沃であまり保護されていないネイティブアメリカンの土地を見つけることができた。数年におよぶ労苦を重ね、作物を植えては失敗し、また植えることを繰り返した末に、一家の努力はついに実を結ぶ。ホームステッド法（自営農地法）に基づき土地の所有権を認められたのだ。ホームステッド法は、入植者の労働に対して「最初」の所有権を認めることを定めた一連の法律の一つである。所有権が確定すると、父親は大声で歌いながらそこらを駆け回るのだが、この歌には入植者が所有権に懸ける気持ちがよく表れている。

　おお、この国へ来て

心配することはない
アンクルサムは金持ちで
私たちみんなに農地をくれる[13]！

一八〇〇年代にアメリカの領土は二倍以上になった。連邦政府は新たに加わった公有地を躍起になって守ろうとし、ヨーロッパ人やネイティブアメリカンの権利の主張に必死に抵抗した。大事なのは、ミシシッピ以西の地域にはっきりと目に見える形で、できるだけコストをかけずにすみやかに定住してしまうことである。この目標を達成するために政府が選んだのは、インガルス一家のような労働に報いることだった。西へ行って開墾したら土地所有者になれる、というわけである。当初のホームステッド法は、ミシシッピ以西に五年以上住み着き、開墾し、住居を建て、耕作することによって土地の価値を向上させた（ここが肝心である）成人の市民には、公有地一六〇エーカー〔約六五万平米〕を与えると定めている。ホームステッド法の下で、約二億七〇〇〇万エーカー、アメリカの広大な大地のおよそ一〇％相当が公有地から私有地に転換された。

一八七二年鉱業法にも同様の規定がある。同法は、市民や企業は公有地で発見した鉱物の権利を主張できると定めている。その条件は、鉱山師または鉱山会社は貴重な金属の探鉱を行い、発見の証拠を提出し、年間一〇〇ドル相当以上の労働の投入または価値の向上を実現することである。この最低条件（および他の些細な条件）を満たし、権利を主張する土地一エーカーあたり二・五〇〜五・〇〇ドルを払う限りにおいて、土地の下または表面で発見した鉱物資源は彼らのものだ。権利料は一八七二年以降一度も引き上げられていない。鉱山会社はいまもなお公有地から毎年二〇億〜三〇億ドルの鉱物を掘り出しているが、この超優遇措置に対してほんの端金しか払っていないのである。ついでに言うと、鉱業権の主張によって、国立公園の中に私有地ができることになった。[14] 西部の公有地のあちこちにそうした私有地がしみのように点在しており、自然遊歩道へのアクセスが遮断されるとか、手付かずの自然が脅かされるといった事態になっている。

公共用水を私的に使用することを認めた法律も存在する。乾燥した西部では、水は土地や鉱物以上に貴重な資源だ。川を方向転換させ有用な用途へと流れ込ませた人は、その水を自分のものにできる。アメリカにおける今日の西部の姿は、誰のどんな労働が土地・鉱物・水の所有権を形成しうるかに関して、この国が一世紀以上前に行った選択の直接的な結果だと言って差し支えない。

以上のように、所有権を確実にするには買っただけでは十分ではない。一番乗りをしても、占有しても、十分ではない。入植者はある定められた労働によって土地の価値を高めなければならない。そのとき初めて彼らは土地の合法的な所有者となる。種蒔きと収穫のこの密接な関係は、歴史を通じて法律によって強化されてきた。[15] すくなくとも、ある種の行為に関わるある種の人々にとってはそうだった。

だが所有権は世代によって変わる。いまでは公有地が農家に与えられることはない。ホームステッド法は一九七六年に廃止された（アラスカでは一九八六年まで有効だった）。ローラの世界はなくなったのである。では今日の労働は所有権にとってどのような意味を持つのだろうか。

ミッキーマウス延命法

ここでは、フロリダ州ホーランデールにある保育園ベリー・インポータント・ベイビーズの訴訟を考えてみよう。[16] 保育園の壁にはミッキーやミニーやドナルドダックやグーフィーグーフが描かれており、小さい子供たちにとっては一日楽しく遊べるハッピーな場所だった。

だがミッキーの無断使用を知ったウォルト・ディズニー・カンパニーの弁護士にとっては、全然ハッピーではなかった。彼らは問題の壁を調べるために調査員を派遣し、証拠を固めると、保育園を訴えるという警告文書を送る。他にも、ホーランデールにある保育園でミッキーたちの壁画のあるグッド・ゴッドマザーズとテンプル・メサイアニックが同様の文書を送り付けられた。

子供たちは動転した。「あれがなくなっちゃったらさみしいよ」と五歳のクリストファーは半泣きだ。「こんなの、フェアじゃない」と七歳のアマンダは憤慨した。園長のエリカ・スコッティは「まったくばかげた言いがかりだわ」と大人の言葉で怒りを表現した。それでも彼女はなんとか妥協点を探るべくディズニーの弁護士たちと交渉を重ねた。

ホーランデール市も交渉に加わり、保育園側に味方する仲裁案を示した。ギル・スタイン市長は、「我が国のあらゆる企業の中で最も輝かしい企業の一つであるディズニー社、その唯一無二の天才と、アメリカ中の子供たちのお小遣いによって巨大企業に成長した企業が、親切な気持ちと寛容な心を持てないとはじつに恥ずべきことだ」と述べている。[17] だが「地球上で最もハッピーな場所」を所有するディズニー社は頑として譲らない。「これが最終回答だ。これ以上市に言うことはない」。ミッキーは去らなければならなかった。

ディズニー社の攻撃的な姿勢は、じつはウォルト・ディズニーその人の時代からのものだ。一九二三年に、ディズニーは最初のキャラクターとしてオズワルド・ザ・ラッキー・ラビットを創作した。しかしオズワルドの権利は映画会社に渡ってしまう。ディズニーは破産し、ゼロからやり直さなければならなかった。そして一九二八年に創作されたのが、モーティマーマウスである。その後すぐにミッキーマウスと改名されたこのネズミは、ディズニー帝国のシンボル的存在となった。以後ディズニーは二度と破綻の淵に瀕することはなかったし、権利の保護に力を入れ、無断使用に目を光らせるようになる。

保育園にとって幸運なことに、この騒動を全国メディアが報じたおかげで、ディズニーとライバル関係にあるユニバーサル・スタジオ・フロリダが助けの手を差し伸べる。抜け目なくカメラが回される中、ユニバーサルのスタッフが原始家族フリントストーンや犬のスクービー・ドゥーやクマのヨギ・ベアを描いてくれたのだ。それも、無料で。

だがミッキーの他の無知な無断使用者はそれほど幸運ではない。ディズニーはけっして容赦しない。同社の法務部門は偏執狂的だとして「ディスノイド」と呼ばれ、年間数百件の訴訟を起こしている。訴えるぞとの脅しはもっと多い。ある記事は「ウサギは繁殖が好きだが、マウスは訴訟が好き」と揶揄した。[18]ディズニーの死去から五〇年以上が経ち、ミッキーの誕生からは一世紀近くが経つというのに、ディスノイドはいったいどうやって子供たちのささやかなしあわせを脅かすことができるのか。

所有権の設計に根本的な違いがあるから、というのが答えだ。所有権は二種類の労働に報いる形で認められる。肉体的な労働と知的な労働である。リンゴの木を育てるのは前者、アップルパイのレシピを創作するのは後者だ。

肉体労働に所有権を認めることは、時の試練を経て確立されている。「自分が蒔いた種は自分で収穫する」という直観的な考え方も、肉体労働と所有権の関係に由来する。生産者は自分が所有できるからこそ、リンゴ栽培の規模を拡大する意欲が湧く。それは消費者にとっても好ましい。所有権の譲渡の問題もかんたんに片付く。誰であれ、いちばん高い値段を払う人がリンゴを手に入れる。リンゴは、誰かが食べてしまったら別の人は食べられない。

だがこの最後の点は、知的労働には当てはまらない。私があなたのレシピを使っても、あなたはまだそれを使える。いや、何百人のアップルパイ好きも使うことができる。一人が種を蒔けば、誰もが収穫できるのである。あらゆる知的財産法は、このたった一つの点に取り組む法律だと言える。

トーマス・ジェファーソンはこの点を一八一三年の有名な書簡の中で、ろうそくの例を使って説明した。「私からあるアイデアを受け取る人は、その中身そのものを受け取るのであって、アイデアを減らすことはない。私のろうそくの火で自分のろうそくを点けた人が、私から火を奪うことはないのと同じである」[19]。言い換えれば、誰がレシピを利用できるかを決めるための所有権も価格も市場も必要ないということだ。なぜなら、誰が使っても将来の使用を妨げないのだから。ジェファーソンがアメリカ初の特許審査官であり特許法の起草者でもあることに注意されたい。同じ書簡の中で彼は特許権の付与に懸念を表明し、「アイデアの独占は社会にとって利益よりも大きな不利益をもたらすかもしれない」と述べている。ジェファーソンは消費者の利益を守る立場から、知的労働の成果に所有権を認めるべきではないと考えたのだった。

知的労働の果実が当時ほとんどの国で保護されていなかったのは、このように消費者に配慮したからだった。保護がないということは、とくに法律に定めのない限り、誰でもただでコピーしてよいことを意味する。ディズニーによるミッキーの創作以降、もし誰もがミッキーを自由に使用できるなら、世界は確実にハッピーになるだろう（ディズニー社はハッピーではないかもしれないが）。キング牧師によるあの有名な演説以降、もし誰もが無料でそれを視聴できるなら、多くの人が深い感銘を受けるだろう（キング社は破産するかもしれないが）。致死的な病気の治療薬が開発され、一錠一セントで誰でも生産してよいなら、もう誰もその病気で死なずに済むはずだ。

となれば、消費者の利益を考えたら知的労働の成果は保護しないほうがいいのだろうか。むしろそれが最善のやり方なのだろうか。だがここに問題がある。そう、作り手のことも考えなければならない。ディズニーもファイザーも権利が保護されないとわかっていたら、私たちはミッキーにも出会えなかっただろうし、命を救ってくれる医薬品も出現しなかっただろう。労働が金銭的利益で報われないなら、誰がわざわざ額に汗するだろうか。そしてそうなったら、消費者にとっても甚だしい損失である。

かくして私たちは知的労働の成果を保護すべきかすべきでないか、二者択一に直面することになる。この難問には何兆ドルもの価値が絡んでおり、結果的に知的財産法が誕生することになった。それにしても、作り手が消費者に十分なメリットをもたらすために、彼らに与えるべき最低限の報奨はどれほどなのだろうか。そして、それをいったい誰が決めるべきなのか。

合衆国憲法の起草者たちは、一七八〇年代の時点ですでにこの難問を認識していた。彼らの解決は、決定権の一部を州議会から取り上げることである。憲法は、著作権（創造的表現について）と特許（有用な発明について）に関する法的枠組みを連邦議会が決めるよう定めている。これは、複製自由のルールに対する重大な例外規定だった。さらに憲法は、所有権は「科学の進歩および有用な技術に資する」場合に限って与えるよう定め、しかも付与する権利は「一定期間」のみ有効とするものとした。広く公共の利益に寄与するためである。

「著作権の主たる目的は、作り手の労働に報いることではない」というのが最高裁の見解である。[20]「著作権が保護に値するかどうかの基準は、〝額に汗する〟ことではなく、独創性（originality）である」。アメリカでは、作り手に与えられるのは期間限定の権利であり、それも「進歩」に貢献した場合に限られる。アメリカで最初期に制定された法律の一つである一七九〇年著作権法では、著作者に二八年間の排他的権利が認められた（当初は一四年間で、一四年延長のオプション付き）。その後は創作物を誰でもただで利用してよい。

特許もほぼ同じ条件だ。発明家は独占的所有権を一定期間与えられる。こちらは二〇年である。独占的所有権と引き換えに、発明家はただちに発明の内容を開示しなければならない。こうして、共有される知識の蓄積が増えることになる。そして二〇年が経過して特許権が消滅したら、発明そのものがパブリックドメインに帰属し、公共財産として誰でも無料で利用できるようになる。何世紀にもわたって、これが連邦議会の著作者と発明家の処遇に関する基本方針だった。[21]

だが作り手は往々にしてもっと多くを要求する。ミッキーの著作権の有効期間が満了に近づくたびに、ディズニー社は潤沢な資金とロビイスト集団を議会に送り込んだ。同社が強調したのはビジネス上の問題ではない。オズワルドやミッキーの創作を巡る創業者の苦闘を縷々訴え、創造的労働に報いてほしいと懇願したのだ。ディズニー自身、ミッキーを心から愛していた。ミッキーのアニメでは一〇年にわたって自ら声優を務めたほどである。愛すべきミッキーが不届きな目的のために利用されるような事態になったら、彼の創造的労働に対する冒瀆ではないだろうか、云々。セサミストリートでは（包摂と多様性をテーマにしたとはいえ）薬物依存という設定のキャラクターが登場して衝撃を与えたが、[22]ミッキーでもそうしたことが起こりうる……。

ロビー活動を活発に展開しているのはディズニー社だけではない。アーヴィング・バーリン、ジョージ&アイラ・ガーシュウィン、リチャード・ロジャース、オスカー・ハマースタインといった偉大な作詞家・作曲家の著作権所有者たちも、著作権の期間延長を求めてディズニーに加勢した。創造的労働への報いを求める運動は功を奏する。[23]ミッキー初登場（一九二八年の短編アニメ「蒸気船ウィリー」）当時の著作権法の規定では一九八四年に失効するはずだったが、議会は著作権保護制度の大幅な見直しを決定し、ミッキーの著作権は二〇〇三年まで有効となった（プルートは二〇〇五年、グーフィーは二〇〇七年、ドナルドダックは二〇〇九年）。さらにこの期限が近づいた一九九八年にディズニー社とその同調者たちは再びロビー活動を本格化する。そして議会を説得し、「ミッキーマウス延命法」と揶揄されることになる著作権延長法の可決制定にこぎつけた。この最新の法律によって、ミッキーの著作権は二〇二三年（発行後九五年）まで延びる。それまでは、ディズニー社は無断使用を見つけ次第、訴えるぞと脅せることになったわけである。

一七九〇年には最大二八年だった著作権の保護期間がいまや一世紀近くまで延びているのは、こうした次第からだ。

ディズニー社はミッキーのロビー活動に総額数百万ドルを注ぎ込んだとされる。そこには、「延命法」の起草者となった議員二五名のうち一九名への直接的な献金も含まれる。ディズニー社とその同調者にとっては安いものだった。なにしろフォーブス誌によると、ミッキーは二〇〇四年だけで五八億ドルを稼ぎ出しているのである。彼は「世界で最も富裕なキャラクター」であり、その収益力は存命中・死後を含めあらゆる有名人を上回っている。[24]

ディズニー社の株主（およびバーリンやハマースタインの権利管理団体）にとってはまことに喜ばしいことである。だが「延命法」による二〇年間の期間延長は、公共の利益にどのような影響をおよぼしたのだろうか。プラス効果はいっさいなかった。「蒸気船ウィリー」が製作された一九二八年の時点で著作権は五六年にわたり保護されることになっており、それで十分だと感じたからディズニーはミッキーを創作したはずだ。彼は一九六六年に死去するまで、自分が蒔いた種を自分で収穫した。死後に古い作品の著作権を延長したところで、新たなキャラクターが生まれるわけではない。ジョージ＆アイラ・ガーシュウィンが新しい曲を作れるわけでもない。それに、今日の若いアニメーターにやる気を起こさせるわけでもないだろう。延長したところで、自分が死んでから何十年も延びるだけなのだから。ミッキーマウス延命法は、いかなる公共の利益も生まないし、新しいキャラクターも新しい曲も生まない。単に企業や著作権団体が潤うだけである。

ミッキーマウスの一件は、ディズニー社やそれに同調する著作権団体が「労働に報いる」ストーリーを雄弁に訴えて自己の利益になるよう所有権ルールを操作する一方で、パブリックドメインを痩せ細らせ、大勢の人々に損害を与えた代表例と言える。打撃を受けたのは保育園や幼いクリストファーやアマンダだけではない。知的労働の所有権が長期にわたるうえ何度も延長されるとなれば、文化自体が人質にとられたようなものである。

一九二三年以前の作品は一九九九年にパブリックドメインに入るはずだったが、二〇年の先送りとなった。[25] ようやく二〇一九年にヴァージニア・ウルフの『ジェイコブの部屋』、ロバート・フロストの詩「雪の降る夕方森に寄って」が自由に利用できるようになる。二〇二〇年にはジョージ・ガーシュウィンの『ラプソディー・イン・ブルー』とトーマス・マンの『魔の山』が、二〇二一年にはF・スコット・フィッツジェラルドの『華麗なるギャツビー』とチャールズ・チャップリンの映画『黄金狂時代』がパブリックドメイン入りした。ある評論家は「二〇世紀の文化の大半はいまだに著作権が有効だ。つまり著作権が生きていて使用できない。言い換えれば、それらは失われた文化である。著作権の保護期間中は、誰も自由に本を再版したり、映画を上映したり、楽曲を演奏したりできないのだから」と述べている。[26]

知的労働の所有権の保護期間が延長されるたびに、消費者は損をする。それも、ときに驚くべき形で。著作権者が亡くなると、その所有権は相続人の間で分割されるが、彼らの中には著作権を保有したことに気づかない人もいる。さらにその相続人の間で権利が分割されようものなら、家族所有の問題が発生することになる。これについては第6章で取り上げる。著作権の場合、不明の権利所有者が増殖すると、いわゆる「孤児著作物（orphan works）」が生まれてしまう。誰かが権利を持っているが、誰だかわからないので出版できない。そのような著作物をあえて世に出す危険を冒す人はまずいない。どこか遠くにいる相続人から突然訴訟を起こされるかもしれないからだ。かくして、著作権が有効な全著作物の約七〇％が孤児著作物と推定される事態になっている。

じつにおかしなことだが、孤児著作物のせいで、今日自由に利用できる作品は一八〇〇年代後半より一九〇〇年代半ば以降のほうが少ない状況だ。[27] なぜか。グーグルは世界各国の図書館と提携して著作権保護期間が満了した書籍一億冊以上をスキャンし、オンラインで無料の全文検索サービスGoogle Booksを提供している。一九二〇年代以前に発表されたすべての書籍が対象だ。その後にグーグルは著作権が有効な作品も対象に含めようとし、最終的に出版社および全米作家協会と包括的な合意に達した。合意によれば、グーグルは孤児著作物を有料ダウンロードサービスで提供することが認められるが、収入の六三％は権利者からの請求に備えてプールする。しかしここで司法省の反トラスト当局が介入し、眠っていた孤児著作物をグーグルが市場化することに懸念を表明してプロジェクトの打ち切りを命じた。最終結果は、こうだ。ミッキーと仲間たちは一九二〇年代、三〇年代、四〇年代の華やかなりしアメリカ文化へのアクセスをいまなお阻止している。これらはとっくにパブリックドメインに入っていたはずの作品だが、ミッキーマウス延命法のおかげで文字通り生き永らえているのだ。

ミッキーの著作権保護期間の延長は、パブリックドメインを貧弱にし孤児著作物を野ざらしにするだけでなく、本来その創造的労働が保護されるはずだった著作者自身に損害を与えることになりかねない。とくに短編作家がそうだ。短編小説の場合、その名声は著作権の期間に左右される。というのも、著作権が有効か失効しているか次第で、選ばれて「英文学百選」といったものの一つに数えられるか忘れられてしまうかを決するからだ。一世紀近くも経てから著作権が消滅しても、作家の死後の名声の多くはすでにすっかり消えてしまっている。ある研究者はこの状況を次のように総括した。著作権の保護期間が長すぎると「本が消えていく」が、期間が満了すると「生き返る」[28]。

上院議員のハンク・ブラウン(共和党、コロラド州選出)は、ミッキーマウス延命法に反対票を投じた唯一の上院議員である。彼は著作権の保護期間が長すぎることの危険性を次のように明快に指摘した。「著作権を買った法人所有者にとって現実的なインセンティブは、議会に働きかけてもう二〇年間の著作権料収入を得ることだ。これは道徳的にまちがっていると私は思う。誰も公共の利益を考えていない」[29]。ブラウン議員は正しい。憲法が著作権法を議会に委ねた結果、ロビイストはごく少数の議員に揺さぶりをかけるだけで済む。他に誰も彼らの邪魔をする人間はいない。最高裁ですら邪魔だてはできない[30]。著作権の最後の期間延長も満了時期が決まっており、憲法の最低要件は満たしているとの議会の言い分に従っている。

つまるところ所有権の設計は、設計した人間以上にすぐれたものにはなり得ない。

セレブは死んでも歩き回る

著作権と特許は連邦の専管事項だが、州の議会と裁判所はそれ以外の知的財産を自由に創出することができる。そして彼らは遠慮なくその自由を謳歌している。

一九四〇年代にボウマン・ガム社が野球選手たちと独占契約を結び、彼らの顔をトレーディングカードに印刷して売り出した。ところがトップス・チューインガム社も同様のカードを売り出す。トップスは、画像は野球選手の所有物ではないのだから、彼らには使用を制限する権利はないと主張した。カード戦争は長引き、裁判所はニューヨーク州に新しい権利の制定を判示した。これが、肖像権(right of publicity)である。肖像権によって、有名人は自分自身にまつわる商業的価値を管理し、利益を上げる排他的権利を持つことになった。名前や肖像から声にいたるまで、すべてである。この新しい権利に基づき、ボウマンは勝訴した。もっともその後にボウマンはトップスに買収されており、合併後の会社は三〇年にわたってベースボールカード市場を独占している。

一九七〇年までに七つの州が肖像権を導入し、現在では半分以上の州で認められている。とくにスポーツ選手の肖像権は、トレーディングカードからテレビゲーム、さらにはファンタジースポーツ（プロスポーツ球団からお気に入りの実在の選手を選び、架空のチームを作って競うシミュレーションゲーム）へと対象が変化してきた。[31] 長らく抵抗していた全米大学体育協会（ＮＣＡＡ）でさえ、現在は大学のスポーツ選手が名前や肖像の使用許諾から収入を得ることを認めている（これについては第５章でくわしく論じる）。

肖像権を認めている州の間でも、本人の死後も権利が認められるのか、その期間はどれほどかについては大きな違いがある。テネシー州では死後一〇年、ヴァージニア州では二〇年、カリフォルニア州では七〇年、インディアナ州ではなんと一〇〇年だ。一方ニューヨーク州では本人の死亡により権利は消滅する。よってマリリン・モンローがニューヨークの住民として死去すると、相続人は肖像権による収入は得られなくなった。

なぜこれほど期間に幅があるのだろうか。カリフォルニア州には死去した有名人が大勢おり、その相続人たちの陳情によって長い保護期間が制定されたとみられる。このこと自体に驚きはない。奇妙なのはむしろニューヨーク州だ。同州にも死去した有名人が大勢いるのに死亡とともに権利は打ち切られる。またインディアナ州で一〇〇年も認められているのはなぜだろうか。すべてお金が絡んでいる。

インディアナ州が輩出した有名人はごく少ない。だが同州には故人の知的所有権のマネジメントを手がけるＣＭＧワールドワイドが本社を構えている。同社はジェームス・ディーン、イングリッド・

バーグマン、ジャック・ケルアック、デューク・エリントン、アメリア・イアハート、マルコムXなど大勢の故人になった有名人の権利を管理し、莫大な使用料収入を得ているのだ。ディズニーが連邦議会に働きかけたように、CMGはインディアナ州議会に働きかけた。うまい話を断る議員はまずいない。

有名人は、いまや故人になってからも毎年数十億ドルを権利保有者のために稼ぎ出す。フォーブス誌は故人の長者番付を毎年発表しており、それによるとマイケル・ジャクソンが六〇〇〇万ドル、エルヴィス・プレスリーが四〇〇〇万ドルだ。マリリン・モンローでさえ一〇〇〇万ドル以上となっている。これは、CMGなどが彼女の映像や著作の一部を管理しているためだ。

キング牧師が死去した時点で住んでいたジョージア州の法律はどうなっているのだろうか。ジョージア州はそもそも存命中であれ死後であれ肖像権を認めていなかった。それでもおかまいなしに、キング社はキング牧師のプラスチック製胸像を製作したメーカーを訴えた。そして一九八二年にジョージア州最高裁は死後の肖像権を判示してキング社に有利な判決を下す。かくしてジョージア州でも死後の有名人に肖像権が認められることになった。そこにはもちろんキング牧師が含まれる。

肖像権が誕生したこの経緯は、所有権の運用に関するある重要な特徴を示している。それは、生活のそれぞれの領域にあらかじめ設定された所有権の形式のメニューが存在すること、その数は限られていることだ。古代ローマ人の言う「定員枠」である。[32] こうした制限はどの法制度でもみられる特徴の一つだ。歴史をおさらいすると、知的労働の所有権に関して議会は二つの形式を定めた。著作権と特許である。その後に早い段階で州が三つ目の形を開発した。商標である。一八〇〇年代後半になると連邦議会が連邦法を成立させ、商標を州の管轄から取り上げた。肖像権は新たにメニューに加わった一つである。

なぜこの新しいアイテムの追加が認められたのだろうか。所有権はテクノロジーと同じく、新しい希少資源、市場機会、価値観の変遷に応じて変化する。[33]所有権の形式には、自由、社会、効率、正義に関する選択を一まとめにしたデリケートな価値観が反映されている。たとえば結婚、コンドミニアムの管理組合、協同組合、パートナーシップ、トラスト、企業等々。これらは社会生活の重要な構成要素だ。所有権の形式は、言語における単語の役割と似ている。[34]単語は複雑なメッセージを円滑に伝達するが、その対象はごく少数の人のこともあれば、広く世界のこともある。ここに重要なポイントがある。互いにコミュニケーションをとるためには、所有権の形式が何を意味するか大なり小なり理解する必要があるということだ。

厄介なのは、新しい形の所有権を設けるもっともな理由がときに生じることである。ちょうど言語において新しい単語がぜひとも必要になるように。ただし新しい所有権の形は自然発生的に生まれるわけではない。議会、裁判所、企業あるいは個人が生み出そうとするが、そのどれにも欠陥がある。議会は、選挙献金を匂わせるロビイストにあまりにたやすく影響されやすい。ミッキーマウス延命法がその代表例だ。裁判所には視野が狭いという弱点がある。多くの場合、裁判官の耳に入ってくるのはすでに起きた問題点に関する法律家同士の議論だ。しかも所有権の形式を適切に練り上げる手段を彼らは持ち合わせていない（ここでもまた事前／事後の区別が出てきた）。企業と個人は自己の利益が最優先になる。このように、アメリカにおける新しい形の所有権の創出は、誰が主導するかに大きく左右される。

ロースクールの学生はどんな法律を作るべきかを議論したがるが、経験豊富な法律家は、誰が決めるのかのほうがずっと重要であることをよく知っている。

キング牧師のプラスチック製胸像の訴訟では、ジョージア州最高裁は自らが創設した死後の肖像権の有効期限を明示しなかった。しかも、著作権法のような「公正な使用」の例外規定も設けなかった。著作権の場合、教育、批評、パロディのために使用する場合には著作権保有者に使用料を払う必要はなく、事前許可を得る必要もない。そう考えると、裁判所はひどく範囲の広い欠陥のある所有権形態を創設したと言わざるを得ない。しかもその影響は全国におよぶ。キング牧師自身が亡くなってから五〇年以上も経つというのに、誰であれキング牧師の肖像を使った人間をキング社は訴えることができるのである。

州最高裁のこの判決を修正し有効期限を定めて誰もがキング牧師のレガシーを享受できるようにするためには、所有権を設計する役割をジョージア州議会が裁判所から取り上げるか、連邦議会が自らの専管事項としなければならない。そうなった場合、議会はジョージア州最高裁が巧みに回避した困難な倫理的・経済的二者択一を迫られることになる。だがいったい誰がそれを求めてロビー活動をするだろうか?

ドキュメンタリーとヒップホップ

知的労働に過剰なまでに報いることは、また別の陰湿な影響をもたらしてきた。あまりに多くの所有権が存在すると、新しく価値あるものを創作できないという事態になりかねない。なぜそうなるのか、説明しよう。

私的所有権は、通常は富を創出する。だからと言って、所有権が多すぎるのは逆効果だ。本書の共著者マイケル・ヘラーは著書『グリッドロック経済　多すぎる所有権が市場をつぶす』(邦訳・亜紀書房)の中で、この現象を「所有権グリッドロック」と呼んでいる。ヘラーは何年も前にこの現象を発見したという。大勢の人が一つのモノの断片を所有していると、協力は成り立たず、富は失われ、結果的に誰もが損をする。

キング牧師と彼が残したものを改めて考えてみよう。現在生きている人のうち、ワシントン大行進に参加しキング牧師の演説をじかに聞いた人はごくわずかだ。だいたいの人は彼の著作や対談記事や動画を通してそれを知っている。大勢のアメリカ人にとって、キング牧師はテレビドキュメンタリー『目標を見据えて（Eyes On the Prize）』によって蘇った。[35]このドキュメンタリーは一九八七年のエミー賞を受賞している。制作会社はキング牧師をよく知る数百人に取材し、保存されていた動画八二本、写真二七五枚、楽曲一二〇曲を使用した。これらはそれぞれ別々の著作権者からライセンス（使用許諾）を受けなければならなかった。ライセンスの多くは一九八七年の番組放送後に切れてしまったため、その後ドキュメンタリーは二〇年にわたってお蔵入りしたままとなる。

原因はグリッドロックだ。番組の再放送をするためには、プロデューサーは数百件のライセンス契約を再締結しなければならない。このプロセスを業界用語で「権利《ライツ》クリアランス」と言う。ライツクリアランスにはコストも時間もかかる。言うなれば大渋滞の高速道路にいくつも料金所があり、それぞれに勝手な料金をとるようなイメージだ。たくさんの料金所のうち一つでも通せんぼをしたらプロジェクト全体が頓挫し、グリッドロックが発生する。

所有権の料金所を設置するのはじつにたやすく、いったん料金所ができてしまったら、著作物を使って何か新しいリソース、たとえばドキュメンタリーを制作したい人は使用料を払わざるを得ない。『目標を見据えて』の制作会社が改めてライツクリアランスを完了するのに二〇〇六年までかかった（そのために一〇〇万ドルの寄付も必要とした）。そしてようやく『目標を見据えて』が再び日の目を見ることになり、いまではオンラインで無料配信されている。

ジェームズ・スロウィッキーは「文化のオープンフィールドには次第に柵が張り巡らされるように

なった。それも、鉄条網で」[36]とニューヨーカー誌に書いたが、まったくその通りだ。『目標を見据えて』はほんの一例に過ぎない。別の例として、ヒップホップを挙げよう。グリッドロックはヒップホップのサウンドをすっかり変えてしまった。社会派ヒップホップ・グループ、パブリック・エネミーが一九八八年に発表した古典的なアルバム〝It Takes a Nation of Millions to Hold Us Back〟では、たくさんの楽曲を借用し、サンプルと呼ばれる小さな断片の音楽的コラージュによってサウンドを組み立て、新しいヒップホップ作品を生み出している。このサウンドを背景にチャック・Dが歌う。

捕まっちまって、いまは法廷、ビートを盗んだというのさ
こいつはサンプリングってやつなんだけど
……
このお宝を見つけたのは俺、それでビートって名付けた
一文だって払っちゃいないよ[37]

パブリック・エネミーの人気が出始めると、大手レコード会社が短いサンプル一件ごとに使用料を請求した。チャック・Dはこう語る。「パブリック・エネミーの音楽が他のどのグループより強い影響力を持つのは、何千ものサウンドから音を作っているからだ。これをばらばらにしたら、音楽ではなくなってしまう。サウンドがコラージュされて音の壁《ソニック・ウォール》を作っているんだ」[38]。

初期のパブリック・エネミーのサウンドが好きだった人は、現在のヒップホップのアーティストの使うサンプルがなぜ一つだけなのか、ふしぎに思っていたかもしれない。その理由はここにある。楽曲の持ち主が著作権の料金所を設けたのだ。けっして音楽の流行が変わったわけではない。ある音楽

評論家はこう指摘する。「ヒップホップの伝統を真剣に考えるなら、現在の状況はこのアートの一部を殺していると認めなければならない」[39]。

この本に写真が含まれていないのもグリッドロックが原因だ。写真を掲載しようとしたらライクリアランスにコストと労力がとられすぎ、出版も大幅に遅れてしまうからである（それでも私たちは、本書の特設サイトMineTheBook.comに多数の写真へのリンクを張ることができた。たとえばニー・ディフェンダーがどんなものか知りたければ、クリック一つで見ることができる）。

新薬開発のグリッドロック[40]

読者にとっては、ヒップホップやドキュメンタリーや本書の写真がどうなろうとあまり気にならないかもしれない。だが多すぎる所有権が生死に直接関わるとしたら、どうだろう。大手製薬会社の研究開発責任者がグリッドロックの悪弊についてヘラーに語った。彼の研究チームはアルツハイマー病の治療に有望な化合物Xを発見した。ところが、あろうことか開発の同志であるはずのバイオ系企業から横槍が入ったのである。直接のライバル関係にある製薬会社から邪魔されたのならまだわかるが、なぜこんなことになるのだろうか。

一九八〇年までは、所有権グリッドロックは新薬開発でほとんど問題にならなかった。科学者たちは研究成果をおおむね自由に発表し、その労働に対しては終身在職権、学界での評価、講演の依頼、学会賞、さらにはノーベル賞などで報われていた。所有権ではなく同業者からの評価だけでも、ペニシリンからポリオワクチンにいたる人類史を変えるような二〇世紀の偉大な医薬イノベーションは推進されたのである。多くの科学者は、大学や財団や政府からの資金を得て実現した自分の研究成果を自分のものにするなど道徳に悖る行為だと考えていた。成果の共有によって、科学者は互いの知的労働を足掛かりに次の飛躍を生み出すことができた。そこには所有権の料金所などなかった。

この状況が大きく変わったのが一九八〇年である。この年にアメリカは特許法を改正した。このとき大手製薬会社は黒幕として著作権に関してディズニー社が演じたのと同じような役割を演じ、議会を心変わりさせる。新薬開発を加速させるためには科学界のあり方を変えなければならない、科学者の意欲を高めるには知的労働に所有権で報いるべきだ、と議会を説得したのである。その結果、議会は一九八〇年に、基礎医学研究において開発された手法や検査方法に特許を与える法案を可決する。その狙いは、所有権をインセンティブとして製薬業界にもっと基礎研究への投資を増やすよう促すことにあった。基礎研究は従来、政府か非営利組織からの資金調達に依存してきた領域である。

所有権というこの新しいリモートコントロールは、ある意味ではうまくいった。科学者たちは一転して寄付や地位や賞や評判ではなく特許をめざすようになる。莫大な利益の可能性があり、新たな特許によって独占が保証されるとあって、民間の投資資金が潤沢に基礎医学研究分野に流れ込み、バイオテクノロジー革命を開花させた。だが医薬品研究に関連する特許が増え続けるにつれ、議会の狙いとは正反対の影響が出始めた。一つの特許はイノベーションを促すとしても、千もの特許を別々のスタートアップが持っているとなると、これはもう新薬開発の高速道路に料金所が並んでいるようなものである。

化合物Xは、複数の経路を通じて脳に作用する。バイオ系のスタートアップ数社がその経路を解明し、一九八〇年以降にそれぞれの発見に特許を取得した。どのスタートアップも自社の特許こそ重要だと信じているため、むやみに高い使用料を要求する（第2章で取り上げた授かり効果を思い出してほしい）。その結果、使用料の合計が新薬の期待利益を上回りかねない水準に達してしまう。かと言って特許料金所を一カ所でも無視したら、新薬開発に成功した場合、訴訟を起こされひどく高い代償を払うことになりかねない。

その結果、アルツハイマー治療薬開発物語は憂鬱な結末にいたる。化合物Xに関係する特許やライセンスをすべて洗い出すことができず、件の大手製薬会社は特許の藪を抜け出す道を見つけられなかった。そうなると、リスクの小さい道へ方向転換するほかない。たとえば自社ですでに関連特許を押さえてある既存薬からの派生品を開発する、などだ。多くの製薬会社がそうしているという。一九八〇年代、九〇年代に製薬業界の研究開発支出は増えたが、命を救うような新薬の多くは市場に投入されなかった。これについてはヘラーとレベッカ・アイゼンバーグがサイエンス誌にくわしく書いている。[41]

バイオ系のスタートアップはけっして悪者ではない。彼らは、特許制度の狙い通りに行動しているだけだ。要するに、所有権はこのように作用する。ある特定の労働に報いると、それに人々が反応するというわけだ。個別にみれば、バイオ系スタートアップの科学者たちは合理的に行動している。だが全体としてはグリッドロックを形成することになる。基礎医学研究の労働にあまりに多く報いた結果、命を救う薬の開発はあまりに貧弱になった。そしてすべての人がその代償を払っている。もっとずっと前に治療可能になっていたはずの病気で大勢がいまも死んでいるのだ。だが誰も抗議しない。作れたはずだし作るべきだった薬が所有権の悪しき設計のせいで作られなかったとき、いったい誰に抗議しに行けばいいのか。

ヘラーが所有権グリッドロックを論文で発表してからというもの、この現象を取り上げて分析した学術論文が数千本も発表されている。経済学の一分野でもグリッドロックの影響を調査・検証し議論するようになった。サイエンス誌のある掲載論文によると、今日最も危険なグリッドロックはCRISPR（クリスパー）法と呼ばれるゲノム編集技術に関わるものだという。[42] この技術を使ったイノベーションには命を救う大きな可能性が秘められている。[43] 現に、最初に新型コロナウイルス（Covid-19）を判別した緊急検査ではCRISPR法が使われていた。だがこの技術を構成するさまざまな要素はそれぞれ別の会社に所有権があり、新薬開発への高速道路にはいくつもの料金所が待ち構えている状況だ。

独創的な労働が富を創造する方法は知らないうちに変化している。初めて特許制度が発足したとき、特許は一つの製品に対して一つ与えられるものだった。ジョセフ・グリデンの特許は有刺鉄線を対象とする、というふうに。だが「一特許一製品」という昔のルールはいまや時代遅れらしい。今日では、富の創造には別々の所有権の断片を組み立てる必要がある。それも、基礎的な生物医学の発見に限った話ではない。たとえば携帯電話を製造販売するとか、ＡＴＭネットワークを運用するとなったら、数千件の特許すべてにアクセスしなければならない。必要な特許すべての使用許諾を得ることが不可能なケースもままある。イノベーションを創出する方法はこれほど変わったのに、所有権はいまだに古いスタイルのままだ。

何世紀もの間、所有権という大きな価値は労働に報いるために与えるべきだと考えられてきた。所有権さえ確保されていれば取引は容易になるという発想だ。この見方からすると、労働への報いを増やしても何ら代償は伴わない。発明や創造性を促したければ、大手製薬会社には特許の範囲を拡大し、ディズニーには著作権の保護期間を延長してやればよい、ということになる。

ところがグリッドロック問題がこのロジックの欠陥を浮き彫りにした。場合によっては労働への報いを減らすほうがよい。そうすれば、創造性やイノベーションに向かう高速道路の料金所も減る。合意を阻みかねない所有権者が少ないほど、取引は成立しやすい。

そのためにはどうしたらいいのか。所有権の設計はディナーパーティーの準備に似ている。招待する友人の数が多いほど、準備は飛躍的にたいへんになる。Aはヴィーガン、Bはグルテンフリーのダイエットをしている。Cはいまジュースクレンズ（ジュースだけ飲む断食）をしていて、Dは火曜日しか都合がつかない……。誰か一人に断られたら、全員でディナーを共にすることはできない。アメリカの上院はいまそうなっている。議員が一人でもフィリバスター（議事妨害）を仕掛けたら、ほとんどの審議はグリッドロックに陥る。国連安全保障理事会の常任理事国（中国、フランス、ロシア、イギリス、アメリカ）もそうだ。一カ国でも拒否権を発動したら、安保理の決定は成立しない。

もしあなたがすでに大勢の友人を招待しており、各人がパーティーの細部に拒否権を発動できる状況だとしても、全部が台無しになるわけではない。テクノロジーの力を借りればいくつかの難題は解決可能だ。たとえばスケジュール調整にはDoodle（ドードル）、あちこちのレストランからデリバリーしてもらうにはPostmates（ポストメイツ）、みんなに割り勘で払ってもらうにはVenmo（ベンモ）という具合だ。

政府が所有権を設計する際にも同じようにすればいい。たとえば知的財産については、「特許プール」や「標準化団体（SSO）」を活用する。プールやSSOは新技術に欠かせない必須特許を束ねて一括で使用許諾し、使用料収入を特許権者に配分する（石油・天然ガス開発のユニタイゼーションについては第4章、音楽ライセンスについては第5章で取り上げる）。

すでに大勢に招待状を送り、出席の返事がたくさん届いている場合はどうすべきか。それぞれの要望を聞き、誰にも拒否権は与えない代わりに何か別の提案をすることだ。何と言ってもあなたのパーティーなのだから、あなたに決める権利がある。自分は軽んじられたとか割りを食ったと感じている人にどう埋め合わせるかということは、所有権の設計において重要な部分である。法律家は差止命令または損害賠償のどちらかを選ぶことが多い。差止命令は拒否権のようなもので、害を与える当事者にそれ以上の行動を禁じる。私がヴィーガンのAに来るなと言えば、だれもAには会えない。歴史を振り返ると、特許が侵害された場合、裁判所は侵害した製品を市場から排除するよう命令を下し、誰も買えないようにする。特許の料金所を回避する方法はなく、あなたの製品にとって何らかの特許が必須であれば、請求された使用料を払うか市場から追い出されるか、二つに一つしかない。

ただし、特許によってイノベーションを促し所有権を保護するのに拒否権しか手段がないわけではない。所有権の保護を差止命令から損害賠償へ、すなわち拒否権から現金へ切り替えることによって、グリッドロックは回避しうる。あなたがパーティーに寿司を出すと決めたとしよう。がっかりしたヴィーガンの友人には、今度一緒にスクランブル豆腐を食べに行こうと誘うとか、ヴィーガン・メニューをオーダーできるギフト券をプレゼントする。現に最高裁は、特許を侵害した側に対し、製品の回収ではなく特許権者への損害賠償支払いを命じることがよくある。[44]

そうは言ってもパーティーの面倒を減らす最善の方法は、呼ぶ人数を少なめにしておくことだ。いずれにせよ、そのほうがゆっくり会話も楽しめる。ディナーパーティーであれ、ドキュメンタリーであれ、画期的な新薬であれ、最初の所有者が少ないほど合意に達しやすい。

連邦議会と州は、知的財産権を増やすのではなく減らすべきだろう。大手製薬会社やディズニーは反論するだろうが、全部が全部のイノベーションが特許や著作権に値するわけではない。立ちはだかる所有権が少ないほど、のちのち解消すべきグリッドロックは小さくなる。

とは言え現実には、減らすのはきわめてむずかしい。

政治面で言うと、公共の利益に適う法律を求めるロビー活動は低調だ。心理面では、一度手に入れたものは二度と手放したくない。そして憲法上は、合衆国憲法修正第五条は「正当な補償なしに、公共のために私有財産を奪うことはできない」と定めている。いったん創設した所有権を撤廃するのは困難だ。つまり所有権への道は一方通行であるから、新設する前によくよく考えなければならない。友人に出してしまったパーティーへの招待状を取り消すのはあまりに気まずい。

公明正大に盗む

ファッションデザイナーの新しい作品が大ヒットすると、たちどころにコピーが出回る。たとえばメール・サールというブランドを創設したデザイナー、キャリー・アン・ロバーツは、大人気だったTシャツ〝Raising the Future〟がギャップ傘下の低価格ブランド、オールドネイビーで売っていることを発見した。「私はシングルマザーで、このTシャツのデザインのもとになった思想が私のビジネス全体を支えている。それなのに、意味などすっかり剝ぎ取られてしまった。土足で踏み躙られたような気分よ[45]」。

マリ・クレールやコスモポリタンといった女性誌は、こうした不正コピーを定期的に「ホンモノvs.ニセモノ」特集で取り上げている[46]。それによると、バレンシアガの七九五ドルのスニーカーは、ザラでコピー品が三五・九〇ドルで、テイラー・スウィフトが着用していたリック・オーエンスの二六七五ドルのライダースジャケットは、H&Mでコピー品が三七・八〇ドルで売られているという。ハイエンドのデザイナーたちもオマージュと称して互いに真似し合っている。たとえばグッチの二〇一八年クルーズ・コレクションには、ハーレム出身の伝説的デザイナー、ダッパー・ダンの一九八〇年代の作品からコピーしたジャケットが含まれていた。

こうしたコピーは完全に合法である。コピーされたデザイナーにしてみれば、略奪か窃盗に遭ったような気分だろう。だが法律上はそうではない。そもそも窃盗は法律に照らして決めるものであって、経験的事実ではないのである。アメリカでは、ファッションデザインに関する限り労働の成果は保護されない。よってファストファッションは、グローバルに展開するザラやH&Mを含め、話題の商品をすばやくコピーして安く売るというビジネスモデルで成り立っている。ファッション業界では誰もが誰かをコピーしているのであり、デザインを真似したところで盗みではない。

アメリカ・ファッション・デザイナー協議会（CFDA）は数年おきにロビー活動を展開し、ファッションデザインにもミッキーマウス延命法のような法律を作ってほしいと陳情している。ディズニー社がウォルトの苦闘を訴えたように、キャリー・アン・ロバーツのような小さな独立系デザイナーの苦労を訴えるわけだ。だがファッション業界はディズニー社のような影響力を政界に持ち合わせていない。ニューヨーク州立ファッション工科大学のアリエル・エリアは、「コピーが業界にとって有害で、デザイナーが仕事をしにくい状況になっている現状」を議会が認めようとしない、と不満を述べる。[47]

エリアの苛立ちはわかるが、大げさだと言わざるを得ない。第1章の行列や第2章のパーキングチェアの例で説明したように、法律で認められた所有権は、人々が思うほど、つまりデザイナーたちが主張するほど重要ではなくなっている。もちろんデザイナーにしてみれば自分たちの労働がもっと報われてほしいだろう。クリエーターはみなそうだ。だが知的労働に関してアメリカの法律を貫く太い柱は、最終的に消費者の利益に資する場合に限って作り手に報いるということである。ファッションデザインに多くの所有権を与えたら、消費者の利益になるだろうか。おそらく答えはノーだ。

今日では法廷よりもツイッターの投稿のほうが影響力は大きい。市場に一番乗りを果たすことも、名誉を傷つけまいとすることも、創造の原動力になりうる。つまり法律で認められた所有権は社会で自らを主張する有用な手段の一つに過ぎない。目につきやすい強力な手段ではあるが、クリエーターにやる気を起こさせ創造的労働に報いる効果的な手段であるとは言い難い。法律家もそうでない人もここでまちがいを犯している。法律を過大評価し、ほかにもっと効果的な手段があるのを見落としてしまう。知的財産というものが設定された目的は、法律を増やすことではなく、イノベーションを奨励することのはずだ。

カル・ラウスティアラとクリス・スプリグマンは、ファッション業界には法的所有権に代わる強力なものが存在するからこそ創造性が維持されているのだ、と主張する。[48]「著作権の背後には意図がある。作り手を守り、彼らが創造を続けられるようにすることだ。だがファッション業界を見ると、じつに創造性ゆたかであることが一目でわかる。毎シーズン毎シーズン新しいアイデアが溢れ出す。それが何十年も続いている」[49]。著作権なしでその状態が維持されてきたとラウスティアラは指摘する。彼らはこれを「海賊のパラドクス」と名付け、実際には模倣者の存在がファッション業界のイノベーションを促してきたと論文で述べている。

これは何もファッションに限った話ではない。知的労働に所有権を与えなければ作り手は創作意欲を削がれかねない、という考え方は厳然と存在する。所有権なくしてミッキーなし、というわけだ。だが必ずしもそうとは言えない。作り手に所有権が与えられなくても繁栄している経済領域は少なくない。ラウスティアラとスプリグマンが指摘したように、コメディアンのネタには著作権はない。シェフのレシピにも、スポーツの監督が考案した新しい戦術や技にも、だ。これらは自由にコピーできる。それでも新しいネタやレシピや戦術は次から次へと誕生する。多くの創造的な産業と創造的な労働は、海賊のパラドクスで説明がつくという。

伝統的な企業も、次第に知的労働に所有権を設定しないことの価値を認めるようになってきた。世界最大級の特許保有者であるＩＢＭでさえ、そうだ。ＩＢＭはいまや Linux（リナックス）関連の収入のほうが特許のライセンス収入より多くなっている。そのリナックスは周知のとおりオープンソースのオペレーティングシステム（ＯＳ）で、誰も所有していない。ボランティアの手で作られ、更新されている。リナックスを作り上げた創造的労働は、ＩＢＭも含め誰でも自由に使ってよい。現にＩＢＭはリナックス上で動作するハードウェアやサービスを販売している。

所有者のいないオンライン・リソースでおそらく最も知られているのは、Wikipedia（ウィキペディア）だろう。ウィキペディアはボランティアの書き手と寄付によって成り立っている。ウィキペディアは百科事典という分野を駆逐してしまうほどの成功を収めた。いまどきの学生は百科事典がどんなものかさえ知らないだろう。ウィキペディアの信頼性が高いことは、アップルのバーチャルアシスタントSiri（シリ）がウィキペディアを参照していることからもわかる。アマゾンのAlexa（アレクサ）もそうだ。それだけではない。現代の生活に欠かせないようなソフトウェアの多くが知的財産権なしで作られてきた。たとえばブラウザにFirefox（ファイアフォックス）を使っている人は、他人の蒔いた種を収穫している。ウェブサーバーソフトのApache（アパッチ）もそうだ。アパッチはオープンソースのソフトウェアで、飛行機の予約サイトやＡＴＭなどで使われている。

他人の蒔いた種を収穫することは、大方の人が考えるよりも日常生活の一部になっているのだ。なぜこんなことが可能なのだろうか。

法律家も素人も、法的所有権こそが重要だというバイアス、いや裏付けのない思い込みに囚われている。だが多くの場合に法的所有権はさほど重要ではない。クリエーターは法的に保護されなくとも自分たちの労働で収穫を得るために、すくなくとも四つの手段を持ち合わせている。[50]

第一は先行者利得だ。これは創造的労働に対する有効な報いであり、しかも正規の所有権に伴う欠点がない。たとえばアメリカンフットボールの監督は毎シーズンのように新しい戦術（たとえばピストル・フォーメーション）を考案する。最初にそれを使えば、相手は予期していないので、敵が対策を考えつくまで勝利を収めることができる。[51] 新戦術を編み出した監督は高い評価を得て高報酬で引き抜かれたり、高報酬でチームから慰留されたりする可能性もある。そもそもこれまで世になかったものを自分が最初に生み出したというだけで、ほかに何の報いがなくても、作り手は十分に報われたと感じるものだ。マイケル・ブルームバーグの成功と巨万の富が、証券取引で数分の一秒先んじるための情報端末ライセンス事業のおかげであることを忘れてはいけない。

第二は不名誉である。コメディアンは著作権で保護されないという点でファッションデザイナーや球団監督と同様の悩みを抱えている。そのうえスタン・ローレルがかつて言ったとおり、「コメディアンはみな互いに盗み合っている」状況だ。[52] では、ジョークを最初に言ってもすぐ真似されるとなれば、コメディアンはどうやって稼ぎを守ればいいのか。彼らは寄席で真似した芸人をやっつける。たとえば二〇〇七年にロサンゼルス・コメディストアでカルロス・メンシアが演じている最中にコメディアンのジョー・ローガンが舞台に駆け上がり、メンシアを「盗人」だとなじった。[53] 狭いコメディ業界では、お金ももちろん大切だが、最大の報いは客の笑いをとることであり、恥をかかされたら干されかねない（第２章で取り上げた陰口の効果を思い出してほしい）。不名誉は報復として判決より効果的だ。もっとも、つねに効果的なわけではない。現に俳優でコメディアンのミルトン・バールは、「下品なギャグのコソ泥」をしてキャリアを築いた。それでもコメディアンは他人のネタを借用する前に、評判に傷がつく恐れがあることをよくよく考えたほうがよい。

第三はソーシャルメディアである。ＳＮＳは不完全ながらも作り手に報いる有効なメカニズムだ。この項の冒頭で紹介したキャリー・アン・ロバーツがデザインを盗まれたと投稿すると、彼女のファンがさっそく行動を起こす。オールドネイビーのウェブサイトで販売されているコピー品のＴシャツにさんざんなレビューを次々に投稿したのだ。批判にさらされ名誉を傷つけられたオールドネイビーは件のTシャツの販売を中止し、追加発注をキャンセルした。ロバーツはコピーされた時は激怒したが、巨人ゴリアテにSNSのダヴィデが果敢に立ち向かった結果、彼女の評価は上がり、メール・サールは人気ブランドになっている。[54]

そして第四の手段はパイ自体を大きくすることだ。知識の無料公開には、パイを大きくする点で商業的に意味がある。IBMはリナックスから多大な価値を得ており、数百万ドルに相当する自社のエンジニアの時間を保守や更新によろこんで提供している。リナックスが改善されるほど、IBMは関連サービスからより多くの利益を上げることができる。リナックスは競争相手にも恩恵をもたらすが、それでもIBMが多大な貢献をするのはこのためだ。かくしてリナックスは改善を重ねているが、誰も所有していない。

先行者利得、不名誉、ソーシャルメディア、パイを大きくするという四つの手段があれば、すべての産業は繁栄できるはずだ。もちろんどれも完璧ではない。不名誉が行き過ぎれば暴力的になりかねないし、ソーシャルメディアは暴徒の正義に陥りがちだ。労働に報いる手段として、どれにもそれぞれにメリット、デメリットがある。だがそれを言うなら、法律も同じだ。

コピーに対抗しようと作り手が法律に頼る場合、法律の施行は往々にして非生産的になる。レコード業界はここ何年も大学生をたびたび訴えてきた。その結果、不正ダウンロードこそ減ったものの、このような訴訟沙汰は当然ながら恨みや反感を買う。顧客を訴えるのはよいマーケティング戦略とは言い難い。例外は、世界的に人気のヘビメタバンド、メタリカ（Metallica）が音楽ファイル共有サイトのナップスター（Napster）を訴えたときだけだ。リリース前の楽曲がナップスターからリークされたというのが訴えの内容で、「あいつらが俺たちをぶっ潰しにきたから、俺たちもあいつらをぶっ潰そうってなった」とバンドメンバーがのちに語っている。[55]ファンの多くは溜飲を下げた。

知的財産を要塞化してきた産業でさえ、盗みを容認するほうが利益になると判断することも少なくない。すでに述べたように、ケーブルテレビ局ＨＢＯは大勢の人が不正にパスワードを共有して番組をただで視聴していることを知っていながら、見て見ぬふりをしてきた。見たい番組を思う存分見てもらえば、若い世代が「病みつき」になると期待できるからだ。経営者自身がそう述べている。彼ら違法視聴者が大人になって収入を得るようになった暁にはきっと正規のアカウントを作って料金を払ってくれるだろう、とＨＢＯは望みをかけている。盗みを容認するのは長期投資だ。その一方で短期的には、不正に見た人たちも番組について貴重なバズを起こしてくれる。

驚いたことに、盗みの容認は高級ブランドにも恩恵をもたらす。イヴ・サンローランはハンドバッグにあの有名なロゴをプリントしている。ロレックスのすべての時計にはあの王冠マークが刻まれている。だが商標を躍起になって守ろうとするのがつねに賢明な戦略であるとは言えない。サンローランやロレックスの偽物をタイムズスクエアのいかがわしい売り手から買う観光客は、正規販売店の売り上げを奪いはしない。むしろ彼らは若い消費者たちに、最高にクールなブランドはこれよ、と教えているのだ。そう考えれば、偽物はただでできる最高の宣伝である。高級ブランドの偽物を買う人たちは、将来本物を買う潜在顧客との橋渡しをしていると言えるかもしれない。ある調査によると、高級ブランドの偽物を買った人の四〇％は、フェイクに飽き足らずにいずれ本物を買うという[56]。別の調査によれば、偽物を容認することによって多くの高級ブランドの本物の価値は一段と高まるという[57]。

むやみに著作権を貯め込んでいるあのディズニー社でさえ、態度を変える可能性がある。保育園の一件は同社に平手打ちを食わせたようなものだった。ユニバーサル・スタジオが世間にもてはやされる一方で、ディズニーは厳しい批判にさらされた。これをきっかけにディズニーが所有権戦略を見直すかもしれない。

ミッキーマウスの著作権は二〇二四年に失効することになっているが、いまのところディズニーは議会に再度の延長を陳情する動きを本格化していない。これはどうしたことだろうか。ロビイストに報酬を払い、何人かの議員に狙いを定めて政治献金をするほうがはるかに安上がりではなかったのか。前回の期間延長のためにディズニーは一億ドルほどを投じたと推定されるが、その何倍もの見返りを手にしたはずだ。だがディズニーはもっとよい所有権戦略があることに気づいたらしい。著作権への依存を減らすことでより多くの利益を得る戦略、つまりＨＢＯの盗み容認スタンスを採用することにしたのである。

いまではディズニーは、筋金入りのファンが運営する無数の小さなオンラインストアが、ディズニーのキャラクターをつけたＴシャツやボタン、ピンバッジ、ワッペン、アクセサリーその他諸々のアイテムを販売することを非公式に容認している。これらの店は、ディズニーにライセンス料を一セントたりとも払っていない。ディズニーはなぜ偽物を容認する戦術に転換したのか。ファンが無許可で作る二五ドルのＴシャツを着た人たちがディズニーランドへ繰り出し、高い入園料を払い、一日中そこで過ごして大散財してくれると気づいたからだ。

もう一つの理由は、市場調査の結果、こうした偽物を売る店にはそれとして価値があると判明したからでもある。彼らは公式のディズニーアイテムに新しいインスピレーションを与えてくれる。二〇一六年にオンラインストア、ビビディ・ボビディ・ブルック（Bibbidi Bobbidi Brooke）はスパンコールをちりばめたピンクゴールドのミッキー耳カチューシャを大ヒットさせる。これは正規販売店にはない商品だった。ディズニーはこの商品をコピーし、オフィシャルストアですぐさま売り切れになった。ＢＢブルックは鷹揚に「新商品の登場はいつだってうれしいもの」と投稿した。[58] ＢＢブルックのファンは歓喜して「オリジナルはＢＢブルックよ！！」と返信する。こうしてみんながハッピーになった。

「誰にでも大儲けをすることを容認するとは思えないが、ファンとの関わりが重要な役割を果たすことはディズニーも理解し始めたようだ」と知的財産権を専門とするある教授はディズニーの新しいアプローチについて語っている。[59]「レコード業界が気づき始めたとおり、ファンを訴えるのは愚かな行為だ。ファンだからこそ盗むのだから」。

現在の経済ではさまざまな領域で「他人の蒔いた種を収穫する」ことが現実のルールになっているが、それでもイノベーションは次々に生まれている。誰も所有権を主張できないケースでさえ、人々は創造的労働にやり甲斐を認めているのだ。コピーも共有も盗みの容認も、成長の原動力となりうる。問うべきは、「著作権の保護をファッションにも与えるべきか？」ではない。ファッション業界を指針とするなら、「知的労働に対する法的所有権を排除できる領域はほかにないか？」を問うべきである。

ゲノムデータという未開の地

この章の最後はある難問で締め括ることにしたい。自分のゲノムデータは誰がどのように所有すべきか、という難問である。ブルームバーグの記者クリステン・ブラウンは、調査報道の一環として、唾液のサンプル十数本をあちこちに郵送した。[60]民族的ルーツを知るために家系調査で世界最大のアンセストリー・コム（Ancestry.com）と遺伝子検査キットで人気のトゥエニースリーアンドミー（23andMe）へ、運動能力や食習慣や睡眠パターンを知るために遺伝子解析のゴールデン・ヘリックス（Golden Helix）へ、容姿などの遺伝的要因を知るために化粧品のスタートアップへ、という具合に。

送ってしまってから、ブラウンは考え直す。自分の遺伝子の秘密に営利企業の無制限のアクセスを認めてしまったことに気づいたのだ。しかも自分だけではない。間接的に親族の秘密まで許可なくさらしてしまったことになる。今日では、北部ヨーロッパにルーツを持つアメリカ人のおよそ三人に二人が自分で自分のルーツを確かめられる状況だ[61]。家族の誰かがサンプルを送って調べてもらっているからである。ごく近い将来にゲノムデータ会社はアメリカ人ほぼ全員のごく私的なデータを特定できるようになるはずだ。病気のかかりやすさだけでなく、おそらく寿命や運動能力その他さまざまなことがわかってしまう。あなた自身が唾液のサンプルを送らなくても、である。

ゲノムデータは誰のものかが、個人のプライバシーや尊厳を超えて（もちろんこれらも重要であることは言うまでもないが）問題になっている。データを自ら差し出す人が増えれば増えるほど、遺伝子データベースの商業的価値は飛躍的に高まる。医療データのライセンス事業は数十億ドル規模のビジネスになっているのだ。グラクソ・スミスクラインは新薬開発に必要なデータにアクセスするために、23andMeに三億ドル払った。23andMeは一段と事業を拡大し、自前のデータに基づいて抗炎症薬を開発している。同社はすでに九〇〇万人以上の個人の遺伝子プロファイルを収集済みだ。業界全体ではおそらく二五〇〇万人以上のプロファイルを持っているだろう。所有権の問題には、この増え続けるデータという貴重な資産が懸かっている。

ブラウンは自分のゲノムデータを引き揚げようと決意した。だがどうやったら取り戻せるのか。あるいは、自分のデータのライセンス料収入を折半することは可能だろうか。ゲノムデータの所有権は異論が多く、曖昧で、自ずと定まるというものではない。この点は、新たに出現した貴重な資源すべてに共通する。ブラウンが書いたことだが、個人データをデータベースから剝がし取るのは「途方もなくむずかしい」。結局彼女は失敗した。

あなたはどうだろうか。あなたも、頰の内側を引っ搔いてサンプルを送った数百万人の一人だろうか。後悔はしなかっただろうか。知らないうちに家族がサンプルを送っていたということはないだろうか。サンプルを送った後にあなたのゲノムデータを誰が所有するかについては、いくつか選択肢がある。

・誰も法的所有権を持たず、データはフリーである。
・データベース構築・運用者が所有権を持つ。
・個人が自分のゲノムデータの所有権を維持する。
・データベース構築・運用者と個人の両方が所有権を持つ。

現時点でゲノムデータは所有権の設計がなされていない未開地であり、イノベーションがルールのはるか先を突き進んでいる。ファッションやコメディのネタや球技の戦術のように、データをフリーにすることは可能だ。おそらく所有権のないほうが、立法府からルールを強制された場合よりも、多くの価値が創造されるだろう。だがその価値を享受するのは誰なのか。

23andMeや同業者にとっては、所有権のない状況はじつに好ましい。彼らは労働に報いてくれる法律など必要としていない。名誉や先行者利得に頼る必要もない。秘密保持と規模を活かして、所有権なしでゲノム資源を自在に扱うことができるのだから。

秘密保持は、読んで字の通りである。ゲノムデータ業界は遺伝子データベースを公開せず、アクセスはライセンス制とする。つまりここでは秘密保持が著作権代わりとなり、場合によっては特許権の代役も果たす。たとえばスペースX（SpaceX）の創業者イーロン・マスクは、「われわれは基本的に特許をとらない。長期的にみて主な競争相手は中国であることを考えれば、特許を公開するのはまったく愚かなことだ。中国がレシピ本のように活用するだけだろう」と述べている。[62] 抜け目のない起業家は、法律ではなく自由裁量をよしとする。

規模も、所有権のないときの決め手となる。かつては創薬ターゲットの同定は現実の患者を科学者が観察しなければならず、面倒でコストのかかる作業だった。しかし今日では、民間の大規模な遺伝子データベースと人々の保険・医療記録その他の個人情報（フィットネス・トラッカー、スマートフォン、ブラウザ履歴など）とを結びつけることによって、より精度の高い結果を短時間で得ることができる。ミリアド・ジェネティクス（Myriad Genetics）は自社の開発した乳癌の遺伝子検査法について数年前に最高裁で特許を無効とされたとき、規模の重要性を実感したものだ。というのも、特許が無効になっても彼らの市場は消滅しなかったからである。むしろ所有権を盾にとって競争を回避する必要などなかったことにミリアドは気づいた。なぜなら、彼らはすでに乳癌の変異に関して世界最大のデータベースを構築しており、アクセスをコントロールできる立場にあったからだ。サンプル収集で他社に先んじたおかげで、いまや同社のデータベースはどこよりも広範囲に変異を突き止められるようになっており、その貴重な情報へのアクセスに料金を請求することができる。

データベースというものは、規模が拡大するにつれて価値が幾何級数的に高まる。重要なのは、データベースを短期間で拡大することだ。23andMeがたった九九ドルであなたのゲノム解析をして祖先を教えてくれるのは、このためである。あなたの遺伝子情報は、真の収穫であるデータベースを形成する原料なのだ。

所有権の未開地を未開のままにしておくために、ゲノムデータ業界は所有権に関する規制を避けるべく働きかけている。この抜かりない動きの中で、23andMeはブラウンのような人たちとは争わないことに決めた。彼らはナップスターなど音楽ストリーミング業界から、そしてＨＢＯのパスワード共有容認戦略からしっかり学んだのだ。顧客を怒らせてはならない。人間の遺伝子という希少資源から価値を引き出すスマートな方法を見つけなければならない、と。ゲノムデータ市場では、既存企業はすでにどこも必要な競争優位を確立している。彼らの規模は新規参入者をたじろがせ、退却させる。彼らの秘密保持の壁に穴を開けるのはむずかしい。それに、ソーシャルメディアで何を言ったところで、たいして彼らの名誉を傷つけることにはならない。

ゲノムデータ業界の戦略の一つは、個人に所有権があるとの幻想を抱かせることである。23andMeは、ブラウンのデータの所有権を否定しないほうが賢明だと気づいていた。私の身体は私のものという直観的な自己所有権（第5章でくわしく取り上げる）を侵害されたとブラウンが感じたら、面倒なことになる。23andMeにしてみれば、そんな騒動は願い下げだった。怒りは行動につながり、行動は法規制につながりかねない。それよりも、原料の提供者がサンプルを採取する間、ハッピーにしておくほうがよい。

ブラウンが郵送した唾液サンプルを取り戻そうとしたとき、23andMeはよろこんで応じた――原則としては。しかし実際には、物理的なサンプルを削除する手順は「現時点では用意されていない」という。Ancestry.comは、これまで唾液を取り戻そうとした人はいなかった、とブラウンに説明した。実際にはゲノムデータ会社は唾液を保存している。いつの日か新しいゲノム解析技術が出現し、保存したサンプルからより多くのデータを読み取れるようになると期待してのことだ。

では、すでに提出してしまったゲノムデータを取り戻すにはどうしたらいいのだろうか。多くの企業は、このデータがあなたのものだと認めるにやぶさかではない。私の身体は私のものに加え、自分のものとわかっているものに付属するものはすべて自分のものという直観的な愛着（こちらについては第4章で取り上げる）を引き起こすことを避けたいからだろう。データを削除したいと言われたら、かしこまりました、と彼らは応じる。だが現実にはブラウンが書いたように、「23andMeはデータの削除は可能だと言ってはくれるが、実際には法律上できないことになっている」。データの完全な消去ができない理由の一部は、医療検査施設が記録保管を義務付けられていることにある。「〝最小限〟の情報をゲノムデータ会社は保管する義務がある」とブラウンは知った。「だがその最小限は基本的に私のゲノム情報のすべてなのだ」。そして遺伝子プロファイルがデータベースに組み込まれて第三者にライセンスされたら、もはや自分のデータを取り戻す術はない。「自分のゲノム情報を消去したら、結局のところ自分の情報を自分から隠すことになるだけだ」とブラウンは結論づけている。

ゲノムデータ業界は遺伝子プロファイルに所有権を主張せず、提供者から情報の使用許可を得る方針を採用している。拘束力のある許可を確実にとるのだ。つまり所有権から契約への転換であり、契約に関してこの業界は抜かりなく手腕を発揮している。あなたが唾液のサンプルを送ったとしよう。するとゲノムデータ会社は「同意します」というボックスにチェックマークを入れることを求めてくる。何に同意するのか、誰も契約の全文など読みはしない。だがこの一回のクリックで、必要な権利をすべてゲノムデータ業界に渡すことになる。所有権が業界のものではなくても、だ。あなたのゲノムデータの所有者はあなたなのか、ゲノムデータ会社なのか、誰も知らない。拘束力のある契約が成立していれば、そんなことは問題ではない。

Ancestry.com のフォームでは、チェックマークを入れると、あなたのゲノムデータを「使用、保存、複製、公開、流通、アクセス提供、派生物の制作、その他に使用するライセンス」を同社に与えることになる。[63] しかもそのライセンスは「全世界でサブライセンス可能な使用料無料のライセンス」なのである。これは大きい。Ancestry.com の顧客の八〇％以上がチェックマークを入れ、自分のゲノムデータを同社に売り渡している。23andMe によると、「研究のために当社とのデータ共有に同意する平均的な顧客は、喘息、全身性エリテマトーデス、パーキンソン病など二三〇以上の病気の研究に貢献している」という[64]。

遺伝子データベースのおかげでこうした病気の治療法が開発された暁には、どうなるのか。あなたには何の見返りもない。ある評論家はこう指摘する。「彼らのところへ行って、〝私のデータを使ってあの画期的な新薬を開発したのだから、いくらか払ってちょうだいよ〟と要求することはできない[65]」。なぜなら「同意します」というボックスにチェックマークを入れた瞬間に、ゲノムデータの基本的な所有権については何らあきらかにしないまま、契約が成立するからだ。あなたはデータという種を提供し、種は芽を出し成長し、そして誰かが収穫する。

現時点では、アメリカ人はゲノムデータの使用に関してほとんど何の保護も得られない。二〇〇八年遺伝子情報差別禁止法（ＧＩＮＡ）は、医療保険会社や大企業による個人のゲノムデータの使用を制限している。だが介護保険、身体障害保険、生命保険などを扱う保険会社は規制対象外だ。彼らはあなたの家族の唾液から拾い集めた遺伝子情報をもとに、あなたの保険加入を断ったり保険料率を引き上げたりすることができる。また、従業員一五人以下の企業とアメリカ軍全体は、雇用に際してＧＩＮＡの適用を免除される。ゲノムデータの所有と使用に関するルールには、連邦法と州法の複雑なのべつ変わる関係性が反映されている。一部の州は個人保護のレベルを引き上げたが、産業界はすでに制限されている個人の権利をさらに狭めようと画策中だ。未解決の殺人事件の解決から歯磨き粉のマーケティングまで、データの活用法が次々に見つかっているからである。

ヨーロッパの規制当局はアメリカとは違うアプローチを採用しており、所有権の分配よりもプライバシーの保護を重視している。二〇一八年ＥＵ一般データ保護規則（ＧＤＰＲ）では、市民に「忘れられる権利」が保障されている。具体的に言うと、ゲノムデータに関しては、自分の遺伝子サンプルを破壊しデータを削除する権利、つまりブラウンがまさに求めていた権利が与えられる。アメリカでもカリフォルニア州など一部の州は、重要なデータに関して個人のプライバシーを守る動きの先頭を走っている。こうした権利は、ゲノムデータ業界があなたの膝までリクライニングしてくることを防ぐ点で、序章で論じたニー・ディフェンダーにいくらか似ていると言えるだろう。

ゲノムデータ業界としては、プライバシー保護重視にせよ既存の契約による事前許可方式にせよ議論がこの枠組みで展開されるのは大歓迎である。どちらの場合も提供者はノーと言うことができ（大なり小なり）忘れられることが可能だ。先見の明があり労を厭わない人なら、データベースから自分のデータを取り戻すこともできるかもしれない。だが遺伝子プロファイルが一件なくなったところで、いや一万件なくなったとしても、数百万人分のデータベースという真の目的物を確保している限り、業界にとっては痛くも痒くもない。そのデータベースは、「同意します」をクリックしたら何に同意したことになるか、とんと気づいていない人たちの情報で構成されている。

その一方で、所有権という切り口でゲノムデータ管理の枠組みを見直す場合には、プライバシーや契約といったアプローチにはない重要なメリットが出てくる。所有権を設定した時点で、「同意しません」のほかに「対価を払ってくれるなら同意します」という選択肢が浮上すると考えればわかりやすいだろう。この新たな選択肢は、尊厳をもってゲノムデータ提供者を扱い、自由な個人としての立場を尊重し、遺伝子情報という他人に知られたくない重要な資源に関しての選択を提供者に委ねる。だがじつは業界自体も、公明正大且つ透明性の高い自己所有権スキームから利益を得るのである（これも第5章で扱う）。これはけっして偶然ではない。ニューヨーク・タイムズ紙のコラムニスト、エドアルド・ポーターが指摘したように、「データの提供と引き換えに対価を得られるようになったら、データベースの質と価値は高まるはずだ[66]」。

現時点では、遺伝子データベースに占める北部ヨーロッパ出身者の比率が偏って高い。DNAベースの化粧品、フィットネス、祖先のプロファイルといったものを買うのはこういう人たちだ。歴史的に疎外されてきた有色人種は、データベースに占める比率がきわめて低い[67]。したがって、自分たちに恩恵をもたらすかもしれない医学研究や創薬から除外されることになる。所有権ルールのベースラインが、データと引き換えに23andMeが代金を払うというものだったら（さきほど述べたように、現在はこちらが九九ドル払って解析してもらう）、データ提供者はもっと多様になり、より包摂的な新薬開発が期待できる。

だがもし「対価を払ってくれるなら同意します」路線を推し進めるつもりなら、気をつけたほうがいい。業界の専門家はだいたいにおいて、所有権の設計というゲームで一般市民よりずっと上手《うわて》だ。すでにみてきたように、ディズニーやその同調者たちは著作権に関して議会でうまく立ち回ってきた。キング社やＣＭＧワールドワイドは肖像権に関して州法を支配している。そしてゲノムデータ業界は、データベース著作権に関しては連邦法を、トレードシークレットに関しては州法を、都合よく書かせようと待ち構えている（これらは許容可能な少数の所有権の形態メニューに新たに加わることになる）。業界の言い分はあらかた予想がつく。われわれが蒔いた種はわれわれに収穫する権利がある、われわれの生産的な労働に対して所有権が与えられるべきだ、遺伝子データベースは命を救う、個人に所有権を認めたらグリッドロックが形成される、等々。こうした主張はたしかにもっともではあるが、それがすべてではない。

所有権を設計するうえでむずかしいのは、遺伝子の自己所有権を認めることと業界の労働に報いることの妥協点を見出すことである。議会にとっては頭の痛い問題だが、だからと言って解決不能ではあるまい。

ただ、法制化のほかにも選択肢はある。まず公的なものとしては、遺伝子のコモンズを創設する動きがある。医学研究の推進や稀な難病の診断に役立つほど規模が大きく多様性の高い遺伝子データベースを無料で提供する試みだ。また市場では、ゲノムデータの総合的な価値に対する見返りをデータ提供者に払うスタートアップが出始めた。「データは貴重ですと言っておきながら、みんなからただで取り上げるわけにはいかない」とあるスタートアップの共同創業者ドーン・バリーは語っている。[68] フィットネス・トラッカーの二〇日分の記録に対しては同社の株式二株（一四セント相当）が、23andMe の解析で三・五〇ドル相当の株式がもらえる。遺伝子まるごととなったら二一ドル相当だ。スタートアップの株価が上がったら、データ提供者は株を現金化すればよい。これで、現在の 23andMe モデルとはお金の流れが逆転することになる。

だが株式所有モデルには、欠点もある。まず、そうしたしくみがあることを見つけ出し、お金を払うより株をもらうほうを選び、意識してこの所有権関係にオプトインする一握りの賢い消費者しか活用できない。ほとんどの人は 23andMe なり Ancestry.com なりにサンプルを送り、「同意します」にチェックマークを入れて、直接的には何の対価ももらわない（遺伝子解析にかかる費用が徴収した料金を上回った場合には、間接的にいくらか報われたと言えるかもしれない）。たしかに、消費者は遺伝子データベースへの組み込みからオプトアウトすることはできるが、ほとんどの人はそんなことはしない。それにここが重要だが、個別のデータ提供者と、サンプルを総合して得られた貴重な医学的発見とを結びつけることはまずできないのである。

オプトイン／オプトアウトの設定は、所有権のベースラインを決める戦略的選択と並んで所有権設計の重要な部分である。ここで言うベースラインとは、希少資源の利用に関してすんなり受け入れられるような自然で無理のない最初の設定を意味する。ベースラインを掌握することの重要性はどれほど強調しても足りない。あなたがベースラインを支配したら、あなたの主張が勝ち、対立する主張は負ける。

いまから一〇〇年ほど前まで、水の澱んだ沼地は蚊の繁殖を促すだけの厄介物で、地主はせっせと埋め立てたものだ。だが今日では、同じ沼地が生態学的に重要な湿地帯として貴重な存在になっており、地主は自然のままの状態に維持するよう求められる。埋め立てるか保護するかは、所有権のベースラインをどこに設定するかに左右される。

遺伝子について所有権のベースラインを変更したらどうなるだろうか。たとえばゲノムデータ提供者全員が（一握りの賢い消費者だけでなく）自分のデータに基づく医学的発見について分け前を少々もらうことをデフォルトにする。ゲノムデータ企業は将来の株の所有権ではなく今日現金を払うことも可能だ。ただしオプトアウトの条件は提供者がはっきり理解できる透明なものでなければならない。「同意します」のワンクリックで難解なライセンス契約にがんじがらめにするのは論外である。

他の所有権に関してもベースラインは変更できる。退職積立金を給与から天引きするというベースラインを雇用主が設定した場合、従業員の積立額は多くなる。だがいますぐ現金が必要だという場合にはオプトアウトできなければならないはずだ。しかしそうなっている企業はほとんどなく、優遇税制が適用される退職引当金がむやみに膨らむことになる。ベースラインが自動的な天引きでなければ、オプトインする人は少なく、積み立ては滞るだろう。同じことが臓器提供にも当てはまる。免許証のベースラインが「提供する」になっていたら、提供者は増える。提供したくない人は次回の免許更新時にオプトアウトすればよい。しかしベースラインが「提供しない」だったら、オプトインする人は少ないと予想される（第５章では、臓器提供不足の解決策を自己所有権に基づいて検討する）。所有権のベースラインとオプトイン／オプトアウト・ルールに関するこのような行動の非対称性から、キャス・サンスティーンとリチャード・セイラーが政策策定における「ナッジ」という概念を提唱したことは読者もよくご存じだろう。[69]

自己所有権を主張する個人と労働の報いを求める産業界との対立は、遺伝子に限った話ではない。たとえばスマートフォンは、企業（および警察）に位置情報データベースの構築を可能にした。また、いまやどこにでも設置された防犯カメラは顔認識データベースに情報を提供している。とりわけ価値が高いのは、オンラインでの行動履歴を示すクリックストリームである。

あなたの検索の副産物として毎日どれほどの個人情報をグーグルに提供しているか、考えてみてほしい。あるいは、フェイスブック上で「いいね！」をクリックしたらどんな情報を渡したことになるのか、考えてみてほしい。こうしたデータの収集・分析そして販売こそがインターネット経済の原動力となっている。二〇一八年の時点で、アメリカ人がオンラインで露呈する欲望・態度・活動には推定七六〇億ドルの価値があった。[70] その半分でも個人に分配されていたら、一人ひとりが一二二ドルの小切手を受け取っていたはずだ。社会心理学者のショシャナ・ズボフは、このビジネスモデルを「監視資本主義」と名付けている。[71] ある経済学者はもっと単刀直入に「ゼネラルモーターズが鋼板やゴムやガラス、つまり原料を買ったのに代金を払わなかったと想像してほしい。現在インターネット企業がやっているのはまさにそれだ。これほどおいしい取引はない」と述べた。[72] 多くのアプリがフリーなのはこのためだ。テック関係のサイトがたびたび警告するように、アプリがタダのとき、売り物はアプリではなくあなたなのである。

所有権のない未開地は、ファッション、コメディ、試合の作戦ではうまくいっているが、遺伝子、位置情報、顔認識、クリックストリームについてはうまくいっていない。違いはどこにあるのだろうか。後者のタイプのデータにはある特徴が共通するからだと考えられる。それは、個別のデータにはほとんど意味がないが、総合すると途方もなく大きな価値を持つことだ。この特徴は、所有権の設計において重要な意味を持つ。オンライン産業は未開地を維持したがっている。それに同意できないなら、声を上げなければならない。

第4章

私の家は私の城……ではない

散弾銃の三発

ウィリアム・メレディスは二〇一五年のある夏の日、ケンタッキー州の自宅でくつろいでいた。すると裏庭から娘たちが駆け込んできて言った。「パパ、ドローンが飛んでるよ。みんなのお家の上を飛んでる」[1]。これは聞き捨てならない。

「私は外に出て、そいつが隣の家の方に降下していくのを見た。地面から三メートルぐらいまで。キャノピーがちゃんと見えた。そいつは隣家の庭に着陸した」とメレディスは話している。「私は銃を取りに行った。ウチの庭に入ってこない限り何もしない、とみんなに約束したよ」。

しかしドローンはすぐにまた飛び立ち、メレディスの庭との境界線を飛び越えてしまう。「一分かそこらでやってきたんだ。私の大事な財産の上でホバリング（空中停止）しやがった。だから空に向かって発砲した」。メレディスは一八〇〇ドルのドローンを八ゲージの散弾銃三発で撃墜した。数分後、ドローンの持ち主であるジョン・デービッド・ボッグスが隣家から怒鳴った。「俺のドローンを撃ち落としたクソ野郎はおまえか?」。メレディスは「俺の庭に一歩でも足を踏み入れてみろ、もう一発撃つことになるぞ」と怒鳴り返す[2]。彼は口径一〇ミリの自動拳銃グロックを腰に下げたホルスターに入れている。ボッグスは警察を呼ぶべきだと感じ、メレディスは脅迫の現行犯で逮捕された。

さっそく「#ドローン撃墜者」と自称してSNSに発信し始めたメレディスは、逮捕に大いに憤慨した。「ドローンはホバリングしていたんだぞ。さっさと飛んでいったら撃ったりはしなかった。あれじゃあ、奴がウチの庭に侵入したのと同じことだ」。それにメレディスは、住宅地区で発砲することが何か問題になるとは思ってもみなかった。「もし〇・二二インチ口径のライフルを持っていたら、それだけで刑務所にぶち込まれても文句は言えない。人間を殺傷できるだけの威力があるからね。だけど八ゲージの散弾銃はそうじゃない。八ゲージの弾なんてちょいとひっかかれた程度だ。とにかく、要するに……俺は自分の家を守りたかっただけだ」。

公判でボッグスは動画を証拠として提出した。それによると、ドローンは撃墜されたとき高度約六〇メートルを飛んでいたことになっている。それでもメレディスはドローンが梢より下でホバリングしたと言い張った。ブリット郡の判事はメレディスの言い分を認め、告訴を却下する。この判決は全国ニュースになった。というのも、郊外の住宅の所有者はドローンを撃ち落としてよい、と解釈できるからだ。これは驚くべき可能性だった。アメリカでは一般に土地所有者は侵入者を訴えてよいとされるが、撃ってよいとはされていない。

だがドローンはメレディスの言うように侵入者なのだろうか。

答えは付属の原則によって決まる。これは、原始的で強力だが見過ごされがちな所有権の基本原則である。[3] この「付属」という言葉は、序章のニー・ディフェンダーのところにも出てきた。「あきらかに自分のものとわかっているものに付属するものはすべて自分のものだ」という直観的な主張である。ドローンはニー・ディフェンダーと同じ問題を提起したと言える。あなたの搭乗券には座席番号が印字されている。この番号はあなたが腰掛ける位置を二次元で示す（「一〇列のC」のように）。二次元の座席番号では、リクライニング空間や肘掛けの取り合いを解決することはできない。あなたに必要なのは三次元の所有権を定める原則であり、「付属」はその原則に該当する。[4]

土地を買うのは搭乗券を手にするのと似ている。あなたの権利証にはあなたの土地の位置と境界が示されているはずだ。たとえば「アスペン・ヒルズ分譲地、区画一〇番」のように。これであなたは地図上に自分の土地を書き込むことができる。だがいざ自分の区画に立ったとき、所有権は家の上空あるいは地下までおよぶのか、それとも境界表面だけなのか、権利証は何も語っていないことに気づくだろう。土地と結びついているようなこうした資源のことを考えたとき、「あきらかに自分のものとわかっているものに付属するものはすべて自分のものだ」という本能が働きだす。歴史の大半を通じて、自分が土地のどれほど上空まで、あるいはどれほど地中深くまで所有しているのかということに注意を払った人はほとんどいなかった。なぜなら、たいして問題ではなかったからである。所有権争いの大半は、人々が住んで働く土地の表面近くで起きていた。

しかし古い時代の所有権感覚は、ドローンにはうまくマッチしない。旅客機とは異なり、ドローンは不意に出現して飛び回る。地面近くでホバリングできるし、窓から覗き込んだり、外から録音したりできる。それどころか、武装することさえ可能だ。メレディスは、二次元の自分の土地の境界線上には見えないフェンスがずっと上まで延びていると考え、ボッグスのドローンはそのフェンスを飛び越えたと主張した。かなり広範囲の付属の原則を持ち出したわけである。「自分が所有する土地に高さ二メートルのフェンスが張り巡らされていたら、その中では自分のプライバシーは守られて当然だと期待するだろう」とメレディスは述べている。[5]「だから自分にとってドローンは不法侵入者と同じだった」。

メレディスの主張には根深いルーツがある。一三世紀の地主は「上は天国まで、下は地獄まで」柱を建ててよいとされていた。この幅広い所有権の認識は、やがて自分の家に関してはもっと盤石なものになる。英米法《コモン・ロー》の法思想を理論化した偉大な法律家サー・エドワード・コークが一六二八年に、「イギリス人の家は彼の城である」と述べたのである。[6]この言葉はイギリスでは伝統的に、家庭や私生活への介入・侵入を許さないことを意味すると解釈されてきた。メレディスの主張は「上は天国まで」と「家は城である」を組み合わせたものと言えよう。

だが古い格言は結局のところ格言に過ぎず、けっして法律ではない。私たちの見えない城の壁は、灯台の光のようにはるか上空まで延びるわけではないのだ。もちろん地面の下にも。所有権にまつわる格言は、つねに法的効力以上の重みを持つと言わねばなるまい。一〇〇年前に商用航空が始まったとき、飛行機が家の上を飛ぶことが議論の的になった。[7]地主の中には「上は天国まで」と「家は城である」を持ち出して、飛行機は上空の不法侵入者だから許可を得たうえで通過料を払うべきだと主張する輩もいたものである。

裁判所は無制限の付属の主張をあっさり却下した。[8]おそらく社会を変えるような産業への配慮があったと考えられる。あなたが旅客機を撃ち落とせない理由は、効果的な地対空ミサイルを持っていないからではない。誰にも邪魔されない民間航空路が大空高く必要になったとき、アメリカの裁判所と議会は所有権を巡るさまざまな矛盾する直観的主張を吟味した末に、土地の所有権は高度数千フィートにはおよばないと決めたのだった。

新しい技術、人口増、資源の希少化といった要因が生じるたびに、付属の原則に基づく所有権の範囲は再検討を迫られることになった。現在アマゾン、ユナイテッド・パーセル・サービス（UPS）、ドミノは将来的にドローンによる貨物やピザの配達を実現したい考えだ。[9]ドローンによる商用配送が成り立つかどうかは、一部はもちろん技術的な問題だが、現時点では主に所有権の設計が問題になっている。配達ドローンが他人の土地の上を飛んでよいなら話はかんたんだが、そうでないと面倒なことになる。つまり付属の原則をはじめとする所有権の原則がドローンの命運を握ることになるが、それでよいのだろうか。私有地と公共のアクセスとの線引きはどうあるべきなのか。高度がどの程度なら、弓矢や銃やミサイルで飛行物体を撃ち落としてよいのだろうか。

メレディスの「要するに……俺は自分の家を守りたかっただけだ」[10]という発言は、つまるところ願望に過ぎない。ドローンが横切る上空六〇メートルの空間は土地所有者のものだと決まればメレディスに所有権があるが、そうでなければ所有権は主張できないのである。

太陽光や風についても同じことが言える。近年ではどちらも再生可能エネルギーとしての価値が高まり、争いの種になることが増えてきた。たとえば隣家の木のせいであなたのソーラーパネルに日差しが届かなかったら、あるいは隣家の風車があなたの家への空気流を乱したら、隣人はあなたの財産を侵害したと言えるのだろうか。自分の土地の上も下も全部自分のものだという主張は、中世の格言やイギリスの伝統やアメリカの慣行から形成されたのかもしれないが、実際には格言にも伝統にも強制力はない。すべては未確定である。

同じことが地中についても言える。[11]あなたの権利証書は、どの地下資源があなただけのもので、どれが隣人と分け合うべきもので、どれが公共のものなのか、何も語らない。帯水層の水流、巨大油田の貯留層、鉱脈の中に点在する鉱物といったものの所有権は誰にあるのか。水圧破砕法をはじめ新しい掘削技術が登場するたびに地下資源を巡る争いは一段と激化し、紛争を解決するために、付属の原則に関してその時々でさまざまな判断が下されることになる。

ただし、一つだけ例外がある。私たちの知る限りではどの国の法制度も、家畜に関しては母親の所有者がその子供も所有すると定められている。[12]古代インドのマヌ法典には「雄牛が、その飼い主が所有していない雌牛との間に一〇〇頭の仔牛をもうけた場合、仔牛はすべて母親牛の所有者のものになる。雄牛の精力は無駄に使われる」[13]。この決まりは四〇〇〇年以上前からインドで守られてきたし、今日でも世界中どこでも従っている。

なぜだろう。思うに、理由はこうだ。生まれたばかりの動物の子供は母親をすぐに見分けるが、父親は判然としない。そのうえ仔牛は（他の哺乳類の赤ちゃんも）母親がいないと生き延びることができない。よって、両者を所有権の下で一緒にしておくほうが生き残れる可能性が高くなる。このケースでは、所有権の設計に絡んでくるすべての要素が一つの方向を指し示している。ある法学者が簡潔に述べたように、このルールは「計画的繁殖に報いる。シンプルで確実で経済的に運用できる。既存の人間と動物の習慣や力関係に適合する。場所や世代を問わず公平感を与える」[14]。

家畜の赤ちゃんのケースは付属の原則の中で唯一普遍的なものだ。これが最も容易なケースだとすれば、土地所有権の範囲は最も困難なケースだと言えるだろう。所有権はさまざまな形で設計されており、そのどれもが絶えず紛争の種になっている。土地所有者は上からも下からも範囲を狭められるだけでなく、これから見ていくように、両側からも内側からも圧迫を感じるようになってきた。だがこれは驚くにはあたらない。所有権は天国にも地獄にも届かないし、あなたの家は城ではないのだ。

ゼンマイとイーグル金貨

では今度は現代の難題を考えてみよう。メイン州の野生のゼンマイ戦争である。メイン州では何世紀にもわたって、週末になるとゼンマイを探す人たちが個人の所有する土地や海岸を漁り、カゴいっぱいに採っていくのが風物詩だった。土地所有者はおおむねこれを容認していた。ところが最近ではプロの採集業者が入り込んできて大量に採っていく。農産物の直売所、生活協同組合、産地直送レストランなどが市場を形成しており、潤沢な利益に目をつけた業者がそこに品物を持ち込むようになったからだ。いまでは多くの人が、ちょっと塩を利かせたゼンマイのバターソテーはなかなか美味だと感じている。実態を知った土地所有者は激怒した。

メイン州選出の上院議員トーマス・サヴィエロは有権者からの陳情に応え、無許可の採集を禁じる法案を提出した。「当然だろう」とサヴィエロは語っている。「あなたが土地を持っていたら、私にはそこに勝手に入って何かを持ち出す権利はない」[15]。だがあいにくなことに当然ではなかった。サヴィエロは知らなかったが、土地所有者の主張（付属に基づく）と採集者の主張（労働と占有に基づく）を天秤にかけて前者に有利な決定を州が下さない限り、ゼンマイを採っても盗みには当たらないのである。

アメリカの歴史の大半を通じて、採集者は他人の土地に自由に入り込み、そこで見つけた野生の植物を採ってよかった。採集は盗みではないのだから、こそこそする必要はない。柵で囲われておらず、耕作されておらず、「侵入禁止」の立て札のない農村部の土地であれば、他人の土地であろうと堂々と「うろつき回る権利」が認められていたのである。[16]ゼンマイだけではない。キノコ、野イチゴなども採ってよかったし、ハンターだって事前許可を得る必要はなかった。

これは、十分な理由あってのことだ。かつてのアメリカでは、野山で採集される食べられる植物は、貴重な栄養源だったからである。だから多くの州が労働と占有の主張（私は苦労して採ってカゴに入れたのだ）を認め、付属の主張（私の土地に生えているのだから私のものだ）を退けてきた。「うろつき回る権利」はアメリカ建国時には普遍的なルールだった。そこにはイギリス貴族社会の取り決めに対する反発もあったと考えられる。イギリスでは獲物や植物がゆたかな土地は大地主や王侯貴族のものだった。

だが時代は変わった。序章で取り上げたように、一八〇〇年代後半に有刺鉄線が発明されたことは、アメリカの土地所有権に大きな影響を与えた。有刺鉄線は、「ここは私の土地だ。私の土地にあるものはすべて私のものだ。出て行け！」というメッセージを発信する安上がりな方法である。だが有刺鉄線を乗り越えたり切断したりする輩は必ずいるものだ。そこで土地所有者たちは法改正を訴え、付属の原則を前面に押し出して目に見えないフェンスを作り出そうとした。今日では土地所有者の主張を認める州がアメリカ全体の半分に達しており、その数はなお増えそうだ。こうした州では、たとえ土地が柵に囲われておらず、立て札もなくても、採集者やハンターは不法侵入者とみなされる。ゼンマイもベリーも鹿も、摘み取られ仕留められた土地の所有者だけのものだ。

メイン州はまだどちらに転ぶかわからない状況だ。アメリカの伝統を守り抜くのか、それとも新しい多数派に加わるのか。サヴィエロの法案は強い抵抗に遭っている。メイン州の警察官であり自身も採集や狩猟をするジョン・ギブズはこう語る。「この法案で最大の問題は、生活を根こそぎ変えてしまうことだ。ラズベリーやブラックベリーは自由に摘んでいいもので、法律違反で逮捕される心配などとは無縁のはずだった」[17]。ずっと採集をしてきたというトム・セイモアもこう話す。「ここ二、三〇〇年ほど何の問題もなかった。それを変える必要があるとは思えない」。サヴィエロの法案の審議はあまり進んでいない。だがアメリカの法律は全体として次第に土地所有者に有利になっている。土地所有者は組織されているが、採集者やハンターは点在しているからだろう。その結果としてアメリカはイギリス貴族社会へと逆行しているようにみえる。

付属の原則の適用範囲が拡大される傾向は、土地に育つ植物や土地を横切る動物だけでなく、地中に埋まったお宝にもおよぶ。今度はメイン州からアイダホ州へと足を伸ばそう。

グレッグ・コーリスはヤン・ウェナーが所有するサンバレー牧場で、新しいゲストハウスのための私道を整備していた。[18] ウェナーはポップカルチャー誌「ローリング・ストーン」の社主である。ふと足元に目を落としたグレッグは、一緒に仕事をしていた友人のラリー・アンダーソンに向かって叫んだ。「見ろよ、ラリー。金貨だ！」。一応グレッグの雇い主という立場のラリーは、すぐさま「ポケットに詰め込むんだ。あとで山分けしよう」と命じた。なんという幸運だろう。グレッグとラリーは、一八五七～一九一四年にかけて発行されたイーグル一〇ドル金貨、1／2イーグル五ドル金貨、ダブルイーグル二〇ドル金貨合計九六枚を発見したのである。当時の相場で二万五〇〇〇ドルの価値があった。一世紀前のサンバレーは荒れ果てた辺境の地だったことを考えると、誰かがガラス瓶に入れた金貨を隠し、そのまま戻ってこなかったのだろうと推定される。グレッグは「なんてえこった！　俺たち、ローリング・ストーンの表紙に載るかもしれないぜ」と興奮したが、「黙ってろ」とラリーはたしなめた。「このことは、ここだけの秘密にしておくんだ」。

金貨をどうするか決めるまでラリーが保管していたが、グレッグは半分よこせと迫った。ラリーはグレッグが暴力に訴えるのではないかと怯えた。噂はすでに広まっていて、サンバレー中その話でもちきりになっている。結局ラリーは金貨をウェナーに渡す。怒ったグレッグはラリーを訴え、次に二人はウェナーを訴えた。地元のある鉱山技師はこう語っている。「なんてバカなんだ、こいつらは。二人で山分けすれば済む話じゃないか。山分けすればどっちもしゃべりゃしないだろう。ヤン・ウェナーなんか、金に困っちゃいないんだから」。

こんな顚末になったのは、もちろんラリーもグレッグも沈黙を守れなかったことが原因である。

当初ウェナーは気前よく発見者への謝礼を出そうと考えていたが、訴訟を起こされると気を変え、「グレッグ・コーリスはろくでなしだ。この件で儲けられるだけ儲けようとしている。あいつは嘘つきのくそったれだ」と暴言を吐いた。対するグレッグは驚くほど同情的だった。「自分の敷地内で金貨を発見した馬鹿者に訴えられたら、そりゃあそう言いたくもなるだろうさ」。

　発見された秘宝をめぐる争いは大昔からあった。埋められた略奪品の争奪戦を人類は千年も前から繰り広げてきたのである。昔のイギリスでは、たとえ私有地で発見された略奪品であっても、王家のものとされた。今日では、発見を公表した場合には発見者は価値の半分を受け取ることができる。公表しなかった場合には刑務所送りとなる。建国当初のアメリカでは「うろつき回る権利」のケースと同じく、各州はイギリス貴族社会への反発から、発見された財宝の所有権は土地所有者ではなく発見者のものであるとした。アイダホ州は一八六〇年代に州になったときこの先例に従うことを決め、発見者に所有権を認める州法を定めた。たとえ他人の土地で財宝を発見しても、それは野生の動植物と同じくあなたのものである。

　グレッグとラリーは、この伝統に従うべきだと主張した。探索の苦労に報いるべきである、そうでなかったら宝は埋もれたままで誰もが損をすることになる、と。これは、将来宝探しをする人にインセンティブを設定しておくという点で、事前的なアプローチである。バリー・ボンズのホームランボールに関する私たちの主張を思い出してほしい。一方のウェナーは、付属の原則を持ち出して対抗した。ろくでなしが自由に自分の土地に出入りして埋まっているものを掘り出すようなことがあってはならない。まして自分が雇った連中なのだからなおのことだ。

　アイダホ州地裁のジェームズ・メイ判事は、金貨は土地の所有者のものだとしてウェナーに有利な判決を下す。こうしてアイダホ州は、当時多数派になっていた州の仲間入りをした。今日では、土地所有者と雇用主（ウェナー）はほとんどの場合に発見者と被雇用者（グレッグとラリー）に勝つ。ここでもまたアメリカはぐるりと円を描いてオールドイングランドに戻りつつあるようだ。

　イーグル金貨もゼンマイもめったにないケースかもしれない。だが同じルールはあらゆるところに適用されている。アイデアの領域でも、だ。議会は著作権法を制定した際に、著作権者は自動的に著作物に付属する一連の追加的権利を持つとした。あなたが本を書いたら、それを脚本に翻案する権利といった派生的権利も著作権とともに手にすることになる。同じことが発明についても言える。発明を改良する権利などが、それ自体としては特許による保護の対象にはならないとしても、もとの特許の保有者についてくるのである。

最近議論の的になっている文化の盗用（cultural appropriation）でも、その根っこには付属の概念がある。文化の盗用とは、ある特定の文化圏の宗教や文化の要素を、他の文化圏の人が流用する行為を意味する。一八歳のキザイア・ドーンは、伝統的なチャイナドレスを着てプロム（高校卒業前に開催されるフォーマルなダンスパーティー）に参加したときの写真をツイッターに投稿した。真っ赤なドレスでかなり深いスリットが入っている。この投稿で彼女のアカウントは瞬く間に炎上した。ジェレミー・ラムはリツイートし「私の国の文化は、あの下品なプロム・ドレスとはまったく違う」と書き込んだ。[19] ドーン自身は中国文化に敬意を払ったつもりであり、誰かが所有し付属物だと考えている何か大切なものを盗んだつもりはまったくなかった。「この文化に対する敬意を示すつもりだった」とドーンは釈明した。だが攻撃は止まず、彼女を盗人だと批判した。同じような批判の矛先は、料理（韓国風タコス）、ヘアスタイル（白人のコーンロウ）、歌（アヴリル・ラヴィーンの日本をテーマにした楽曲『ハローキティ』のミュージックビデオ）、ダンス（アラブ人以外が踊るベリーダンス）、パーティー（メキシコの祝日シンコ・デ・マヨを祝うパーティーをアメリカの大学の男子社交クラブで開催）等々にも向かっている。アメリカの大学では、毎年一〇月のハロウィーンが近づく頃には、文化の盗用に注意するよう呼びかけるメールが学長から全学生に発信されるようになった。

企業も無縁ではいられない。アーバン・アウトフィッターズがナバホ族独特の意匠を施した携帯用ボトル「ナバホ・プリント・フラスコ」や女性用下着「ナバホ・ヒップスター・パンティ」などを売り出したところ、ナバホ・ネイションに訴えられたのである。[20] アーバン・アウトフィッターズは一審では勝ったが、その後和解し、両当事者はネイティブ・アメリカン・ジュエリー・ラインで協力することになった。

同じようなバトルがバイオパイラシー（生物資源の海賊行為）でも勃発している。[21] 土着の部族民は、その土地特有の植物や動物に秘められた特別な価値をよく知っていて活用してきた。そうした人たちにしかるべき対価も払わずに製品を開発した企業が槍玉に挙げられている。一例を挙げるなら、フランスの研究者グループは、フランス領ギアナの伝統的な文化ではクアッシア・アマラ（ニガキ科）が多用されること、それは抗マラリア成分を含んでいるからだということを知ったうえで、この植物から抽出した成分に特許をとった。訴訟では、企業側は生産的な労働を主張し、土地の人々は植物は土地に付属すると主張した。

こうした紛争の背景には、主流の文化とマイノリティの文化との緊張関係が存在する。伝統的な衣装や食べ物やアートや知識は地域社会に根付いており、地域社会を特徴づけている。だとすれば、それを理由に地域社会はこれらのものに所有権を持つと言えるのか、言えるとして所有権の範囲はどこまでおよぶのだろうか。誰の主張が通るのか、誰が盗人なのか。これらはどれも、付属の境界を巡る争いである。

付属という磁力

自分のものに付属するものはすべて自分のものだというのは、所有権に関する直観的で強力な主張である。付属の原則によって、航空機の搭乗券にはリクライニング空間まで含まれることになり、土地の権利証には作物、樹木、動物から風、日照、水、石油・ガス等々数え切れないほどの資源が含まれることになる。土地であれ牛であれ著作権であれ何らかのものの所有者は、付属の原則を介して、そのものに付属する新たなものをも所有することになる。だがなぜそうなるのだろうか。

最も基本的なレベルで言うと、新たに発見された貴重な資源の最初の所有権を誰かに与えるには、わかりやすくて納得できるルールが必要だからである。ルールがあれば、所有者のいない資源を巡ってのべつ争いが起きる事態を防ぐことができる。仔牛や埋もれた財宝だけでなく、ドローンの飛行や石油開発にもこのことは当てはまる。新たに出現した資源の場合、所有権を決めるルールがまったく存在しないことがめずらしくない。この真空地帯を埋めてくれるのが付属の原則で、はじめは便宜的に適用され、やがては法制化されることになる。

所有権に関する限り、どんなルールにもメリットとデメリットがあり、勝ち組と負け組がいる。付属の原則が浸透しやすい理由の一部は、わかりやすく、且つ運用コストがかからないことにある。なにしろ新しい資源を、それがあきらかに付属するとみなせるものの既存の所有者に進呈するだけだからだ。たとえば仔牛は母牛の所有者のものになるというふうに。

法学者のトム・メリルは広範囲の付属の原則を強く支持しており、その根拠として、この原則は所有権設計における重要な問いに答えているからだと主張する。その問いとは、新しい資源を最も生産的に管理できる可能性が高いのは誰か、というものだ。新しい資源と密接に結びついた資源の既存所有者は、他の権利主張者とすくなくとも同等には生産的と考えてよいという。たとえば、もし翻案権が原著の著作権に付属していなかったら、脚本化したい人は権利者がどこにいるのか探し出さなければならない。シンプルな付属の原則は、無用の訴訟を防いでくれる。もとの本から脚本を起こす最初の権利を持っているのが誰かとか、脚本を書く権利を誰に申請したらいいのかなどと悩む必要はどこにもない。著作権者が翻案を許可してくれるかだけが問題になる。[22]
だがこのような付属の原則はフェアなのだろうか。答えは多くの場合にノーだ。この点は付属の原則の大きなデメリットである。メリル自身が指摘するとおり、この原則は「運用に際して金持ちがますます金持ちになるというしくみに組み込まれている」[23]。つねに富の集中につながるわけではないにしても、付属の原則はその方向に向かいやすい。新しい資源を既存の所有者に与えるとなれば、そこには乗数効果が生じる可能性がある。「すでに多くの財産を所有する者がもっと多くを獲得し続ける」わけだ。たとえば牧場の所有者であるウェナーは、金貨の存在などまったく知らず期待もしていなかったのに、金貨を獲得した。付属物として棚ぼた式に転がり込んできたのである。発見者は何ももらえず、労働の報いすら得られなかった。よってこの先は、お宝を探す人は減るだろうし、見つけても隠そうとするだろう。
付属の原則は磁石のように作用し、新たな資源は既存所有者に吸い寄せられ、他の権利主張者を寄せ付けない。採集者、ハンター、ゴミ拾い、貝殻掘り、バードウォッチャー、ワナ仕掛人、ハイカー、スノーモービル運転者、脚本家、何でも屋等々、新しい有用な資源を探索、発見あるいは開発しようと生産的に労働する人たちは、すべて負け組になる。
すくなくとも土地に関しては付属の原則が幅をきかす方向に向かっており、一番乗り、物理的占有、生産的労働といったものに報いるルールは排除されつつある。[24]何と言っても、付属の原則は説明しやすい。しかも正しいと感じさせることが多い。とりわけ既存の土地所有者にとってはそうだ。たしかに、付属の主張がつねに勝つわけではない。相手側に有力者がいれば、とくにそうである。ドローンはいまだに係争中だ。メレディスは付属範囲の拡大をしきりに主張するが、配送会社は別の主張をしている。だが付属の原則が所有権のベースラインになったら、そしてそれが自然で必然であるように見え始めたら、他の主張はすっかり押しのけられてしまうだろう。早い者勝ちも物理的占有も労働も、等しく価値のある選択肢ではなく、逸脱した例外扱いになる。

多くの人がアメリカにおける富の不平等に文句を言う。そして税制から人種差別までさまざまな原因を指摘する。だが、付属の原則と所有権のメカニズムが少数の富裕層にどんどん所有を集中させていることに思いを致す人はほとんどいない。

涸れた井戸と粘る階段

チャーリー・ピティグリアーノの祖父は一九二〇年代にイタリアからアメリカに渡ってきて、カリフォルニアのセントラル・バレーに落ち着いた。[25] 彼の買った土地は肥沃だったが、それよりももっと価値があったのは、氷河期からの地下帯水層の存在である。農家は当時の付属の原則に従いこの水の権利を所有しており、自分の耕地のために好きなだけ汲み上げてよかった。だから彼らは遠慮なくどんどん汲み上げた。

今日のセントラル・バレーには一〇万ほどの井戸が点在して農業用水を汲み上げている。この一帯の野菜の生産量がアメリカ全体の三分の一、果物とナッツが三分の二を占めるのはまさにこの帯水層のおかげだ。読者が今度食べるアーモンドやピスタチオナッツ、ブドウやアスパラガスなど、食品スーパーに並ぶ比較的高価な食品の生産地がセントラル・バレーである確率はかなり高い。セントラル・バレーの農家の作物があなたの家の近くのスーパーマーケットに並ぶのも、セントラル・バレーが世界有数の農業地帯と言われるのも、すべて帯水層のおかげだと言える。

だがこの地下水依存には悲劇的な欠陥があり、その欠陥の元をたどれば付属の原則の適用の仕方が悪かったということになる。モノやスペースが潤沢にあるときは多くの所有権ルールがうまく機能するもので、水が豊富なうちは付属の原則もうまくいっていた。だが希少になってくると、無制限の使用は破滅的な結果を招く。何十年もの間、農家は地下帯水層が水位を回復するより早いペースで汲み上げ続けたため、水位は下がり、土壌は固く締まり、ついには土地自体が沈み始めた。セントラル・バレーのあちこちで、地表面が一九二〇年代と比較して八メートルは沈下している。道路には亀裂が入り、橋は崩落した。

水位が下がっても農家が汲み上げ続けると、当然の結果を招く。水位はどんどん下がり続け、とうとう既存の井戸の深さを下回ってしまった。この悪循環でとくに甚大な損害を被ったのが、ピティグリアーノの農場から六〇キロほどの距離にあるモンソンという小さな町である。モンソンに住んでいる貧しいラテン系の人々の農家やトレーラーハウスの下にはまだ地下水脈が存在したが、お金がなくてもっと深い井戸を掘ることができない。なにしろ井戸を掘ろうとすれば一年分の賃金が吹き飛んでしまう。

最近の旱魃は六年も続き、トゥーレアリ郡では一〇〇〇基の井戸が涸れ始めた。トゥーレアリ郡はセントラル・バレーの一角を占め、面積はコネティカット州まるごとに匹敵する。ゴボゴボと勢いのよかった水流がちょろちょろになり、ついには枯渇した。トゥーレアリ郡に住むグラディス・コルンガの家の井戸も干上がってしまった。六人の子供を育てているコルンガは、農家の地下水取水のせいだと憤慨する。「作物のために水が必要だということはわかっている。でも私たちも水を必要とする。子供もいるしね。テレビやスマートフォンはなくても生きていけるけど、水なしでは生きられないのよ」[26]。

家族経営の農場を切り回しているドミニク・ピティグリアーノは、一〇〇万ドル以上を投じて、沈下した帯水層に届く新しい井戸をいくつも掘った。その中には、地下三〇〇メートル以上に達するものもあるという。下がっていく水位を追いかけ続けるのは高くつくが、他に選択肢はないとピティグリアーノは感じている。「精魂込め生涯をかけて築き上げてきたものがただ失われていくのを手を拱いて見ているわけにはいかない」[27]。アーモンドの木も他の作物も水を必要とする以上、農家としては汲み上げ続ける以外に方策はない。各農家はそれぞれの水利権を活用しているだけだが、全体としてみれば帯水層を枯渇させることになる。

地下水の取水はセントラル・バレーだけの問題ではない。堅固な付属の原則は、水が希少化しているすべての場所で危機を引き起こしてきた。アメリカ全土で、土地所有者は近隣の井戸を干上がらせている。この悩みは、公共の水道網に頼っている都市部の人たちには理解できないかもしれない。だが井戸水で暮らしている数千万の人々は、絶えずこの悩みにつきまとわれている。

テキサス州ヘンダーソン郡に住むバート・スピリアーノもその一人だ。彼はある朝、一〇〇年前から存在する井戸が涸れていることを発見し、すぐに原因を知る。オザルカ・ウォーター・ボトリング（現在はネスレの一事業部）が近くに移転してきて、毎日三四万リットルも地下水を汲み上げるようになったためだ。水はミネラルウォーターとして全国に出荷される。スピリアーノにしてみれば青天の霹靂で、「砂漠に住んでいるのと変わらない」状況に放り込まれた[28]。

スピリアーノの隣に住むハロルド・フェインも同じ憂き目に遭った。オザルカが取水を始めた翌日に、フェインの家の井戸は水位が大幅に下がったのである。「誰かが私や隣人の大切な財産を台無しにするなんて、夢にも考えたことはなかった。もし私自身がそういう行動を思いついたとしても、絶対にやらない」とフェインは語る[29]。フェインとスピリアーノはオザルカを訴えた。彼らは不運な現実から、ようやくにして付属の原則の欠陥に気づいたのである。自分たちの井戸の水は自分たちのものだとずっと考えてきた。だって、自分の土地の地下をいつも流れているのだから。ところがよそものにも汲み上げる権利があったわけである。

自然資源にありがちな問題は、資源が豊富にあるときに最初の所有権ルールを設計してしまうことである。その時点ではすべての人に潤沢に資源が行き渡る。土地があなたのものなら、その下にあるものもすべてあなたのものだ。どれだけ汲み上げていいかって？　好きな手段を使って汲めるだけ汲んでよろしい、という調子である。初めのうち、この付属の原則は何の問題もなかった。あなたは汲み上げ、私も汲み上げても、誰もがたっぷり水を使うことができた。法律家はこのやり方を捕獲の法則（rule of capture）と名付けている。これは、第1章で取り上げた野生動物に関する決まりごとと同じである（現代の所有権の法則の多くは、昔の狩猟や農耕に根ざした興味深い事例にルーツがある）。この法則が適用される場合、あなたは自分の土地に立って足を踏み鳴らし、「この足の下も全部自分のものだ」と主張することができる。

だが捕獲の法則の適用を最初に決めてしまうとき、後々の希少化リスクが見落とされていることに注意されたい。付属の原則があなただけに都合よく働くわけではないこと、他の人にも働くことを忘れてはいけない。これは付属の原則の重要な特徴である。あなたの隣人にもあなたと同じ権利があり、地下深くの水を汲み上げてよい。隣人の土地の下の水は、あなたの土地の下に流れていくはずだった水も含めて、隣人に汲み上げる権利がある。あなたが一休みしている間も隣人は汲み上げていたら、あなたの井戸は文字通り干上がってしまうだろう。これは単純きわまりない力比べである。アーモンド農家もボトリング会社も、休ませる必要のない強力なディーゼルモーターを導入しなければならないと気づくはずだ。そうなると、帯水層はたちまち補充される以上に失われることになる。そしてついには誰も水一滴汲み上げられなくなる。

もとからの土地所有者を干上がらせていいのだろうか。オザルカが汲み上げてしまうまでは、フェインの井戸の中の水はフェインのものだったわけだろう。となれば、これは盗みではないのか？　付属の原則に基づくテキサス州法では盗みには当たらない。

フェインは州最高裁まで争ったが敗訴に終わる。一九〇四年からずっと、テキサス州は土地表面の所有者に地下水の「絶対的所有権」を認めており、隣人の井戸が枯渇してもおかまいなしに好きなだけ汲み上げてよい。判例でも、フェインが求めた「隣人に配慮した行動」はテキサス州では要求されないことになっている。

井戸を一本掘れば水位が下がり、水質が劣化し、近隣の利用に支障をきたすことがわかっていても、テキサス州の裁判所は介入に及び腰だった。現在の捕獲の法則を変えたいならテキサス州議会に改正法案を可決させなさい、というのが裁判所の姿勢である。

このように司法が介入に気乗り薄であることは、所有権の設計に関するもう一つの特徴である。いったん決められたルールがいつまでも粘りつく。つまり粘性が高い。ある時代には建設的で有用なルールも、別の時代には悲劇を引き起こすこともあるにもかかわらず、いつまでも粘る。裁判官はばかばかしいルールですら修正をためらうことが多く、立法府に責任を押し付けたり、過去の判例をいつまでも踏襲したりして、主導権をとりたがらない。変化に懐疑的な姿勢は法曹界に染み付いていていっこうに抜けないと言えるだろう。イギリス法を初めて体系化し、大著『イギリス法釈義』を著したウィリアム・ブラックストーンが一七六三年に私有地について書いた一文は、いまも生き続ける。私有地は「外の世界とは無関係に権利を主張し行使できるその人だけの独裁的な領地であり、全人類の他のすべての人の権利を完全に排除することができる」というのである。さらに財産法は「いまや精緻な人工物として体系化されており、目には見えないが相互に複雑に関連づけられながらも個々に独立性を保っている。よって鎖の一つの環を破壊したら、全体がばらばらになりかねない」とも述べている[30]。

前例主義の対極に立つ法律家もいる。最高裁判事を務めたオリバー・ウェンデル・ホームズ・ジュニアは、それから一世紀後にこう書いた。「ヘンリー四世の時代に定められた法の支配を上回るものはないなどという主張はきわめて遺憾である。法律が拠って立つ基盤がとうの昔に消滅しているにもかかわらず、ひたすら過去を模倣する立場からその法律にしがみつくのは一段と遺憾だ[31]」。法学教育の多くは、ブラックストーンとホームズという両極端の間でどう折り合いをつけるかということ、言い換えれば連続性の価値と変化の必要性との距離をどうとるかということに関わっている。

テキサスは連続性を選んだわけだが、付属の原則が採用されたのは帯水層について何もわかっていなかった時代である。人々の掘る井戸が浅く、近隣にさしたる影響をおよぼさないうちは、捕獲の法則にも意味があったかもしれない。深い井戸を掘りディーゼル駆動式のポンプを使って地中深くの水脈に到達しあっという間に枯渇させてしまう可能性があるなどとは、誰も想像もしなかった。掘削技術とポンプの進歩は水位を押し下げるだけでなく、権利争いの様相自体を変えてしまったのである。

テキサス州自然資源保全委員会の議長を務めるバリー・マクビーは、昔のルールは「私有財産権をまったく保護していない」と主張する。「オザルカの一件でそのことがはっきりした。農家や牧場主は地下水に絶対的な権利があると信じてきた。たしかに捕獲の法則は権利を認めてはいる――が、それも隣人がもっと大型のポンプを持っていなければ、の話だ。持っていた時点で彼らの権利はつゆと消える[32]」。今日のテキサスでは、付属の原則に従い土地表面の所有者が地下水にも所有権を持つものの、それは他の土地所有者が汲み上げてしまうまでのことに過ぎない。

テキサスがこの地下水の所有権の設計を変えようとした際には、大口利用者が議会に大規模なロビー活動を仕掛けてきた。テキサス・南西部家畜飼育協会は、「合理的な利用」を条件とする（フェインが望んだのもまさにこれである）ことになれば、自分たちの権利だとずっと信じていたものが奪われることになると指摘する。所有権の設計変更が困難なのはテキサスに限った話ではない。強力なロビー団体であるファーム・ビューローの法務部長を務めるリッジ・ペートは、ブラックストーンの保守的な信念を繰り返したうえで、「われわれは大勢の人の財産権に対処しなければならないのだ。一つを取り上げたら、とめどがなくなる」と付け加えた[33]。

　ペートの主張に注意されたい。彼は、滑る坂道論法を援用してルールの粘性を擁護している[34]。この滑る坂道論法、つまり一歩踏み出したらあとは奈落の底まで転げ落ちるから最初の一歩も認められないという論法は、所有権を巡る議論でよく持ち出される強力な修辞的技巧である。必要な改革を滑る坂道（または恐怖の連鎖、または軒を貸して母家を取られる、等々）と位置付けるなら、既存制度の修正はどれほど控えめで合理的なものであっても受け入れられなくなる。一つ修正を認めたとたんに、あとは坂道をずるずる（または一気に）転がり落ちるだけだからだ。それなら、たとえ欠陥があろうとも現状維持のほうがましということになる。

　親はこの論法を小さな子供によく使う。「あと一時間だけって言うけど、どうせキリがないでしょ。夜中になっちゃうわ」とか、「今日はキャンディはダメ。一つ食べたらまた食べたくなるんだから。虫歯になってもいいの？」等々。

　だがこの論法で攻められたら、負けず劣らず強力な反論が可能であることを思い出してほしい。それは、滑る坂道に対して粘る階段と私たちが名付けた論法である。「たしかに古い法律には価値がある」とあなたはまず認める。それから反撃に転じるのだ。「だが完璧だとは言えまい。だから、妥当な修正をしようじゃないか。まず一段だけ踏み出し、そこで踏みとどまって安全かどうかを確認する」。

テキサス水資源開発協議会のトミー・ノールズはこの粘る階段論法を採用し、水資源保全地区の指定と隣接地域の大口利用者の取水制限、流域横断型水市場の創設、「合理的利用」ルールの導入を提案している。合理的利用とは、無制限の消費が許されるのは隣人への供給を逼迫させない場合に限られる、というものだ。粘る階段は、近隣関係と持続可能な水利用に大きな利得をもたらす。牧場・農場経営者団体はこうした改革に反対するが、マクビーが指摘するとおり、捕獲の法則で生活を最も脅かされるのは農村部の住民にほかならない。

論法云々はさておき、地下水を巡る議論は希少資源の管理につきまとう古典的な問題を浮き彫りにしたと言える。この問題には共有地の悲劇という名前が付いている[35]。これは、現代の所有権の設計においても必ず考慮しなければならない重要な要素だ。農家はみな、地下水汲み上げ競争が勝ち目のない勝負だとわかっている。だが公共の利益のためになぜ自分が犠牲にならなければならないのか。他人が足並みを揃えてくれる保証はどこにもないのだ。あなたが水資源を守ろうとし、他の人がそうしなかったら、あなたはただのまぬけになってしまう。だが誰も守ろうとしなかったら、結局はみんなのものだった資源は失われることになる。この種の資源争奪戦は、誰でもアクセスできる状態の場合、あらゆる資源に起こりうる。地下水、石油、魚、狐、芝生、牧草地等々。できるだけ多くできるだけ早く消費し、資源保護への投資はできるだけやらずに済ませている間、農家も漁師も羊飼いも目先の幸福を手に入れる。このとき各人は合理的な選択をしていると言える。だが個人にとって短期的に合理的であっても、全体として長期的には全員の破滅につながるのである。

チャーリー・ピティグリアーノは、自分たちが悩まされている地盤沈下と井戸の枯渇を防ぐためには農家が取水を減らすべきだと理解している。「バレーを守るためには自主規制が必要なんだ[36]」。だが誰も自分が最初になりたくはない。誰もが取水を続ける状況で、手控えるときはいつ来るのか。農家は汲み上げ競争に取り憑かれてポンプを動かし続け、結局全員が負け組になる。

いや、全員ではない。ほぼ全員というのが正しい。無制限の捕獲は、最も資金力があって最も機動力のある者にとっては短期的には最高だ。これは、富者がますます富者になる所有権の法則のもう一つの例だと言えるだろう。オザルカがヘンダーソン郡の地下水を枯渇させてしまったら、ネスレは捕獲の法則が適用されるテキサス州の他の郡でまた取水を始めるだけだ。枯渇したら移動することの繰り返しである。ネスレのボトリング工場のマネジャーは、水を運ぶタンクローリーがどこから来てどこへ行こうと、運び続けている限り気にしない。同社は現在ミシガン、フロリダ、メインなどあちこちの州で訴訟を起こされている。

だからと言って、付属の原則が必ず悲劇につながるというわけではない。空を見上げると家の上空を飛行機が飛んでいくのが見えるだろう。土地所有者は航空会社に文句を言ったりはしない。テキサス・ルールを地下水に適用しているのは、じつのところ、コネティカット、ジョージア、インディアナ、ルイジアナ、マサチューセッツという少数の変わった州だけだ。これらの州に何か共通点はあるだろうか。他の州はすべて、リベラルか保守かを問わず、ノールズがテキサスに提案した粘る階段方式の一部または全部を導入している。すなわち水資源保全地区の指定、水市場の創設、「合理的利用」ルールの導入などだ。

テキサスでも、帯水層を保全しつつ牧場・農場経営者の見解を尊重することはそうむずかしくないと考えられる。具体的にどうすればよいのか、石油・ガスの例をみることにしよう。

石油とユニタイゼーション

一五〇年前のペンシルベニア州では、石油産業が隆盛だった。エンジンオイルの老舗ブランド、クエーカーステートオイルのルーツはじつはペンシルベニアにある。アメリカ最初の石油ブームはペンシルベニア州タイタスヴィルから始まった。一八五九年のことである。山師たちがなだれ込んできて、できるだけ多くの原油をできるだけ早く採掘しようと躍起になった。当時の写真からは、油井が所狭しと林立する様子がよくわかる。

採掘事業者がペンシルベニアの原油を過剰に採掘した背景には、ボトリング会社がテキサスの地下水を過剰に取水したのとまさに同じ法則が存在する。捕獲の法則である。だがむやみに急いで採掘した挙句、逆に原油をみすみす逃すという結果が待っていた。油井が乱立した結果、油層内圧力が下がって原油の多くが地中に閉じ込められたままとなったのである。もっと井戸の数を抑え、採掘ペースもゆるやかにして、圧力を慎重に維持していたら、もっと多くの原油を採掘できていたはずだ。

石油がテキサス州でも発見されると、やはり捕獲の法則が採用された。[37] 土地所有者は地面の下にある原油をいくらでも採掘してよい。しなければ失われるだけだ。これでは地下水の悲劇的な結果をなぞるだけのように見えた。

だが多くの州で、石油採掘事業者は共有地の悲劇を回避できている。別に新しい技術を導入したわけではなく、単に付属の原則を設計し直したのだ。圧力が降下して油井が枯渇しそうになったら、鉱業権者同士の話し合いでユニタイゼーションを行う。[38] ユニタイゼーションとは、権利者がその権益の全部または一部を持ち寄り、一つの操業単位として共通の計画の下に開発・生産を行う方式である。この新しい所有権の形態により、細分化した石油・ガスの権利を一つにまとめることができる。

アメリカの場合、ユニタイゼーションのこまかい点は州によって違うが、基本的な考え方はシンプルだ。油層の上にある土地の所有者たちが集まり、所有する区画の権利を一本にまとめる。土地所有者は、ちょうど株式会社の株主に相当すると考えればよい。そして各自は個別に井戸を掘る権利を返上するのと引き換えに、土地の下の油量に応じて利益配分を受ける（なお、土地表面で牧場や農場を経営する権利は残る）。こうして一本化されたユニットが専門の採掘事業者と契約し、全体の利益を最大化するよう事業を運営する。具体的には、油層内圧力が適正に保たれるよう油井の数を慎重に調整する。また原油価格が上昇したら採掘量を増やし、下落したら減らすというふうに賢く生産調整を行う。要するに、所有者の分け合うパイを最大化できるように採掘事業を運営する。

ユニタイゼーションは、付属の原則を尊重している。つまり、土地を所有すればその下の石油も所有することになる。ただ、権利行使の仕方が変わる。石油を採掘するあなた個人の権利は、一本化されたユニットの利益を比例配分で受け取る権利に置き換えられるのである。できるだけ早く採掘しようと競争した結果として全員のパイを小さくしてしまう愚行をやめ、近隣の土地所有者が共通の目的をめざし、利益を分け合う。パイの最大化によって全員が恩恵を被り、各自がもらうパイの一切れは大きくなる。ユニタイゼーションは、複数の土地所有者が存在するケースにおける石油・ガス田運営の標準となった。こうして所有権の設計変更によって共有地の悲劇は解決されたのである。

テキサスは、ユニタイゼーションを義務付けていない唯一の石油産出州である。土地所有者が自主的にユニットを形成することは可能だが、全員が同意した場合に限られるため、実現はむずかしい。その代わりにテキサスはもっと集団主義的な所有権形態を採用し、それにこだわり続けている。個人の権利を重んじる州としては奇妙な選択だ。一九三〇年代後半以降、意外な政治的なりゆきにより、州政府機関であるテキサス鉄道委員会（ＲＲＣ）が石油生産を管理している。彼らが採用しているのは「比例配分ルール」だ。ＲＲＣが毎月個人所有者ごとの生産上限を決める。ＲＲＣは、油井の間隔も決めて強制する。つまり、誰かの既存の油井に近すぎたら掘削は認められない。これは一種の早い者勝ちに当たる。比例配分方式は、ユニタイゼーションに比べて非生産的である。機を見るに敏な民間事業者ではなく、情報の遅い州政府機関に決定が委ねられるからだ。その代償は、垂直掘削から水平掘削へと掘削法が進化するにつれて一段と大きくなっている。テキサスは、市場志向の所有権の設計を採用した大半の州に立ち遅れたと言わざるを得ない。原因は、小規模な独立系採掘事業者たち（彼らはテキサス州議会の大物議員である）が、独自に掘るほうが自分たちの利益を最大化できると信じ込んでいることにある。

このようなやり方を採用すべきではなかった。

カリフォルニアに話を戻すと、最近になって州全土に旱魃が広がったことをきっかけに、地下水の管理を巡る長年の政治的膠着状態に終止符が打たれた。新しい法律では、地盤沈下と井戸の枯渇を防ぐために所有権の設計が見直されている。どうやら新しい形を試すには深刻な旱魃が必要であるらしい。

捕獲の法則とそれに伴う共有地の悲劇から生じる問題を解決しうる所有権の形態はたくさんあり、ユニタイゼーションと合理的な利用ルールはほんの一例に過ぎない。他の成功事例は第7章で取り上げることにして、ここでは地下資源に関して所有権のベースラインを変更することを考えてみたい。つまり、地下資源は土地所有者のものではないとする。これはひどく過激に見えるだろうか。

けっしてそうではない。じつはその過激に見えるほうが世界の主流なのだ。なんと一四二カ国（日本やチリなどOECD加盟国を含む）が、地下資源は公共の富の一部であり国家のものだとしている。石油・ガス、地下水は、呼吸する空気、魚をとる海と同じだというわけだ。土地所有者は地表面とそのごく近い上下に関して一定の権利を持つ。だが付属の原則は地中深くまではおよばない。アメリカでは土地所有権の当然の範囲とされたものが、市場経済を運営する他の多くの国では奇妙な選択と見なされている。

とはいえアメリカで地下資源に関して所有権のベースラインを変更するのは、もはや遅すぎるだろう。地下資源を公的所有とすることに賛成の論者はほとんどいない。それに、付属の原則が地下水、石油・ガス、石炭、ウラン、鉄鉱石などの自然資源に適用されることを見越して、すでに何兆ドルもの投資が行われているのだ。アメリカは世界の例外であり、今後もそれは変わるまい。付属の原則を運用面で手直しし、たとえばユニタイゼーションに切り替えるというふうに調整することはできても、既存資源に関してアメリカがこの原則を放棄することはないだろう。

とはいえ新しく発見された資源に関しては、話がちがってくる。その場合には付属の原則に対抗する考え方が出てきて、所有権の帰属は不透明になる。そうした新しい資源を巡る係争の例として、まずは砂浜から始めよう。

養浜とコンクリートの島

リンダ・チェリーはフロリダ州デスティンの浜辺にある三階建ての家に住んでいる。[39] 一九七〇年代のデスティンは静かな漁村で人口は二〇〇〇人ほどだった。いまではメキシコ湾に面したビーチタウンの中で最も人気のある街の一つで、ピーク時には六万五〇〇〇人もの観光客が訪れる。不動産価格は急騰し、地元の人々は誇らしげにデスティンは「世界一幸運な漁村」だと話す。

デスティンが人気の観光地になっても、チェリーは大勢の観光客がスピーカーから大音響で音楽を流したりタオルやテントを広げたりする心配とは無縁だった。チェリーの家は、海に面した多くの家がそうであるように、裏口から平均満潮線まで庭が続いている。白い砂の部分は私有地だ。満潮線から下の濡れた砂は公共のものである。チェリーは我が家のプライベートビーチをこよなく愛していた。そして隣家と同じく家までの小道に「侵入禁止」の立て札を立てたものである。

デスティンの海辺の家の持ち主にとって、このルールはじつにうまくいっていた。砂浜は、潮流や嵐で運ばれてきたり運び去られたりする砂の量に応じて広がったり縮まったりする。だがデスティンにとって幸運なことに、毎年新しく白い砂が運ばれてきて砂浜は広がっていった。新しい砂の所有者は誰か？　フロリダでは、チェリーのような海辺の土地・住宅所有者のものである。付属の原則によって、土地所有者の権利は（垂直方向だけでなく）水平方向にも引き延ばされたわけだ。乾いた砂が徐々に増えていく間、付属の原則に従って私有地も平均満潮線まで拡大していった。

だが付属の原則は、拡大する場合だけでなく縮小する場合にも適用される。砂が徐々に洗い流されていったら、チェリーのプライベートビーチは小さくなる。そして実際にも小さくなった。温暖化の影響で、フロリダの海水面は過去一世紀で一二～二〇センチ上昇している。これまでのところは、裏口から海まで歩いていける家を持つことはすばらしい投資だった。だがこの先は、土地所有者は温暖化の現実を突きつけられ、残っている乾いた砂を守るために悪戦苦闘することになりそうだ。

一九九五年のハリケーン・オパールを契機にデスティンの砂浜は縮小し始め、多いときには一年で一五〇センチも後退した。デスティンの最高級の住宅がまるごと水没するリスクが迫ってきたのである。ことここに至って土地と住宅の所有者は結束して市当局にかけあい、市はプライベートビーチを保護するよう州に陳情した。だが、後退する砂浜をどうやって守るのか。要するに大量の砂を運び込むのである。これを養浜《ようひん》という。

一世紀前なら、砂浜に砂を運び込むなどということはふざけているとしか思えなかっただろう。かつてフロリダの相場師は海に面した土地を一エーカー一ドル足らずで買ったものだ。砂浜は悪臭を放つ荒地であり、漁師が網を乾かしたり、不良がうろついたりする場所だった（第1章で、ロドウィック・ポストが狐狩りをした所有者のいない無人の海岸が裁判記録で「荒地」となっていたことを思い出そう）。だが今日では、アメリカ人の半分が海岸から八〇キロ以内に住んでいる。そしてガレージぐらいの大きさしかないバンガローに数百万ドルの値札がつくのだ。

養浜が最初に行われたのはブルックリンの先端にあるコニーアイランドで、一九二二年のことだった。今日では途方もない量の砂が沖合の海底か内陸の採石場から運ばれてくる。フロリダ州だけで、全長三八〇キロ分の養浜工事に過去八〇年間で総額一三億ドルが注ぎ込まれた。二〇一七年にはアメリカ陸軍工兵隊が数十万トンの砂をマイアミ・ビーチに投下した。これでもビーチほんの九〇〇メートル分だが、工費一一五〇万ドルは地方・州・連邦税の納税者が払ったわけである。今日世界で最も大量に採掘されている鉱物は、養浜および水圧破砕、土地造成、コンクリート、ガラスに使われる砂と砂利である。その量は全化石燃料の採掘量を上回る。砂はいまや希少資源だ[40]。砂の掘削は環境破壊を一段と進行させる。

養浜は、土地所有者や地元企業にとってはありがたいことだが、所詮は負け試合である。地質学者は、海を押し戻そうとするなど愚かな行為だと批判する。海面上昇と次の嵐の襲来がビーチを奪い返すことは避けられない。生物学者は、砂を採取するための掘削作業で海洋生物に破壊的影響がおよぶことを懸念する。納税者は、養浜が富裕層の住宅を一時的に守るだけの不合理な補助金にほかならないことをちゃんと知っている。それでも養浜工事は増える一方だ。富裕層は自分たちの利益のために補助金を引き出す術に長けており、観光産業を守るため、税収基盤を守るため、土地価格を維持するため、などともっともらしい口実をつける。だがいずれにせよ、養浜が、富者がますます富者になるという付属の原則の一例であることはまちがいない。

だが、新しく運び込まれた砂の所有権は誰にあるのだろうか。プライベートビーチが徐々に自然に拡大するのであれば、増えた白い砂は土地所有者のものになる。だが侵食された砂浜と海との間に政府が大量の砂を一気に投下した場合はどうなのか。垂直方向の付属の原則に限界があり、上空を飛行機が通過することが認められているように、じつは水平方向にも限界がある。

フロリダ州法では、海岸の土地が突然拡張したら、その分は公共の財産になると定められている。[41]つまり土地所有者のものにはならない。この条文のルーツは古代ローマに遡る。私有地の所有権は、ハリケーンの襲来などで満潮線が変わった場合でも、古い平均満潮線までと定められているのだ。フロリダの場合、変更の原因は養浜なのだから、突然という点でハリケーンと同じと言える。このため、デスティンの砂浜が二〇メートルほど追加されたとき、新たな白い砂は公共のものとなった。よって、下層の者どもがそこらをうろつき回り、テントを立てたりバーベキューをしたり大音響で音楽を流したりしてよろしい、ということになったのである。

チェリーは反撃した。彼女の考えでは、市当局が「われわれは砂浜を守り高台の土地所有者を守るために養浜工事を行った」と言ったのは正当である。実際、市はそう言った。だがデスティン市の動機がほんとうにそれだけだったということは、チェリーには受け入れがたかった。「パブリックビーチを提供するために市が養浜工事をしたなんて、嘘よ。一〇〇万年かかっても私には信じられない」[42]。ドローンを撃ち落としたメレディスと同じくチェリーも、頑なに自分の所有権のストーリーに固執した。チェリーは隣人たちとともに訴訟を起こす。州の行った養浜工事には付属の原則が適用されるべきだというのだ。さらに、公的資金で拡張された砂浜はフェンスで囲い、私有地と区別するよう主張した。

この件は連邦最高裁まで持ち込まれ、フロリダ州の裁判所による付属の原則の解釈は正しいとの判決が全員一致で下された。ハリケーンでもブルドーザーでも結果は同じだから、原因が何であれ、州には突然の変化のあとには水平的な付属を制限する権限があるというのである。そもそも養浜工事は、もともとチェリーの所有物だったものから何も奪っていない。

チェリーにとって、市が自分のビーチに砂を投下する様子を見守るのは苦々しい経験だった。「ドイツの戦車が家の庭を蹂躙していくのを見るフランス人のようなものよ。こんなの、憲法上の権利の絶対的な侵害だわ」。これは少々言い過ぎだろう。だが付属は強い感情的な結びつきだ。とりわけ、自分のものだと思っていたものが奪われたときに感情が込み上げる。第2章で取り上げた授かり効果を思い出そう。

読者は、水平方向の付属は金持ちが海岸に持っている家だけに関わるもので、瑣末な問題だと感じただろうか。けっしてそんなことはない。水平方向の付属は、地政学的、軍事的、経済的に重大な意味を持つ。

そのことを今日の世界で最も顕著に示しているのが、南シナ海に浮かぶ島嶼群、南沙（スプラトリー）諸島である。英語名は一九世紀イギリスの捕鯨船の船長に由来する。南沙諸島は四二万平方キロの海に散らばる小島・環礁・岩礁から成り、総面積は二平方キロ程度に過ぎない。南沙諸島から数百キロ以内にはフィリピン、インドネシア、ベトナムがある。中国はずっと遠く、一〇〇〇キロは離れている。つい最近まで、これらの国はどこも南沙諸島に注意を払ってこなかった。島に住んでいるのはカニや海鳥だけで、漁師がたまに小屋を建てて滞在するぐらいだった。

だが今日では中国が数十億ドルを投じて、南沙諸島のただの岩礁を恒久的な施設とコンクリートの仮設滑走路を備えた人工島に仕立て上げている[43]。多くの安全保障の専門家は、こうした要塞化した軍事前哨基地が次の戦争の引き金を引くのではないかと懸念する。それにしてもなぜ中国は自国から遠く離れた小島にこれほど関心を示すのか。これほど離れているのになぜ付属の原則を主張できるのか。

国際法の最も古い規定の一つは、海岸線から離れた海の権利に関するものである。沿岸国は当然ながら資源豊富な沿岸海域に自国の船だけが立ち入れるようにしたい。そこで彼らは付属の原則を主張する。「沿岸海域は我が国の沿岸の延長線上にあるのだから我が国のものである」と。一方、海洋国家と言われるような国は、どの海にも乗り込んでいきたい。そこで彼らは労働の報いの原則を主張する。「海産物は、魚を捕らえる努力をしたわれわれのものである」と。

何世紀にもわたって、世界各国は領海を海岸（正確には基線）から三海里（約五・六キロ）とする着弾距離説に従ってきた。領海を陸地から支配できる限度までとし、陸地からの支配の限度は武力のおよぶ範囲すなわち海岸に設置された大砲の着弾距離までと考えたからである。古いラテン語の法典は「陸地の支配力は武器の届く範囲までとする」と定めている。これは、現実的な決まりだった。しかし第二次世界大戦後、アメリカなどの強国は付属の範囲を拡大し、もっと多くの沿岸資源に国家の支配がおよぶべきだと主張した。今日では領海は基線から一二海里（約二二・二キロ）までとされ、この海域には沿岸国の主権がおよぶ。さらに重要なのは、基線から二〇〇海里（約三七〇キロ）までを排他的経済水域（ＥＥＺ）と定めたことだ。ＥＥＺでは天然資源の探査・開発や人工島など施設・構築物の設置および利用を自由に行うことができる。ロシア、カナダなどは北極圏で現在激しい鍔迫り合いを演じており、主権のおよぶ範囲を北極へと拡大しようとしている。気候変動により海氷が溶けたら、深海の石油・ガスが採掘可能になるし、新しい航路の開拓も視野に入ってくるからだ。

付属の原則は、海洋資源を獲得・管理するうえで最も重要な国際法の原則となっている。付属の原則を主張できないとしたら、ほとんどの漁場と深海油田は公海に属することになり、捕獲の法則に支配されて、共有地の悲劇に陥りかねない。国家主権のおよばない公海上では漁船が競って魚を捕り、水産資源は激減してしまうだろう。ランプのための鯨油をとろうと捕鯨船が競い合った結果、一八〇〇年代にクジラに起きたことはまさにそれである（陸上油田の掘削がさかんになった理由の一つはクジラの乱獲にあるとも言われる）。海洋生物学者は、公海上で絶滅寸前まで乱獲されたたくさんの種のモニタリング調査を行っている。

今日では、ＥＥＺに収まる沿岸海域には全地球上で捕獲された魚介の九〇％以上が含まれている。付属の原則の主張により、乱獲問題の一部は解決が可能だ。ＥＥＺ内では外国漁船を排除できるからである。もっとも、自国の漁船だけでも漁場を破壊する能力は十分だし、そもそも魚はＥＥＺの境界を守るわけではない。こうした問題は所有権に関する一連のイノベーションにつながっており、これについては第7章でくわしく取り上げる。

島嶼諸国は、ＥＥＺの思わぬ恩恵を被っている。太平洋上で猫の額ほどの国土しか持たない島国が、島を中心とする半径二〇〇海里の範囲で天然資源の探査・開発や捕獲を行う権利を持っているのだ。たとえば数十の環礁と小島から成るキリバスは、国土面積八〇〇平方キロに対し、ＥＥＺは周辺海域三四〇万平方キロにおよぶ。

長らくどの国も気にかけていなかった南沙諸島が突然脚光を浴びるようになった理由はまさにここにある。ＥＥＺにおよぶ権利を考えれば、不毛の環礁にも突如として争うだけの価値が出てくる。中国は二〇〇〇年前にこの島を発見したとして（一番乗り）、ベトナムは一七世紀から統治してきたとして（占有）、フィリピンは最も距離が近いとして（付属）、それぞれ所有権を主張している。

国連海洋法条約に基づいて設立された仲裁裁判所は、いわゆる九段線に囲まれた南シナ海の地域を巡って中国が主張してきた歴史的権利について、「国連海洋法条約に反し法的効果を持たない」とする最終判断を二〇一六年に下した。しかし中国は判決をことさら無視するかのように、フィリピン沖合にある環礁に「漁師の避難所」と称する施設を建設した。これは岩の上にかろうじて載っている粗末な掘立小屋に過ぎない。中国は二年かけて大量の砂を運び込んで埋め立て、コンクリートで固め、面積を一三平方キロ以上も拡大した。いまではこの人工島に滑走路、レーダーのほか多くの軍事施設が建設されている。

なぜ躍起になって建設したかといえば、国際法では領海やＥＥＺの権利を主張するためには、島が高潮時に水面上にあり、人間が居住可能でなければならないとされているからだ。南沙諸島の大半はこれに該当しない。なにしろ高潮時には突き出した岩のみがようやく水面上に顔を出し、岩礁が姿を現すのは低潮時のみという島が大半なのだ。中国の戦略は、第2章で論じた時効取得に近い。新しく居住可能になった土地の所有権を主張し、次には周辺海域について付属の原則を主張するという段取りである。

アメリカ海軍大将のハリー・ハリス・ジュニアはこの人工島を「砂でできた万里の長城」だと揶揄したが、[44] 笑いごとで済まされる話ではない。南シナ海はゆたかな漁場であると同時に石油・天然ガスの埋蔵量も豊富だ。さらに重要なのは、世界で最も混雑した海上交通路の一つだということである。ここを行き来する物流は価値にして年間五兆ドルを上回る。アメリカは南シナ海での人工島建設を止めるよう中国に警告を発し、この海域に何度も海軍の艦船を派遣している。

砲弾こそ発射されてはいないが、米中の口撃合戦は激しくなる一方だ。ハリスは、中国が島上空の制空権を握ろうとしたら（垂直方向の付属）、アメリカは無視すると述べている。[45] 国務長官だったレックス・ティラーソンは、人工島の海上封鎖の可能性を示唆した。海上封鎖はおおむね戦争行為と解釈される。それから三年後の国務長官マイク・ポンペオは「世界は中国が南シナ海を自分の海洋帝国の一部として扱うことを許さない」と述べた。[46] 中国共産党系の環球時報は「米政府が南シナ海で大規模戦争をするつもりがないなら、南沙諸島への中国のアクセスを妨害する試みはすべて愚行である」と警告し、戦争の危険性を明確に示した。[47]

人工島および付属の範囲拡大の主張が、世界のパワーバランスを変えようとしている。

三匹の猫

付属の原則はあなたの家の上下や左右だけでなく、中にまで入り込んでくる。ナトール・ナーシュテットは失意の中でそのことを思い知った。ナーシュテットは三匹の猫、ブーブー、ドッカーズ、チューリップとしあわせに暮らしていた。彼女が猫と一緒に住んでいたのは、カリフォルニア州カルバーシティにあるコンドミニアム「レークサイド・ヴィレッジ」である。その時点ではナーシュテットは、隣人の干渉が付属の原則を介して自分の居間にまでおよぶことを知らなかった。

トラブルの発端は、窓辺で日向ぼっこをしているチューリップに隣人が気づき、コンドミニアムの管理組合に通報したことである。管理組合はナーシュテットにペットは禁止との規則を改めて通知し、二五ドルの罰金を科したうえで猫を追い出すように命じた。ナーシュテットは拒絶し、管理組合は再び罰金を科す。これが繰り返された。

コンドミニアムの管理人であるブラッド・ブラウンは、かわいい猫たちにいっこうにほだされなかった。「規則はこの種の建物につきものだ。多くの人にとって購入の決め手となったのは、ペット禁止という規則が存在することだった」と彼は指摘する。[48] 住人の多くは規則の強制運用に賛成だった。コンドミニアムのオーナーであるルース・ファインは「ペットを飼う権利は認める」としながらも「ペットと別れられない人は、規則違反なのだからここに入居すべきではない。好きなだけペットを飼えるコンドミニアムはいくらでもある」と述べた。

執拗な罰金請求にたまりかねて、ナーシュテットは訴訟を起こす。いったいどうして管理組合ごときにペットを追い出す権利があるというのか。しかも自分の猫たちは部屋の中で飼っていて、とてもおとなしいのに。「猫たちを手放すことはできません」とナーシュテットは明言する。「あの子たちは私のベビーです。赤ちゃんの代わりに猫を選んだのですから。……誰かがあなたの子供を攻撃したら、あなただって弁護士を雇って私と同じことをするでしょう」。

訴訟はカリフォルニア州最高裁まで持ち込まれ、全国的にも注目を集める。この裁判に懸かっているものはきわめて大きかった。最高裁がナーシュテットの主張を認めたら、区分所有者で構成される管理組合は成り立たなくなる。下手をすれば、規則を強制的に適用するたびに腹を立てた所有者と法廷で争わなければならないかもしれない。かと言って管理組合が勝訴したら、私たちの最もくつろげる私的空間にまで隣人の権利が侵入してくることになる。そうなったら、個人の自由というものはいったいどうなってしまうのか。

一九六〇年まで、「共通利害共同体（common-interest community）」というものはアメリカには事実上存在しなかった。コンドミニアムもなければ、共同所有するゴルフコースやマリーナもなかったし、高いフェンスで囲まれたゲート付きの高級住宅地もなかった。コンドミニアムは複雑な建築物ではないが、革新的な所有権の設計を必要とする。個人が地表から離れた空中に「一〇Ｃ」という箱型の空間を所有し、その購入資金の融資を受けるにはどうすればいいか。また、エレベーター、外廊下、ジム、ゴルフコースといった共用部分を共同で所有・管理したり、管理費を集金したり、管理組合の規則を強制したりするにはどうしたらいいか。どれも容易ではない。これらを可能にする所有権の形態を作り出さなければならない。しかも所有権者の数は限られている。この難問を解決するきっかけになったのは、プエルトリコだった。プエルトリコがドイツから古いコンドミニアム法を借用し手直しすると、それがアメリカ本土に広がり、さらには広く普及した。

管理組合の急増で、アメリカ人の生活、仕事の仕方、隣人関係は大きく変化した。まず、地域共同体の意味が変わる。一九六〇年以後、区分所有建物いわゆる分譲コンドミニアムに住む人はほぼゼロから七〇〇〇万人に膨れ上がり、管理組合の数は三五万を数えるようになる。今日では、新築の集合住宅の五件に三件は分譲コンドミニアムだ。ほとんどの都市部では、住宅購入を検討する人にとって現実的な選択肢は分譲コンドミニアムしかなく、したがって管理組合による管理を受け入れざるを得ない。

この大転換は、地下水や魚とはまた別の形の付属に基づいている。ここでは、付属は財産から始まるのではなく、契約から始まり財産として終わる。デベロッパーが新しいコンドミニアムを建設し分譲が開始されると、最初の区分所有者（買主）全員が契約により規則に同意しなければならない。この最初の全会一致の契約が、誰であれその後の所有者を拘束することになる。つまり、拘束されるのはデベロッパーとの契約に最初に署名した買主だけではない（非署名人をも拘束できる点で、こうした管理規則は契約ではなく財産の一部だと言える）。

付属という主張が表に出てくるのは、こうした規則が双方向だからである。区分所有者であるあなたには隣人のふるまいに干渉する権利が生じる一方で、隣人にもあなたのふるまいを管理する権利が生じる。「私はあなたが住居内で行う活動を制限できる。なぜならあなたの住居は法律上私の住居に付属しているから」というわけだ。管理組合は合意された規則を所有者に代わって施行する権利が与えられているし、それを義務付けられてもいる。彼らは最も個人的なスペースに踏み込むことができ、実際に踏み込んでくる。ナーシュテットは訴訟を起こしてみて初めてそれを知った。

管理組合は、もしも公的に施行されたら憲法違反になるような規則を絶えず定めている。たとえば、クリスマスリースは禁止、芝生を枯らすのは禁止、ピックアップトラックは禁止、宗教儀式は禁止、託児所やデイサービスの開業は禁止、屋内での喫煙は禁止、ソーラーパネルは禁止、芝生用フラミンゴ（園芸装飾品）は禁止、物干しロープは禁止、政治的ポスターや看板は禁止、旗は禁止……という具合だ。玄関先で夜にデート相手とキスすることも禁止できる。カリフォルニア州ランチョサンタフェに住むジェフリー・デマルコは、バラの木が多すぎるという理由で罰金を科された。デマルコは訴え、敗訴して、管理組合の弁護士費用七万ドルを払う羽目に陥り、結局家を売らざるを得なくなった。ロングビーチのコンドミニアムに住むパメラ・マクマホンは、犬の問題で罰金を科され、最終的に出て行くことになった。そのコンドミニアムでは犬の足が床につくことを禁じているのだが、高齢のマクマホンには犬を抱いてロビーを横切ることができなかったのである。これらの規則はすべて内輪で決められたものであり、司法による監督はほとんどなく、立法府もあまり干渉しない。

ではあの三匹の猫はどうなったのか？　ナーシュテットは敗訴した。実際にカリフォルニア州最高裁が判決で述べたのは、猫が裁判で勝とうものならコンドミニアムは訴訟の洪水に溺れてしまう、といった趣旨のことである。こうして管理組合が、当初全会一致で合意された規則の適用に関して大なり小なり最終決定権を持つことになった（のちに成立した内規は、全会一致を必要としないため、裁判所はあまり重視しない）。あなたがコンドミニアムに住む便益、たとえば一戸建てより安く手に入る居住空間、気の合う隣人、ジムやゴルフコースといった共用施設などを享受したいなら、隣人の干渉をも受け入れなければならない。あなたの家があなたの城だったことがあるかどうかは議論の余地があるにしても、コンドミニアムが城でないことは確実である。

おそらくコンドミニアムは隣人の所有権をあまりに引き延ばしすぎ、他人の私的空間に踏み込むことを容認しているのではないだろうか。付属の原則がすべてそうであるように、ここでも一定の境界を定めるべきだろう。コンドミニアムの規則が、たとえ全会一致で決まったものであっても、所有権に関する基本的な価値観と齟齬をきたすときはどうするのか。所有権のルールが「契約の自由」に優先すべきケースはないのか。

アーマンド・アラビアン判事は、ペット禁止規則は行き過ぎだとの見解を示した。カリフォルニア州最高裁の判断に異議を唱え、「〝私の城〟を持つということは、単に所有する以上に、アメリカ国民を象徴する自由と自己決定を意味する。たしかにコンドミニアムに住む人は、大きな一戸建てに住む人と同じだけの自由は行使できないだろう。だが他の住人の静かな生活を妨害しないようなペットを飼うことは、この不利益の範疇に合理的に含まれるとは言えない」と書いた[49]。

しかしアラビアン判事は法廷を説得することはできなかった。大半の人は曖昧な規範ではなく、白黒はっきりしたルールを望む（第1章で、所有権設計の選択肢として論じたことを思い出してほしい）。明確なルールがあれば、法廷は何らやましいところなく三匹の猫の運命を決することができる。だが最終的に勝利を収めたのはアラビアンの見解だった。州議会が屋内で飼うペットについて明確な規則を定め、コンドミニアムの管理規則に優先するとしたのである。それによると、カリフォルニア州では、猫を飼うことは家の所有に伴う基本的な自由に属す（ただし、賃貸の場合は大家にペット禁止規則を強制する権利がある）。だがナーシュテットにとっては遅すぎた。彼女は猫とともにコンドミニアムを出て行った後だったのである。

コンドミニアムの独自規則を避けるには、コンドミニアム自体を避けるという手がある。ところが、たとえ一戸建てを購入しても、付属の概念が家の中にまで侵入してくることがある。すくなくとも、家に付属しているのが幽霊の場合にはそうだ。

ジェフリー・スタンボウスキーはニューヨーク市内からもっと静かなところへ引越すことを決めて家を探していたところ、ナイアック村のラヴィータ・プレイス一番地に理想的な物件を見つける[50]。古いヴィクトリア様式の家で、ハドソン川に面しており、市内から三〇キロほどの距離にある。売主はヘレン・アクリー。六五万ドルで契約は成立した。年間数百万件成立する不動産売買契約と変わらないごくふつうの契約だった――家にポルターガイストが住み着いているとスタンボウスキーが気づくまでは。そのときになってわかったことだが、アクリーはお化け屋敷ツアーにこの家を加えるなどして、幽霊が出るという評判を煽っていたのである。そのくせアクリーも仲介した不動産屋も、家を売り出すに際して幽霊が出ることを開示しなかった。

スタンボウスキーは解約しようとしたが、アクリーに拒否される。アクリーが持ち出したのは、大昔から不動産取引で言われる格言「買い物をする者は用心せよ」、すなわち買主責任負担の原則である。応酬の末に法廷はスタンボウスキーに味方する。ポルターガイストが家に付いているとさかんに宣伝した手前、アクリーは幽霊の存在を否定することはできなかった。そこで判事は「法律に関する限り、問題の家は幽霊に取り憑かれていた」と判断を下す[51]。つまり家の中にまで入り込んでいく付属の概念は、幽霊にもペット禁止規則にも等しく延長できるということだ。

お化け屋敷というものは、読者が考えるよりずっと多い。幽霊研究家のリンダ・ジマーマンによると、幽霊に取り憑かれていると評判の家はナイアック村だけでもたくさんあるという[52]。じつのところアクリーの家は、「村で最もよく幽霊の出る家ベストテン」の中にも入っていない。アクリーにとっては幸運なことに、スタンボウスキーとの契約が破棄された後に、幽霊好きの買い手からラヴィータ・プレイス一番地にたくさんの申し込みがあった。それも、サー・ジョージとレディ・マーガレット（これが家付きのポルターガイストの名前だ）がしっかり家に付属しており、契約成立後も引き続き出没するとの確約が条件だという。

家に付きまとうのは幽霊だけではない。付属の概念は超自然界から死後の世界、つまり墓にまで届くことがある。人々は何世紀にもわたって裏庭に埋葬用の区画を作り、そこに家族や親族を埋めてきた。また朽ちた共同墓地には数百万人が埋葬されたと推定される。じつは今日でもその遺族は、あなたの土地を横切って墓に参ることが法的に認められているのだ。[53] そんなところに墓があるとは、あなたにとっては青天の霹靂かもしれないが。墓所の権利は墓に付属しており、たとえその墓があなたの所有地にあっても、子孫に永続的なアクセス権を与える。さらにその墓にネイティブアメリカンが埋葬されているとわかったら、付属の権利は一段と厳しくなり、死者の眠りを妨げるようなものの建築がいっさい禁止されることとさえある。

付属の概念は、既存資源の所有者が新たに出現した資源と自分の所有物とをもっともらしく結びつけて所有権を主張する手段となる。ただし付属の原則は、双方向で作用する。コンドミニアムの住人、遺族、ドローン操作者、海水浴客、州いずれについても、である。しかもあなたの所有する土地の上下、左右、そして過去からも作用する。あなたの家はあなたの城だとしても、けっしてあなただけの城ではない。

地球、太陽、風

この章を締め括るにあたって、現代の難題を提示したい。樹木対太陽である。屋上にソーラーパネルを設置するのに、カリフォルニア州北部のサニーベールほど適した場所はほかにないだろう。[54] なにしろ名前からしてぴったりである。キャロライン・ビセットは夫共々環境運動家で、愛車はプリウス。庭に八本のアメリカスギを植えたことが自慢だ。隣人のマーク・ヴァルガスも環境保護にかけては負けていない。電気自動車を運転し、ソーラーパネルを屋上に設置した。だがアメリカスギが伸びるにつれて、エコでつながっていた隣人関係に亀裂が入り始める。

アメリカスギがぐんぐん伸びてソーラーパネルに太陽光が十分当たらなくなると、ヴァルガスはビセットに枝を切るよう求めた。ビセットは拒絶した。「私たちはここで静かに暮らしたいだけ。干渉しないでちょうだい」[55]。ヴァルガスは「隣人のエネルギー源を勝手に奪っていいなんて、公平じゃないね」とやり返す[56]。結局ヴァルガスは裁判に訴えた。

隣人と日照に関する所有権ルールはずっと昔から存在する。イギリスでは「日照権の原則」が一六〇〇年代から定められており、既存の窓に差し込む太陽光を隣人が遮ってはならないとしている。イギリスの裁判所は、グランブル・ラインとして知られる標準を自ら定めてもいる[57]。グランブルとは不平のことであり、日照がグランブル・ラインを下回ったら庶民は文句を言うことができる。だがアメリカが自国の法体系を定めたとき、イギリスのこうしたルールは全面的に否定された。なにしろ土地は広大だ。日照を遮るかどうかなど頓着せず好きなものを建てる余地があった。多くの人はほとんどの時代にそんなことを気にしなかった。土地も日照も潤沢にあったのだから。

だが人口密度が高まり、またソーラー発電が手頃な値段になると、日照は貴重な資源となる。ヴァルガスとビセットのような争いが国中のあちこちで起きるようになった。木を植えるとかもう一階分の増築をするといったことが、隣人のソーラーパネルへの日照を妨げる可能性が出てきたのである。いったいどちらに権利があるのか。本章で取り上げた付属の原則に一致する選択肢は四通りある。

・ビセットには隣人の日照を妨げる権利がある。
・ヴァルガスにはソーラーパネルへの日照にアクセスする権利がある。
・ビセットには日照を遮る権利があるが、ヴァルガスに補償を払わねばならない。
・ヴァルガスには日照にアクセスする権利があるが、ビセットに補償を払わねばならない。

ビセットからすれば、家は自分の城である。ドローンを撃墜したメレディスと同じく、彼女には自分の所有地の上空までずっと所有権があるのだから、すくすく伸びるアメリカスギをそこに植える権利もある。しかもヴァルガスがソーラーパネルを設置したのは、彼女が木を植えてから五年も後だ。よって早い者勝ちの原則も付属の原則を強化することになる。木が成長してパネルの邪魔をすることをヴァルガスは予測できたはずだから、別の場所にパネルを設置しておくべきだった、と。

ヴァルガスも、家は自分の城という主張をビセットとは逆の方向に申し立てることができる。自分のソーラーパネルに届く日照は自分の城に付属しているのであり、自分の城の一部である。ビセットのアメリカスギは端的に言って太陽光エネルギーを自分から奪っている。たとえビセットが先に木を植えたとしても、早い者勝ちは所有権の主張を裏付けるたくさんの原則の一つに過ぎない。時代が変われば、州は希少資源を最も有効に活用しうると判断した方向へと所有権のベースラインを変えることができる。連邦最高裁は一世紀前のよく似た係争では「開発を禁止し、市は永久に原初の状態を維持する」との判決を下した[58]。しかし技術の進歩、都市の発展、価値観の変化に伴って、所有権のベースラインも調整される。

ビセットとヴァルガスの主張にはそれぞれにもっともな点がある。隣人同士はだいたいにおいてこの種の所有権争いを垣根越しに話し合って解決するものだ。それがうまくいかないとき、裁判所に訴え出ることになる。だがそうなると、どうなるか。物理的な侵入については、裁判所は不法侵入という明確なルールを適用する。あなたは、所有地内に立ち入った者を退去させ損害賠償をさせることが可能だ。非物理的な侵入については、裁判所は迷惑法として知られる古い法律を適用する。迷惑法では、「理不尽な」使用の継続は禁じられる[59]。これは規範に基づくアプローチだ（第1章の「状況に適した安全運転をしましょう」に当たる）。隣人が耳をつんざくようなヘビメタを午前三時に流したら、それは理不尽であり迷惑に該当する。だが現実の生活では、何が理不尽で何がまともかの線引きはむずかしいし、所有権のベースライン次第というところもある。隣人がカントリーミュージックを夜の一〇時に大音量で流すのはどうか？　静かなクラシックを夕食時に流すのはどうだろう？

今日、迷惑法は混乱をきたしており、その評価基準は曖昧で予測し難い。私にとってはまともなこともあなたにとっては理不尽かもしれない。何がまともかという問いには、価値判断に基づかない客観的な答えがないのである。言うなれば、私たちは岩の間に挟まった状態だ。いや、樹木と日照の間に挟まっている。

だが迷惑法とは別のアプローチも存在する。それが法と経済学によるアプローチだ[60]。このアプローチは、ノーベル経済学賞を受賞したロナルド・コースの資源配分に関する三通りの考察に基づいている。第一に、資源争いはつねに相互関係にある。木を育てることも、ソーラーパネルを設置することも、資源の使い方としてはどちらもごくふつうだ。問題が生じるのは、両者が隣り合っているからである。隣人のソーラーパネルを日陰にするような木を植えることは理不尽かと問うのは的外れだ。なぜなら、どちらの資源利用も相手に害を与えるからである。日照を守るべきだと判断したら、木は切り倒され、ヴァルガスがビセットに害を与えることになる。かと言って木を守るべきだと判断したら、ソーラー発電はできなくなり、今度はビセットがヴァルガスに害を与えることになる。どちらの側に所有権を認めても、必ず相手側に害を与える。ベースラインをどこに決めるかによって、どちらもごくまともになるし、どちらも迷惑になる。この単純な枠組みでは、必ずどちらか一方が負けることになる。それが人生だ、と片付けてよいだろうか。

答えはノーだ。そのような決着は望ましくない。コースの第二の考察は、「完全な」世界に住んでいるのであれば所有権のルールはなくてもかまわないというものである。経済学者の考える完全な世界とは、いかなる悪意も不合理も存在せず、誰もがすべてを知っており、交渉にコストは発生せず、取り締まりは即時に行われる世界である。コースの定理は、単一の理論としては法律関係で最もよく引用される。この定理によれば、完全な世界では、合理的な人間は法律の規定のいかんに関わらず、資源が社会的に最も価値のある使われ方をするようつねに交渉するという。

具体的にはどういうことだろうか。ここでしばし、私たちが完全な世界に住んでいて、ソーラー発電は樹木より価値があると確実に知っていると想像してほしい。ビセットにアメリカスギを育てる権利がある場合、ヴァルガスは木の価値を上回りソーラー発電の価値を下回る金額をビセットに払う。ビセットは伐採に同意し、ヴァルガスはソーラーエネルギーを手に入れる。逆にヴァルガスに日照権がある場合には、ビセットは木のために出してもいいと思うだけの金額をヴァルガスに払う。しかしすでに述べたように、ソーラー発電は樹木より価値があると社会的に認識されているため、ヴァルガスはビセットの申し出た取引を断る。こうしてヴァルガスの日照は確保される。

つまり経済学者が想定する完全な世界では、太陽光のほうに価値があるならつねに太陽光が確保される。法律上誰が最初の所有者なのかは関係がない。したがって、補償金を払う場合もそのように行われる。金額は最初の所有者がどちらだったかに左右されるかもしれないが（この場合には法律が富の分配に影響を与えることになる）、ともかくも資源は必ず最も社会的に価値の高い使用に供される。

ただし第三の考察として、コース自身が認めた欠陥がある。それは、私たちは完全な世界に住んではいないことだ。人間は不合理な行動をとり、木やソーラーパネルといったものに感情的に固執する。往々にして重要な情報を知らないうえ、交渉上手とは言い難く、合意が確実に実行されるかどうかも不確実だ。いったんヴァルガスが訴訟を起こしたら、おそらくビセットはいくらお金を積まれても交渉に応じる気分にはならないだろう。そうなると、たとえ理論上は誰もが得をする取引が可能だとしても、資源は社会的に価値の低い使い方をされかねない。

そこで現実の世界に立ち返ったとき、所有権の設計がきわめて重要な意味を持つことになる。最初に木が大事と決めたら、たとえ日照のほうが社会的には価値が高いとしても、最後まで木にこだわることになる。また現実の世界では、富の分配も問題になる。所有権の最初の選択は、すでに述べたとおり粘性が高く後々の影響力が大きい。

コースの考察に啓発された法経済学者たちは、所有権の設計において大きな影響力を持つことになるツールを開発した。何が「まとも」あるいは「合理的」かについて不毛な争いをするのをやめ、次のような質問を発すればよい。どんなときに交渉は決裂する可能性が高いか？　最初の所有権をどのように設定すれば、最終的に価値の高い使用に供される可能性が高いか？　これらの質問に答えていくことで所有権の設計に新しい道が開かれ、不満足な選択肢の二者択一に陥らずに済む。[61]先ほどの例でいえば、ビセットが勝てば再生可能エネルギーが失われ、ヴァルガスが勝てば木が伐採される、というのは不満足な二者択一に当たる。

ビセットの「家は私の城」と「早い者勝ち」という直観的主張に味方し、彼女に所有権を認めた場合、たしかにアメリカスギが景観をより美しくしてくれることだろう。だが再生可能エネルギーのことも考えなければならない。この環境的配慮を明確に発信するためには、木の所有者からソーラーパネルの所有者に対し、木陰になるせいで失われた再生可能エネルギーの代償を払わせる必要がある。ビセットがアメリカスギをほんとうに大事にしているなら、伐採しない代わりに補償しなければならない。

あるいは逆の考え方もありうる。時代は変わり、再生可能エネルギーのほうが重要になった。かつて最高裁が下した「市は永久に原初の状態を維持する」との判断はもはや誰も望んでいない。そうなったら、ヴァルガスはパネルへの日照を所有しているのだと主張することが可能になるだろう。ただしここにも問題がある。そもそもビセットは何も悪いことはしていない。木を植えただけだ（しかも木のほうがパネルより先だった）。だから、伐採せよと命じるのはフェアではあるまい。そこでヴァルガスにビセットの損失を補償させることが必要になる。そうなると今度はヴァルガスが熟慮しなければなるまい。日々の日照を確保するためだけに伐採の対価を払う価値があるのか。パネルを敷地内の別の場所に移動すれば、この問題はコストをかけずに片付くのではないのか。それが可能であれば、木も日照も失われずに済む。

このアプローチを進める場合の問題点は、信頼性の高い十分なデータがまずないこと、仮にあったとしても、木とソーラーエネルギーのどちらにほんとうに価値があるのかを中立公正に評価する手段を法経済学者が持ち合わせていないことだ。誰が誰にいくら払うべきなのか。結局のところ所有権は、異なる価値観の間での選択となる。

たとえば私たちが早い者勝ちまたは公平性の観点からビセットに所有権を認めたとしよう。そしてこうしたささやかな揉め事は隣人同士でおおむねうまく決着をつけられると考え、ヴァルガスに対し、日照を確保したいならビセットと取引するよう勧告する。逆に再生可能エネルギーへの移行を推進したいと考えたら、ヴァルガスに所有権を認めたうえで、ビセットに対し、木を切りたくないならヴァルガスに魅力的な申し出をするよう勧告する。

だが、所有権はどちらにあるかの交渉が一般に難航するようであれば（たとえば影響を受ける隣人の数が一〇〇人におよぶとか、少数の悪意ある人が関与しているなど）、別のルールに切り替える。すなわち、日照にせよ木にせよ、損失補償の金額を裁判官に決めてもらう。当事者同士での直接交渉はしない。裁判で決められた補償を支払って所有権を獲得する。

このように選択肢は二×二の四通りある。まず、最初の所有権をビセットかヴァルガスのいずれに与えるかを決める。次に、両当事者が自主的に交渉して所有権の移転を決めるのか、それとも裁判所に補償金額を判断してもらうのかを決める。この種の分析は多数の学術論文で検討されている。隣人同士の交渉に確信が持てないなら（なにしろ交渉はしばしば決裂する）、裁判所に決めてもらうことになる。しかし、裁判官の能力を信頼できないなら（彼らは適正な補償金額の基準を持ち合わせていない）、最初の所有権の決定にもっと注意を払わなければならない。

ビセットとヴァルガスの争いでは、州の再生可能エネルギー推進政策を念頭に置くと、おそらくソーラーエネルギーを支持することが妥当だろう。[62]ただし同時に、裁判所（または法律）により補償の支払いを求める。これは、ビセットのような一番乗りをした当事者に公平を期すためである。

かんたんに片付く問題ではないが、手続きを明示しておくことで所有権の設計はやりやすくなる。最初に、全体の幸福を優先する立場から、あるいは個人の自由を重んじる立場から、あるいはその他の価値を最重視する立場から、何が最も望ましい資源利用のあり方なのかを確認する。次に、もし最初の所有権の設定がまちがっていたとしたら、そのまちがいを正すコストを最も低く済ませられるのはどちらの当事者かを考える。続いて、そのコストを決めるにあたって司法の介入を求める価値があるかどうかを考える。

それとも、古くさい迷惑法のアプローチに固執し、「まとも」とは何かを決めるほうがいいだろうか。法経済学者はこのアプローチを見限ったけれども、一般の人々は何がまともなふるまいで何がまともでないかをだいたいの場合に知っている。たとえば初めて顔を合わせたときに、相手が危険な人間かそうでないかはわかるものだ。もちろん木とソーラーパネルはもっときりぎりの選択だろう。[63]だがそれは、迷惑法アプローチをとるにしても、法と経済学アプローチをとるにしても同じである。

サニーベールの話に戻ると、木は負けた。カリフォルニア州はソーラーパネルの所有者と再生可能エネルギーに味方したのである。一九七八年に制定された州の日照権法では、午前一〇時〜午後二時のいかなる時点でも、隣人は集熱器の一〇％以上の日照を遮ってはならないと定めている。違反した場合には刑事訴追および一日あたり最高一〇〇〇ドルの罰金である。かくして日照が所有権を与えるベースラインとなり、日照を遮る樹木はベースラインの侵害者となった。ビセットは悲しげにこう述べている。「私たちは、木を植えて犯罪に問われたカリフォルニア州で最初の市民になった[64]」。

ビセットと夫はソーラーパネルの妨害罪に問われた最初の市民となっただけでなく、じつは唯一の市民だった。というのも彼らの訴訟がアメリカ全土で大騒動を引き起こし、二〇〇八年にカリフォルニア州は法改正に追い込まれたからだ[65]。現在では、ソーラーパネル設置前に植えられた木（ビセットのケースがまさにそうだ）は法律の対象外となっている。また違反の場合も刑事訴追はなく、民事訴訟で争うものと改正された。

太陽光の次に付属の原則争いを引き起こしそうな天然資源は何だろうか。ここでは風に注目したい。風車といえば誰もがオランダの運河沿いに立ち並ぶ古風な建造物を想像するだろう。だがいまや風力発電は巨大産業になった。オランダでは大型タービンによる風力発電が総発電量の一〇％を担っている。テキサス州では一五％だ。この比率はアメリカ全州で最も高い。高木がソーラーパネルの邪魔をするように、風上側のタービンは後流を発生させるため、風下側のタービンの効率を低下させ、場合によっては作動を妨害し故障の原因にもなる[66]。風の強い土地の利点を活かそうと多くの企業が平野部のあちこちにタービンを設置し始めると、風を取り合う格好になった近くのタービン同士で争いが起きるようになった。

風力はソーラーエネルギーや地下水と同じく、互いに異なる根拠で所有権を主張することが可能だ。これは互いに風上側へとタービン設置合戦を繰り広げる捕獲競争なのだろうか。それとも一番乗りが保護されるべきだろうか。まだほとんどの州は、風力争いを規制する包括的な法律を定めていない。

所有権の設計はようやく始まったばかりというところだ。たとえばニューヨーク州オチゴ郡では、現時点では「後流を考慮したセットバック（一定間隔）をとる」ことが義務付けられている。これはタービンが相互の風流を妨げないための配慮だ。セットバックは油田における油井間の距離に相当し、テキサス州では油圧を維持するためにこうしたアプローチをとっている。だが産油州（テキサスを除く）は後に、強制ユニタイゼーションのほうが所有権設計をいじるよりも資源の有効活用に効果的だと気づく。となれば、風力発電に関してもユニタイゼーションを活用すべきだろうか。あるいは、地下水の例から学んで合理的な利用を促すべきだろうか。それとも、何かまったく新しいルールを決めるべきだろうか。

このほか、ドローンの飛行経路のことも忘れてはいけない。こちらも、人々の生活を様変わりさせる可能性を秘めた資源だ。ドローン撃墜者をどう扱うべきか。メレディスを空の侵入者から守り、所有地の上空を飛びたいなら金を払えと要求してよいだろうか。それとも、そのような付属の原則はドローンの発展を阻害し、ドローンによる配達をめざす産業を文字通り地面に縛りつけてしまうだろうか。あるいはまた、ドローンが私有地の上空を飛ぶ場合は上空六〇メートル以上とし、空中停止や旋回を禁止すればよいだろうか。だがこれでは、望ましくないドローンの自宅上空の通過に対して住人には何の打つ手もないことになる。これは不公平だしプライバシーの侵害だと感じる住人が増えれば、ドローン撃墜事件が多発することになりかねない。

おそらく、小荷物やピザの配達を高速化して社会的利益の大きさを立証する（とくにアメリカではピザが重要だ）と同時に、ドローンの通過を快く思わない住人に補償し、それによって「家は私の城」という直観的主張と自宅すぐ上の空に対する付属の原則の主張に応えることは可能だろう。アマゾン、ＵＰＳ、ドミノピザなどがドローンの上空通過料金のマイクロペイメント（少額決済）を行うための技術はすでに出現している。そして上空通過を絶対に許せないという住人に対しては、支払いの方向を逆転させ、メレディスがデリバリーサービスにお金を払って飛行経路が自宅上空を通過しないよう修正させればよい。スマートフォンによるマイクロペイメントは二一世紀において有刺鉄線に匹敵する発明品となる可能性を秘めており、所有権ルールはそれに追いつく必要がある。

第5章　私の身体は私のもの……ではない[1]

腎臓のロビンフッド

レヴィ・ローゼンバウムは数十年にわたって命を救う仕事をしてきた。腎不全で死にかかっている人々は助けを求めてローゼンバウムのところへやって来る。彼はドナーを見つけ、希望者とのマッチングをする。無料ではない。「長年やってきたが、これまでのところ失敗例はない」と豪語する。[2]ローゼンバウムの提供するサービスはかなり高い。臓器提供を受けるレシピエントは一六万ドル請求される。このうちドナーの手に渡るのはおそらく一万ドル程度。残りは医者への謝礼やビザの手配などに充てられ、そしてもちろんローゼンバウムの利益になる。「これほど高額なのは、あちこちで賄賂をばらまかなければならないからだ」と彼は説明する。それだけでなく、このビジネスが違法であることも高額の理由だ。アメリカでは一九八四年から生体臓器売買が禁じられている。

二〇〇九年にローゼンバウムはＦＢＩのおとり捜査で逮捕され、有罪判決を受ける。[3]かくして彼は、生体臓器売買で有罪になった最初の、そしてこれまでのところ唯一の人間になった。判決公判の日、傍聴席はすし詰め状態だった。生体臓器のブローカーが世間の注目を集めたのは確かだが、法廷に押しかけたのは怒った被害者ではない。寛大な措置を求める善意の人々だった。傍聴者の一人は「ここには被害者はいない。ドナーはハッピー、レシピエントもハッピーだ」と語っている。ローゼンバウム自身も「腎臓移植のロビンフッド」と自称していた。

これに対して州の検察官は「この件がロビンフッドと似ている点が一つだけあるとすれば、どちらも嘘で固められていることだ」と主張した。[4] なにしろローゼンバウムは、あくまで善意から臓器を提供するのだと移植執刀医に嘘をつくようドナーに指導していたという。交渉の際には彼は銃を携行し、ときには手を引こうとするドナーを脅した。結局ローゼンバウムは刑務所で二年半を過ごす。

ローゼンバウムを刑務所送りにしたことで、腎臓を売るのは「人間の尊厳を傷つける行為」だと広く世間に知らしめたと検察は主張する。[5] 世界のほぼすべての国は、現時点で腎臓を含む臓器売買を犯罪とみなしている。ある医学倫理学者が指摘するように、身体の一部を取引する市場では「貧しい弱者に対するおそろしい搾取が行われている。臓器の質も大いに疑問だ。みんなお金のために嘘をついている。仲介者は無責任だし多くは犯罪者だ」[6]。

たしかにそのとおりだろう。だが人間には腎臓が二つある。そして、完全な健康体には一つで事足りる。法律上も、予備の腎臓を無償提供することには問題がない。それどころか自己犠牲の尊い行為だとされている。現に数千人が毎年腎臓を無償で提供しているのだ。だったら、なぜ売ってはいけないのか。移植手術で医師も病院も利益を得るのに、なぜその原料を提供する側がお金をもらってはいけないのか。予備の腎臓《キドニー》を売るのは、家庭菜園で育てたインゲン豆《キドニービーンズ》を売るのと根本的に違うと言えるのか。

腎臓を買う行為が売り手である弱者を搾取することはまちがいないし、人としての倫理観にも反しているだろう。だが腎不全にかかった患者の命を救うことを真剣に考えるなら、ある程度の臓器取引を認めるほうが患者の救命につながるというのが経験的事実である。善意の臓器提供と運転免許証による臓器提供に同意のチェックマークだけでは、十分な数の腎臓を確保できない。また若者に自動二輪《モーターサイクル》に乗るよう促す効果もない（緊急救命室の医師によれば、バイク事故は〝ドナーサイクル〟と呼ばれているらしい）。臓器売買を頭から否定する現状が、アメリカだけで年間四万三〇〇〇人の早過ぎる死を招いている。ある計算によれば、四万三〇〇〇人という数字は、満席のボーイング747型機が毎年八五機墜落することに匹敵するという。[7] 対照的に、現在臓器売買を認めている唯一の国であるイランでは、腎臓移植待ちで死ぬ患者は一人もいない。

　これは、「人間の尊厳を傷つける」より悪いことなのだろうか。確実な死のほうが市場よりましなのか。ローゼンバウムは悪党なのか、英雄なのか。

　人には、これは売ってはいけないと本能的に理解しているものがある。それらはお金では買えないものだ。高すぎて値段がつけられないのではなく、そもそも値札をつけるべきではない。[8] この意味で人間の身体は神聖な資源の代表格であり、自己所有権の核をなすものと言える。こうした資源は人間であることそのものを形成し、人を人たらしめる。[9] 神聖な資源の対極に位置付けられるのが、世俗の資源、つまり日用品から自動車まで市場で売買されるふつうの品々である。では自己所有権と通常の所有権、神聖な資源と世俗の資源の間に明確な一線を引くことはできるのか。このテーマは何世紀も前から論じられてきた。

　今日では、すべての人に自己所有権を認めることがほぼ全世界で確立されている。すなわち、人はみな等しく尊厳と価値を持つという認識だ。だがその一方で、医療の進歩により臓器や細胞を身体から断ち切って新たな資源として利用することが可能になった。ほんの数年前まではSFに登場するだけだったことが実現したのである。こうした生身の身体に由来する資源は神聖な資源として扱うべきなのか、それとも世俗の資源なのか、それとも両者の中間のどこかに位置付けるべきなのだろうか。

アメリカでは、答えは州によってまちまちだ。現時点で、モンタナ州では上限三〇〇〇ドルまでなら骨髄細胞を売ってよい。お隣のワイオミング州では、売ることは法律で禁じられている。ネバダ州の一部の郡では処女であっても性的サービスをしてよいが、お隣のアリゾナ州ではそれは売春であり犯罪である。イリノイ州では代理母が認められているが、お隣のミシガン州では禁止だ。身体に由来する資源に関する限り、神聖と世俗の線引きは多くの場合に州境と一致する。こうした地理的な違いが出る原因は何か。赤い州（共和党支持）と青い州（民主党支持）、北部と南部、昔ながらの貧富の格差や人種などではいずれも説明できない。宗教信者も無神論者も満遍なく散らばっているし、経済的な保守派と進歩的なフェミニストもそうだ。

自己所有のルールは行き当たりばったりで決められているように見えるかもしれないが、実際にはそうではない。本章では、自己所有権の議論を形成する要因を吟味する。私たちにはローゼンバウムを悪党とみるべきか英雄とみるべきか言うことはできないが、[10]議論の構造を解明し、いま最もむずかしい資源争いの解決方法を読者自身で決めるためのツールは提供したいと考えている。

代弁者であり主人である夫

自己所有権を行使しようという場面では、「これは私のものだ、なぜなら私の身体に属すものだから」と主張することが多い。自己所有権はあらゆる所有権のルーツであり、占有、早い者勝ち、労働の報い、付属を根拠に権利を主張することができる。

自己所有権は二つの要素から構成される。一つは、他人に所有されない自由である。乱暴に言えば、誰かの奴隷ではないということだ。もう一つは、他のすべての人と同等の条件で所有できることである。所有でき、所有されないというこの組み合わせは、人間の自由、尊厳、平等の必要条件だ。これが満たされるからこそ、自分の人生の物語を自分で紡ぐことができる。

自己所有の対概念に当たる奴隷は、アメリカの所有権史における原罪である。数百万のアフリカ人がアメリカに連れてこられ、何も所有することを許されず、他人に所有されていた。今日、自己所有権を巡って展開される議論の多くは、直接間接を問わず、アフリカ系アメリカ人の身体を暴力的に所有した過去が反映されている。南北戦争後でさえ、黒人差別の法体系を指すジム・クロウ法の下で、奴隷制と似たような制度が維持された。たとえば小作制度や労役による借金返済などで、これらは南部の広い地域で一九九〇年代まで続けられ、アフリカ系アメリカ人の完全な自己所有を威圧的に否定していた。

今日、奴隷制は全世界で法律上は撤廃されている。だが実際には消滅してはいない。

フィリピン生まれのエウドシア（ローラ）・トマス・プリドは奴隷の身分のまま生きて死んだ。彼女を所有していたアレックス・ティゾンは「祖父が私の母への贈り物としてプリドを与えたとき、彼女は一八歳だった。家族でアメリカに渡るとき、彼女も一緒に連れて行った」と書いている[11]。およそ六〇年にわたり、プリドは食事の用意をし、家を掃除し、ティゾンとその兄弟姉妹と親に仕えた。ティゾンによると、両親は彼女に報酬を払ったことはなく、彼女をしばしば叩いていたという。ティゾンの母親が死ぬと、ティゾンが彼女を受け継いだ。「プリドは私と一緒に住むようになった」とティゾンは書いている。「私には家族がおり、仕事があり、郊外に家があるアメリカン・ドリームだ。そのうえに私は奴隷を持っていた」。

この物語で驚くべきことは、これが古代の話ではないことである。プリドは一九六四年にアメリカに連れて来られて、ティゾンは一九九九年に彼女を受け継いだ。この長い年月の間に彼女が生まれ故郷を訪れたのは一度だけ、二〇〇八年の八三歳の誕生日のときである。だが知人のほとんどはすでに亡くなっていた。それを知ったプリドはティゾンの家に戻り、二〇一一年に死去する。ティゾンが綴ったプリドの物語が二〇一七年にアトランティック誌に掲載されると、読者はプリドに行われた不正義に対して当然の怒りを表明した。

だがプリドの物語はけっしてめずらしくはない。定義にもよるが、ある推定によると現在のアメリカには奴隷同然の状態に置かれた人が六万〜四〇万人いるという（全世界では四〇〇〇万人に上るだろう）[12]。男か女か子供かを問わず、人身取引業者の魔手に落ち、借金で束縛されて性的搾取の犠牲になったり、あるいは農園や外食産業などで無給で働かされたりしている。読者は、それとは知らずにこうした人たちに遭遇しているかもしれない[13]。たとえばネイルサロンで、あるいはフードデリバリーで。いや、プリドのように隣家の使用人がそうかもしれない。

自己所有権が確立されたからといって、人間が人間を所有する慣行がなくなったわけではない。誰が何を所有してよいとか悪いといった規則の拡張も、そうした慣行の一種だ。政府が何らかの集団の所有権を制限し始めたら、結果はおそろしいことになる。一九三三年にヒトラーがドイツで政権を掌握すると、ナチスはユダヤ人を標的にした法律を四〇〇本以上も成立させた。その多くが所有権に関する法律である。ユダヤ人が最初に禁じられたのは農地を所有することだった。次に、所有しているものの目録の提出が義務付けられた。続いて「ユダヤ人の財産」はことごとく没収される。何の補償もなかった。ドイツでは、所有権の剝奪は生存権の剝奪の前奏曲だった。

アメリカではジェノサイドこそ行われなかったが、同様の法律により日本人の不動産所有権が奪われ、戦争中は抑留された。一世紀前にフランクとエリザベスのテラス夫妻はワシントン州の農園を日系移民のN・ナカツカ（ファーストネームは記録に残っていない）に賃貸しようとした。三人とも、この取引が違法だとは知らなかったのである。公判で、裁判官はワシントン州法を執行するとともに、自身の見解を明らかにする。日系移民は仮想敵国民であり、土地取引で信用することはできないという。テラス夫妻は敗訴し、連邦最高裁でも判決は覆らなかった。[14]ナカツカは農園から追い出され、第二次世界大戦中はトゥーリーレイク戦争移住センターに抑留された。

このような扱いを受けたのはナカツカだけではない。ワシントン州法は、一九一三年カリフォルニア州外国人土地法に倣ったものである。同法は日本人と中国人に土地の所有と賃借を禁じた。つまり彼らはヨーロッパ系移民の農民と競う手立てを奪われたわけである。この法律は、一九五二年に州最高裁が違憲判断を下すまで有効だった。ワシントン州のほうは、何度も廃止が試みられたにもかかわらず、一九六六年まで有効だった。現在では、この種の法律が撤廃されていないのはフロリダ州だけである。ただ、法律は有効だが執行されたことはない。なお連邦最高裁はこうした人種差別的な法律に違憲判決を下したことはない。

同時期に、民間のデベロッパーは分譲地区全体を白人入居者に限定する目的で制限的不動産約款を作成し、強要するようになった。この慣行は広く根付き、アフリカ系アメリカ人、アジア系移民、ユダヤ人のほか、その地域の偏見に応じてメキシコ人、ギリシャ人、カトリック信者などを締め出した。一九四八年の画期的なシェリー対クレーマー判決によってこの種の約款は廃止されたものの、その後も不動産が売られるたびに作成される何百万もの譲渡証書にそうした条項が記載されている。住宅の権原連鎖すなわち物権移転の記録にこうした条項が存在するだけで、人種による居住地の選択にいまだに強い影響をおよぼすことが複数の調査で確かめられた。[15]

アメリカの女性も自己所有権を巡って同様の問題に直面し、アフリカ系アメリカ人の闘争からしばしばヒントを得ようとした。自己所有権に関する限り、女性もアフリカ系アメリカ人も五十歩百歩という状況だったからだ。一八四八年にエリザベス・キャディ・スタントンとルクレシア・モットは、セネカ・フォールズ会議を主催する。ニューヨーク州の田舎町で開かれたこの会議はアメリカで初めて開催された女性の権利のための集会で、女性運動の出発点となるのだが、ここで強く主張されたのが、選挙権だけでなく所有権を確立することだった。当時は、女性は結婚すると「夫の庇護下にある」との理由で自己所有権を事実上失っていた。あの『アンクル・トムの小屋』の著者として名高いハリエット・ビーチャー・ストウは一八六九年にこう書いている。「既婚女性の地位は……多くの点で黒人奴隷と非常によく似ていた。既婚女性は契約を結ぶことができず、財産を持つことができない。相続したものや獲得したものはすべて、結婚と同時に夫の所有物になる……妻は法的存在ではなくなるのである」[16]。

自己所有権のない妻たちは、自分の人生を自分で切り開くことはほぼできず、それがいやなら不幸で虐待的な結婚を身一つで打ち切るほかない。一八七二年の最高裁判決は「男子は女子の保護者であり擁護者であるし、またそうあらねばならない」とし、「英米法の創始者たちにはこの感情が深く根付いていたため、女性は法的に夫とは別個の存在であってはならないということが法学体系の根本原理となった。社会においては、夫は妻の代弁者であり代表者であるとみなされた」と述べたうえで、「これは造物主の法である」と結論づけている[17]。

夫は妻の代弁者であり主人であるとする法律は、ごく最近まで有効だった。二〇世紀の大半を通じて、アメリカの多くの州法では、夫婦が共同所有する財産について夫に全面的な権利を認めていた。家族が住む家に妻が出資し、妻の名前が権利書に記載されていても、夫は妻に内緒で許可なく売ることが可能だったのである。最後までこの法律が残っていたルイジアナ州でようやく廃止されたのは一九七九年になってからで、それも連邦裁判所から強制されたからだった。

では未婚女性の処遇が既婚女性よりましだったかと言えば、そうとも言えない。連邦議会が一九七四年に信用機会均等法を可決し、性別による差別が禁止されるまで、銀行は男性が連帯保証人にならない限り、女性へのクレジットカードの発行を断ることができた。

自己所有権は、次第に範囲が拡大される方向に進んでいる。かつてはアフリカ系アメリカ人、アジア系移民、ユダヤ人、女性などが特定資産の所有から除外されていたが、時が経つにつれて彼らの所有権の範囲は着実に拡大している。私たちはこの経過を普遍性の誘発と呼んでいる。これは、所有権の設計においてあまり認識されていない特徴の一つだ。所有権が一つの集団（多くは白人男性）に与えられると、やがて他の集団にも認めるよう圧力がかかり、最終的にはすべての集団に等しく所有権が行き渡る。普遍性は必ずしも必然ではない。所有権を獲得し、維持するためには、絶えず闘う必要がある。同性婚はその最新の例と言えるだろう。長い間異性間の結婚にのみ保障されていた所有権がゲイやレズビアンのカップルにも等しく拡張されている。

誰にとっても、自己所有権は自分の身体を自分が所有するところから始まり、次に資産を蓄えること、過去より良い未来を形成すること、家族や仕事のために投資すること、そして完全な権利を持つ市民として民主政治に参加することへと発展する。自己所有の権利は、自分自身の人生の物語を何度でも書き換える能力を意味するのである。自己所有権の確立は困難な闘いの連続であり、しかも新しい前線が次々に出現する。

金の卵

ウェンディ・ジェリッシュはベテランの鍼師で、自分でクリニックを経営している。[18] 高学歴のジェリッシュは、統合医療で修士号を持つ。そのほかに副収入として卵子を売る。ドネーション（と称されている）一回につき二万ドルだ。彼女の卵子は一緒に暮らしている息子一人の他に、一〇人の現存する生物学上の子供に結実した。アメリカでは年間一万人以上の赤ちゃんが売られた卵子から誕生しており、アメリカの卵子ドナー市場は八〇〇〇万ドル規模に達する。大学新聞を手に取る機会があったら、きっとドナー募集広告を目にするはずだ。

ジェリッシュは「最高」に格付けされるドナーで、報酬にプレミアムが上乗せされる。買い手の多くが彼女のような人の卵子を欲しがるからだ。ロサンゼルスを拠点に卵子売買を斡旋する卵子ブローカー、シェリー・スミスによると、卵子の値段は「教育水準や標準学力テストSATの点数で決まる」という。[19] スミスが指摘するとおり、「並外れて美人で頭も良くその他の資質も兼ね備えたドナーからの卵子を入手すると、すぐさま申し込みがある。そういう卵子は争奪戦を引き起こす。〝頭の悪いブスな女子の卵子が欲しい〟という人は一人もいない」。

スミスの扱う最高中の最高格付けのドナーの卵子には一〇万ドルの値がつく。この値段がつくドナーは、金髪に青い眼、運動能力の優れたアイビーリーグの学生である。アジア系、ユダヤ系の女性にも高いプレミアムが払われる。スミスに言わせれば、このような人種差別的な好みは完全に合理的だ。「結婚相手を選ぶとき、あなたは子供の遺伝子を選んでいる……だったら、家族を作る助けをしてくれる卵子ドナーに同じクオリティを求めるのは当然でしょ?」。ある調査によると、大学新聞の募集広告ではドナーの報酬は、SATスコアが一〇〇点上がるごとに二〇〇〇ドル上乗せされるという。

一九八〇年代まで、卵子市場などというものは存在しなかった。女性の体外で卵子に受精させることが技術的に不可能だったからである。体外受精(IVF)技術の開発がこれを変えた。現在では、IVFの八件に一件がドナーの卵子を使用している。[20] もちろん、善意から無償で提供される卵子もある。不妊に悩む女性に友人や家族が提供するのだろう。だがドナーの大半が有償で卵子を提供している。それでも卵子ブローカーが売り手と言わずに「ドナー」と呼ぶのは、神聖な資源か世俗の資源かという所有権論争を引き起こしたくないからである。

卵子につけられる高い値札が、ドナーのモチベーションになっていることはまちがいない。卵子を提供するためには、数週間にわたって強力な排卵誘発剤の自己注射をする必要がある。その後に麻酔下で採卵手術を受ける。このプロセスには痛みを伴うし、リスクもある。排卵誘発剤は卵巣に過剰な刺激を与えて多数の卵子の排卵を引き起こすことがある。稀ではあるが、手術や麻酔によって不妊症、血栓の発生により死に至る可能性もないわけではない。「オーケー、私の卵子をあなたにあげるわ、というわけにはいかない」とジェリッシュは言う。「数カ月をそのために費やさなければならないし、自分自身の一部である自分の身体を犠牲にしなければならない」。

この市場で相手方となるのは卵子の買い手だ。彼らにとって、卵子売買は信じられないような奇跡である。ミシェル・バデールは四三歳で結婚し、すぐに子作りに励んだが、卵巣機能の低下により妊娠が望めないことを知った。そこで今度はドナー探しに励むことになる。「オンラインでデート相手を探すような感じだった」という。「そしてすぐに、ある女の子が私に呼びかけているように感じた。ほんとうに、天使のように見えたわ」[21]。二年後、バデールは双子を出産する。「天使」に七〇〇〇ドル、そのほかに医師と弁護士とブローカーに一万三〇〇〇ドルを払ったが、バデールにとっては「最後の一セントにいたるまで」価値のある取引だった。そもそも男性の同性婚カップルにとっては、卵子を買う以外に生物学的につながりのある子供を持つ方法はない。

自己所有権の中には自分の卵子を売る権利も含まれるのか、どの国も決める必要に迫られている。卵子は神聖な資源であって、身体と同じく人を人たらしめている構成要素であり、売ってはならないものなのか。それとも日々市場で売買されている日用品と同じ世俗の資源なのか。比喩的に言うなら、予備の腎臓《キドニー》なのか、インゲン豆《キドニービーンズ》なのか。

アメリカの産婦人科医は妥協点を探ろうとした。卵子を売るのはよいが、価格に上限を設けるべきだというのだ。医師団体が発表したガイドラインによれば、五〇〇〇ドルを超える場合には「正当な理由がなければならない」[22]。一万ドルを超えるのは「不適切」だという。価格があまりに高いと、貧しいドナーが不必要に健康リスクを冒すことになりかねないし、貧しい買い手が体外受精から除外されてしまうと医師たちは主張した。つまり、市場がカネ一色になり、搾取的且つ排他的になる恐れがあるという。

だが卵子ドナーのリンジー・カマカヒには、医師たちの主張には下心があるとしか思えなかった。高尚な倫理観に裏付けられた主張というよりむしろ、ドナーではなく自分たちのクリニックの利益を増やす口実であり、価格を固定して利益を懐に入れるための措置だという。かくしてカマカヒは価格上限の撤廃を求めて訴訟を起こす。女性の身体が原料として利用されるなら、自分はその対価を払ってもらいたい、小銭では嫌だ、と主張したのだ。卵子ブローカーのスミスはカマカヒに賛成する。「医師たちは、自分たちの取り分に上限を設けたことはない。彼らは自分が欲しいだけ請求することができる……ブローカーはもちろん斡旋料をとる。卵子売買にかかわる他の関係者は誰も上限を設定されないのに、なぜドナーは受け取る権利のある報酬に制限を受けなければならないのか」[23]。

訴えられた医師団体はすぐさまカマカヒと和解した。今日では、適格の卵子は相応の値段で、最高格付けの卵子は買い手に払える限りのプレミアムを付けて取引されている。アメリカでは売りに出される卵子は潤沢だ。注射や手術やその他のリスクにもかかわらず、また人間の尊厳と平等に関する共通の理解に重大な影響をおよぼす可能性にもかかわらず、卵子は取引されている。

所有権の調整ダイヤル

アメリカで「あなたには一〇〇万ドルの価値がありそう」と言われたら、五〇年前には「あなたってステキ」という意味だった。だがいまは、文字通り値踏みされているように聞こえてしまう。なにしろ卵子のほかにも私たちはさまざまなものを売ることができるのだから。[24] 髪の毛（赤毛なら三〇〇〇ドル）、血漿（ひんぱんに提供する人の場合年五〇〇〇ドル）、精子（指定ドナーの場合年一万ドル）、母乳（年二万ドル）、尿（サンプルあたり四〇ドル、闇市場ではもっと高い）等々。さらに死後になれば、死体の各部位についておぞましくも大金の動く市場が存在する。その多くが非合法だ。あなたの身体は文字通り金鉱なのである。

生体移植に必要なきわめて重要な臓器を除いては、連邦法は予備の臓器（腎臓など）、再生可能な臓器（肝臓）、部分移植の可能な臓器（肺、腸など）の売買を禁じている。こうなると頭のてっぺんから爪先まで見回したとき、私たちはジグソーパズルのように見えてくる。身体のどの部分は売ることができ、どの部分は売ってはいけないのか、ルールはなぜこうもややこしいのか。

答えは、選択肢の枠組みが不適切だったからである。自分の身体に由来する資源に関して、所有権はあるかないかどちらか、つまりオン／オフ・スイッチのようなものだと考えがちだ。オンなら世俗資源であり、市場で取引してよい。オフならその資源は人間そのものと不可分であり、「その資源はあなたのものだが、他人が買うことはできない」。数千年にわたってこの二つの選択肢だけでおおむね十分だったのである。

髪の毛に関する限り、スイッチはつねにオンだ。髪の毛を売っても非難されないのは、身体の外で伸び、痛みなしに切ることができ、すぐにまた伸びてくるからだろう。髪の毛の市場は古代エジプトにまで遡ることができる。[25] また一九世紀ヨーロッパのいくつかの村では、毎年「髪の収穫祭」が開かれ、貧しい少女たちが髪の束を売った（または売るよう強制された）。今日では髪の取引高は全世界で年一〇億ドルを上回る。髪の毛市場が売り手を搾取している可能性もあるが、販売を禁止せよとか、髪の出所を追跡調査せよとか、売り手への補償を増やせといった声は寡聞にして聞かない。それどころか、正反対だ。付け毛（エクステンション）など新しい商品の販売も規制されておらず、いまやブームになっている。

対照的に赤ちゃんに関しては、スイッチはつねにオフである。親はわが子を売ってはならない。奴隷売買と同じ理由から、赤ちゃんの売買に人は拒絶反応を示す。仮に赤ちゃんの売買が公正且つ完全な情報開示の下で自由意志から行われるとしても、そして売り手と買い手が疑いの余地なくハッピーになるとしても、大半の人が赤ちゃんの取引市場を容認しないだろう。[26] なぜなら、法学者のマーガレット・ラディンが印象的な言葉で語ったとおり、そのような市場の存在自体が「人間界のあり方」を貶めるからだ。[27] そのような市場は、この世に生まれた赤ちゃんの自己所有権を、彼らの本質的な自由、尊厳、平等をないがしろにしている。両親があなたをアマゾンで購入し、UPSのドローンで配送されたと想像してほしい。こうした本質的な価値観を守るために、所有権のスイッチはオフになっている。人間は神聖であり、他人に売ることはできない。[28]

そうは言っても、全面的にオフかと言えばそうではない。トーマス・ジェファーソンは、成人は「造物主から不可譲の権利を授けられた」と独立宣言に書いた。たしかにそうかもしれないが、子供にはその権利は十分には授けられていない。親は子供に対して一定の権利を所有する。対価と引き換えに子供を売ることはできないが、誰かに養子として譲ることはできる。[29] 親が何気なく「チャーリーは私のものだ」と言ったりするように、法律では長い間、子供の幸福に一致する限りにおいて、親権の一部を所有権として規定していた。[30] つまり必ずしもつねにオン／オフ・スイッチが適用されるわけではない。

子供が大人に移行する時期を特徴づけるのは、親の所有権からの段階的な独立だ。十代の子供の親への反抗には、昔ながらのこんなやりとりが多いだろう。「そんなものを着て学校へ行くなんて！」と親。「私の勝手でしょ。何を着ようと自由だし、もう自分で選べる年齢なんだから」と娘、という具合だ。しばしの間は親が勝てても、やがて子供が優勢になる。ティーンエイジャーにとって自己所有権とは、丸刈りにする権利、へそにピアスをする権利、ドラゴンのタトゥーを入れる権利を意味するのだ。やがて子供は全面的な自己所有権を主張するようになり、親の所有権スイッチはオフになる。

髪の毛と奴隷という両極端の間には、身体にまつわる資源に関して自己所有権の観点からいまだ異論の多い領域が存在する。身体の一部を売買する市場などというものは、従来はＳＦかホラー映画の中にしか存在しなかった。だが医療の進歩のおかげで、医師はさまざまな部位を（おおむね）安全に切り離して貴重な用途に充てられるようになっている。

そうした新しい身体的資源は、神聖であるとも世俗であるとも言える。この場合、オン／オフ・スイッチのイメージでは所有権を適切に設計することはできない。もっといいアプローチは、オン／オフ・スイッチではなく、調光ダイヤルや音量調節つまみのような調整ダイヤルのイメージで臨むことだ。オン／オフ・スイッチだと、所有権はオール・オア・ナッシングになる。調整ダイヤルなら、完全なオン（市場で無制限に取引できる世俗の資源）と完全なオフ（絶対に売買してはならない神聖な資源）の間に幅広い選択肢がある。

しかもこの議論は、ひとり身体の自己所有権にとどまらない。何らかの有形の資源が生存に欠かせないものであって、自由で平等な市民として生きる上で必須だと見なされた場合、その資源は明示的に法的保護を受けることが多い。ときに市場原理に逆らってまで家賃統制を行って人々が立ち退きを迫られないようにしたり、破産した人に家産保全の権利が認められたり、共同所有地の「現物分割」

（これについては第6章で取り上げる）が認められたりするのはこのためだ。新しい資源が出現するたびに、所有権の曖昧さが争いを引き起こす。誰が最初の所有者となるのかルールを決めなければならない。調整ダイヤルがどのように働くのかを示すために、腎臓の斡旋をしたレヴィ・ローゼンバウムの例に戻ることにしたい。予備の腎臓が闇取引ではなく自由市場で取引できるなら、多くの命を救うことができ、それによって人類愛を構成する一要素ともなりうるだろう。だがオン／オフ・スイッチのアプローチでは、認めるか認めないかのどちらかであって、条件付きといった中間的な形はあり得ない。

臓器移植が初めて医学的に可能になったのは一九五〇年代のことだが、当時移植手術を受けた患者の大半は拒絶反応で死んでいた。腎臓移植の需要が増え始めたのは、拒絶反応を抑えるよい薬が開発され、生存率が上昇してからである。一九八三年にヴァージニア州の実業家H・バリー・ジェイコブスは、腎臓売買に関する法律がないことに目をつけ、これはチャンスだと考える。そして腎臓取引市場の構築に着手した。売り手に値札をつけさせ、買い手を探し、斡旋料を懐に入れるという段取りである。

最初のルールを決めるときには、類似性に着目する類比論法が使われることが多い。この方法は所有権の設計のみならず法律に関する推論全般で広く活用されている。各州が石油、ガス、地下水の最初の所有権ルールを決めたときも、そうだ。多くは狐との類似が着目され、捕獲の法則が導入された（第4章参照）。だがこのアプローチではオン／オフ・スイッチの発想になりやすい。単にこう問えばよいからだ。腎臓を売るのは髪の毛を売るほうに似ているのか、それとも赤ちゃんか？

ジェイコブスの目論見に対して、ヴァージニア議会は類比論法を使って臓器売買は奴隷売買と同じだとみなす。そして全面的に禁じた。連邦議会は一九八四年全米臓器移植法（NOTA）を可決し、ヴァージニアの禁止が全国に拡張されることになった。ローゼンバウムが刑務所送りになったのも、ＮＯＴＡに違反したからである。多くの人にとって、身体の一部を切り売りするなどということはとにかく許し難い。だから、ある種の人々を人間以下に扱った奴隷売買と同じように感じられるのだろう。もしあなたもそう考えるなら、ＮＯＴＡを支持し続けるだろう。臓器売買を禁止すれば、人間の尊厳を保ち、貧しい弱者を搾取から守ることができるという考え方である。

ただ、ある場合には適切な類比論法も、別の場合にはそぐわないことがある。類比はあくまで理論上の手法であって、論理的な証明ではない。腎臓それ自体が自己所有権を持つわけではないし、予備の腎臓は生存に必須ではない。だからこそドナーが腎臓を提供しても完全に健康な生活を維持できるのである。そしてもちろん彼らは、家族や友人、あるいは見知らぬ人に無償で臓器を提供したことを称賛される。この意味で、腎臓は持ち主である人間とは違う（人身売買は許されない）。この違いは大きい。この点を踏まえると、腎臓取引を認めてもよいという方向に考えが変わってくるのではないだろうか。

違いに着目する対比論法は、所有権の設計において、類比論法に劣らず有効な手段である。調整ダイヤルへ移行すれば、類比と対比の両方の可能性が視野に入ってくる。おそらく調整ダイヤルのイメージなら、資源の希少性を守るような世俗市場を形成できるだろう。もしそれができれば、腎不全で毎年亡くなる数千人の命を救うと同時に、人間の尊厳を守り、貧しい弱者を搾取から守ることが可能になるはずだ。

そのような世俗市場はどんなしくみになるだろうか。貧困層が富裕層のための腎臓提供予備軍になるのではないかとの懸念に対しては、公開市場での販売を禁止することが考えられる。端的に言って、eベイでオークションに出すようなことは禁じる。さらに、買い手を病院と保険会社に制限し、買い取った腎臓は、貧富とは無関係に医師が決定した移植優先順位に従って患者とマッチングを行う。これは、無償提供された多くの臓器について、すでに今日行われている方式である。売値はオークションの水準を下回るにしても、病院と保険会社は十分な買い手を確保できるはずだ。しかも貧しい患者も移植のレシピエントになることができ、生涯ずっと人工透析に縛り付けられずに済む。

健康でないドナーが質の悪い腎臓を売るのではないかとの懸念に対しては、医学的スクリーニングを強化することで対応できる。これもすでに、無償提供するドナーについて現在行われている。また、腎臓を片方売った貧しいドナーが後々健康障害に悩まされるのではないかとの懸念に対しては、補償の一部として終身医療保険の提供を義務付けることが考えられる。ニューヨーク州議会は無償提供された腎臓に関してこのような法律の導入を二〇一九年に審議した。

腎臓の売買が解禁されたら、弱者が腎臓を売るよう強要されるのではないかとの懸念に対しては、見方を変えることを提案したい。貧しい人々はすでに昼間のほかに夜間も働いたり危険な仕事に就いたりしている。このような働き方は健康を損なうリスクがある。つまり彼らは自己所有権を労働に換え、それで報酬を得ている。こうした状況で、コンビニで夜勤をしたり炭鉱で働いたりする代わりに、腎臓を片方売って住宅ローンを返すことをなぜ否定するのか。リベラル派は、妊娠中絶に関しては「私の身体は私の選択に委ねられる」と主張するが、腎臓市場ということになると尻込みする。同様に、保守派は「契約の自由」を讃えるにもかかわらず、身体の完全性に関係するような契約になると強硬に反対する。見方を変えて、腎臓を売ることと炭鉱で働くことのトレードオフを個人の選択に委ねてはなぜいけないのか。言うまでもなく、搾取と健康悪化からドナーを守る公正で安全な市場を形成できることが大前提（壮大な前提かもしれない）になるが。

腎臓売買は人身売買につながりかねない滑る坂道ではないかとの懸念に対しては、それは杞憂だと答えたい。粘る階段（第４章参照）を腎臓売買に導入することは十分に可能だ。十分な規制を徹底した市場という命を救う一段目を踏み出し、そこで止まる。なぜ止まれないと決めつけるのだろうか。

さらに言えば、現行ルールの効力を過信すべきではない。禁酒法時代に酒類が闇市場で取引されていたように、臓器売買の禁止によって闇市場が形成されている。無法の腎臓市場が世界中に存在するのだ。そこでは「ドナー」と称される人々には何の保護も与えられないし、ほんのわずかな対価しか与えられず、どうかするとただで腎臓を取り上げられてしまう。そして、どこへ行って誰にいくら払えば自分の命が助かるかを知っているのは、移植を最も必要とする患者ではなく最も裕福な患者なのである。[31]そうでない患者は死んでいくか、苦しい透析治療に耐え続けなければならない。必要な腎臓が存在し、腎臓を売りたがっている人々が存在し、保険会社が保険を適用してくれる（移植手術のほうが透析治療よりはるかに安上がりである）にもかかわらず、ＮＯＴＡや各国の類似の法律によって腎臓に手が届かないことを知りながら。

注意深く設計された腎臓市場というアイデア、つまり調整ダイヤルを半分だけ回した状態にすることとは、思うほど非現実的ではない。一九八四年にＮＯＴＡは幹細胞の売買も禁止した。全身麻酔下で骨髄から採取する方法しかなかった頃である。だが今日では腕に針を刺して、骨髄から末梢血に流れ出した幹細胞を採取することができる。二〇一一年には西部の九つの州を管轄する連邦高裁が、幹細胞は売買が禁じられた腎臓よりも売買が認められた血漿のほうに似ているとの判断を示した。

だが法廷は、調整ダイヤルを完全にオンまで回したわけではない。幹細胞を売りたい人はまず全国統一のドナー登録をしなければならない。そこで医師が医学的な必要性と細胞の適合性に基づいてマッチングを行う。よってドナーが自分の幹細胞をオークションにかけ、患者が競り落とすということはできない。基本的にドナーが患者と直接接触することはない。幹細胞の対価は、弱者の売り手が搾取されることのないよう、上限三〇〇〇ドルと定められている。上限の導入はかつて卵子売買に医師団体が試みた例がある。調整ダイヤルを神聖な資源と世俗の資源の間で動かし、売買全面禁止と無制限の売買許可との間まで回すことによって、幹細胞を待ちながら毎年死んでいく三〇〇〇人の患者の多くを救える可能性が出てきた。ただし現時点では、幹細胞を売ろうという人は、二〇一一年の司法判断の対象となる州、たとえばモンタナ州にいなければならない。お隣のワイオミング州では調整ダイヤルは完全にオフで、幹細胞の売買は腎臓売買と同じく犯罪となる。

とは言えＮＯＴＡは改正不能というわけではない。この法律はできてから五〇年近く経っている。連邦議会がＮＯＴＡを可決したときの趣旨は、「人間の体の部位を一般商品のように見なすべきではない」ということだった。[32] その後になって、ＮＯＴＡが強いる代償の大きさがあきらかになってきた。臓器の治療上のニーズは高まる一方なのに、自発的な臓器提供を促す試みはこれまでのところ成功していない。腎臓売買には反対の声が根強く、弱者への強制と搾取、そして人間の尊厳という論点が手強い障壁となってきた。だが所有権を賢く設計するなら、それぞれの懸念に直接対処することはおそらく可能だ。一歩踏み出す気になりさえすれば、所有権の調整ダイヤルを途中までオンに回すことはきっとできる。

では所有権ルールをどう変えればいいのか。まずは、類比論法と対比論法の技術をマスターすることだ。モンタナ州は幹細胞に関してまさにそれをした。この方法は、日々の生活で誰でも使うことができる。たとえば誰かが「腎臓売買は人身売買と同じだ」と類比論法を使ったら、「腎臓は自己を認識しない。腎臓には考える能力はない」と対比論法で対抗する。説得力のある対比は、生か死かの選択に違いをもたらせるだろう。

金の卵を再考する

続いては、ウェンディ・ジェリッシュと卵子の件を再び考えてみよう。体外受精が医学的に可能になり、卵子売買が商業的に成り立つようになった一九八〇年代に、最初のルールを決めなければならなくなった。類比論法を使うとしたら、卵子は腎臓と精子のどちらに似ているのだろうか？

アメリカの裁判所は精子を選び、いきなり活気ある市場が誕生することになった。たしかに、卵子はある意味で精子に似ている。採取した後もたくさん残っている点はとくにそうだ。またどちらも相手と出会って子宮内で育まれれば生命を生むことができる。さらに卵子・精子いずれにも、望まずして親になる可能性（離婚後や死後などにドナーの意思に反して使用されるケース）や、生まれた子供に対して親としての義務が生じる可能性（子供が生物学上の親を知りたがったり、医療上の理由から知る必要が出てきたりするケース）などが懸念される。これらの点から、卵子と精子は同様に扱うこと、調整ダイヤルは完全なオンすなわち無制限の売買まで回さないことが推奨される。

ただ、卵子と精子には重要な違いもある。精子は容易に採取でき、髪の毛のようにすぐに再生されるのに対し、卵子は注射、手術、麻酔など採取に痛みを伴い、合併症などを引き起こしかねない点で腎臓に似ていると言える。弱い立場のドナーは、気が進まないながらも一時的な現金に目が眩み、精神や健康へのリスクを過小評価しかねない。自発的な売り手は術後のケアを十分に受けられない可能性があり、斡旋業者はドナーを騙して利益の大半を懐に入れる可能性がある。こうした点を考え合わせると、調整ダイヤルをもっとオフに近づけるほうがいいかもしれない。カウンセリングや術後のケアを手厚くし、売買をもっと規制することも検討すべきだろう。

その一方で、ジェンダー平等の観点からすると、さまざまなリスクはあっても卵子を精子と同等に扱い、市場での取引を認めるべきなのだろうか。卵子売買が可能になった一九八〇年代は、時代の転換期だった。大勢の女性が立ち上がり、自分の身体のことは自分で決めること、市場で男性と同等に扱われることを求めて闘っていた。カマカヒが医師団体の設けた報酬上限を不当だとして訴えたのも、まさにこのためだった。だから今日、所有権の調整ダイヤルを男性と女性で別々の設定にするなら、説得力のある理由を示す必要がある。

では調整ダイヤルをどのあたりにセットすべきだろうか。人間の心に深く根付いた（往々にして無自覚の）道徳的義務感が、この決定に大きな影響をおよぼす。ここで、卵子売買が完全に安全且つ情報が開示された状態で、搾取や強制なしに公正で自由に行われると仮定しよう。それでもなお一部の人は、必ずしもジェンダー平等の観点からではなく人間はみな平等だという共通理解を守ろうとして反対するだろう。彼らからすれば、まともな社会においては卵子に値段をつけることも許されないし、まして格差をつけることなどけっして許されない。

この懸念を一段と募らせるのが、一流大学の新聞にひんぱんに登場する卵子ドナーの募集広告である[33]。広告は、背が高くてすぐれた運動能力を備えた白人またはアジア系でSATスコアが高い女子学生に高いプレミアムをオファーしている。過去五〇年間、連邦法は「白人のルームメイト」を募集したり、「容姿端麗な女性」をフライトアテンダントの応募条件にしたりすることを禁じてきた。そのような募集広告は差別的な文化を既成事実化し定着させかねないからである（個別のケースで、たとえば大家と借家人、雇用主と労働者がそうした差別的取引に同意することはあるにしても）。となれば、なぜ卵子ドナーの募集広告が差別的であってよいのだろうか。

良識ある人々の間でも卵子売買に関しては意見が分かれている。アメリカの調整ダイヤルは最もオンに近い。カナダ、中国、およびヨーロッパの自由主義国家の大半はオフにしており、卵子売買を禁じている。イギリスでは、ドナーは病院までのタクシー代などの経費が返金されるだけだ。その結果、イギリスの女性でドナーになる人はほとんどおらず、卵子は数年待ちの状況である。今日では卵子を買って新しい家族を手に入れるために、世界中から「不妊治療ツーリスト」がアメリカに押し寄せている。

宗教と政治についておおむね同じ考えを持つ家族でも、身体の一部を売買することに関しては往々にして対立する。神聖性を尊ぶ人や搾取を懸念する人は調整スイッチをオフに限りなく近づけようとし、自由や市場経済を重んじる人は限りなくオンに近づけようとする。類比か対比のどちらが最初に思い浮かぶかによって意見が食い違うこともあるし、問題をどう定義するかによっても見方がちがってくる（第2章で論じた所有権と人間心理を思い出してほしい）。自己所有権に関するルールの違いが、必ずしも保守／リベラル、北部／南部、富裕地区／貧困地区、信仰の有無と一致しないのはこのためだ。今日の食事を共にする人の間でもおそらく意見は一致しない。

自己所有権を調整ダイヤルのイメージで考えるのはなかなか困難ではあるが、そうすることによって、オン／オフ・スイッチの主導権争いを脱することができる。そして、重要な価値一つひとつに直接取り組み、それぞれに条件をつけた所有権を設計することができるようになるはずだ。ウィン・ウィンの解決を生み出すことも不可能ではなかろう。だがそのためには、所有権を設計するためのもう一つの重要なツールを手に入れる必要がある。

モー細胞株とヒーラ細胞株

あなたの身体は金鉱かもしれないが、必ずしもあなたが金鉱掘りとは限らない。誰か他人があなたの体内の金鉱を掘り出して利益を上げることはありうる。ジョン・ムーアはそのことを思い知った。[34]

一九七〇年代にアラスカのパイプラインで働いていたムーアは、有毛細胞白血病と診断される。きわめてめずらしい癌の一種だった。彼はカリフォルニア大学ロサンゼルス校（UCLA）の癌研究の第一人者デービッド・ゴルデの治療を受ける。ゴルデは癌細胞に侵されていた脾臓の摘出に成功した。ムーアは七年にわたって定期的にロサンゼルスを訪れ、骨髄液、血液、精液を採取された。これは術後治療の一環だと信じていたムーアは、長旅と痛みに耐えていたが、シアトルのかかりつけの医者はサンプル採取をしないことに気づく。ムーアは次第に疑念を抱くようになり、ゴルデがロサンゼルスまでの航空運賃とゴージャスなホテルの料金を負担すると申し出たとき、疑いは頂点に達した。

そこで定期診療の際に、ムーアは同意書への署名を拒む。その同意書には、彼の血液や骨髄液から開発される可能性のある製品に関して「すべての権利」をカリフォルニア大学に与えることに同意する旨が書かれていた。署名を拒否されたゴルデは直ちに反応し、ムーアに三回も電話をかけてきて、なぜ署名しないのかと詰問した。ムーアが言葉を濁すと、今度は手紙を送りつけてきて、すぐに署名するよう迫った。ムーアは弁護士を雇う。

このときになって初めてムーアは、癌にかかった自分の脾臓から採取される白血球はきわめて特殊で、貴重なタンパク質を過剰に生産する能力があることを知った。ゴルデらの医療チームは手術直後から、このタンパク質を分離し大量に生成して販売する方法を考え始める。彼らはムーアの脾臓を使って新しいモー（Mo）細胞株を開発した。その細胞はペトリ皿の中で生き続け、単独で永遠に再生産を続ける。ムーアは遅ればせながら、自分が耐え続けた七年におよぶ術後治療の一部は、ゴルデの富を増やすために使われたのであって、自分の健康のためではなかったことに気づいた。

ムーアが同意書への署名を拒否した直後にゴルデは特許を出願し、「モー細胞株」の所有権を主張する。ゴルデはすでにバイオテック企業から三〇〇万ドル以上を受け取っており、なおその数倍を稼げる状況だった。なにしろその時点でモー細胞株の価値は、数十億ドルに達すると見込まれていたのである。ムーアの懐にはビタ一文入らない。彼は「診療記録に私はモーと記載されている。本日モーを診察した、というふうに。そのように扱われるのは、人間ではなくなったみたいだ。ある日突如として私はゴルデが治療を施した患者ではなくなり、モーという名の細胞株になった。まるで一切れの肉のように」と記者に語っている。[35]

ムーアは自分の細胞を盗んだとしてゴルデとＵＣＬＡを訴え、自分の自己所有権には、自分の脾臓から許可なく細胞を採取し商品化して利益を得た医師チームとすくなくとも同等の利益を受け取る権利があるとして、支払いを要求した。

ムーアのケースは唯一無二というわけではない。読者はヘンリエッタ・ラックスのことをご存じだろうか。一九五一年に癌で亡くなったこの女性は、レベッカ・スクルートの著作『不死細胞ヒーラ　ヘンリエッタ・ラックスの永遠なる人生』（邦訳・講談社）とこれを映画化した作品（オプラ・ウィンフリーが主演した）で一躍有名になった。ラックスが診療に訪れたジョンズ・ホプキンス大学は無断で彼女の癌組織から細胞を採取し、ヒーラ（HeLa）細胞株を作り出す。ヒーラ細胞株は、人類史上初の永遠に自己増殖を続ける細胞株となった。この細胞株は現代の医学に革命を、バイオメディカル業界に巨万の富をもたらしたと言っても過言ではない。ほんの一例を挙げるなら、化学療法、ポリオワクチン、体外受精（ひいては卵子提供や代理母市場）を可能にしたのはヒーラ細胞である。

だがラックス自身はその恩恵を受けることはなかった。医師たちは彼女の細胞を採取する許可を求めるどころか知らせることもせず、もちろん対価も払っていない。ラックスの夫も子供たちも、ヒーラ細胞株の存在すら知らなかった。数年後にようやく知ることになるが、それも、研究者たちが彼らの組織サンプルを採取するために接触してきたからである。より多くの情報を得て細胞株の精緻化に役立てることが目的だった。ラックスの長女エルジーは困窮して亡くなり、末息子のジョゼフは犯罪者として刑務所に収監された。次女のデボラは十代で母となり、関節炎と鬱病に苦しんでいる。ヒーラ細胞が生み出した利益の一部なりとも還元されていたら、彼らはもっとよい生活を送ることができたかもしれない。

ラックスは自己所有権に基づく訴訟を起こすことはなかった。細胞を採取されてすぐに亡くなったからだ。だがムーアは訴訟を起こしカリフォルニア州最高裁まで争えるほどには長生きした。[36] ＵＣＬＡは彼から細胞を盗んだのか？　裁判所からすると、ゴルデが採取した時点でムーアが細胞を所有していたかどうかが問題になる。

最高裁はオン／オフ・スイッチ方式で臨み、一つの明白な選択、すなわちムーアとゴルデのどちらが細胞の所有権を持つのかという一点に係争を絞り込んだ。スイッチがオンならムーアの勝ちで、彼には細胞を売る権利がある。オフならムーアの負けで、細胞は他の本質的な価値に寄与するために市場取引を禁じられる。裁判所からすれば、決定的に重要な価値は科学的イノベーションを促進することであって、ムーアの人格ではない。切除された組織の権利を患者に認めれば、医師たちは金も時間もかかる患者との交渉の泥沼にはまり込み、「研究者が買おうとする細胞が、どう転ぶかわからない訴訟に直結する」事態を招きかねないと裁判所は危惧した。その結果、「必要な原料へのアクセスを制限して研究の発展を妨げることになりかねない」。このような結果を回避する最善の方法は自己所有権のスイッチを完全にオフにすることだと裁判官は考えた。かくしてムーアは敗訴する。

一セントも払われないまま、ムーアは二〇〇一年に五六歳で死去した。

裁判所の判断には疑問が残る。科学研究の促進はたしかに重要だ。ゴルデのチームは細胞株の開発に力を尽くした。彼らの生産的な労働は所有権で報いるに値するだろう。だが報いるべき対象は労働だけではない。ムーアが自分の身体から取り出された貴重な資源に対して、労働に対抗する権利を主張するのは当然ではないのか。それに、手術の最中に手も足も出ない患者をどう守ればいいのか。裁判官は「必要な原料へのアクセス」を重視したが、これでは医師が患者の身体をまるで露天掘りのように掘り返し、自分の利益のために金鉱を取り出すことを認めたのと同じである。このやり方に人間の尊厳に対する敬意があるとは思えない。

実際には裁判所はムーアに対し、あなたの身体は神聖であり、だからこそモー細胞株に対して対価を得られないのだと語りかけている。

裁判所には、ムーアとゴルデの主張に折り合いをつける所有権のあり方を考え出すことができなかった。調整ダイヤルの合わせ方次第で、自己所有権と労働、尊厳と科学の進歩に同時に報いることは十分にできたはずである。法律家の表現を使うなら、権利と救済を区別するやり方である。この方法は二段階で構成される。以下でそのしくみを説明しよう。

まず、切除された細胞に対してムーアの権利を設定する。ムーアの自己所有権には、最低でも次のように主張する権利が含まれることは大方の人が同意するだろう。「私の細胞に手を出さないでください。手術後に細胞は焼却してください」と。ここが自己所有権のベースラインだからこそ、あなたが予備の腎臓を提供しないと決めても誰からも責められることはない。たとえそのために誰かがほぼ確実に死に至るとしても、である。類比で言うと、このうえなく高潔な医師から、あなたの特定の細胞には並外れて高い科学的価値があるからどうか採取させてほしいと頼まれたとき、あなたが細胞の提供を拒み医学研究の進歩を止めてもケチと非難されることはない。だが自己所有権にノーと言う権利しか含まれていないとしたら、身体に由来する貴重な資源は科学に貢献できないまま捨て去られてしまう。

そこで、調整ダイヤルの発想が出てくる。ダイヤルをすこしオンへ回せば、患者には自分の細胞の提供にイエスと言ってもよいと思う理由が出てくる。たとえばダイヤルを一目盛りだけオンに回し、腎臓を提供するように、あるいは子供を養子縁組に出すように、ムーアが細胞を提供できるようにすることが考えられる。ムーアが自分の体内にある金鉱を病院に提供するか慈善活動に充当するか、自分で選べるようにすべきではないだろうか。あるいはダイヤルをさらに回し、モンタナ州の制限付き幹細胞の売買のような条件付き売買を認めることも考えられる。さらにダイヤルを回し、ムーアが「私の満足する対価を払ってくれるなら、お望みのままに細胞を提供します」と言えるようにしてはどうか。実際、アイビーリーグの学生の卵子は現時点でそうなっている。いずれのケースでも、ムーアの権利は結局のところは自己所有権に由来する。つまり「それは私の身体だから、私のものだ」という主張である。

しかし、ここで問題が出てくる。ダイヤルを回すにつれて、患者に医学研究の方向性をコントロールする能力を与えるように見えることだ。そうだとすると、大勢の命を救う研究をストップさせる危険性も出てくる。となれば私たちは、患者の自己所有権か科学者の労働のどちらかしか認められないという悲劇的な選択をせざるを得ないのだろうか。

そんなことはない。権利から救済へと視点を変えれば、解決が見えてくる。ムーアの権利を設定したら、次に権利とは独立した選択をする。もしゴルデが許可なく細胞を採取したら、ムーアにどのような救済を与えるべきかを検討するのだ（第3章では、差止命令か損害賠償かを選択する形で救済を取り上げた）。権利と救済は一体となって所有権を形成するのであって、どちらか一方が欠けたら意味をなさない。科学研究という労働を促進すると同時に患者の自律性と人間の尊厳を重んじるような権利と救済の組み合わせをどのように設計できるだろうか。ゴルデの無許可の使用を防ぐべくムーアに自分の細胞に対する所有権を与え、にもかかわらずゴルデが細胞を採取した場合、救済の選択肢としてとりあえず四通りを挙げておこう。
・ゴルデはムーアに一ドル払う。
・ゴルデはムーアに細胞の市場価値を払う。
・ゴルデはムーアにすべての特許権と利益を渡す。
・ゴルデはムーアに強制ライセンス料を払う。

第一の救済措置では、ゴルデに一ドル払わせる。これは十分可能だろう。法律上この一ドルは、許可なく細胞を使われないというムーアの権利を尊重する意味合いがある。金額が少ないのは尊重の度合いが少ないからではない。この一ドルは名目的損害賠償に当たり、権利の侵害による損害が小さい、形ばかりである、計測がむずかしいといった場合の救済としてよく使われる。ムーアから何かが奪われたことは原則的に認めるが、他の価値のほうが現実にはもっと重要だというときの救済である。名目的損害賠償はゴルデの手にぴしゃりと一発くらわすようなもので、今後の権利侵害は見逃さないぞという警告でもある。

第二の救済措置では、ムーアに公正な市場価値で報いる。ここで重要なのは、救済の名において「公正」であることだ。なぜこのように念を押すかと言えば、ムーアの癌細胞の市場価値はゼロでも一〇億ドルでもありうるからだ。それは、ゴルデが特許を取得した細胞株の合計価値にムーアの細胞がどの程度寄与したかについて、裁判官がどう判断するかに左右される。また、手術前に判断するか、手術後に細胞株の開発が予想される状況で判断するかにも左右される。となれば将来的には医師たちは賭けに出るかもしれない。とりあえず細胞を採取し、公正な市場価値を払っておき、しかるのちに特許を取得して利益を上げる。あるいは、裁判官がどう判断するかがあまりに不確実だという場合には、細胞は捨ててしまい、科学研究は損失を被ることになる。

この不確実性を取り除く単刀直入な方法として、モー細胞株の特許とそこから得られる利益はすべてムーアに譲渡するというのが第三の救済措置である。法律家はこれを不当利得の吐き出しと呼ぶ。理論上は、不当利得の吐き出しによって、他人を犠牲にして不当に儲けるインセンティブは取り除かれる。だがそうなると、自分の労働の成果も含めてすべてをムーアに渡してしまうなら、なぜ苦労して細胞株を生成するのかと医師は考えるだろう。この第三の救済措置をさらに推し進めれば、ムーアの権利を侵害したゴルデを刑事罰に処し、刑務所送りにするということになる。この救済措置が発する警告は強烈だ。「人の家に入り込んで人のモノを盗むな。患者の身体を切り裂いて〝原料〟を盗むな」。

だがムーアの権利を守るために行う救済が強力になるほど、医師は細胞の採取をやめてしまう可能性が高まる（これは、第2章で論じた事前的な影響に相当する）。採取をする場合でも手術前に患者と交渉しようとするだろう。だがこれは裁判所がまさに恐れた結果、すなわち医師たちが金も時間もかかる患者との交渉の泥沼にはまり込み、きちんとした許可が得られなかった場合に訴訟に巻き込まれる（許可が得られても第三者から訴えられる可能性は残る）事態だ。そうなると、患者と医師の関係はカネを巡って悪化しかねない。それにどう考えても、医師が執刀直前に、俎板の鯉状態の患者と身体の一部の値段を巡って交渉するなどということは望ましくない。

所有権の設計は科学ではなく技術であり、いま論じた方法以外にももっとたくさんの選択肢がある。たとえば強制ライセンス料という第四の救済措置がそうだ。この方法は、いま直面しているジレンマをうまく解決してくれる。

ラジオ局が好きな曲を好きなだけオンエアし、いちいちマドンナやカニエ・ウェストやあまたの音楽著作権所有者と事前に交渉しなくてよいのは、強制ライセンス方式が採用されているからだ。ラジオ局はアーティストごとにプレイリストを集計し、再生回数に所定のライセンス料をかけ、定期的に合計金額の小切手を決済システムに送る。この決済システムは手形交換所のようなもので、米国作曲家作詞家出版者協会（ＡＳＣＡＰ）、放送音楽協会（ＢＭＩ）、サウンドエクスチェンジ（ストリーミングによるデジタル音楽配信サービスから使用料を徴収しアーティストに配分する非営利の権利管理組織）なども参加している。決済システムはナイトクラブ、レストラン、カラオケ、ストリーミング・サービスなどからの支払いを取りまとめたうえで、アーティスト一人ひとりに小切手を送るしくみだ。楽曲による重みづけをしていない点で完璧とは言えないが、管理しやすいというメリットがある。強制ライセンス方式を導入すれば、交渉も権利関係のグリッドロックも訴訟もない。誰もが払い、誰もが払われる。

　この救済方法は、切除した細胞にも応用できるだろう。患者の身体から採取した資源について自己所有権を認めることは、人間の尊厳と自律性の尊重を示すものとなる。患者の中には「私の細胞を利用しないでください」と言う人もいるだろう。それは患者の権利である。だができれば「いいですよ、科学研究に役立ててください」と言ってほしい。そのために、シンプルで管理しやすい強制的救済を導入して患者の自己所有権を守るわけだ。たとえば特許使用料収入に対して低めの一定比率を患者に払うことなどが考えられる。調整ダイヤル方式にすれば、たとえば収入が一〇億ドルに達するような場合には、自己所有権を持つ患者も相応の支払いを受けることになる。

　こうした選択をどうするかは、喫緊の課題となっている。というのもビッグデータを活用したテーラーメイド医療がすでに始まっているからだ。最近、ニューヨーク・タイムズ紙は「なぜ彼女はアルツハイマーにならなかったのか？　その答えがこの病気と闘うカギを握る」との見出しで記事を掲載した。[37]このような記事は、遺伝子変異を単なる原料とみなしてよいのか、ムーアやラックスより多くの敬意を患者に払うべきではないか、といったことを考えようともしていない。

患者の自己所有権と強制ライセンスを組み合わせるといった、調整ダイヤルを中間に設定する方法を却下しても差し支えない。それが不合理だとは言えない。多くの人はオン／オフ・スイッチ方式を好む。そのほうが明快で説明しやすいし、管理も容易だからだ。だが、懸かっているものの大きさをよく考えてほしい。スイッチをオフにしたら、個人が科学の進歩を願う理由はほとんどなくなってしまう。あなたはただの病人であり、医師に対して弱い立場で、利益を追求する彼らに否応なく貴重な資源を提供することになる。一方、スイッチをオンにしたら、おそらく科学者向けに臓器や骨髄液を斡旋するブローカーが現れ、ルールなき市場は食屍鬼が跳梁跋扈するような様相を呈するだろう。どちらの選択肢も好ましいとは言い難い。対照的に、所有権を賢く設計し調整ダイヤルをうまくセットすれば、患者は奴隷にも暴君にもならずに済む。

身体の一部を誰がどこまでコントロールできるかは状況や部位によって千差万別であり、調整ダイヤルのイメージを使うとそのことがよく理解できるだろう。さらに権利と救済の組み合わせにより、対立する価値観に折り合いをつけることも可能になる。だが最後に決定的な疑問が待ち構えている。誰が、誰の見えざる手が調整ダイヤルをセットし、権利と救済を組み合わせるのか。誰がルールを決めるべきなのか。

代理母

アメリカには自己所有権に関する法律は存在せず、憲法もほとんど役に立たない。修正第五条に「正当な補償なしに、公共のために私有財産を奪うことはできない」との文言があるだけだ。だが何をもって私有財産と言うかについては、憲法のどこにも規定がない。[38] ただ一つの大きな例外は、南北戦争以前には人間を奴隷として所有することができたが、修正一三条が批准された一八六五年以降は、それはできなくなったことである。

自己所有に関係のある規定はこれだけだ。

議会も身体に由来する資源に関しておおむね沈黙しており、一九八四年全米臓器移植法（ＮＯＴＡ）が唯一の例外である。ＮＯＴＡは移植目的での腎臓売買を禁じているが、研究・実験目的に関しては言及がない。また手術によって採取された幹細胞の売買は禁じているが、末梢血から採取した幹細胞については言及がない。また厚かましい医者がムーアやラックスのような患者を原料として扱ったときのルールはどうなっているのかも、はっきりしない。いつどのような場合に、人は自分の身体的資源を対価と引き換えに売ることができるのだろうか。

答えは、アメリカの場合、州によって異なるというものだ。州境を越えるたびに、見えざる手が所有権調整ダイヤルを動かす。州による違いはじつに多種多様だ。

ここでは、自己所有権に基づいて市場が発達してきた代理母について考えてみよう。キム・カーダシアンとカニエ・ウェスト夫妻は三人目の子供が生まれた二〇一八年に喜びの投稿をした。「人間にできる最高の贈り物をして私たちの夢を叶えてくれた代理母に心からの感謝を！」。カリフォルニア州では、ウェスト夫妻のような富裕層にとっては代理出産が比較的容易だ。対照的に二〇二一年二月まで、ニューヨーク州では代理出産が禁じられていた。富裕なニューヨーカーは、子供を授からないカップルであれ、同性婚のカップルであれ、他州へ行くほかなかった。

ニューヨーク・タイムズ・マガジンのライター、アレックス・クチンスキーもその一人である。「数年におよぶ不妊治療に疲れ果て、流産のせいで感情的にも不安定になった夫と私は、代理出産に救いを求めることにした。つまり私たちの子供を産んでくれる人を探すことにした」と彼女は書いている。[39]「私たちは必死だった。代理出産はかんたんではない。金銭的にはもちろん、宗教、社会、道徳、法律、政治あらゆる面で問題が生じる」。クチンスキーが裕福で移動が容易な職業だったのは幸いだった。代理出産ブローカーは彼女にキャシー・ヒリングを紹介する。ペンシルベニア州に住む四三歳の女性で、三児の母であり、不妊のカップルのために代理母を務めた経験もあった。

クチンスキー夫妻の胚（受精卵）はヒリングの子宮に移植された。ヒリングは九カ月後に無事出産し、マックスという名の赤ちゃんはクチンスキー夫妻に渡され、ヒリングは二万五〇〇〇ドルを手にする。ペンシルベニア州の郡書記官は、クチンスキー夫妻をマックスの法的な生みの親であると認めた。つまり夫妻は、実際の生みの親であるヒリングの息子を養子にするわけではない。クチンスキーは生まれてすぐのマックスを連れてニューヨーク州の自宅に戻ることができた。

アメリカでは、カリフォルニア、コネティカット、デラウェアなどいくつかの州が代理出産に最も寛容であり、これらの州は予定親（ＩＰ）つまりクチンスキーのような依頼人夫婦にとって、親権に関して確実性を保証してくれるありがたい州だ。一方、すでに述べたようにニューヨーク州はごく最近まで代理出産を禁じていた。奇妙な組み合わせだが、アリゾナ、インディアナ、ルイジアナ、ミシガン州もそうだ。もしあなたがアメリカで代理母を探すなら、どの州で契約を結び、胚移植を行い、出産するかによくよく注意を払わなければならない。

もちろん国によっても代理出産の可否は異なる。西ヨーロッパは総じて代理出産に否定的だ。ドイツの同性カップル、トマス・ルースとデニス・ルーサーは、子供が欲しいと思ったとき、クチンスキーと同じようにペンシルベニアへ行った。彼らの代理母はまず長男ニコを、のちに双子を出産する。ヨーロッパでは「代理母は女性とその再生産能力の搾取だとみなされている」とドイツのある産婦人科医は話す。[40]「母親と子供との深い絆の形成は、出産よりもずっと前から始まっているというのがわれわれの見解だ」。アメリカへの旅費を捻出できない人は、この見解に従わざるを得ない。

アメリカでの代理出産はけっして安くはない。基本料金は一〇万ドル。そこに、予定親の卵子採取費用一万ドル（プレミアム付きの卵子を調達する場合はもっとかかる）、病院と医師に三万ドル、ブローカーに二万ドル、弁護士に一万ドル、さらに保険、旅行、その他の経費がプラスされる。代理母に払われるのはおそらく二万五〇〇〇ドル程度だ。教育費、住宅ローン、家族の介護などに充当し、彼女の人生に大きな違いを生み出すには十分な額だと言えるだろう。これらの費用の大半は依頼人が負担しなければならない。代理母が妊娠しなかった場合や流産した場合でも、である。負担は重いが、その代わり依頼人は、購入した精子と卵子と借りた子宮でカスタムメイドの自分の子供を手に入れることだってできる。

中には費用を切り詰めようとインド、ラオス、タイ、メキシコなどへ行くカップルもいる。だがこうした国では医療の質が低く、代理母の健康状態も悪く、法的環境も不確実性が高い。たとえばインドの代理出産市場は一〇億ドル規模に達していたが、二〇一七年に商業的な代理出産が禁じられた。現在では利他的（つまり無報酬の）代理母のみが認められており、その対象も子供のいないインド人の異性カップルに限られる。しかし禁止したことで市場は地下に潜った。まさに腎臓闇取引と同じ状況になったわけである。インド人女性はいまでも胚移植で報酬を受け取っているが、出産と引き渡しのためにネパールかケニアへ行かなければならない。同様にカンボジアが代理出産を禁止したため、ブローカーはカンボジア人代理母をタイへ連れて行って出産させている。

この方面にくわしい弁護士は、「お金を払える人はみなアメリカを選ぶ」と断言する。[41] 代理出産を認めているアメリカの州は、いまや合法的な代理出産市場の独占状態だ。妊娠関連サービスでアメリカは貿易黒字を謳歌している。

代理出産の前提となる体外受精（ＩＶＦ）は比較的新しい技術であり、ヘンリエッタ・ラックスの身体から採取されたヒーラ細胞株に依拠し、精度が高くなったのは一九八〇年代になってからに過ぎない。代理出産が医学的に可能になるとすぐに、それを容認すべきかどうかが問題になった。市場で取引できるのは身体の部分に限るのか、身体の能力も取引できるのか、調整ダイヤルをどこにセットすべきか。

卵子や腎臓の場合と同じく、代理出産でも類比論法がよく使われる。この場合、最もよく似ているのは、伝統的代理出産だ。依頼人夫婦の夫（または第三者）の精子を用いて代理母が出産するもので、子供の生物学的な母親は代理母である。人類の歴史の大半においては、これが唯一の実現可能な方法だった。そして当然ながら、その後に家族内での揉め事が絶えなかった。

旧約聖書の「創世記」に早くもその例がある。アブラハムの妻サラには子供ができなかった。ある日サラは夫にこう言う。「主はわたしに子をお授けになりません。どうぞ、わたしの婢女の所にお入りください。彼女によってわたしは子を持つことになるでしょう」。婢女のハガルは身篭り、息子イシュマエルを生む。その後にアブラハムとサラの間に息子イサクが生まれ、サラとハガル、イサクとイシュマエル、さらにはユダヤとムスリムの間で、今日にいたるまで諍いが続いている。マーガレット・アトウッドが一九八五年に発表した『侍女の物語』（邦訳・早川書房）は伝統的代理母をテーマにしたディストピア小説で、再生産のためのレイプと奴隷の物語になっている。

代理母に関する判決が初めてアメリカの法廷で下されたのは、一九八五年の「ベビーＭ」訴訟のときである。メアリー・ベス・ホワイトヘッドは伝統的な代理母として、エリザベスとウィリアムのスターン夫妻に赤ちゃんを生む契約を結んだ。だが出産後にホワイトヘッドは心変わりし、子供を手放したくなくなる。そして赤ちゃんを連れて州外に逃げた。スターン夫妻は訴訟を起こす。一部のフェミニストは女性が代理出産サービスを提供する自由を擁護したものの、他の多くの人々は、代理出産は生みの母を非人間化し、単なる出産の道具として扱うものだと非難した。批判論者の中には、ベティ・フリーダンやグロリア・スタイネムといった著名なフェミニストが含まれている。保守派も同じように二分された。

ニュージャージー州最高裁にとっての問題は、誰が自己所有権の限度を決めるのか、ということだった。個人が自由に契約によって決めていいのか、それとも公的な決定が個人の選択に優先するのか。最高裁は個人の選択にノーを突きつけた。代理出産契約は「違法であり、おそらくは犯罪であって、女性を貶めるものだ」と首席判事は判決で述べている。[42]「文明社会においては、お金で買えないものが存在する」という。ベビーM判決は強い影響力を持ち、体外受精によって代理出産が可能になったタイミングで、ニューヨーク州も代理出産契約を禁止するにいたった。

代理出産に関する自己所有権の調整ダイヤルを、ニュージャージー州が伝統的代理母について下した判決と同じ目盛りにセットすべきだろうか。決める前に、代理出産（生物学的な親は依頼人夫婦）と伝統的代理出産（代理母の卵子を用いる）の類似点と相違点を考えてほしい。最も困難な問題の多くはどちらにも共通だ。胎児が重大な病気を抱えていると判明し、依頼人が妊娠中絶を望み、代理母がそれを拒絶したら、あるいは逆に代理母が中絶を望み、依頼人がそれを拒絶したら、どうだろう。胎児の健康のために代理母はどこまで医学的リスクを負うべきだろうか。

その一方で、重要な相違点もある。代理出産では、胚と代理母の間に遺伝的関係はない。この生物学的な違いは、当事者間の法的・倫理的・感情的関係の見方を変えるだろう。ベースラインとして「私の代理母は私の胚で妊娠している」という枠組みで語ることはむずかしくない。この見方からすれば、代理母は単に子宮を貸しているだけということになる。

この類比論法を受け入れられるなら、大家と間借り人の賃貸契約で設けられるような保護条項を備えた代理出産契約も認められるだろう。代理母ブローカーと依頼人は、子宮の貸主として信頼できる女性を探す。だいたいは教育を受けた中流層の女性で、すでに子供がおり、出産を終えていて、代理母になることに多少なりとも利他的な動機を持ち合わせている人が望ましい。それからメディカルチェックとカウンセリングも必要だ。こうした措置が講じられれば、代理母は注意深く管理された通常の女性の自己所有権を備えることになり、家の一室を貸すこと以上に人間性を貶められるようなことはない。

代理出産は、妥当な見方が急速に変化している身近な例の一つだと言えるだろう。多くの州が所有権調整ダイヤルの設定をひんぱんに変えているのも驚くにはあたらない。また、ダイヤルの設定が共和党・民主党、北部・南部の区別と一致しないのも、議会が所有権の設計という困難な仕事に挑むより単純なオン／オフ・スイッチを選びたがるのも、驚きではない。

いくつかの州の方針転換は、他州にも作用する。ニュージャージー州が二〇一八年に有償の代理出産を容認すると、さっそくニューヨーク州に影響がおよぶ。ハドソン川の対岸では代理母で収入を得ることができるのに、ニューヨーク州の女性にはできない。そのうえアレックス・クチンスキーのような富裕なニューヨーカーにとって、代理母を探しに他州へ行くのはじつに面倒である。かくしてニューヨーク州もスイッチを切り替えた。

所有権の設計は、競合・重複する異なるレベルの政府、すなわち連邦・州・郡・地方政府の終わりなきバトルの渦中にある。歴史的に主役を演じてきたのは州議会だ。州議会は、言うなれば民主主義の実験室である。だがときに連邦政府が全国統一のルールを押し付けてきて（たとえばＮＯＴＡがそうだ）、州レベルの実験を無効化する。ときには裁判所が独自の判断を下すこともある。ＮＯＴＡで禁じられているにもかかわらず、西部州で幹細胞の売買を認める判決が出されたことはその一例だ。

こうした選択は誰がしているのか？　アメリカに関する限り、答えるのはかんたんではない。たとえばカリフォルニア州のある都市では過半数が代理出産に反対だとしよう。州が認めているのに、その市に限って禁止することは可能なのだろうか。これが代理出産ではなく、レジ袋、マリファナ、あるいは銃だったらどうか。その根本にあるのは、いったい誰の手が所有権の調整ダイヤルを回すべきなのか、という疑問である。さまざまなレベルの政府が実験を重ねる間に、イノベーションが普及していく。そして一部の人にとっては学習の好循環が、一部の人にとっては悪循環が始まる。

ときに州が所有権の外れ値になることがある。ネバダ州は、一九世紀の鉱業がさかんだった時代から、自己所有権の中に売春をする権利を含めている唯一の州である。同州は田舎の小さな郡に売春宿の免許を与えた（ラスベガスとリノには与えていない）。その論拠は、こうだ。どのみち売春が行われるなら、合法化し規制して、売春を選ぶ人に一定の権利を認め、強制を制限し、安全性を高め、税収を増やすほうがよいではないか。理論上はそのとおりだ。だが実際問題としては、売春は搾取的で人間を貶めるものとみなされやすい。ネバダ州に追随する州はなかった。

それでも、一つの州の自己所有権の選択は全国規模の影響を持ちうる。時折オンラインで広告の出る処女オークションを考えてみよう。サクラメント州立大学の二二歳の学生、自称ナタリー・ディランは、ネバダ州カーソンシティにある公認売春宿ムーンライト・バニー・ランチの公式サイトで自分の処女を競売にかける。大学院の学費を捻出するためだった。「誰でも自分の身体に決定権を持つべきだと思う。私は誰を傷つけているわけでもない」とディランは主張する。「結局のところこれは道徳と宗教の問題なのかもしれないが、私の宗教観にも道徳観にも反してはいない」[43]。かつて父親は娘を所有しており、娘の処女性は持参金の一部だった。いまでも処女性に価値があるなら、それを売ってどこが悪いのか、とディランは言う。

ディランとネバダ州は調整ダイヤルをオンに回したと言える。売春を容認するなら処女オークションを禁止するのは筋が通らない。それに、ある種の非常に親密な愛情表現は、セレブの慈善活動の一部としてすでに競売にかけられているのだ。たとえば、AIDS研究に三五万ドルを寄付するオークションの落札者にはジョージ・クルーニーとのキス、一四万ドルのチャリティ・オークションの落札者にはシャーリーズ・セロンとの二〇秒間のキス、という具合である。ディランの場合、ムーンライト・バニー・ランチは一万ドルからスタートし、三八〇万ドルで落札決定となった。二五万ドルが手付金として払われたが、取引は不成立となった模様である。

ネバダ州以外に住む人の大半は、慈善目的でキスを売ることと処女をオークションにかけることとは違うと考える。だから他の州はどこも調整ダイヤルをオフにし、売春はもちろん、処女の競売も禁止している。だがある意味でネバダ州は、自己所有権に関する他州のすべてのルールの上位に位置付けられると言える。なぜならネバダに拠点を置くウェブサイトは、どの州からも閲覧できるからだ。

ディランは「この件に関して正解なんてない」と主張するが、私たちはそうは思わない。処女オークション、腎臓売買、卵子売買、代理出産に関して自己所有権のルールを決めておくことは非常に重要だ。だからこそ、議会と裁判所、企業と個人は調整ダイヤルの設定を巡って激しく闘っている。私たち一人ひとりが自分ならどうするかを考え、自由、ルールの強制、よき社会など対立する価値観のどれを選ぶか決めなければならない。第1章に「所有権の設計は、チョコレートアイスとバニラアイスのどちらを選ぶか決めることとはわけが違う」と書いたが、それはこのことを意味している。ラスベガスで起きたことは、ラスベガスの中にとどまりはしないのだから。

カート・フラッド法

本章の最後を締め括るにあたり、ちょっとしたクイズを出すことにしたい。アスリートのキャリアは誰が所有すべきか。さらにはその延長線上で言うと、あなたのキャリアは誰が所有すべきなのか。

二〇世紀の偉大な野球選手を挙げるように言われたら、野球ファンならジョー・ディマジオ、アーニー・バンクス、テッド・ウィリアムズなどがすぐに思い浮かぶだろう。彼らのキャリアを振り返ってみると、一つの球団に長く在籍していたという共通点に気づく。ディマジオは一三年におよぶ現役生活の間ずっとヤンキースにいた。バンクスも同じで、一八年をカブスに捧げている。ウィリアムズは一九年間ずっとレッドソックス一筋だった。兵役で朝鮮戦争に従軍した後も古巣に戻っている。スター選手が高報酬を求めて数年ごとに移籍する今日とは対照的だ。

だがディマジオ、バンクス、ウィリアムズが一球団に忠誠を尽くしたのは、ほかに選択肢がなかったからだ。一八七九年以降、球団は契約に必ず「保留条項」を盛り込むようになる。この条項では、球団側は選手との契約を無期限に延長でき、しかも年俸は小幅の引き上げでよい。大人気のスター選手でも高額報酬は望めなかった。ディマジオがメジャーリーグでプレーし続けたいなら、球団が放出を決定しない限り、報酬を出し渋るヤンキースにとどまるほかない。ヤンキースはディマジオを所有しており、いくら払うか、ベンチ入りさせるかさせないか、トレードに出すかどうかを自由に決めることができた。トレードに出すとは、つまりは売ることである。一九一九年にあのベーブルースもまさにそうなった。レッドソックスのオーナー、ハリー・フレイジーがブロードウェイでの興行資金を捻出するためにベーブルースをヤンキースに売ったのである。

この状況で、カート・フラッドが保留条項に反旗を翻す。フラッドは一九六〇年代を通じてセントルイス・カージナルスのレギュラー選手で、オールスターにも選出されたことがある。球団が一九六九年にフィラデルフィア・フィリーズとのトレードをまとめたが、フラッドはこれを拒否し、他球団からのオファーを比較検討できる「フリーエージェント（ＦＡ）」にしてほしいと要求した。フラッドは痛切に書いている。「メジャーリーグで一二年にわたりプレーしてきて、自分は意思に反して売り買いされる単なる所有物だと感じざるを得ない。そのような感情を抱かせるような制度はすべて、市民としての私の基本的人権を侵害し、アメリカの法律にも一部の州法にも違反すると考える」[44]。オールスターにも選ばれたのだし満足してプレーすればいいじゃないかという批判に対して、フラッドはこう反論している。「高報酬をもらう奴隷は、やはり奴隷だ」と[45]。

ある評論家が指摘したように、「奴隷とはどういうものかを考えると、監禁され移動を禁止されてきた歴史からして、意思に反して移動させられ、束縛から逃れようとする状態だと言える。そう考えれば、現在のメジャーリーグで起きていることとの関係性はあきらかだ」[46]。フットボール、バスケットボール、ホッケーの各リーグは、創設時に大なり小なり野球のモデルを踏襲している[47]。ヨーロッパのサッカー・リーグもそうだ。彼らはカネになる選手を縛り付け、自由に売ったり買ったりしている。

カート・フラッド事件は連邦最高裁まで争われた[48]。しかしワールドシリーズを二度も制覇したフラッドも訴訟に勝つことはできなかった。裁判に負けた後、最後の一年をプレーしたが振るわず、引退している。だが最後に勝利したのは彼だった。一九六六年に野球選手の組合が結成され、ただちに保留条項の削除を要求して球団との交渉が始まる。そして一九七五年にＦＡ制度を認める仲裁裁定が出され、ついに一九九八年には議会がカート・フラッド法を可決し、野球選手のキャリアに対する球団側の全面的な決定権を廃止した。

それでもなお、プロスポーツ選手には多くの制限がある。バスケットボールのＮＢＡは、選手の報酬にチームとしてのサラリーキャップを設けている（が、オーナーの利益には上限はない）。またホッケーのNHL所属の選手が自国開催のオリンピックで国を代表してプレーしようとしたとき、球団側は選手のオリンピック出場を拒否した[49]。多くのリーグが選手に着用する服やシューズを義務付け、プライベートな場での望ましいふるまいまで規定している[50]。

この種の管理は大学選手にもおよぶ。そのうえNCAAの加盟大学が九〇億ドルのテレビ放映権契約を結んだ際には、選手たちには一セントたりとも還元されなかった。バスケットボールの殿堂入りを果たしたスペンサー・ヘイウッドはこう論評している。「大学は、〝これは教育だ、われわれは君たちを教育し多くを与える〟などという偽りの希望の下でいつまでも選手がただ働きすると期待すべきではない。そのような物言いは四〇〇年前の奴隷制にいくらか似ている[51]」。かつてインディアナ大学のスター選手だったアイザイア・トーマスは、NCAAについて「彼らのビジネスモデルは、プランテーションのモデルを手本にしている……いまアメリカで合法的に存在することを認められている唯一のプランテーションだ[52]」と語った。対照的にコーチ（おおむね白人である）はチームからチームへ自由に渡り歩くことができ、とびきりの高報酬を受け取ることができる。その額は往々にして大学の学長を上回るほどだ。

NCAAに対する風当たりは強くなる一方で、ついに彼らも折れる。二〇二一～二二年シーズンから、大学選手は商品の宣伝、SNSでの広告、その他自分の名前、画像などを使って収入を得ることができるようになる。NCAAには他の選択肢はほとんどなかった。カリフォルニア州が選手に広告契約を結ぶことを認める法律を可決すると、他州もすぐに追随し、さらに連邦議会は全国統一の法律の導入を検討し始めていたのである。ただしNCAAの新しいルールには多くの制限が付いている。大学から直接金銭を受け取ってはいけない、学校やカンファレンスのロゴを使用してはならない、等々。それでもNCAAは学生アスリートが自己所有権に関してプロ選手に非常に近い位置付けになることは避けられない」と指摘する。「こうなったら次の疑問が出てくることを容認した。選手の代理人を務めるキャメロン・ワイスは、「こうなったら次の疑問が出てくることは避けられない」と指摘する。「大学でこれを認めるなら、高校ではどうなのか、と」[53]。

大学リーグ側は、さまざまな制限を設け選手を拘束するのは奴隷にするためではなく、もっと常識的な理由からだと弁解した。選手を育てチームを維持した報いを手にすることができないなら、長期的な選手育成、たとえばファームチームやマイナーリーグの整備、負傷した控え選手のケアなどに投資するインセンティブはなくなってしまう。学業と両立させアマチュアであり続けることが大学生にとっては理想ではないか、と。スポーツファンも、選手たちの不満にあまり同情的ではない。プロになれば好きなスポーツでやっていけるのだから、大学の選手は（ある程度は）教育を受けるべきである。学生の立場でむやみに高収入を欲しがるのはいかがなものか、云々。

調整ダイヤルをオンにして、選手がトレーニングや現金や雇用保障と引き換えにキャリアを売り渡すことを認めるべきだろうか。それとも目盛りをもうすこしオフに近づけ、複数年の契約で拘束してもよいが、節目節目で再交渉する余地を残すべきだろうか。言い換えれば、保留条項のようなキャリアの終わりまでの拘束は、スポーツ市場につきものだと認めるのか、それとも現代の奴隷制だとして拒絶するのか。

この質問に答える前に、スター選手以外の例を考えてみよう。クリシュナ・レグミが在宅医療のヘルパーとしてピッツバーグで働き始めたとき、雇用主は分厚い書類の束にサインするよう求めてきた。「単なる形式だから、と言われた。ここと、ここと、ここにサインしろと」とレグミは回想する[54]。ようやくこの書類の意味に気づいたのは、転職しようとしたときだった。競業避止契約違反として雇用主に訴えられたのである。

現時点でアメリカ人労働者のおよそ二〇％が競業避止契約に拘束されていると推定される[55]。また全労働者の約四〇％は、キャリアのどこかの時点で一度はそうした契約にサインしたことがある。医師を拘束したい病院は、競業避止契約に署名させる。人気俳優やプログラマーもそうだ。いや、能力と職業が密接な関係にある高報酬の専門職だけではない。倉庫スタッフやヘア・スタイリストやヨガ・インストラクター、さらにはキャンプ指導員といったものにまでおよぶ。

これと関連する戦術はファストフード店にも見られる。フランチャイズ契約にいわゆる引き抜き防止条項を盛り込み、他店が雇用している労働者の引き抜きを禁じるのだ。イリノイ州ダルトンのバーガーキングで時給一〇ドルで働いていたジャーヴィス・アーリントンは、シカゴでもうすこし高賃金の仕事を探そうとする。[56]だがバーガーキングの他店舗は雇ってくれないことが判明した。施設の管理人や庭師など低技能・低賃金労働者の多くが引き抜き防止条項の対象になっているのだが、レグミやアーリントンと同じく、ほとんどの人は署名を拒否する権利があることを知らない。もしかすると、あなたの雇用契約にもこうした条項が盛り込まれているかもしれない。[57]

多くの雇用主は当然のごとく雇用契約に競業避止条項を盛り込む。そうした条項は法的に無効とされる州でも、だ。なぜだろうか。多くの人は、違法の契約でも署名してしまったら拘束されるとまちがった思い込みをしている。企業はこの心理的な弱みにつけ込み、相手が権利を主張することを阻む。ちょうど大家が賃貸契約で借家人を怖気付かせるために、法的強制力のない条項を盛り込むようなものだ。大方の人は訴えられるのを恐れ、弁護士を雇う余裕もなく、違法な条項が無効であることを知らない。その結果、法的強制力のない制限条項でさえ労働者を何年も縛り付け、高賃金の仕事を探すとか強圧的な上司から逃れるといった試みを阻止することができる。

アスリートの保留条項に賛成するスポーツファンは、競業避止条項がファストフード店でハンバーガーを焼いている店員や深夜に清掃をしている管理人にも適用されることを知ったら、それでも賛成だと言えるのだろうか。そうした条項があなたをいまの仕事に縛り付けておくと知ったら、受け入れるのだろうか。自己所有権の尊重に合致する範囲内で、自分の身体の能力のどこまでを契約によって手放してよいのだろうか。いくつか選択肢を挙げてみよう。[58]

・自己奴隷化を認める。
・全面的な情報開示の下での競業避止を認める。
・限定的な競業避止を認める。
・競業避止は禁じる。

自己奴隷化は検討する価値もないように見えるかもしれない。だがアメリカ人は数世紀にわたってこれが自己所有権とまったく矛盾しないと考えていた。なにしろ独立前のアメリカでは、ヨーロッパから渡ってきた白人入植者の半分は、長年にわたり主人に拘束される年季奉公の使用人としてやって来たのである。彼らはアメリカへ渡る船の中で自ら年季奉公を選んだ。それは、いずれ親戚を呼び寄せたり家族を養ったりするためだった。年季奉公は過酷な取り決めで、年季が明けるまでは奴隷のように売られることもあれば、借金の担保として差し出されることもある。

奴隷制を禁じた修正一三条は、年季奉公による奴隷同然の扱いも禁止している。自己の奴隷化に今日賛成する人はいない。なにしろ自分の生活を全面的に放棄するのだ。たとえ年限が限定されるとしても、である。いかなる自己所有権の概念も、将来の自己への配慮がない限り正当化できない。一回限りの契約に署名する能力ではなく、自分の人生の物語において重要な局面を書き換える能力への配慮である。自己奴隷化は将来の幸福をあまりに軽視している点で、自由社会における選択の限界を超えている。

では、第二の選択肢はどうか。所有権の調整ダイヤルをすこしばかりオフに近づけ、特定の能力を備えた労働者に関しては、情報を十分に開示したうえで長期的な競業避止条項を盛り込むという方法である。このやり方の欠点は、公正な契約書の作成に費用と時間がかかることだ。代理人や弁護士のチームを抱えるスター選手でも、選手生活で起こりうる偶発事を予想するのはむずかしい。高報酬を得る労働者に限定するのであれば、全面的な情報開示に基づく競業避止契約を結ぶことは可能だろう。ただしその場合でも、選手組合が主張するように、フリーエージェントを希望した際など拘束に制限を設けなければならないし、期間内に状況が変化した場合にはいずれにせよ再交渉が行われることになる。

第三の選択肢として挙げた限定的な競業避止の容認は、自己所有権の規定を各州に委ねているアメリカの慣習から生まれた形である。議会は法制化を定期的に検討してはいるものの、まだ連邦法は制定されていない。代理出産の場合と同じく州のレベルではさまざまな実験が行われ、州法がたびたび改正されている。組合が弱体化するにつれて、大企業は時間をかけて競業避止の縛りを拡大してきた。彼らは、従業員を拘束するのは低賃金労働者の教育訓練に積極的に投資するためだとして競業避止を正当化している。せっかく教育してもすぐさまライバル企業にとられてしまうなら投資する意欲が湧かない、というわけだ。たしかに競業避止条項は労働者を拘束する。だがそれと引き換えに労働者のスキルを高め、より高い賃金を得られるようにするのだ、と。

だが潮目は変わってきており、いまでは競業避止には反対の声が強い。ある州検事総長は、「低賃金労働者を競業避止条項で縛るのは、道徳的に受け入れ難い。そのような条項は脆弱な労働者の移動性と機会を制限するうえ、彼らを威嚇し、訴えられるのではないかと怯えさせることになる」とはっきり述べている。[59] 州によって対応の仕方は驚くほど違う。七州は低賃金労働者に対する競業避止条項の適用を禁止、オレゴン州は一年に制限、ハワイ州はテック部門の労働者への適用を禁止、ニューメキシコ州は医療従事者への適用を禁止、という具合だ。マサチューセッツ州は、他の取り決めのない限り、従業員が競業避止条項により雇用を禁じられた期間について、前職の給与の半額を払うことを雇用主に義務付けている。全体として言えるのは、この条項は抑圧的であり、雇用主が言うほどの賃金上昇のメリットを労働者にもたらしていない、と多くの州が判断していることである。

最近では、競業避止条項が認められている州でも、大企業の一部が方針転換した。アマゾンは倉庫スタッフについて退職後一八カ月間の競合他社への転職を禁じていたが、この条項の削除に同意した。サンドウィッチ・チェーンのジミー・ジョンは、従業員が退職後二年にわたり近隣の競合他社でサンドウィッチ製造に携わることを禁じていたが、こちらも削除に同意している。競業避止条項の廃止を機に賃金が下がったりサンドウィッチ作りの研修が減ったりしたのだろうか。おそらく答えはノーだろう。

最後の第四の選択肢に移ろう。これは、競業避止は全面的に認めないというものである。過去一〇〇年にわたり、カリフォルニア州、ノースダコタ州、オクラホマ州は禁じてきた。情報開示をしたうえでの競業避止も、限定的な競業避止も、ダメである。これらの州の雇用主は、機密情報やトレードシークレットを保護する条項を盛り込んだ雇用契約を結び、たとえば従業員が顧客リストを持って転職するといったことを防止している。しかし、それ以上のことはできない。

この第四のアプローチを支持するデータがあるので、ここで紹介しておこう。シリコンバレーがマサチューセッツ州のMITではなく、カリフォルニア州のスタンフォード大学を拠点に生まれ、数兆ドルの価値と数十万の雇用を生み出すにいたったのはなぜだろうか。テクノロジー・ハブとしての両州を比較した多くの研究は、その原因を競業避止の有無にあるとしている。[60] シリコンバレーが繁栄したのは、労働者が自由に行き来し、ある企業から別の企業へとアイデアを持ち込み、刺激を与え、イノベーションを加速させたからだという。競業避止によって労働者が長期間拘束される古い体質のマサチューセッツ州では、それは望めないというのだ。

カリフォルニア州でも、アップルやグーグルといった大手は重要な人材を拘束しようと躍起になった。だが結局失敗に終わっている。こうしてシリコンバレーはグローバル経済を活性化する主要原動力の一つになった。すくなくともテック産業に関する限り、個人の自由と経済のダイナミズムは、言い換えれば神聖と世俗は分かち難く結びついている。

第6章

家族のものだから私のもの……ではない

貴重なものがいつまでも同じところにとどまることはまずない。貴重な品物は手から手へと渡っていく。だがどうやって所有権が移転するのか。多くの場合は、売買によって移転する。だが売り手はどこで手に入れたのか。別の売り手からだ。その売り手は？　また別の売り手から。こうしてすべてのものについて所有権のルーツまで遡ることができる。それを最初に自分のものにした人は、クレジットカードで買ったり、何かと物々交換したり、もらったりしたわけではなく、最初の所有権を主張したはずである。

最初の所有権を主張する理由を、本書はすでに五通り（早い者勝ち、占有、労働の報い、私の家は私の城、私の身体は私のもの）検討してきた。本章では六番目として、家族の絆に基づく理由を取り上げる。「私の家族のものだから私のものだ」という主張である。多くの財産は、家族の人生の決定的瞬間にその所有権が移転される。死はその一つだ。家族は死者が残したものに対して所有権を主張することができる。結婚もそうだ。資産（および債務）は結婚を機に加わり、離婚すれば分割される。

家族所有される資産はきわめて範囲が広く、ルールは不透明きわまりない。その結果として貧者の平地を尻目に富の山がひそかに築かれていく。本章ではその風景を覗き見ることにしたい。相続の物語を三つ、離婚の謎を一つ紹介する。

ジョン・ブラウンの農場[1]

法学教授として、私たちは授業で学生から示唆に富む話を聞くことが多い。学生たちは習いたての法原理に個人的な経験を結びつけて、生きた話をしてくれる。数年前、ヘラーは土地の分割所有というかなり無味乾燥なテーマで講義をしていた。すると黒人の女子学生が家族の農場に起きたことを話し始めたという。子供の頃、彼女は毎年開かれる一族郎党の集まりに参加したことがあった。アメリカ中に散らばっている親戚がみなミシシッピ州の農場にやってくるのだという。食事の支度は、生まれてこの方その土地を一度も離れたことがないという年とった叔母がやってくれる。女子学生はその叔母のことも農場も大好きだった。

ところがあるとき、遠く離れた土地に住む従兄弟が金に困って、農場の自分の持分（取るに足らない割合である）を家族以外の人に売ってしまった。すると買主が、アメリカの通常の分割法を盾にとって、農場全体の売却を迫ってきたのである。分割法は、共同所有する土地の分割について定めた法律である。この法律は、たちの悪い買い手にうまい儲けの種を提供している。離れた土地にいる相続人を見つけ出し、共有持分を買い取り、それを利用して分割売却を要求するという段取りだ。売却は競売や仕組まれた市場で行われ、かなりの安値で売られることになる。女子学生の家族の農場にもまさにそれが起きた。郡裁判所の手続きにより農場は競売にかけられ、買い叩かれた。農場が売られてしまうと、一族郎党の集まりは二度と開かれなくなった。こうした例は、一つや二つにとどまらない。

南北戦争終結時に、シャーマン将軍は解放奴隷に「四〇エーカーの土地とラバ一頭」を与えると約束する。だが北部はこの約束を守れなかった。それがわかったとき、解放奴隷は他人の手は借りずにやり遂げると決意し、懸命に働いて土地を買い入れる。一九二〇年までにはおよそ一〇〇万の黒人世帯が自分たちの農場を持っていた。彼らは一九三〇年代から四〇年代にかけて、南部の農業経済において重要な役割を果たした。

今日、黒人の家族が所有する農場は、アメリカ全土で一万九〇〇〇を下回る。一世紀足らずの間に九八％も減ってしまった。対照的に白人が経営する農場は、同時期に半分に減っただけだ。なぜこのような違いが出たのだろうか。原因の一部は、非効率な小さい農場を統合したこと、農場の賃貸契約に際して暴力や脅しを伴う甚だしい人種差別が行われたことにある。

だがそれだけではない。不透明な家族所有のルールも重要な原因だった。

ここでは、ある家族の物語を紹介しよう。[2] 一八八七年にジョン・ブラウンはミシシッピ州ランキン郡に八〇エーカーの土地を買った。彼は南北戦争後に解放された奴隷の一人で、生涯かけて貯めた資金を農場に投じたのである。彼は長生きし、一九三五年に死去するが、遺言を残さなかった。農場の所有権は妻と九人の子供に分割された。時が経ち、やがて全員が遺言を残さずに亡くなると、土地は孫たちの間でさらに分割される。ただしジョンの子供の一人であるウィリー・ブラウンは、他の人の持分を買って土地所有権の統合を試みた。ウィリーは死ぬまでに農場の所有権の半分を手に入れることに成功する。そして遺言で土地を妻のルースに残す。

一九七八年にルースは裁判所に農場の共有持分の分割を申請する。自分の持分すなわち四五エーカーの土地を直接所有したいと考えたのだ。残りの土地は、ブラウン一族の相続人六六人が引き続き共有することになる。各人の持分は、1/18から1/19440までさまざまだった。裁判所は分割を認めたが、現物分割ではなく代金分割を命じる。そして農場を売った代金は持分に応じて相続人の間で分配された。

こうした土地分割の申し立てに基づく強制的な競売では、入札者が一社だけということが少なくない。ブラウンの農場の場合も、入札したのは地元の製材所（経営者は白人である）だけだった。一族全員が農場には競売価格より大幅に高い価値があると考えていたにもかかわらず、誰も入札に参加しなかった。理由の一つは、州法の多くが落札価格の全額または大半の額を競売当日に現金で払わなければならないと定めていることにある。このルールのせいで、ふつうの所有者の大半には入札への参加が不可能になった。もう一つの理由は、ブラウンの相続人たちが一族で共同入札をするのがむずかしいことだった。点在する所有者から資金をかき集めなければならないが、じつは相続人の多くは自分が所有者であることさえ知らない。かと言って相続人の誰かが単独で入札に参加しても、製材所の低い入札価格を上回ることさえできまい。こうした顚末はめずらしくもないのである。裁判官が土地を競売にかけることを命じたが最後、これを覆すことはできない。落札価格はほぼ必ず相場を大幅に下回るのだが、それでもこれが最終価格となる。

ルース・ブラウンは競売でいくらか現金を手にしたものの、四五エーカーの農場の代わりにはとうていならなかった。そしてブラウン一族は、思い出の農場と一族が集まる場を永遠に失う。それを埋め合わせてくれるものは何もない。

ブラウン一族の物語は、アメリカにおける黒人の農場所有の推移をなぞるものだと言える。ジョン・ブラウンが農場を買ったのは、ちょうど黒人の家族が急速に土地を蓄えていた頃だった。それから一世紀後にルース・ブラウンが農場を失った頃には、アメリカにおける黒人の土地所有は急速に縮小していた。現在では黒人の農家はアメリカの農家全体の一％にも満たない。しかも黒人の家族は白人の三倍のペースで農地を失い続けている。

この劇的な減少傾向は、相続法の導入とともに始まった。とくに大きな要因となったのが、家族の誰かが遺言書を残さずに死んだ場合の家族の所有権への影響である。南部に住む多くの貧しい黒人農家は、もっともな理由から地元の白人の弁護士を信用していない。そのためけっして遺言書を作ろうとしなかった。この弁護士不信は裕福な黒人の間にも広がり、今日まで残っている。アレサ・フランクリンもプリンスも最高の弁護士を雇うことができたはずだが、どちらも遺言書を残さずに亡くなった。全体として黒人の四分の三は遺言書を作成しないが、この比率は白人の二倍以上である。

その結果、南東部で黒人が所有していた土地は、その四分の一以上が共同所有者の数が平均八人に達する相続不動産となっている。しかも八人のうち平均五人は土地のある地域には住んでいない。たとえばミシシッピ州における黒人所有の土地は、州内に住む黒人が所有する土地よりシカゴに住む黒人が所有する土地のほうが多いのである。ある専門家はこの状況を「これまで見たことも聞いたこともない最悪の問題」だと表現する。[3]

相続法は膨大なコストを黒人に、正確には遺言書を作成しないすべての人に強いることになった。遺言書を残さずに死んだ場合、州は相続法で相続人に指定された人の間で、指定の優先順位に従って所有権を分割する。相続人は、配偶者、子供、孫、親、兄弟姉妹、さらには遠い親戚にまでおよぶ。「多くの人は、遺言書を書かなければ土地は一族のもののままだと信じている。だが実際には、遺言なしで死ぬと所有権を危険にさらすことになる」と相続不動産の専門家は指摘する。[4]

ルース・ブラウンが土地を失ったときのような分割売却は、相続不動産が失われる主因となっている。州法では、相続不動産のように土地が共同所有されている場合、土地の管理や利用に関する決定の多くに全員の同意を必要とする。だが農場を効果的に運営することを考えたら、全員の同意を必要とする意思決定ルールはきわめて望ましくない。

それどころか致命的である。あなたが兄弟と一緒に小さな海辺の別荘を相続したとしよう。つまりあなたと兄弟は別荘を共同所有した。おそらくご両親は自分たちの死後もこの小さな別荘が兄弟の絆を深めてくれると期待したことだろう。兄弟は時々屋根の修理代をどう負担するか、夏の間誰が使うかで口喧嘩をすることはあっても、まずまず仲良くやっていく。だが孫やその次の世代になったら、口論では済まなくなる。住むところも離れ、一族の絆は弱まり土地との結びつきも薄れてくるからだ。

共同所有の悲惨な現状を解明するカギは、アメリカの共同所有法にある。この法律は共有不動産の運用を助けるどころか、ひたすら邪魔をしてきた。人々はみな絆を断ち切り個別に不動産を所有したがっているとの前提の下、それを促進するというのがこの法律の建前である。この法律によると、孫の誰かが雨漏りを修繕しても、みんなでその代金を出し合うことはできない。修繕費を他の共同所有者から取り立てられるのは、その家を分割し売却してからである。そこで、まさに分割売却が起きるというわけだ。

アメリカの法律はありとあらゆる手立てを講じて、修繕に限らず、共有不動産の管理運営を困難にしている。自分の持分を担保にお金を借りることは不可。よって土地はいつまでたっても活用されない。災害時の給付金すら受け取れないことがある。ハリケーン・カトリーナ襲来時の復興基金は一億六五〇〇万ドルが未請求に終わったが、これは相続不動産の所有権を証明することが困難だったためである。その結果、相続不動産はしばしば荒れ放題に打ち捨てられることになる。

相続人の一人がこの共同所有の不都合から逃れたいと考えたら、任意の合意または裁判所命令による分割が唯一の解決策となる。分割方法としては、歴史的に法律は現物分割を原則としてきた。まさにルース・ブラウンが望んだ方式である。彼女はジョン・ブラウンの八〇エーカーの土地のうち、四五エーカーだけを自分一人で所有したいと考えた。だが現物分割の実行は、現実にはなかなかむずかしい。測量士や不動産鑑定士の料金が嵩むうえ、土地が改良された場合にそれを分割するのは困難だ。

また分割すると一区画があまりに小さくなりすぎて経済的に意味をなさないことも少なくない。そこで現実には、また多くの場合に法律でも、土地を競売にかけて代金を分割する方式が採用される。相続人の数が多い場合はとくにそうだ。言うまでもなく、お金のほうがはるかに分割しやすい。

だがこの運用の容易さは代償を伴う。あるアナリストによると、こうした競売での買い手は「ほぼ例外なく白人であり、多くは地元の弁護士か地方公務員の親戚といった人たちである。彼らはどんな不動産が競売にかけられるかを常時チェックしており、入札するときには買う準備を万端整えてくる」という。[5]

アメリカ農務省は、この方式が「黒人が意図に反して土地を失う主因となった」と述べている。[6]ある雑誌の特集はノースカロライナ州カータレット郡を取り上げ、「裁判所が扱った相続不動産の四二％は黒人世帯が関与していた。だが同郡に住む黒人の比率は六％に過ぎない」と指摘した。[7]

黒人世帯が払わされた代償は高い。今日では、白人世帯が保有する資産の平均は黒人世帯の一〇倍に達する。黒人が所有地を失ってきたことが、人種間の資産格差の一因だと考えられる。相続不動産の専門家もこう語っている。「この国の富と不平等を理解したいなら、黒人が土地を失った歴史を理解しなければならない」。[8]

土地を失うコストは金銭面にとどまらない。農場を売ると、一族の間の人脈という無形の価値も失われる。ヘラーの授業で発言した女子学生のケースがまさにそうだ。ミシシッピ州の農場での一族郎党の集まりは開かれなくなってしまった。農場が残っていれば、年長の家族がおそらく子供をそこに住まわせ、やがて子供は年老いた家族の世話をするようになるだろう。土地を失った高齢の親はそうした支援を受けにくくなり、多くは生活水準の低下に苦しむことになる。ブラウン一族の悲劇は、土地を買い叩かれ富が破壊されたことだけではない。農場が家族の中で保っていた特別な価値も破壊された。家族の絆の喪失は金銭価値で表すことはできないが、深い痛手であることはまちがいない。

土地の分割売却はけっして過去の話ではない。南部全域にわたって、相続不動産は黒人が所有する農地の三分の一を占めている。合計でおよそ三五〇万エーカー、三〇〇億ドルほどだ。

こうした相続農地がこれ以上失われないようにするために、何ができるだろうか。問題を引き起こしたのは所有権の設計がまずいからだが、これを手直しすれば解決は可能だ。ヨーロッパの多くの国では、社会政策と法律によって家族が農場を維持できるようにしている。たとえばドイツの法律は、共同所有者の一人が重要な修繕を行った場合には、即座に費用を他の共同所有者から取り立てることができる。これに対してアメリカの法律では、分割後でないと取り立てることができない。ドイツの法律は保守修繕を促進し、家屋の劣化や土地の分割を防ぎ、共同所有を維持しやすくしている。

こうしたドイツのモデルに触発されたアメリカの非営利組織、統一州法委員会（ＵＬＣ）は、統一相続不動産分割法（仮称）を二〇一〇年に提案した。[9] ＵＬＣは法務調査や知識に基づき雛形法を作成して各州に提供する組織である。この法律が対象とするのは、広い土地は所有しているが現金がないという黒人農家だ。こうした農家は銀行から融資を受けるのも売りに出た土地に入札するのもむずかしい。提案された法律では土地の売却を裁判所による競売ではなく公開市場で行うことを原則とし、ある場合には、裁判所に代替案を考えるよう義務付ける。さらに、売却によって立ち退きが強制される場合や売却対象が歴史的物件で先買権を家族に与える。力を合わせて農場をやっていこうという家族にとっては、こうした法改正は農場を無傷で維持するうえで助けとなる。

一七の州がこの雛形に基づく法律を導入した。たとえばサウスカロライナ州は、いままでは農場を経営する家族に「第一先買権」を与えている。また相続不動産が競売にかけられ落札価格が低かった場合には、家族に四五日の猶予期間が与えられ、資金を集めて買うことが認められる。だが南部のうち八州はこうした法律を可決できなかった。相続不動産が最も多いノースカロライナ州もそこに含まれている。

加えてこの法改正は相続不動産の運用という重要な問題に踏み込んでいない。全員の同意を必要とする現状は、古典的な所有権のグリッドロックを引き起こす（第3章参照）。これに対していくつかの法律関係の公益団体が、解決策を考案している。それは、家族経営の農家を会社組織にして相続不動産の管理を委ねるというものだ。株式会社組織にすれば、CEO（おそらくは、生まれてこの方その土地で暮らしてきた年老いた叔母さん）が農場経営の権限を持ち、融資を受ける、土地を賃貸する、集会を主催する、株主に配当を出すなどの業務を引き受ける。同族会社方式は不透明な共同所有より所有権のあり方としてすぐれているだろう。だが多くの黒人にとってこうした政治的解決はあまりにささやかで、あまりに遅かった。ノーベル文学賞を受賞したアメリカ黒人文学の花形トニ・モリスンは『ソロモンの歌』で次のように語りかけるが、その呼びかけを心に留めることのできた者はごくわずかしかいない。

「この土地をつかむのだ！　それを取るのだ、握るのだ、兄弟たちよ！　それを作るのだ、兄弟たちよ！　振って、絞って、回して、ひねって、打って、蹴って、キスして、鞭打って、踏みつけて、掘って、耕して、種を蒔いて、刈り取って、借りて、買って、売って、自分のものにして、建てて、ふやして、そして伝えるのだ――聞こえるか、わたしの言っていることが？　それを伝えるのだ！[10]」

微細分割という無意味な制度[11]

黒人の土地所有が減ったことはけっして例外的な出来事ではない。ネイティブアメリカンも同様の運命に翻弄された。正義なき戦争、協定破り、強制移住などの悲劇的な物語はよく知られている。だがアメリカの相続法が、残っていたネイティブアメリカンの土地所有をどのように削り取っていったかを知る人はほとんどいない。相続不動産と同じく、ネイティブアメリカンが所有していた土地は、今日では放置されている。耕すことはできず、抵当に入れることも、売ること、貸すこと、何らかの生産的な方法で活用することもできない。

いったいなぜネイティブアメリカンはこの悲惨な所有方式に囚われてしまったのだろうか。一八八〇年代に連邦議会は、部族による土地所有という「遅れた」慣習を打ち切り、保留地を分割することを決定する。個人が私有地を持つことで部族の同化と解体が進むと考えたからである。ネイティブアメリカンの世帯主は三二〇エーカーを割り当てられ、個人は部族の所有地一六〇エーカーを与えられた。この割り当ての結果、保留地にかなりの「余剰」が出て白人入植者に分配されたが、これはけっして偶然ではあるまい。

割り当てた土地がすぐさま入植者のものになることを防ぐために、ネイティブアメリカンの土地は信託所有形式とされ、土地信託には譲渡に対して多くの制限条件がつけられた。まず、土地の所有権は譲渡できない。任意売却によっても、遺言によっても、である。所有者が死んだら、土地は相続人の間で分割しなければならない。その土地の所有者は、一世代後には三人に、二世代後には九人に、そして三世代後には二七人になるかもしれない。政府はついには任意譲渡を認めたが、登記手続きに必要な資金を与えたわけではない。結局、ネイティブアメリカンの所有地の大半は、相続人の間で持分がどんどん分割されていくがままとなった。

一九二八年初めになって、連邦議会はようやく割り当てプログラムが悲惨な結果を招いていることに気づく。ある議員は下院で次のように演説した。「生産的に活用できたはずの良質の土地が細分化して割り当てられ、ただ放っておかれている。このような状態の不動産の活用がむずかしいせいで、所有者は貧困に陥っているのだ」[12]。一九三四年に法改正が検討され、別の議員は次のように述べた。「管理費が途方もなく膨らんでいる。割り当てられた保留地では、地代収入を相続人で分け合うと、一人の取り分は月一セントに満たないケースがままあるのだ。インディアンも、インディアン事務局も、微細分割という無意味な制度にがんじがらめになっている。この状況で、土地を管理し帳簿につける事務仕事ばかりが膨れ上がり、土地を人間のニーズを満たすために有効活用するあらゆる機会は失われてしまった」[13]。

一九三〇年代以降に加わった新しい土地はないが、すでに割り当てられた数百万エーカーの土地の細分化は継続された。連邦議会は一九八〇年代にこの無意味な制度をいくらかなりとも変えようとし、小さい持分は所有者が死亡したときに部族に返還することを提案する。だが悲しいことに、最高裁はこの法改正を却下した。細分化が「行き過ぎ」て「異常な」事態に立ち至っていることを理解しながら、である。

「(ダコタ保留地の)区画一一三〇五号は面積四〇エーカーで、年間収入一〇八〇ドルを生む。土地価格は八〇〇〇ドルと推定される。この区画の所有者は四三九人で、彼らが受け取る地代は、三分の一が年〇・〇五ドル未満、残り三分の二も一ドル未満である……内務省インディアン事務局の推定によると、この土地の管理費は年間一万七五六〇ドルだという[14]」

裁判所は判断を誤ったと言わざるを得ない。議会が所有権の設計を通じて土地の価値を回復することを認めず、政府が強制した「微細分割という無意味な制度」を一段と強固に固定してしまったのである。インディアン事務局の予算は、細分化された持分の追跡に使われ続け、ネイティブアメリカンの教育、雇用、インフラ整備支援といった本来の用途に使われてこなかった。

土地の細分化の悲劇は、所有権設計の大失敗というだけでなく、司法の理性と政治的意思の欠如をも表している。ごく最近まで、ネイティブアメリカンの約六〇〇〇万エーカーの土地は、一〇万の細分化された区画に分割され、所有者二五万人が二五〇万件に分割された受益権を保有していた。ただここ数年間で、一九億ドル規模の買い戻しプログラムの下で受益権の三分の一が部族に返還されている。買い戻しを巡る訴訟はアメリカ司法史上最大級の集団訴訟の一つとなり、連邦政府が返金に同意した部族資金で買い戻しの費用がまかなわれた。それでも、割り当てられた土地の多くはいまもなお損失の大きさを思い出させるだけで、生計の手段にもならず、人と人を繋ぐ役割も果たしていない。

聖書には「柔和な人々は、幸いである、／その人たちは地を受け継ぐ」（マタイによる福音書第五章五節）という一節がある〔有名な「山上の垂訓」の一節。聖書学者W・E・バインによると、ここで言う「柔和」とは神に対する態度を指し、神の御心のままに任せ不満や反抗心を抱かないことを意味するという〕。所有権に関するこの格言は、本書でこれまで検討してきた他の格言同様、人を誤らせる。いまの世界では、おとなしくしていたらごくわずかしか受け継ぐことはできない。

これは偶然ではない。なぜルース・ブラウンはミシシッピの農場の持分を失ったのか。ダコタ保留地の区画一三〇五号はなぜあれほど細分化されたのか。分割も相続不動産の損失も、賢い「共同管理（governance）」を捨てて「排除（exclusion）」にこだわった結果にほかならない。[15] 排除と共同管理のバランスは、所有権の設計において考えるべき重要な要素である。

「所有権とは何か」という問いに対する大方の人の直観的な反応は、「立入禁止」に代表されるような排他性である。第4章で述べたように、イギリス法の権威ウィリアム・ブラックストーンが一七六三年に私有地について書いた一文は、いまも生き続ける。私有地は「外の世界とは無関係に権利を主張し行使できるその人だけの独裁的な領地であり、全人類の他のすべての人の権利を完全に排除することができる[16]」。つまり、それが私のものなら、あなたのものではない。

多くの古いアメリカの法律は、共有は問題が多く、排除が唯一の解決であるとの前提を置いている。このため、州当局は（ルース・ブラウンとその係累のような）共同所有者を見つけると、分割を提案する。そうやって、共同所有者をばらばらにする手伝いをしようというのだ。

自分だけが所有しているのがよいことだという通説は深く根を下ろしており、多くの人に道を誤らせている。しかし今日の現実では、市場経済における資産の圧倒的多数は排除を気にする個人ではなく、集団によって所有されている。結婚、コンドミニアム、協同組合、ユニタイゼーション、信託財産、パートナーシップ、株式会社を考えてほしい。これらはすべて、ヘラーとハノック・ダガンが「自由共有財産（liberal commons property）」と呼ぶ共有形式の成功例だ。[17] 自由共有財産は、希少資源を所有者グループが共同で管理しつつ、個人の基本的な自律性は維持できるよう設計されている。自由共有形式は、環境保護の観点からも所有権イノベーションの最前線に位置付けられる。たとえば漁獲割当やキャップ&トレードがそうだ。これらについては第7章で取り上げる。

排除は所有者と他者、インサイダーとアウトサイダーの争いになりがちだが、共同管理は資源を集団でうまく活用するためのルールを重視する。それは単に経済的利益のためだけでなく、社会的、さらには精神的な理由のためでもある。共同管理がうまく設計されているときは、各人は互いに信用しても大丈夫だと感じ、人生の重要なプロジェクトのために自らを拘束するルールを受け入れようという気になる。そのプロジェクトは結婚することかもしれないし、コンドミニアムの区分所有者が共用スペースを共同使用・管理することかもしれない。あるいは法律事務所のパートナーとして顧客にサービスを提供すること、企業の出資者が事業を立ち上げることだったりする。

自由共有が長続きし成功するためには、三つのトレードオフに取り組まなければならない。第一は、個人の選択と集団の権限のトレードオフである。集団の承認を求めずに個人は何をしてよいのか。配偶者からの借りを清算せずに高額のギフトを買ってもよいのか。これから見ていくように、答えは州によってまちまちである（カップルによってもまちまちだ）。第二は、多数決での決定の強制と反対意見の尊重のトレードオフである。コンドミニアムの管理組合は、ナーシュテットと三匹の猫（第4章参照）にどう対応すべきだろうか。そして第三は、集団の価値観と個人の脱退の自由とのトレードオフである。離婚の最終決定を下す前にクーリングオフ期間を設けるべきか。集団からの脱退の条件はどの程度厳しくすべきだろうか。

排除と共同管理を念頭に置くと、黒人の土地がなぜあのように激減したのかがわかってくる。アメリカの共同所有法が相続財産に適用されると、共同管理は事実上不可能になるのだ。共同所有に関する決定に全員の同意を必要とする場合、ほぼすべての共同所有者の協議において分割と排除が唯一実行可能な解決ということになる。ブラウン一族の共同所有者のように過半数が自発的に望んでも、土地を担保にお金を借りたり、土地を貸したりすることはできず、修繕をしても共同所有者から取り立てることとさえできない。ドイツの共同所有法にみられる協力に基づく自由共有制とは大違いである。

アメリカは最も貧しく弱い市民を排除志向の法律の餌食にしており、ルース・ブラウンのような共同所有者が建設的な解決をめざす試みを組織的に阻止している。長い間にこの残酷なルールは、黒人農家やネイティブアメリカンが苦労して築き上げたわずかばかりの富を細分化し忘却の彼方に押しやってしまった。彼らの土地ではいまでは作物ではなく雑草が生い茂っている。

対照的に金持ちにはまったく違う物語が待っている。

遺産税を払うなんてまぬけのやることだ

一九九五年二月一日、八三歳のチェスター・セグペンが議会で証言した。ミシシッピ州モントローズで林業を営む老人にとっては想像もしなかった出来事である。奴隷の孫であるセグペンは、七歳のときから農業に従事している。最初はラバを使って叔父の綿畑を耕し、日給三五セントをもらった。叔父は土地の分割や相続法の適用を巧みに免れ、家族経営の農場を守っていた。

一九四〇年にセグペンは叔父から八五エーカーの農地を買い、徐々に土地を広げていった。妻のロゼットと力を合わせ、綿やトウモロコシの栽培から林業へと転換し、木の苗を植えて樹木を育てるようになる。土壌浸食や野生動物に配慮する彼らの農場は環境保護のお手本とされ、セグペンは年間最優秀樹木農家に選ばれている。黒人の受賞は初めてのことだった。

だが彼は農場の将来を心配していた。そこで不安を訴えるために議会にやってきたのである。セグペンが証言したのは疫病や洪水のことではなく、遺産税（estate tax）のことだった。[18] 遺産税とは、親が死んだときに子世代が財産を受け継ぐ特権のために政府に納める税金のことである。

「私たちは樹木農場を家族に残したい」とセグペンは訥々と語った。[19] 彼は四〇年以上にわたる労苦と注意深い管理でもって事業を育ててきたのだ。「私の農場には一〇〇万ドル以上の価値があると聞いている。その価値は土地と樹木と分かち難く結びついている。私たちはけっして裕福ではない。この事業は全部息子と私たちだけでやってきた。それなのに現在の法律では、子供たちは遺産税を払うために農場を切り売りするか、木を伐採して売らなければならない」。

セグペンの最後の言葉は未来の世代に向けられた。「数カ月前、私たちは木の苗を植えた。孫や曾孫たちには大きくなる木を見守ってほしい。樹木農場の経営者はみな同じ思いだろう。それを可能にしてくれるような遺産税改革を期待する」。

だがここにはちょっとしたカラクリがある。じつはセグペンの農場の価値は、遺産税の課税最低限を下回る。だから彼が死んでも遺産税はかからない。家族は無税で農場を相続できる。さらに息子から聞いてわかったことだが、セグペンは自分で証言の草稿を書いていない。遺産税に反対するロビイストが書いたという。セグペンは「遺産税撤廃を訴える表看板として完璧だった」と法学教授のマイケル・グレーツは指摘する。「ロビー活動に資金を出している裕福な白人世帯の隠れ蓑としてね」[20]。ロビー活動は無駄骨に終わると見られていたが、万一成功すれば、活動資金を出した人たちは何十億ドルもの税金を払わずに済む。活動を主導したのはコーク・インダストリーズの経営者チャールズ・コーク、クアーズ・ブリューイング・カンパニーの経営者ジョセフ・クアーズ、そのお金持ちのお友達だ。富裕層はこうして次世代、次次世代へと経済支配力を受け渡していく。

これは億万長者たちによる純粋な階級闘争だった。闘争は、彼らが所有する新聞、彼らが支援するシンクタンク、彼らが献金する政治家を通じて展開された。その共同戦略は、アメリカ中の人々に毎日のようにセグペンの懸念を伝え、遺産税の唯一の課税対象であるスーパーリッチ（ロビー活動の資金を出しているのも彼らだ）から注意を逸らすことである。そのために、論点を巨額の遺産にだけかかる「遺産税」ではなく、死んだ人の財産すべてに課税される「相続税」にすり替える巧妙な作戦がとられた。政治工作の指揮をとったコンサルタントのフランク・ルンツは、このすり替えによって「〝遺産税〟ではなく、〝相続税〟に対する有権者の反感を煽った」とのちに暴露している。[21]

所有権の物語に説得力を持たせるために、ロビー活動は生身の人間に語らせる手法を採用して人々の不安を掻き立てた。こうしたわけで、セグペンだけでなく、ほかにも多くの人が証人として引っ張り出されている。テキサス州コーシカナのコリン・ストリートでパン屋を営むビル・マクナット、フロリダ州の牧場主ジム・ターナー、ペンシルベニア州マルバーンの農夫ロバート・ランジなどだ。彼らは口々に、家族でやってきたビジネスを遺産税のために売らなければならないのではないかと不安を吐露した。遺産税撤廃を訴えるロビイストが目をつけたのは、アメリカ人の四〇%が、自分は所得上位一％に属すか、すぐに属すようになるから、遺産税の対象になるのだと思い違いをしていることである。

ロビー活動のおかげでセグペンの物語は広く知られるところとなった。ルンツに雇われた連中は、アメリカ人の一〇〇人に二人以下しか対象にならない税金を、あたかも誰もが払わなければならない税金であるかのように仕立て上げたのである。ある評論家の指摘は正しい。「セグペンの物語はあちこちで繰り返し語られた。そこには人種差別も影を落としており、まるで遺産税が黒人に不当な損をさせるような印象を与えたものである。何が問題かって？　それが完全な嘘だったことだ[22]」。

だがこの嘘は効果的だった。遺産税に関するニューヨーク・タイムズ紙の特集記事は、遺産税を払うために事業を失った農家を撤廃賛成論者が一人も見つけられなかったと指摘している[23]。小さな会社を経営している人などにとっては、なにも遺産税自体を廃止しなくても、単に課税最低限をすこし引き上げるだけで課税が免除されるはずだった。だがそれでは裏で糸を引いている富裕層の目的には適わないのだから、皮肉なことである。

ロビー活動が始まった時点で、連邦遺産税の課税最低限は六〇万ドルだった。最低税率は三七％である。二〇〇一年に議会は遺産税の段階的廃止を決める。その結果、二〇一〇年には課税最低限が一人五〇〇万ドルになった。ドナルド・トランプ大統領の二〇一七年税制改革により、課税最低限が一人一一〇〇万ドルに引き上げられた。今日では、結婚しているカップルは財産合計が二三〇〇万ドルになるまで遺産税を納めなくてよい（それに彼らはアドバイザーを雇い、信託財産を活用したり節税対策をしたりして、さらに数百万ドル、いや数千万ドルを無税で運用できる）。

あなたがお金持ちなら、さらによいニュースがある。多くの場合、あなたの財産（および積み上がった隠し財産）はあなたが死ぬときに遺産税を免れるだけでなく、その大半には存命中も税金がかからない。というのも巨額の財産の半分以上は株式や美術品や不動産で構成され、それらには未実現キャピタルゲインが含まれている。つまり含み益で、富裕層の資産にはこれが蓄積されている。存命中は、未実現のキャピタルゲインには課税されない（売却し利益が確定して初めて課税される）。そしてあなたが死んだときにも課税されないのだ（遺産の価値は死亡日に確定され、生きている間のキャピタルゲインは消滅する）。これは、第4章で論じた資本に適用される付属の原則の極端な形と言えるだろう。富は磁石のように富を引き寄せる。そのうえ潤沢に資金を与えられたロビイストとアドバイザーが遺産税の撤廃を画策している。

今日では、遺産税を課されるのは死んだ人一〇〇〇人に二人だけだ。つまり最も容易に払える人だけに照準を合わせた税金なのである。にもかかわらず撤廃を求める活動は広く支持されており、七〇％が撤廃に賛成しているという。この無税での巨万の富の移転は「近年では最も成功した法改正要求の一つ」だとグレーツは言う。[24] 億万長者とそのお友達に雇われたロビイストたちは途方もない報酬を手にしたにちがいない。なにしろ、最も容易に納税できる人以外のすべての人から、遺産税納税義務を排除することに成功したのだから。遺産税撤廃のロビー活動を支援した富裕層にとって、家族所有ルールへの投資はじつに効果的で、事業経営などをするよりはるかに高い投資リターンがもたらされたのだった。

だが遺産税の撤廃はほんの小手調べに過ぎない。億万長者クラブにはもっと巧妙なゲームプランがあった。この話は千年前のノルマン・コンクエストの頃に遡る。イギリスに貴族階級が誕生したのはこのときだ。

爵位

人類の歴史の大半を通じて、所有権に関して個人はたいして重要な役割を演じていない。富の「所有者」とは、単に一家の所領と財産を守る番人に過ぎなかった。彼らは自分の代の番人を務め、祖先から受け継いだものを子孫に受け渡す義務を負う。今日では想像しにくいかもしれないが、財産の所有者はあくまで家系一門であって個人ではなかったのである。

二〇一〇年から始まったイギリスの人気テレビドラマ・シリーズ『ダウントン・アビー』をご存じだろうか。舞台は第一次世界大戦直前のイギリス。ダウントン・アビーはヨークシャーのダウントン村にある貴族のカントリーハウスである。物語の中心にいるのはクローリー家の当主でグランサム伯爵のロバート・クローリーだ。彼の所有する土地は一家の洗練されたライフスタイルを可能にし、またクローリー家に依存する地元の小作人や村人の生計をも支えている。

所領を持つ貴族としての生活は安泰だったが、ロバートは一つ問題を抱えていた。イギリスの家族所有ルールの下では彼には自由裁量の余地がほとんどなく、彼自身は何一つ所有することができなかったのである。限嗣《げんし》すなわち相続人が限定された限定相続土地所有権（entailment）しか持たない彼は、現世代の番人として所領を管理しなければならず、所領を増やすことはできても売ることはできず、一部を切り離すこともできない。長子相続制が厳格に施行され、最年長の男子嫡子一人が伯爵の土地、家屋、爵位をそっくり受け継ぐ。限嗣相続と長子相続は、富裕な一族が未来永劫富を維持するために考案された所有権ツールだった。ロバートのような貴族は、たとえ遺言を書いても状況を変えることはできなかった。

ロバートには娘が三人いたが息子がいなかったため、彼が死ぬとダウントン・アビーは遠縁のまたいとこマシュー・クローリーが、最も近い男系相続人として自動的に継承することになる。彼は（おぞましいことに）中流階級で、マンチェスターで弁護士をしていた。さらに悪いことに、ロバートの妻コーラ、レディ・グランサム（アメリカの富裕な家系に生まれた）も家族所有の問題に直面していた。彼女がニューヨークから持ってきた巨額の持参金は、「夫の庇護下にある」との古くからの法律（第5章参照）に従いダウントン・アビーの家督に紛れてしまう。ロバートが死んだら、所領の維持に必要なコーラの持参金もマシューに行くことになる。ドラマの最初のシーズンの大半は、なんとかマシューとロバートの長女メアリーを結婚させようとする一族の企てに費やされる。二人が結婚すれば、ロバートが死んだとたんに一家が路頭に迷う事態を回避できる（まさにこれと同じ結婚問題がジェーン・オースティンの小説『高慢と偏見』のテーマになっている）。

産業革命まで、富の大半は土地の形で保有されていた。長子相続は、貴族が自分の所領を相続人の間で細分化されることを防ぐための強力なツールだったのである。細分化がアメリカで黒人とネイティブアメリカンにもたらした悲劇的な結末はすでに述べたとおりだ。それだけでなく、アイルランドのジャガイモ飢饉とその後のアメリカへの大量移民にも細分化が関係している。イギリスは一七〇三年財産法を盾にとって、アイルランドのカトリック教徒には長子相続を認めなかった。このため彼らの農地は世代が下るごとに細分化されていく。区画が縮小するにつれて多種類の作物を植え付けることは不可能になり、最後はジャガイモだけが栽培可能な栄養価の高い作物になる。そのジャガイモが胴枯れ病で全滅すると、もはや打つ手はなかった。一〇〇万人のアイルランド人が餓死し、生き残った人は国を出てアメリカへ向かった。

長子相続制の下で、女性は意に染まぬ結婚をさせられるという犠牲を強いられた。また長男以外の男子は家を出され、軍隊に入るか官僚になった。『ダウントン・アビー』の原作者ジュリアン・フェロウズも長子相続制の影響を受けている。フェロウズの妻エマ・キッチナーは、叔父キッチナー伯爵の爵位を継ぐことができなかったのだ。伯爵には男子の相続人がいなかったため、伯爵の死をもって爵位は廃絶された。「ばかげている」とフェロウズは語る。「完全にまともな成人女性が、世襲の爵位に関してはいっさい継承する権利がないとは、まったく腹立たしい」[25]。それでもイギリスの貴族階級にとって、こうした犠牲は受ける恩恵と比較すれば十分に容認できるものだった。最年長の男子に限定して相続させることで、一家は所領全体を無傷で次の世代へと受け継いでいくことができるのだから。

とはいえ、長男に限る必要はないはずだ。現に最年少の男子に相続させる社会もあれば、娘に相続させる社会もある。だが圧倒的に多いのは、やはり長子相続である。二〇一一年から放送されたテレビドラマ『ゲーム・オブ・スローンズ』の神話の世界でさえ、鉄の玉座を巡る長子相続制とドラゴンとの戦いが描かれている。ここで注意してほしいのは、相続法というものは、土地を無傷で維持するにせよ、長い間に分割するにせよ、子孫の間で勝者と敗者を必ずはっきりさせることである。誰が何を相続すべきかに関して、それどころか相続をそもそも認めるべきかどうかについてさえ、自然に決まるとか運命に定められているということはない。相続はどれも争われた末に決着されてきた。

所有権を注意深く設計したおかげで、イングランドの富裕な家系は支配階級としての地位を数世紀にわたって維持することができた。最近行われた調査によると、驚くべきことに、一一七〇年にイギリスで最も有力だった一族は、八〇〇年以上が経ってもなお高い社会的地位を謳歌していたという。イギリスだけではない。今日のフィレンツェの富裕な家系は、一四二七年に最も富裕だった一族とおおむね同じだという[26]。

だがイギリスのルールはアメリカには持ち込まれなかった。アメリカでは、相続は所有権に内在する権利ではなく、国が与える特権である。連邦最高裁が遺産税は合憲であるとの最初の判断を下したときに、両者の違いに言及している。アメリカ人は建国当初から、世襲貴族制を支えてきた家族所有のルールを拒絶していた。限嗣相続制はほぼ全面的に廃止されたし、長子相続制がアメリカの法律に登場したことはない。憲法は「爵位」をはっきりと禁じている。『ダウントン・アビー』のファンはアメリカにも多いが、あの物語はアメリカでは起こり得ない。

ある歴史家が指摘したとおり、「新しく生まれたアメリカ共和国にとってあらゆる潜在的な危険の中でも、権力の集中の可能性は……変革の世代の賢明な指導者にとって悩みの種だった。建国の父たちは古いヨーロッパを熟知しており……相続財産の蓄積が不平等と不公平につながり、あらゆる制度を不可避的に蝕む原因となったと理解していた」[27]。世代から世代へ巨万の富を受け継ぐなどということは、市民精神を標榜するアメリカにとって封建的・貴族的侮辱であるとして、長らく非難の対象だったのである。

だが一九世紀末になる頃にはもはやアメリカは自作農の国とは言えなくなっており、むしろ古いイギリスの貴族と所領の社会に近づいていた。金ピカ時代と呼ばれるこの時期に領主のごとくのし上がってきたのが、ジョン・ロックフェラー、コーネリアス・ヴァンダービルト、J・P・モルガン、アンドリュー・カーネギーなど泥棒男爵と呼ばれた面々である。富は、アメリカではかつてなかった水準まで彼らの元に集中した。建国の父たちがなんとかして防ごうとしたことが現実になったのである。

一握りのスーパーリッチが政治権力も掌握するのではないかとの懸念が、彼らに対する社会的な反感を招く。セオドア・ローズヴェルトは本人言うところの「傑出した公的地位」を存分に活かし、所得税の累進課税制度と相続税の必要性を訴えた。一九一六年に議会は遺産税を可決し、一〇〇〇万ドル（今日のドルでは二億三〇〇〇万ドル）以上の遺産に対して税率を二五％と定めた。この税収をアメリカは第一次世界大戦の戦費に充当するとともに、ローズヴェルトが「きわめて巨額の膨れ上がった富」と呼ぶものをしっかりと管理下に置いたのである。

政治家も市民も、遺産税は道徳上ぜひとも必要だと考えていた。フランクリン・デラノ・ローズヴェルトも「巨万の富が遺言、相続、贈与によって世代から世代へ移転することは、アメリカ人の理想とは言えないし、感情にも反する」と述べている。[28] 大統領は多くのアメリカ人と同じく、どの世代も自立すべきだと考えていた。

すでにイギリスでさえ一九二〇年代に限嗣相続制と長子相続制を廃止しており、第二次世界大戦後は重い相続税を導入した。ダウントン・アビーがこの頃の物語だったら、家督を処分するか、でなければ家屋敷を美術館にでもしないと相続税を払えなかったはずである。一九九〇年代前半までには、イギリスでもアメリカでも、子供が親の財産をそっくり受け継ぐべきではないという考え方が浸透してきた。正義と道徳からしても、相続を許される特権に対してかなりの比率で国に税金を納め、各世代の条件を平等に均していくべきだとされた。

だがこの共通認識は長続きしなかった。最近になって遺産税の課税最低限が二三四〇万ドルまで引き上げられたことは、富裕層がいかに巧みに特権を受け渡すかを示すほんの一例である。いまやアメリカは第二の金ピカ時代に突き進んでいる。ゴールドマン・サックスの元社長でありトランプ政権で国家経済会議議長を務めたゲイリー・コーンがこんな発言をした理由を、読者はいまなら理解できるだろう。「遺産税を払うなんてまぬけのやることだ」とか「税金対策がよほどお粗末な金持ちだけが払う」といった類である。[29] 遺産税を骨抜きにしたのは、もっと大きな獲物を仕留めるための地ならしに過ぎない。大きな獲物とは、アメリカ流貴族を恒久化することである。

そのための布石が打たれたのは、よりによってサウスダコタ州だった。そう、ローラ・インガルス・ワイルダーが「小さな家」シリーズで描いたあのサウスダコタである。

永久信託

貴族というものは一般に、相続という特権を永遠に享受し、家督を世代から世代へ無限に受け継いでいきたいと願う。イギリスで富裕層の富の移転に活用されたのは、限嗣相続制と長子相続制という基盤に加えて、信託だった。信託は、英米法において所有権に関する単独で最も偉大な発明と言えるだろう。研究者は、大英帝国の経済力と支配力のかなりの部分は信託で説明でき、その後のアメリカについても、信託にきわめて近い形である法人で説明がつくという。

たしかに信託は、柔軟なガバナンスの傑作である。

かんたんに言うと、信託は、託された資産の法的な所有権とその資産から得られる利益とを切り離す。ある資産家が家族のために株式、債券、美術品、土地を新たに設立した信託に移すとしよう。この資産家を委託者と呼ぶ。委託者は受託者を指名し、受益者に代わって信託の管理・運用をしてもらう。受託者は家族の誰かでもいいし、プロを雇ってもいい。受託者は信託の法的所有者となり、資産を売ったり買ったりして慎重に運用してよい。運用益は受益者が受け取る。

富の所有者にとっての信託の第一のメリットは、受託者に指図を出し、受託者がそれを執行することによって、受益者の人生をコントロールできることだ。たとえば受益者が信託財産を受け取れるのは「大学卒業を条件とする」とか、「家族経営の事業に参加することを条件とする」、「ヘンリーと結婚しないことを条件とする」など、好きなように条件をつけることができる。第二のメリットは、資産の管理運用という困難な仕事と責任を受益者に負わせずに済むことだ。第三のメリットは、信託は長続きすることである。最初の受益者が死んだ後も維持され、受益者の子世代へと資産は受け継がれる。

だが、どんな信託も必ず失効することになっている。永久拘束禁止則（rule against perpetuities）として知られる古い法律が最終的に信託に終止符を打つ。このルールは貴族の勢力伸張に歯止めをかける狙いから国王によって一六〇〇年代に制定された。王室としては、少数の有力貴族が土地などの資源を蓄積し、王座に挑戦するような事態は避けたかったのである。永久拘束禁止則はアメリカにも持ち込まれた。

このルールは、法学部の学生にとって悪夢だ。こんなルールを試験に適用したら面倒なことになりそうだが、実際の効果は単純明快である。死者が生者を従わせることのできる期間を無慈悲に制限するということだ。だいたいにおいてこのルールでは、委託者が指図することができるのは、存命中に知っていた相手（多くは自分の子供）の存命期間中と、その後の二一年間に限られる。つまり孫が成年に達したら信託は解散し、残っている資産は受益者に分配される。このとき受託者は口出しできない。資産が信託のくびきから外されるのは、最終受益者にとってよろこばしい（自分の人生を自分で決められる）。王室にとってもよろこばしい（貴族が有力になりすぎることを防げる）。社会にとってもよろこばしい（怠け者の金持ちは支配階級から転落し、他者が台頭する余地ができる）。

既存の貴族とこれから貴族に成り上がろうという人たちは、いうまでもなく永久拘束禁止則を嫌った。自分の王国の安定にとっては目の上のたんこぶである。ではどうするか。永久拘束禁止則を廃止させることだ。というわけで数世紀にわたって、永久拘束禁止則の廃止が億万長者にとって困難な探求となり見果てぬ夢となった。

そこで、サウスダコタである。[30]

この物語はクレジットカードから始まる。一九七〇年代後半にシティバンクは上限金利規定に邪魔されて破綻した。上限金利は文字通り貸し手が設定できる金利の上限で、聖書にその起源がある。歴史に名を残そうと目論んだサウスダコタ州知事ビル・ヤンクロウは、シティバンクに取引を持ちかけた。シティのクレジットカード事業をサウスダコタ州に移転し、四〇〇〇人分の雇用を創出してくれたら、州はクレジットカードの金利上限を撤廃する、というのである。その後は、一九七八年の最高裁の曖昧な判断に基づき、シティバンクはサウスダコタの高金利および荒っぽい融資慣行を全国的に適用できるはずだという。他のクレジットカード会社も追随し、次々にサウスダコタに支店を出して全国に広げていった。今日になってもクレジットカードの決済通知がサウスダコタ（またはサウスダコタと張り合っているネバダ、デラウェア）に送られるのはこのためである。

その結果、アメリカには一兆ドル規模の消費者の過剰債務が積み上がることになった。過剰債務とは、将来の返済能力を超えているような債務残高を意味する。過剰債務を抱えた個人は、たとえ立派な目的のためであっても、それ以上の借り入れはできない。

クレジットカードでの成功に味をしめたヤンクロウは、世代間の資産移転についても上限を撤廃しようと決める。たった一九語の短い法律でもって、名目上サウスダコタで運用されている信託に対する永久拘束禁止則を廃止した。サウスダコタがグローバルなタックスヘイブンとして台頭したことについて、ジャーナリストのオリバー・バローは「貴族が舞台に戻ってきた」と的確に表現している[31]。サウスダコタは、受益者連続信託、いわゆる永久信託が可能な州として売り込みをかける。富裕な家系は一族の富を恒久的に継承でき、相続税を回避できるという誘い文句だ。こうしてサウスダコタは突如として世界の富を引きつける磁石と化す。「大方の人にとって、サウスダコタは飛行機で通過するだけの田舎州だ」と州最高裁の首席判事は議会で述べている。「だが人間はサウスダコタを通過するとしても、彼らの資金はそこに着陸する方法を知っている[32]」。

判事はご機嫌麗しいようだが、サウスダコタ州民で恩恵を被る人はいるのだろうか。おそらくいない。仮に彼らが受益者連続信託の存在を知っていたとしても、それで得をするのは彼らではないだろう。法改正は観光客を呼び込みもせず、投資ブームを引き起こしもしない。ただ富裕層が遠く離れた場所からサウスダコタで信託を発足させるだけだ。彼らは書類にサインするためにこの州へ足を運ぶことすらない。しかも、信託される資金のほんの一部ですらサウスダコタを潤すことはない。お金は単に法律上サウスダコタに存在するだけだ。信託もその受益者も、サウスダコタ州に所得税やキャピタルゲイン課税や相続税を納めはしない。

サウスダコタ州民で利益を得るのは、弁護士、銀行家、会計士といった一握りの関係者だけである。ヤンクロウの法律に入れ知恵したのは彼らだ。そして法律制定後は信託の設立や管理を請け負っている。ある州議会議員はこう語った。「有権者は、これが何を意味するのかまったく理解していない。封建社会など見たこともないのだから、受益者連続信託で何が可能になるのか想像もできまい……私たちがやったことがどんな結果を招くのか、理解している人はこの州に一〇〇人もいないだろう」[33]。

地元のエリート層を一段と金持ちにしたという点でのサウスダコタの成功は、注目を集める。とくに、すぐに丸め込めそうな議員の多い貧しい州の家族資産ロビイストが関心を示した。かくしてネバダ、デラウェア、さらにはアラスカ、ワイオミングが追随する。今日では一〇を超える州が信託運用ゲームに参加している状況だ。

一九九七年にアラスカは自益資産保全信託の売り込みを開始する。自益資産保全信託とは、委託者が受益者になりうるという信託のイノベーションだ。委託者は自分の資産をこの信託に移すことによって、委託者と委託した資産との間に事実上のファイアーウォールを築いたことになる。資産の法律上の所有者は受託者であり、受託者には多くの場合債権者の手は届かない。債権者には、たとえば元配偶者、元配偶者が養っている子供、委託者の事業失敗による債務を取り立てる債権回収代行会社、医療過誤の被害者として損害賠償を求める患者などが考えられる。

アラスカからの挑戦状に焦ったサウスダコタは賭け金を上げる。ヤンクロウはタスクフォースを発足させ、富裕層に対して「われわれに何かもっとできることはありますか？」と聞き取り調査をさせた。そしてでき上がったのが、サウスダコタ版自益資産保全信託だった。ただしこちらは委託者にさらに寛大な規定が盛り込まれている。するとと今度はネバダが一段と賭け金を吊り上げてきた。こうして富裕層にさらに気前の良いプレゼントを進呈しようと「底辺への競争」は激化する一方となった。いまやサウスダコタは「浪費者信託（spendthrift trust）」を提供している。これは浪費癖のある無分別な子供などを受益者とし、生活費や教育費などの資金を確保するための信託である。浪費者信託では、受託者はいつどこで受益者にお金を渡すかを選ぶことができる。債権者は受託者の判断に介入することはできず、受益者に渡された後に追跡することはほぼ不可能だ。よって委託者は、マセラティをぶつけて損害賠償を払わない無責任な受益者にお金を与え続けることができる。サウスダコタは特別な「目的信託（purpose trust）」も用意している。この信託では、公共性や道徳性の観点から他のどこでも認められていないいかがわしい目的で財産を守ることができる。たとえばペットのために財産を信託に移す、などがそうだ。さらにサウスダコタには情報非公開規定があるため、都合の悪い相手からの追及に対しても秘密を守ることができる。

あるファイナンシャル・アドバイザーは、サウスダコタは「最富裕層向けの高度に先進的な投資拠点に変貌するために最高の仕事をした」と語ったが[34]、まさにそのとおりである。二〇一〇年の時点ではサウスダコタの信託会社の取扱高は六〇〇億ドルだったが、二〇二〇年には三五五〇億ドルに達している。資金の出どころはアメリカの新貴族だけではない。腐敗した新興財閥や麻薬取引の大物をはじめ、世間から隠したい資金や逃れたい責任を抱えた連中、あるいは権力継承の野望を抱く人物からも流れ込んでくる。

サウスダコタは、スイスやケイマン諸島など古くから租税回避や銀行秘密の厳守で有名なところに圧勝している。あなたが途方もない金持ちなら、そのことは先刻承知だろう。もし金持ちでないなら、世界中のありあまる富がいまではサウスダコタの信託に流れ込んでいるという事実は驚きかもしれない。

歴史を振り返ると、アメリカの州が共通の価値観や国家の利益をこれほど一方的に傷つけたことはなかった。だがサウスダコタが先鞭をつけたことによって、長らく維持されてきた相互礼譲と自制の規範は打ち砕かれたのである。富裕層の投資顧問は、アメリカの地方分権型の所有権制度には乗じる隙があることに気づく。一つの州が情報に疎い平均的な有権者が容認できる限度まで規範から逸脱すれば、それを全米に押し広げることが可能になる。お金は自由に動けるからだ。連邦議会が消極的であることも相俟って、州は連邦の監視をほとんど受けない。

サウスダコタ州民は誰一人として永久信託に文句を言わなかった。その損害がおよぶのは連邦税の納税者と、信託サービスを奪われて税収減を被るニューヨーク州やカリフォルニア州の人々だからである。その一方で、サウスダコタに流れ込んできて居座ったお金については誰にも納税義務は生じない。

ベビーブーム世代が今後二、三〇年のうちに世を去ると、おおよそ三〇兆ドルの遺産が受け継がれることになる。[35] 人類史上最大の富の世代間移転だ。その大半は遺産税から遮断されているだろう。また大半を、自分では稼いでいない子供と孫が受け継ぐ。彼らは自分の無責任が引き起こした結果から保護されている。サウスダコタのような州で施行されている信託法上は、放蕩な子供たちはいかなる資産も「所有」しないからだ。所有するのは信託である。

対照的に、資産保全信託で相続するのではなく自分で給料を稼ぐというまぬけな選択をした人は、彼らほど都合のいい人生は送れない。給与所得者であるあなたが交通事故を起こして誰かに怪我をさせたり、子供の養育費を払わなかったりしたら、州はあなたの給料を差し押さえることができる。つまりあなたが裁判所の命じる額を払うまでは給料を差し止めることができる。スーパーリッチはそんな憂き目には遭わない。差し押さえを免れることは、浪費者信託によって受益者のために用意された特権の一つだからである。

この不平等が出現したのは一八九〇年代だった。財産権に関して当時アメリカの第一人者だった法律家のジョン・チップマン・グレイは、強く反対した。「成年に達した人間がいつまでも学生のような生活をし、自分の負債を返済しない大人が相続財産で贅沢に暮らせるというのは、想像しうる限りで最も非民主的な政策である」とグレイは書いている。[36] 浪費者信託を許可すれば、「これまでこの国が呪い続けてきた貴族、それもまちがいなく最も卑劣な貴族」を生み出すことになるとグレイは恐れたのである。

グレイがこれを書いたのは第一の金ピカ時代だった。この時代には、極端な不平等と財産の恒久的継承を防ぐべく所得税と遺産税が導入されている。そこにはアメリカをもっと平等な時代に戻したいという願いが込められており、実際にも数十年にわたり税制は所期の目的を果たした。アメリカは以前よりはるかに平等になり、同時にはるかに裕福になった。

だが第二の金ピカ時代を迎えている現在、流れは逆転している。すでに最富裕層一%がアメリカの富の四〇%を所有しており、この比率はなお上昇中だ。残り九九%のほとんどの所得と資産は横ばいか減っている。

グレイより一世紀前のアメリカ建国の父たちは、すでにこうした危険に気づいていた。今日私たちが金ピカ時代の再来をなす術もなく容認している様子を見たら、彼らは愕然とするにちがいない。一八一三年にトーマス・ジェファーソンはジョン・アダムズに宛てた手紙の中で、アメリカの「美徳と才能に基づく自然な貴族」と「富と出自に基づく人為的な貴族」との重大な違いを論じている。[37] ジェファーソンの主張のポイントは、こうだ。「人為的な貴族は統治における有害な要素であり、その台頭を防ぐための措置を講じなければならない」。

アダムズは返信で、自分たちが作り上げたアメリカの政治制度はジェファーソンが懸念するほど脆弱ではないと主張した。「名誉、富、権力が地方の法律や制度によって世襲で受け継がれるようになったら、人為的な貴族が誕生することは私も承知している。だが、選挙の腐敗が手に負えないほどはびこらない限り、そんなことにはなるまい」[38]。アダムズの主張のポイントは、「現在のアメリカはまちがいなくそのような状況とはかけ離れている。アメリカが腐敗するとしても、それは何百年も先だろう」ということである。

ジェファーソンの恐れは正しかった。アダムズの期間の予想は正しかった。両者の結果をグレイは目の当たりにしたわけである。

世襲による地位や財産の継承に反対してきたアメリカが、いまではサウスダコタやネバダなどの州議会が富の継承と責任回避を促すことを容認している。これが進歩的な立場でないことは言うまでもない。だが個人の自由、機会、市場を重んじる政治的伝統を持つ保守主義の単純な表れかといえば、そうとも言えない。

今日のアメリカの人為的貴族は、自分たちは法を超越する存在だという態度を隠そうともしない。大統領の経済顧問だったコーンが「遺産税を払うなんてまぬけのやることだ」と言ってのけたことはすでに述べたとおりだが、不動産経営で億万長者になったレオナ・ヘルムズリーも負けてはいない（彼女は従業員を訴えたり使用人を叱り飛ばしたりして「性悪女王」と呼ばれた人物である）。彼女は「私たちは税金なんて払わない。税金は庶民が払うもの」だと言い放ったことで有名だ[39]。サウスダコタに信託を設ける人たちがスローガンにしそうな発言である。しかしその後ヘルムズリーは悪質な脱税で刑務所送りとなった。

生前の発言を改めて強調するかのように、ヘルムズリーは二〇〇七年に死去した際、一二〇〇万ドルもの信託財産を愛犬のトラブル君に遺した。このマルチーズ犬は神戸牛とカニハンバーグしか食べないので、そのための資金だという。信託が公表されると当然ながら物議を醸したが、長年のライバルで且つ共闘相手でもあったドナルド・トランプは、彼女を擁護してこう言った。「彼女を好きだったのはあの犬だけだから、全財産をもらう価値だってあるだろう」[40]。だがニューヨーク州の裁判所は、信託の額が公共政策に反するとの判断を示す。そこで信託はサウスダコタに移された。ワンちゃんのご馳走のための信託を受け入れて転がり込んでくる巨額の手数料を同州は大歓迎したものである。

世襲制を今日築くには、かなりの先行投資が必要である。弁護士、銀行家、投資顧問、ロビイストを抱え、意のままになる議員の頭数をそろえなければならない。サウスダコタの信託専門弁護士たちが二〇一八年の定例州議会で一段と気前のよい規定の導入を提案したとき、司法委員会の委員長マイク・スティーブンスは議論を打ち切って可決を急がせた。「これ以上の質問は受け付けない。ロースクールで私は永久拘束禁止則が理解できなかったが、いまも理解するつもりはない」[41]。つまり億万長者の世襲制はスティーブンスの無知の上に成り立っているのである。

サウスダコタは、難解な所有権ルールをちょいとばかり改変したに過ぎない。だがその影響はおそろしく大きかった。彼らは、世界のどの主要国でも行われていないような不平等な富の分配をアメリカが維持する道筋をつけたのである。勘違いしないでほしい。この変化は偶然や魔法で起きたのではない。自由市場を通じての変化ではないし、自然に起きた変化でもない。これは、すばらしく巧妙に設計された強奪なのだ。設計したのは世襲制ロビイストと共犯の議員たちである。だがスーパーリッチに対する減税は他のすべての人の増税を意味することを忘れてはならない。

最上位一％のさらにその一％は、信託法をしっかりとリモートコントロールしている。そんな法律が存在することさえ知らないあなたも、彼らの片棒を担がされているのだ。

ちょっとした忠告

大半の人はサウスダコタの永久信託にお金を隠したりはしない。また、そうした信託が引き起こす害悪と戦う手段を個人として持ち合わせていない。あの手のものと戦うには、十分な情報を得たうえで有権者が力を合わせる必要がある。だがあなたにできることがないわけではない。毎年ヘラーは一回分の講義を割いて「大人になる」ためのアドバイスを伝授している。一言で言えば、遺産のプランを立てておきなさい、ということだ[42]。面倒だと思うかもしれないが、それほどむずかしいことではない。

未成年の子供のいる親は、最低でも子供の後見人を指名するためには遺言書を書くべきである。遺言を残さずに死ぬと、誰が子供を養育するかを州が決めることになる。また高齢の人も、たとえたいして財産を持っていなくても遺言書を作成すべきだ。誰が何をもらうのかはっきりさせておくことは、後に残された人への親切である。感傷的な価値のある品物の相続を巡って疲弊する家族はきわめて多い。序章で取り上げたアーサーとミルドレッドのロッキングチェアを思い出そう。金銭的な価値はほとんどなくても争いの種になりがちだ。

それから、将来病気その他の理由で判断能力や言語能力を失った場合に備え、自分に対する医療行為について意思表示する事前指示書も作成しておきたい（リビングウィル（生前遺言）あるいは医療委任状と呼ぶ州もある)。こうした文書の重要性は、新型コロナウイルス感染拡大の初期に、希少な医療資源を誰に割り当てるか医師が決めざるを得なくなった際に浮き彫りになった。だが平時であっても、こうした文書は重要だ。さもないと、いざという瞬間にあなたの意思を推測しようと周囲がうろたえることになる。

このほかにも、作成しておくべきかんたんな書類がいくつかある。たとえば永続的委任状(durable power of attorney)はその一つだ。この委任状はあなたが死ぬか取り消すまで有効である。これを作成しておけば、あなたにできなくなったとき代理人が資産を管理することができる。また、手続きのかんたんな信託を設定しておけば、後に残された人の生活は楽になるだろう。未成年の子供が一八歳になったときに無制限に現金を渡したくないなら、信託が必要だ。家族の特別なニーズに応えたいという場合にも信託が適している。最後に、金融関係とSNSアカウントのパスワードと緊急連絡先のメモを残しておくこと。そうすれば万一のときに、然るべき人がどこを探し何をすればいいのかがすぐわかる。

書類を書くにあたっては、自分がほんとうに望んでいることは何なのか、よく考えなければならない。あなたの遺言執行人、受託者、後見人、代理人となってくれる人(同じ人でなくてよい)とよく話すことも大切である。あなたの望みを彼らが承知しているか確認すること。そして、すべての文書を数年ごとに更新することを忘れてはいけない。とりわけ、結婚、出産、離婚など人生の節目となるような出来事があったときは更新が必要である。

遺産プランニングのために弁護士にお金を払うのは理に適っている。州によって法律が異なるため、あなたの書類が有効であるためには厳密に規定を守る必要がある。遺産プランニングをしておけば、最後の瞬間に家族との間に感情的にも実際的にも幕を下ろすことができる。もし拘束されると感じるなら必ずしも弁護士を頼まなくてもよい。必要書類の大半について、安価且つ容易に合法的な書類の作成方法をオンラインで調べられるはずだ。おそらく一回の週末で完成できるだろう。その価値はある。

二人のための犠牲から自己犠牲へ[43]

遺言と信託は重要ではあるが、家族所有のごく一部に過ぎない。「私の！」という叫びは人生のあらゆる局面で上がる。しかも私たちの最も親密な人間関係において、しばしば私たちが考える以上に重要な役割を果たしている。

アメリカでは州によって夫婦間の所有権の扱いが大幅に違う。そして各州のルールには、理想の結婚像というものが否応なく反映されている。一部の州では、夫婦のうち証書類に氏名の記載されるほうだけが資産の管理（または浪費）について権利を持つ。これを所有権のベースラインにすると、経済力のあるほうの配偶者、伝統的な結婚ではだいたいにおいて夫のほうが有利になりやすい。

他の州はより平等な資産管理をベースラインにしており、証書の署名人や口座名義人のいかんにかかわらず、夫婦は家や銀行預金について平等な権利を持つ。このベースラインでは必然的に、人生の重要な決断に関して夫婦がよく協議することが必要になる。家を抵当に入れるなど大口の投資をする場合には、双方の合意が必要だ（愛人に高額の贈り物をするなどということには、まずもって合意は得られない）。

では、どの州がどちらのベースラインを採用しているだろうか。地政学的、歴史的なねじれと言うべきか、現在ニューヨーク州は前者（夫有利）、テキサス州は後者（平等）を採用している。家族所有に関するルールが州によってどれほど違うか、多くの人は気づいていない。厄介な事態になってから初めて苦々しく気づくことになる。

州は結婚期間中の所有権に関してもいろいろとルールを定めているが、一段と介入が増えるのは離婚に立ち至ったときである。偉大なメゾソプラノ歌手フレデリカ・フォン・シュターデも、驚きとともにそれを知ることになった。二〇一〇年四月二二日にカーネギーホールの幕が下りたとき、劇場は嵐のような拍手喝采に包まれ、花束が次々に舞台に投げ込まれ、四回にわたりアンコール曲が歌われた。四〇年にわたり活躍し、世界各地の一流歌劇場で歌い、一流オーケストラや指揮者と共演してきたフォン・シュターデの引退公演はこうして華々しく終わる。[44]

駆け出しの頃のフォン・シュターデは、酒場で歌って生計を立てていた。「歌など聴くとは思えない客ばかりで、実際誰も聴いていなかった」という。[45]五〇ドルあげるからやってみろと友人にけしかけられて、彼女は音楽学校を受験する。やがてメトロポリタン歌劇場のオーディションで抜擢され、小さな役から始まって次第に大きな役がつくようになった。

オペラのスターダムを上がっていく彼女には、いつも夫のピーター・エルクスが寄り添っていた。二人はともに音楽学校の学生として出会った。自身もバリトン歌手だったエルクスは、自分のキャリアはそっちのけでフォン・シュターデを成功させようと心を砕く。ボイストレーナーを務め、家事をこなし、広報も担当した。このパートナーシップはじつにうまくいった。フォン・シュターデの年収は二人が結婚した年には二二五〇ドルだったが、離婚した年には六二万二〇〇〇ドルに達する。じつに二七五倍である。

二人の離婚では、伝統的な結婚とは逆のことが起きた。夫であるエルクスのほうが、妻であるフォン・シュターデが結婚期間中に獲得した「収益力の向上」は「夫婦の共有財産」であるから、彼女のキャリアアップと知名度の経済的価値について自分にも持分があってしかるべきだと主張したのであに申し立てた。彼は夫婦の財産を分割し、彼女の将来の収益についても公平な分け前を自分に与えるよう裁判所に申し立てた。

さて一方、アメリカの反対側ではアン・グラハムが同じような要求をしていた。ただし彼女は有名でもなければ裕福でもない。アンはデニス・グラハムと結婚し、六年にわたる結婚生活の大半を通じて航空会社の客室乗務員として働き、世帯収入の七〇%を稼いだ[46]。その大半は、デニスがコロラド大学でMBAを取得するための学費に充当された。つまり結婚している間、妻は働いて夫を大学に通わせたわけである。

デニスは無事MBAを取得し、高報酬の仕事に就き、そして妻を離婚した。二人には有形の資産はなく、投資資産もなかったから、分割すべき財産は何もない。子供はいないから、養育費も発生しない。どちらも働いているから、配偶者に生活費を渡す必要もなかった。では、アンは何を要求したのか。夫婦としての唯一の投資、すなわちMBAの取得によるデニスの収益力向上について、その経済価値の半分を要求したのである。

華々しさと資産の規模こそ違うものの、ピーター・エルクスもアン・グラハムも配偶者のキャリアへの投資に基づいて持分利益を要求した点は共通する。どちらも自分自身のキャリアを犠牲にして、夫婦という運命共同体全体の経済力を高めるために投資した。この向上した収益力は夫婦の共有財産であって離婚の際には分割すべきなのか、それとも別個に所有するものであって離婚の際に分割する必要はないのか。そもそも、元配偶者が離婚後も相手の収益力の一部を所有するとはどういうことなのか。

結婚生活において相手を支えてきた配偶者が、離婚後に相手の収益力を所有できるかどうかは家族法の専門的な解釈の範疇に入るが、その選択の影響はきわめて大きい。ここでは、相手を支えた配偶者が何を獲得しうるか、三通りの選択肢を挙げる。

・向上した収益力の半分
・支出の返還
・ゼロ

ピーター・エルクスとアン・グラハムにとって、問題はシンプルである。どちらも夫婦の長期的な経済的成功を支えるために現在の楽しみや所得や機会を犠牲にした。彼らは不動産や株に投資することもできたはずだ。もしそうしていたら、投資資産の価値が増えた場合、離婚の際には配偶者と分け合うことになっただろう。だが彼らは土地や金融資本ではなく人的資本すなわち配偶者のキャリアに投資した。どちらも原理的には、将来二人が得る利得に期待して目先の消費を諦めたということである。となれば、夫婦二人の努力に対して得られたものをフレデリカ・フォン・シュターデとデニス・グラハムが総取りするのは不公平に見える。

実際、ニューヨーク州はこの論理を採用している。州裁判所はピーター・エルクスの主張を認め、同州にとって画期的な判決となった[47]。

ニューヨークのアプローチを裏付けるのは説得力のある道徳的な論理だ。向上した収益力を公平に分割するのは、夫婦を平等のパートナーとみなすからである。夫婦は運命共同体としての連帯の枠内で自分たちの収益力をどのように組み合わせるか、二人で決めたと想定しているわけだ。このアプローチは、裁判所が夫婦の内情を調べてどちらが何に貢献し、どちらにどれほどの価値があったかを決定するという考え方を却下する。夫婦というものは一心同体であり、良いことも悪いことも平等に分かち合うと考えるのである。

いまだに男女不平等なアメリカにおいて、この平等のパートナーシップは、すくなくとも結婚している間は市場での男性優位を打ち消す。キャリアにおける成功を平等に分けることは結婚に伴う権利であって、けっして社会福祉の一環ではないとのシグナルを発しているのだ。

ただし、ニューヨークのルールの実行にはいささか問題がありそうだ。裁判所が元配偶者に将来にわたる支払いを命じた場合、とにかくさっさと別れられればいいというカップルに長い関係を固定してしまうことになる。専門の査定官なら収益力がどの程度向上したか数値化できるにしても、彼らの見込み通りにならない可能性もある。たとえばフォン・シュターデがメトロポリタン歌劇場にはもう出演しないと決めてボランティアの平和部隊に参加することにしたらどうなるのか。彼女は支払額を減らすよう裁判所に掛け合わなければならないのだろうか。セントルイス・カージナルスがカート・フラッドを好きなように売り買いすべきではないように（第5章参照）、エルクスもフォン・シュターデの離婚後の人生に何ら影響をおよぼすべきではあるまい。

配偶者の収益力向上に関する第二のアプローチは、相手を支える側に回った配偶者に支出額を返還するというものである。ニュージャージー州がこのルールを採用しており、支えてきた配偶者には相手のキャリアのために費やした金額プラス金利が返還される。

このルールの下で裁判所がイメージする夫婦像は、人生に関して一緒に決断を下すというものではない。夫婦二人が力を合わせて何かを成し遂げるといったことは想定されておらず、結婚に終止符が打たれたら借金を返してハイさようなら、というふうになる。支えてきた配偶者は、離婚後の相手の選択から得られる利益は何も受け取らず、すべて相手の懐に入る。ニューヨークの平等のパートナー関係を標榜するアプローチとは対照的に、ニュージャージーのアプローチは、夫婦になっても一人ひとり個別に帳簿をつけなさい、というメッセージを発信する。そうすれば投じた費用の返金は容易だ。ずいぶんと金勘定にうるさいようだが、あなたはこういう結婚がお望みだろうか。

ただしニュージャージーのアプローチには、運用しやすいという大きな利点がある。過去にかかった額を返してもらうのだから単純至極で、将来のキャリアの価値を推定する困難さを回避できる。相手にとってはさほど巨額でない一回限りの支払いをすればよく、将来の後腐れもない。ちなみにMBA取得によるキャリア強化の数値化はむずかしくない。専門家によると、収益力向上分の半分をアンが一括で受け取る場合には八万二〇〇〇ドルほどだという。

だがほとんどの州が採用するのはニューヨーク方式でもニュージャージー方式でもない。三番目の選択肢、すなわち結婚している間に獲得した収益力は夫婦の共有財産ではない、いや財産ですらない、という見方である。相手を支えてきた配偶者は、権利としては何も得られない（ただし裁判官が両者の不釣り合いを配慮し、何か他の資産を平等に分割することはある）。

グラハム夫妻の訴訟でコロラド州裁判所が下した判断は、これだ。裁判官の見方によれば、学校へ通って授業を受け、課題をこなし、試験勉強をしたのは夫だけである。向上した収益力を配偶者が一部なりとも所有できるという見方は理解できない。たとえニューヨーク州が長年そうしてきた伝統があるとしても、である。

ゼロ・ルールは、結婚生活の苛酷な面を一段と強めるものだ。いまだに夫が主な稼ぎ手で、夫婦共有財産の大半が夫名義になっているような社会では、負けるのはだいたい妻である。離婚後の女性の経済力が急降下するのに対し、夫のほうは上昇する理由はこのルールで説明がつく。[48] グラハム夫妻のケースは、エルクスとフォン・シュターデとは違い、ごくありふれた例である。ゼロ・ルールを採用する州は、結婚の古臭い見方を助長するように所有権を設計している。それはつまり、結婚とは支える側に回る配偶者にとってギャンブルだ、というものである。今日結婚するカップルにとって、これが望ましい結婚のあり方なのだろうか。たぶんほとんどのカップルにとって答えはノーだ。

結婚に伴う所有権は、遺言や信託と同じくソーシャルエンジニアリングの強力な手法であり、夫婦という最も親密な関係性をひそやかに方向づける。今日では、将来の収益力向上を目的として払われる二人のための犠牲は、相手を支える側に回った配偶者、多くは妻の単なる自己犠牲になっているのである。

この物語には後日譚がある。二〇一六年にニューヨーク州は収益力向上の平等な扱いを支持する方針を打ち切ったのだ。州はルールを改正し、他州に倣うことを選んだ。ゼロ・ルールである。将来の収益力向上について夫婦の所有権は認めない。離婚の際の分割もなし、である。おそらくニューヨークの富裕な銀行家や弁護士は（それにたぶん州議会議員も）、別れた配偶者に払い続けるのがいやになったのだろう。ニュージャージーはいまでも支出の返還を求めるルールを維持しているものの、ニューヨークの方針転換の結果、収益力向上を夫婦の共有財産として離婚時に分割するよう定めた州は全米に一つもなくなった。

結婚メニュー

結婚に伴い夫婦の所有権をどうするか、よく考えないカップルが多いことは、すくなくとも法学教授の私たちにとっては驚きである。彼らは何カ月もかけて飾る花を何にするかとか、披露宴でのファーストダンスの曲を何にするかを選ぶのに、所有権に関しては州が用意している出来合いのものを無条件に受け入れてしまう。それではいけない。富裕層は披露宴のメニューや結婚指輪を選べるだけでなく、結婚前の協定や信託を活用して、自分たちにとって都合のいい夫婦の所有権ルールを手に入れているのだ。

どの州も、結婚後のすくなくとも主な所有関係の選択肢について、誰もが自分から探さなくてもさして費用をかけずに選べるようにすべきではないだろうか。

結婚を機に、数百もの（念を押すようだが数十ではない）強制およびデフォルトの所有関係が変化する。ほんの一部を挙げておこう。現時点であなたと配偶者は、退職貯蓄および年金、連邦・州所得税に関する税制優遇措置、非課税の配偶者間贈与、社会保障・退役軍人・軍務・障害給付金、離婚時の公平または平等な分割、死亡時の選択的相続分、最近親者としての相続権を共有している。だが州は夫婦の財産に関する法律を介して、夫婦という最も親密な人間関係に州が好むあり方を押し付けてくる。

所有権の設計において強制かデフォルトかの選択はきわめて重要な意味を持つ。ルールを強制とする州では、州はルールを文字通り強制する。結婚したらルールの適用を避けることはできず、結婚していないならルールの恩恵を受けることはできない。デフォルトであるとは、州がこのルールに従ってほしいということだ。カップルに多少対策の余地はあるものの、だいたいにおいてルールは遵守を迫ってくる。この状況を変えようとするカップルはほとんどいない（第2章の授かり効果を思い出そう）。所有権（および契約）の設計の大半は、ルールを強制にするかデフォルトにするか、道徳的価値と現実的な結果を評価することに関わっている。[49]

なんだかややこしいと感じただろうか。じつは税法自体もややこしい。だがアメリカ人の四〇％は毎年オンラインで確定申告を行っている。ソフトウェアに従って「あなたは退役軍人ですか？」とか「農地を所有していますか？」といったかんたんな質問に答えれば、しかるべき情報が示され、次の選択肢が現れるという段取りだ（これらはすべて無料でできるはずだ）。[50] ただし大人気のアプリ「ターボタックス（TurboTax）」は、数十年にわたり無料申告に反対運動をしてきた。このアプリには無料プランもあるが、質問に答えるうちに有料版に誘導されるようになっている）。ソフトウェアに確定申告ができるなら、結婚時の所有権の再設計もきっとできるだろう。

注意してほしいのは、これが一度限りで済む話ではないことである。夫婦の所有権ルールは、一見すると平凡な出来事によって大幅に変わることがある。たとえば州境をまたぐ引越しをしたときがそうだ。ルールを再確認しておかないと、悲劇的な結果になりかねない。ドリス・ハーナウがまさにそうだった。

ドリスとロバートはイリノイ州で結婚した[51]。結婚している間、ロバートが稼ぎ、株を買った。名義人はロバートである。その後、二人はテキサス州に引越し、そこでロバートは亡くなった。株は遺言により二人の子供スティーブンとレスリー・アンに残されたが、ドリスには何もなかった。

ロバートがイリノイ州で死んでいたら、ドリスは選択的相続分（elective share）と呼ばれる生存配偶者の権利を行使することができたはずである。イリノイ州はこのルールを採用し、遺言から排除された配偶者を保護している。ロバートの配偶者だったという理由により、ドリスには遺産の三分の一（子供がいない場合には半分）が与えられる。このルールのルーツはイギリスにあり、英米法系の約四〇の州が導入している。

一方、テキサスは英米法系の州ではない。同州が採用しているのは夫婦共有財産（community property）というルールだ。そのルーツはメキシコの法律、さらにはスペインの法律に遡る。歴史を振り返ると、夫婦共有財産制はアメリカにおける最も家父長制度的な夫婦の形に基づくもので、夫は妻の代弁者であり主人であるとする法律（第5章参照）の下で夫が夫婦の共有財産を管理する。だが一九七〇年にはテキサス州は方針を転換し、結婚中の夫婦は共有財産を対等に管理すること、離婚または死別の際には平等に分割することとした。

共有財産には、夫婦が結婚中に州内で獲得した資産の大半が含まれる。相続から除外された配偶者は、証書や口座がどちらの名義になっていても、自動的にその平等の所有者になる。離婚または死別の際には、配偶者はそれぞれ半分をもらう。もしあなたがアメリカで共有財産制を採用している九つの州のいずれかに住んでいたら、あなたは自動的にアメリカで最も平等な夫婦所有ルールを適用されることになる。

だが、ドリスは運が悪かった。ロバートの株はイリノイ州で買って彼の名義になり、彼自身の財産となっていた。財産のこの特性は、夫婦が別途変更しない限り、州境を越えても変更されない。したがってハーナウ夫妻がテキサス州に引越したとき、株はロバート個人の財産のままだった。夫婦の財産の分割は、配偶者が死去したときに住んでいた州の法律に従う。テキサス州は選択的相続分を認めていないため、ロバート個人の財産は彼の遺言通り子供たちに残され、ドリスには何もなかった。引越しによってドリスはイリノイ州の選択的相続分の権利を失い、しかもテキサス州の夫婦共有財産の保護は得られないという憂き目に遭ったわけである。というのもハーナウ夫妻は、テキサス州に住んでいる間には共有財産を獲得しなかったからだ。だから、分割すべき財産は存在しなかった。要するにドリスは何も相続できなかったのである。

彼女はイギリスの法律とスペインの法律の谷間に落ち込んでしまったと言える。この二つは、アメリカにおけるほとんどの結婚に伴う所有権をカバーする法律だ。イリノイ州を出る前にリスクに対処しておけば、ドリスは自分を守ることができただろう。だがそのためには、問題が存在することを知っていなければならず、対応するために弁護士を雇うことができなければならない。ごくふつうのカップルにこのような知識と注意を求めるのはナンセンスだろう。いくつかの州は小幅の法改正をして、移転してきたカップルの一部を保護している。カリフォルニア州（夫婦共有財産ルールを採用している）では、ロバートの投資ポートフォリオは「準」共有財産とみなされ、平等に分割される。[52]だがドリスは西海岸へ引越すつもりはなかった。

オンライン上のソフトウェアがあなたの確定申告を有利に修正できるなら、なぜ結婚時の所有権ルールを有利になるよう修正できないのだろうか。州が夫婦所有のメニューを用意しておけば、誰でも結婚するときに基本的な選択肢から選ぶことができるだろう。最初は結婚する前に選び、結婚後に必要に応じて修正できるようにする。

一九九八年にアラスカ州（英米法系）はこのメニュー方式を導入し、州外のカップルも含めすべてのカップルが夫婦の資産の一部または全部について夫婦共有財産制を選ぶことを可能にした。だがアラスカの一見寛容な結婚メニューは悪しき理由に基づいており、必然的に悪しき結果を伴った。このメニューは、アラスカ州の住民が結婚と大切な価値観とをよりよくリンクできるようにするといった配慮とは無縁なのである。

夫婦共有財産という選択肢を使って州外の富裕なカップルの信託を呼び込もうと、アラスカの弁護士と銀行家が結託して州議会議員を説得したというのが真相である。連邦税制が統一されていないため、あなたが巨額の株式投資残高を持っているなら、夫婦共有財産制を採用する州で死ぬほうが英米法系の州で死ぬより具合がよい状況になっている。あとに残された配偶者も、さらに後には受益者も、キャピタルゲイン課税を回避できるからだ。アラスカが信託運用地の移転を促すのは、まさに税逃れを最大化するためなのである。あなた自身はアラスカ州で結婚する必要はない。それどころか、同州へ行く必要すらない。この巧妙な手口により、アラスカの弁護士と銀行家には潤沢な手数料が転がり込む。この手数料収入こそが結婚メニューを用意した理由にほかならない。サウスダコタ州にも注意が必要である。

この信託で注意を要するのは、アラスカの弁護士が顧客（ほとんどが男性である）に念押しするとおり、夫婦共有財産制には平等主義的な性質が組み込まれていることだ。税逃れの代償として、すくなくとも書類上は、信託に移した夫婦の資産について夫は妻に平等の発言権を与えなければならない。

アラスカの結婚メニューは、発想自体はスマートだが実行がよろしくなかった。用意された選択肢のターゲットは、しかるべきカップルではない。アラスカ州民のうち、この複雑な税逃れ装置の恩恵に与れるほど裕福な人はほとんどいない。むしろかなり多くの住民は、結婚生活を通じてより平等色の強いカリフォルニア州かテキサス州のようなスキームを好む可能性が高い。

アラスカ州が選択肢をもっとシンプルにしたらどうだろうか。カップルは、結婚許可証を取得したときに夫婦共有財産制か英米法かを選ぶ（税控除に関して夫婦合算申告を選ぶか選ばないかを決めるように）。これなら弁護士も銀行家も不要で、手数料も発生しない。結婚メニューは選択肢を拡大することも可能だろう。たとえばカップルに、収益力向上その他の結婚に伴う重要な要素に関して好みのルールを選べるようにしてはどうか。加えて、大きなライフイベント後に選択を変えられるようにすればなおよい。

よく考えられたメニューが用意されれば、とくに裕福でなくてもすべてのカップルが自ら選択して自分たちの結婚の物語を紡ぐことができるだろう。選ぶという行為そのものと、選ぶにあたっての二人の話し合いによって、結婚はより強い意志に裏付けられたものになるはずだ[53]。カップルは披露宴のメニューを熟考して前菜とメインディッシュを選ぶのに、結婚式当日より先の長い旅路についてもっと注意深く選択肢を考えないのはなぜだろう。

いまこそ結婚メニューを考えるべき時である。

第7章

所有権と世界の未来

今朝の新聞をどれでもいいから手にとってほしい。見出しには、所有権の隠れたルールに関係するものが必ず何かしらあるはずだと、私たちは自信を持って言える。本書をここまで注意深く読んできた読者なら、きっとそれに気づいてくれるだろう。読者が「おっ、ここにも！」と思う瞬間が増えるようにこの本を書いたつもりである。

今日の見出しにこれほど自信を持てる理由を説明しよう。人々が欲しがるものの争奪戦を解明し分析するために社会が使う重要な手掛かりが、所有権だからである。争いの種になるものはごまんとあり、所有権の未来を考えるときに何に注目すべきかで迷う必要はない。希少資源のあるところ、どこにでも所有権が絡んでくる。文字通りどこにでも、だ。

本章では、所有権に関係のある大見出しで取り上げられる分野として、自然界とデジタル最前線を取り上げる。環境に関しては激化する気候変動、熱帯雨林の消失、漁場の破壊を取り上げ、デジタルに関しては巨大テック企業や政府によるデータ追跡を介した個人の自由の侵害、アルゴリズムによる差別、監視社会について論じる。どれも国家規模さらには地球規模の問題ではあるが、同時に基本的にはニー・ディフェンダー、ドローン、パーキングチェア、行列代行と同種の闘いでもある。つまり

「誰が・何を・なぜ」を巡る争いなのだ。ただし、懸かっているものは途方もなく大きい。

私たちはみな同じ所有権ツールキットを使っていることを思い出してほしい。所有権を主張するときに根拠として持ち出されるものは六種類あり、それらを本書では批判的に吟味してきた。六種類とは、早い者勝ち、占有、労働の報い、付属、自分の身体、家族である。ツールキットには、所有権を設計する際に役立つ小道具として、事前または事後、ルールまたは規範、排除または共同管理、ベースライン設定、自由共有財産の選択も含まれている。このツールキット一つで、瑣末な事柄から壮大な問題までを扱うことが可能だ。

将来的には、この限られた数の根拠とツールをうまく組み合わせて、所有権の未知の領域で一見解決不能なジレンマに取り組んでいくことが課題となるだろう。温室効果ガスであれインターネットの閲覧履歴であれ、人々がどのように「私の！」と主張するかに注意を払うことが重要だ。それが、地球を救い、個人の自由を守る最善のチャンスになるかもしれない。

地上最高の水道

ニューヨーカーは控えめなタイプとは言い難いが、自分の住む街に関しては一段と自慢が声高になる。タイムアウト誌はニューヨーク市が「世界最高の都市」である五〇の理由を挙げ、最高のスカイライン、最高の劇場などを並べ立てた[1]。これらの自慢はまあ納得できる。エンパイアステートビルやタイムズスクエアは誰でも知っているほど有名なのだから。だが、理由の第一位に挙げられているのが「水道水」だということには、誰もが驚きあやしむのではないだろうか。

しかもこれは、タイムアウト誌だけの独りよがりの理由ではない。ニューヨーク市の水道水は、たびたびブラインドテイスト・コンテストで一位になっているのだ。しかも高価なミネラルウォーターを抑えて、である。

もっとも、ニューヨーカーの多くは自分の街の水道水が世界最高であることを知っていても、二〇〇キロも離れたところから水が引かれていることを知っている人は少ない。四〇億リットル近い安全で新鮮な水を九〇〇万人に毎日供給するという大事業の中心にあるのが革新的な所有権の設計であることを知る人はもっと少ない。だがアルバート・アプルトンは知っている。

アプルトンは熊のような大男で、ウィットに富み、誠実で人懐こい。一九九〇年に彼はニューヨーク市環境保全局の局長になり、上下水道局長を兼務した。[2]そして直ちに難題に直面する。アメリカの大都市のほとんどには浄水場があるが、ニューヨーク市にはない。一九〇〇年代初めに、当時まだ未開発だった市北西部のキャッツキル山地から市近郊の貯水池まで巨大なパイプを敷設し、新鮮な生水を運んだのである。市当局にはじつに先見の明があったと言わねばならない。貯水池の取水口には枝や葉などを取り除くための機械式フィルターが設置され、バクテリアを殺すための塩素が投入されるだけで、水は山からほぼ直接的にマンハッタンやブロンクスの家庭の蛇口まで供給される。

だが一九八〇年代から、キャッツキル水系に位置する小規模な農家は経済的に苦しくなってくる。彼らは収量を増やそうと肥料の使用を増やした。また、農地を住宅デベロッパーに売る農家も出てきた。人口が増え、土地開発が進むと、それまでニューヨーク市がただ同然で使っていたきれいな水が汚れてくる。加えて飲料水安全法が改正されたこともあり、いよいよニューヨーク市も大規模な浄水場の建設を迫られることになった。総工費は四〇億ドル、そのほかに保守に年間二億ドル以上かかると見込まれた。

だがアプルトンは浄水場建設に踏み切る前に、一歩下がって問題を考え、所有権ツールキットをよくよく点検する。関係者はほぼ全員が浄水場建設は避けられないとの考えだったが、アプルトンは即断を避け、問題を新たな枠組みから見直す。キャッツキル水系の植生や土壌は、汚染を分解し、沈殿物を閉じ込め、有毒物質を濾過するすばらしい働きをしてきた。その結果が世界に誇れる高品質の飲料水だったわけである。下流側での水処理に莫大な資金を投じるぐらいなら、上流側での土壌保全に投資してはどうだろう？　そうすれば、巨大な浄水場建設への支出を回避できるのではないか？　アプルトンは「よい環境がよい水を生む」と言ったが[3]、そのとおりである。

そこで、キャッツキルの地元住民と一八カ月にわたり一五〇回以上の話し合いが行われた。水質維持のための土壌管理について交渉するためである。ある出席者に言わせると「感謝祭のディナーには親戚一同が集まるが、あんなものは年一回で十分だ。それをずっとやり続けたような感じ」だったらしい[4]。最終的に合意が成立し、六〇の町、一〇の村、七つの郡といくつかの環境保護団体が協定に署名した。ニューヨーク市は、とくに重要な区画の購入、水流の回復、水質向上とキャッツキル周辺の経済開発を支援するパートナーシップ契約のために一五億ドルを出資することを約束した。

結果はめざましいものだった。水質汚染は劇的に減り、しかもニューヨーク市の支出は北部の農村地帯の土地所有者に好意的に受け止められる。連邦環境保護庁（ＥＰＡ）はこのプログラムが安全な飲料水の供給に成功したことを認め、連邦政府はニューヨーク市当局に対してたびたび出していた浄水場建設の勧告を引っ込めた。かくしてニューヨーク市は資本財建設ではなく自然資本に投資したことで、比喩的に言えば灰色のインフラではなく緑に投資したことで、純粋に経済的観点から大きな得をする。プログラムは元を取るどころか何倍ものお釣りが来た。

だがこれが所有権と何の関係があるのだろうか。

環境について話すとき、人はふつう所有権のことは考えない。自然から人間が受け取る恩恵は、きれいな空気にせよ、安定した気候、大洋で群れをなす魚、美しい風景にせよ、どれも万人の共有財であるべきだとされている。これは美しい考え方ではあるが、問題も少なくない。

共同所有は、資源が豊富にあるときはうまくいく。だが人口が増え技術が変化するにつれて問題が生じてくる。第4章の共有地の悲劇で論じたように、貴重な資源がただで取り放題ということになると、取りすぎになりがちだ。共同所有の結果として、世界中の海での乱獲、熱帯雨林の伐採、過去最高水準での温室効果ガスの排出による温度上昇とそれに伴う気候変動が起きている。このペースで事態が進行すれば、私たちの子孫の世代には、地球は悪い意味でこれまでとはまったくちがったものになってしまうだろう。

キャッツキル水系がきれいな飲料水を供給してくれるように、自然環境はありとあらゆる種類のサービスを提供してくれる。そうした環境サービスを私たちは当たり前のように受け取っているのだ。昆虫は授粉する。土中の微生物はゴミを分解し耕作に適したゆたかな土壌を作る。沿岸部の湿地帯は嵐の高波から土地を守るとともに小さな魚に住処を提供する。これらは、すべての人に恩恵をもたらす共有資源のほんの一例だ。こうした共有資源は誰にも所有されていない。人々は野鳥の囀りや蝶々の飛ぶ光景を楽しむが、こうした野生の生き物に住処を提供する土地の所有者は、そのことに対して何の支払いも受けていない。彼らが鳥や蝶を所有しておらず、その生息の対価を請求することができないのであれば、鳥や蝶を保護したりそのために投資したりする経済的な理由はないことになる。

たとえば湿地は、洪水を遅らせ飲水を濾過することによって、多くの都市を守っている。土地所有者が湿地を宅地や農地に転換したら、金銭的には潤うかもしれないが、周辺地域は洪水や水質汚染に悩まされることになるだろう。洪水の防止や水の濾過といった湿地の提供するサービスを誰も所有していない場合、土地所有者は湿地の使いみちを考える際に、そうしたサービスの価値を考慮に入れない。湿地を排水して農地に転換し作物を育てて収入を得るか、それとも湿地を残して何も収入は得られないか。こうなったら、選択は自ずとあきらかだ。湿地は排水されることになる。

アプルトンのみごとな着想は、第４章で論じた付属の原則に関してイノベーションを打ち出したことにある。彼はキャッツキルの土地所有者を、土地に付属する環境サービスの所有者である、とみなした。そしてニューヨーク市はサービスのみなし所有者である彼らと取引する用意があると持ちかけたのである。土地に付属していたジャガイモや石炭には、誰もが当然のごとく対価を払う。となれば、高品質の水にも対価を払うのは当然ではないか。アプルトンは、下流側に位置する都市の富裕な住民が上流側の貧しい農民に対してクリーンな環境を保全する対価を支払うように、巧妙に所有権を設計してのけた。環境は土地のみなし付属物であるという発想によって、土地所有者に自分たちの土地がもたらす環境サービスの所有意識を植え付けたのである。州法にそのような規定はないが、効果は絶大だった。

自然が惜しみなく与えるものへのこうしたアプローチを私たちは「みなし所有権（as-if ownership）」と呼んでいる。この手法はここ数十年で急増中だ。ザルツマンは自然環境サービスを提供する土地所有者に補償するスキーム作りのために、数十年にわたって世界各国の政府と仕事をしてきた。最近発表した論文によると、世界各地で五五〇以上のプログラムが稼働中で、年間支払額は推定四二〇億ドルに達するという。

この戦略は、世界中の熱帯雨林の保全にも活用されている。熱帯雨林は世界最大の種の多様性の宝庫であると同時に、大気中の大量の炭素を吸収し、気候変動の進行にブレーキをかける重要な役割を果たす。地球温暖化の二〇％は熱帯雨林の伐採に起因すると推定される。本章を書いている間にも、地球の肺にも擬《なぞら》えられるアマゾンの熱帯雨林は燃やされているのだ。

基本的な問題は、森林環境が提供するサービスを熱帯雨林に住む人々が所有していないことにある。

彼らは野生動物の住処を守り、炭素を吸着したところで、その対価を請求できない。これらの資源は人類にとって決定的に重要であるにもかかわらず、当の人類の大半はそれをただで受け取っている。となれば森林の所有者や無断居住者が、売れるものは売ってお金にしようと考えるのも当然だろう。彼らが森林を燃やすのは、放牧や伐採や農業のためだ。そこで、木は切り倒すより生やしておく方が価値を生むようにすることが課題となる。

ノルウェーはまさにそれをしている。北海原油の採掘による環境破壊をいくらかなりとも埋め合わせる試みだ。幸いにもノルウェーには石油収入を蓄積した潤沢な政府系ファンドがあるため、アマゾン、インドネシア、メキシコの人々に、森林伐採を減らす努力に対して数百億ドル規模の資金を出すことができる。森林損失ペースが鈍化すれば、吸収される炭素の量は増える。

中国は、さらに大規模な投資を行っている。環境保全のための投資は同国の環境保護戦略の中核を成しており、森林回復の努力に対し農家や世帯にすでに五〇〇〇億ドルを支出してきた。木を切るのではなく植林することで、洪水防止、野生動物の保護、水質向上を実現している。これらはすべて、森林への投資から得られるものだ。

では私たちは所有権の設計を活用して、人々が自然を破壊するのではなく保全する方向に誘導することはできるだろうか。もちろんである。世界中で環境が提供するサービスを促進するための新しいタイプの所有権が、農家、森林居住者、製材会社、土地所有者の行動を変えている。いまや彼らは競うように環境を守り、その過程で収入を得ている。

そこここで一〇〇億ドル規模のプログラムが展開され、生態系が提供するサービスの所有権が設定されている。[5] ただ、こうしたプログラムが増えていることは事実だが、まだまだ足りない。現在世界が抱える最大の環境問題に取り組むカギとなるのは、自然の多くの面について「私の！」という主張を増やしていくことだと考えられる。

命懸けの漁

安全で心地よいアラスカの港から遠く離れた夜のベーリング海で操業するトロール漁船「タイム・バンディット」号の乗組員は、甲板上に積み上げられた金属製のカニカゴの上にいる。[6]船は激しく揺れ、身体のバランスをとることにひたすら集中しなければならない。荒れた天候だが、ここではいつものことだ。風が唸りを上げて冷気を乗組員に吹き付ける。何の予兆もなく一〇メートル近い獰猛な波が船首左舷に襲いかかり、甲板に砕け散った。乗組員はどうにかバランスを取り戻し、水をふるい落とすと周りを見回す。

一人が叫び声を上げた。「ジェームズ！　ジェームズ！」。

船首左手が持ち場のジェームズ・トミーの姿がない。もし波にさらわれ氷点下の海に投げ出されたのだとしたら、もう望みはない。

船橋にいた船長のジョナサン・ヒルストランドは「ああ、ジェームズ……」とぼそりと呟いた。そしてインターコムで甲板に命じる。「総員点呼！」。

だが「ジェームズ！」と半狂乱で呼ぶ声が聞こえるばかりだった。

船長としてはなす術がない。船橋から事態を見守るほかなかった。

しばらくは何も起きなかった。

そして突然ジェームズの姿が見えた。乗組員がみな駆け寄って抱きつく。波でカゴの山の中に放り込まれた格好になった彼は、ずぶぬれにはなったものの、奇跡的に怪我一つしていなかった。ジェームズは肩をすくめ、たいしたことじゃないという素振りを見せた。「ちょっとばかり水を飲んだだけだ。俺たちは海にいるんだから当然だ。さあ、仕事だ、仕事」。

乗組員たちは親指を立てて万事異常なしと船長に知らせる。ヒルストランドは傍目からもわかるほど震えていた。「神様ありがとう……このところ不運続きだったが、ようやく死亡事故を食い止めることができた。長年船を操ってきたが、こんなに恐ろしい仕事は初めてだ」。

『命懸けの漁（Deadliest Catch）』（邦題は「ベーリング海の一攫千金」）にようこそ。

この『命懸けの漁』というのは、ディスカバリー・チャンネルが二〇〇五年に放送を開始した密着ドキュメンタリー・シリーズのタイトルで、この種のものとしては大人気を博し、長寿番組となっている。毎年、アラスカのタラバガニ漁シーズンにベーリング海で操業する漁船にカメラクルーが乗り込み、漁師たちの様子を撮影する。個性ゆたかな男たちのことだから、ネタには困らない。だがほんとうの主役は漁の過酷な現実である。

シリーズのタイトルを『命懸けの漁』としたのにはちゃんと理由がある。乗組員は昼夜を問わず、一個三〇〇キロ以上ある金属製のカニカゴに餌をつけ、カゴにロープをしっかり固定し、滑り板の上に乗せて水深一二〇メートルほどの海底に下ろす。そして数時間後には（願わくは）カニでいっぱいになったカゴを引き上げる。カニを取り出して船倉に移す。そしてまた餌を仕込んでカゴを下ろす……ということを繰り返す。しかもこれを強風が吹き荒れ激しく揺れる船上で行うのだ。甲板に溜まった水が凍って船の重心が上がり、横転する恐れもある。

アラスカのカニ漁は長い間アメリカで最も危険な仕事だと言われてきた。一九八九〜二〇〇五年に一〇隻の漁船が沈没し、大勢が命を落としている。ベーリング海のカニ漁は「アメリカで最も死ぬ確率の高い仕事である。どれほど危険かと言うと、イラクでの徒歩の巡回警備より死ぬ確率が高い」という。[7]

だが、カニ漁が危険なのは荒れた天候のせいではない。どうすればカニを所有できるかが問題なのだ。漁をする船は多すぎ、カニのほうは少なすぎるのである。

人類の歴史の大半を通じて、漁業は野生動物の狩猟と同じ捕獲の法則（第1章参照）に従ってきた。つまり、獲物は最初に止めを刺した者が所有権を主張できる。魚介は、最初に海から引き上げた者に所有権がある。このルールはうまくいっていた。ごく単純で素朴な漁をしていた頃は、海の資源は事実上無限にあったからだ。ゆたかな海ではどんな所有権のルールもうまくいく。いや、ルールなど全然なくてもうまくいっただろう。

所有権の設計が問題になってくるのは、資源が次第に希少になり、人々がそれを争うようになるときだ。第二次世界大戦後の世界の海ではまさにそれが起きた。瞬間冷凍法が開発され、漁船が大型化したことが大きな要因である。ペルー沿岸のイワシ、ニューイングランド沿岸のタラ、アラスカ沿岸のタラバガニなど、それまで無限だと思われていた漁業資源が枯渇し始める。

資源が減り始めると、短期的には残っている数少ない魚をできるだけ早く捕ってしまうことが合理的になる。さもないと、他の船にさらわれてしまう。だがどの漁船もこのような行動をとったら、魚の個体数はまちがいなく激減する。物理的な占有が所有権を意味する状況で、漁業は共有地の悲劇の典型例となったのである。

一九八〇年の時点でアラスカのタラバガニ漁の水揚げは九万トンを上回っていたが、一攫千金を狙う新たな漁船が押し寄せると、ほんの数年間で水揚げ量は九〇％も減ってしまう。カニ資源の崩壊は地元経済の崩壊に直結した。漁業関係者は、カニ漁船の所有者は生計が立てられなくなったと証言する。「船はただドックに繋がれている。彼らは鍵を港湾事務所に預けてシアトルに行ってしまった」[8]。乱獲に歯止めをかけカニ漁を立て直すために、アラスカ州当局が介入することになる。そして直ちに無制限の捕獲の法則を打ち切り、漁獲量制限（catch limit）を導入した。持続可能な水準すなわちカニが安定的な個体数を再生産できる程度に、年間の総漁獲可能量を定めたのである。カニ漁はあらかじめ決められた日に解禁され、総量に達したら直ちに漁は打ち切られる。それ以降の密猟者は厳罰に処される。

希少なカニ資源を保護するために、アラスカ州当局は具体的には以下の方法で所有権ツールキットを活用した。第一に、州は一九七六年に付属の原則を根拠にカニの所有権を主張した。海底を遊弋《ゆうよく》するカニは「我が国の所有物に付属するのだからアメリカのものである」という言い分だ。「我が国の所有物」とはアラスカ沿岸にアメリカが主張している二〇〇海里の排他的経済水域（EEZ）のことである（第4章参照）。この主張によって、他国の漁船はアラスカ沿岸で漁ができなくなった。第二に、州当局はカニの年間総漁獲可能量を定めた。この量に達したらそのシーズンのカニ漁は終わりである。第三に、漁獲可能量の枠内のカニについては占有者に所有権を認めた。

この新しい制度は、最終的にたしかにカニ資源の安定化に寄与はした。しかし、アラスカのアプローチが所有権の設計としては非常に杜撰であったことは強調しておかねばならない。思慮を欠く設計のせいで州はカニ争奪戦に拍車をかけ、『命懸けの漁』を一段と深刻化させたのである。

なにしろ制限に達した瞬間にシーズン終了なのだから、他船に先駆けてできるだけ早くカニを捕ってしまわなければならない。その結果は、誰もがヨーイドンで我先にと捕獲する無秩序な競争となった。船は解禁の瞬間にエンジンを最高出力に上げて漁場をめざす。悪天候や時化《しけ》などおかまいなしだ。いや、そういうときほど漁に出て他船を出し抜かなければならない。乗組員も船長も限界を超えて働き続けた。誰も安全のことなど考えない。総量に占めるはずだった自分たちの取り分を他の船が先んじて取ってしまわないとも限らないからだ。そのうえ誰も予想していないほど早く、ときにはほんの数日で、シーズンが唐突に終わってしまうようになった。シーズン終了が近いという予兆が現れるだけでも商業的には大損害である。[9]

荒れた海での決死のカニ争奪戦は、物理的にも大損害をもたらした。揺れる甲板上での重い装備による怪我、船外に投げ出される乗組員、漁船そのものの転覆・沈没等々。この種の狂気じみた競争がアメリカのほぼすべての漁場で繰り広げられ、ダービー方式またはオリンピック方式と呼ばれるようになった。オリンピック方式は危険なだけでなくきわめて非効率だった。

船長は自分の船が他船より早くたくさん捕獲できるよう船の装備に資金を投じるようになる。だがどの船長も同じことをするので、金を注ぎ込んだところでほとんど有利にはならない。むしろ、よりよい性能を求める勝者なき競争にはまり込んでしまい、捕獲できるカニの量は限られている中、コスト高になって利益率は下がる結果となった。さらに悪いのは、漁が短期間に集中することだ。その間に漁獲可能量をすべて捕ってしまうため、漁船が港に戻ったときには一時的に市場は供給過剰になり、価格は不可避的に下落することになる。

漁獲量制限はカニの個体数維持には効果的だったにしても、漁をする側にとっては破滅的な措置だった。

事態を重く見た州当局は、再び打つ手を考える。もちろんベーリング海でのカニ漁を、近所の池での釣りほど安全にすることは不可能である。それでも所有権を賢く設計すれば、命懸けの漁も終わらせることができるはずだ。アラスカ州当局は、海洋資源の保護と同時に漁業の安全性と経済的利益を確保するための解決策がないものか、外国の事例に目を向けた。そして注目したのがアイスランドである。

アイスランドの漁業管理局は、一九七〇年代に奇想天外なアイデアを実行に移す。彼らは所有権ツールキットをよくよく吟味したうえでツールを巧みに組み合わせ、「私の！」と主張するまったく新しい方法を編み出した。それは、漁業の特性に合わせた方法である。

所有権のルールは人々を間接的ながらも効果的に導くことができる。アメリカが一八〇〇年代後半に西部への入植を推進したときのことを思い出そう。当局は、占有という原則にちょいと手を加えた。入植者は土地を所有できるが、その前に特定の有益な労働を実行しなければならない。一六〇エーカーの土地を五年以内に生産的な土地に開拓しなければならないのである。川の水を引いて灌漑し耕作可能にしてもいいし、役に立つ地下資源を掘り当ててもいい。またデューク大学は熱狂的な学生ファンでスタジアムをいっぱいにしたいと考え、早い者勝ちの原則にちょいと手を加えた。学生は試合観戦チケットの抽選に参加できるが、その前に数日間、大学構内でキャンプするという試練に耐えなければならない。どのケースでも、本来の所有者である国あるいは大学は、旧来の占有や早い者勝ちの原則では人々を望みの方向に誘導できないと気づいていた。そこでルールに手を加えることにしたわけである。

アイスランドも同じプロセスをたどって所有権のルールを練り上げた。健全な漁業を維持しつつ船主の出費を抑え、利益を増やし、乗組員の安全を確保できるようなルールである。

一言で言うと、アイスランドは漁獲量制限の代わりに、のちに漁獲割当（catch share）と呼ばれるようになる制度を導入した。この新しい制度の下では、排除から共同管理に軸足が移される（第6章参照）。捕獲の法則は生きてはいるものの、まず漁獲割当を獲得しなければ漁自体を行うことができない。これは船ごとに割り当てられるため、個別漁獲割当（ＩＦＱ）と呼ばれる。ＩＦＱ一枠を獲得すると、一定量の漁獲、たとえばオヒョウ一トンの権利が与えられる。一シーズンの持続可能なオヒョウ漁獲量合計が一〇〇〇トンだとすると、当局はＩＦＱ一〇〇〇枠を発行する。オヒョウ一トンの権利を主張するためには、船主は最低でもＩＦＱ一枠を獲得しなければならない。かんたんに言うと、漁船はＩＦＱをすくなくとも一枠持っていなければ操業すらできない。

では最初にＩＦＱを誰に与えるのか？　これは悩ましい問題である。選択肢の一つは、当局が入札を行うことだ。だがそうなると、地元の船主がより資金力のある外部の船主に負けてしまうことになりかねない。一般に、落札価格が高いほど当局が管轄水域内の漁業から得られる経済的利益は大きくなるので、それを解雇された地元漁師の再教育に充当することが可能になる。だが現実には、入札結果に不服の地元の船主が密漁で抵抗するとか、落札したよそものの船を攻撃するといった面倒が起きやすい（第2章で登場したロブスター・ギャングを思い出そう）。だからアイスランド当局は入札ではなく付属の原則に則って最初のＩＦＱを分配した。過去の漁業シーズンにおける各漁船の平均水揚げ量に基づき、既存船に枠を割り当てたのである。

この分配方法は公平と言えるのだろうか。いや、公平ではない。新規参入者やよそものは、ゼロからのスタートになる。当局も入札による利益を取り逃す。しかも、棚ぼたで多くの枠を割り当てられるのは、それまで強欲に危険な操業をして漁獲量を稼いでいた船である。それでも、付属の原則には重要なメリットがあった。既存の漁船が新しい所有権スキームをすんなり受け入れ、報復行動に出ないことである。

ＩＦＱは確実にオリンピック方式に終止符を打った。船長たちはシーズン前から一年分のＩＦＱを確保している。したがって、海に出たいときに出て漁をすればよい。悪天候だったら、波がおさまるまで港で待つ。市場価格が下落したら、上がるまで待つ。解禁日の前にすでに総漁獲量は決められ、分配済みなのだから、あせって他船と競争する必要はどこにもない。

ＩＦＱには、いくらかわかりにくいが、また別のメリットもあった。それは、漁業全体の健全性に船主が思いを致すきっかけを与えたことである。漁業資源が回復し健全化するほど、ＩＦＱの合計枠が増え、どの船主にも多くが割り当てられることになるからだ。また彼らは、密漁船を一致団結して排除すべく結束するようにもなった。ＩＦＱ枠の所有者には、すくなくとも魚の一部について「私の！」と主張する権利があるのだから。

やがて多くの船主は、他の船主に自分のＩＦＱ枠を売るか貸すかして自分は港にとどまっているほうが儲かると気づく。枠の増えた漁船は長期間にわたって操業できるため、漁獲割当量を取り尽くすのに必要な船の数は次第に減っていった。それに伴って、燃料・設備・労働者のコストも減った。天候の回復を港で待てるようになったため、乗組員が危険にさらされることも減る。それに、長期間にわたって操業が続けられるため、魚の値段も安定した。乗組員には時間的余裕ができたため、メスガニ、まだ小さいカニ、仕掛けにかかった他の魚を選別して安全に海へ帰すこともできるようになった。こうして漁獲割当制度の下で水産資源は回復し、漁業は安全になり、船主の利益は増える。まさに三方よしの結果になったのである。

革新的な所有権ルールはうまく機能している。

他の国にも触れておこう。ニュージーランドとオーストラリアは、アイスランドに続いて漁獲割当方式を導入した。アメリカはやや遅れて導入している。まずアラスカ州が一九九五年にオヒョウ漁で総漁獲可能量を定めた。オリンピック方式のせいでオヒョウの個体数はひどく少なくなっていたため、ＩＦＱは当初一年分として二四時間有効な三枠しか発行されなかった。タラバガニもさして変わらない状況だったが、船主たちはＩＦＱの導入に頑強に抵抗する。倒産や死亡事故が相次いだ末の二〇〇五年に、ようやく船主たちは渋々ながら漁獲割当を受け入れた。『命懸けの漁』の放送が始まってから半年後のことである。

結果はめざましいものだった。

もう荒れ狂うベーリング海で仁義なき争奪戦を繰り広げなくていい。二〇〇四年にたった三日で終わっていたタラバガニ漁の期間は、二〇〇六年には三カ月に延びる。カニ漁船向けの融資を手がけている銀行家のエリック・オルソンは、漁獲割当が導入されてからの劇的な変化をこう述べている。「カニのX％を割り当てられたとしよう。これをドルに換算すれば、将来の収入をかなり正確に予想できることになる。これまでとは大違いだ。従来はレッドブルを一ケース積み込み、好天を祈り、ひたすら仕掛けを放り込んでいた。だがいまでは、彼らにはビジネスプランがある」[10]。一隻あたりの利益は四倍に増え、二〇一四～一五年のシーズンにはアラスカ沖の商業漁業全体で死者が一人も出なかった。サケ、オヒョウなど漁獲割当制が導入されたすべての魚種で、である。

だがすべての所有権の選択がそうであるように、漁獲割当制も厳しいトレードオフを強いることになった。生産性の高い新規参入者は、金の力を使って漁場に乗り出す権利を獲得しなければならない。最初に棚ぼた式にＩＦＱ枠を獲得した船主がターゲットになった。彼らは枠を転売または貸与してその収入で暮らし、もう海に出ない。「肘掛け椅子の漁師《アームチェアフィッシャーマン》」と呼ばれる人たちが増えていった。それは避けられない成り行きではあった。なにしろ漁船の数が多すぎたからである。だが船が減っていくのは多くの漁村にとって痛ましいことだった。乗組員の半数が失業したと推定されている。残った乗組員の賃金も下がる一方だった。新規参入者は肘掛け椅子の漁師たちにＩＦＱ枠の料金を払わなければならないため、賃金を抑えざるを得なかったことが一因である。かつてのオリンピック方式の漁では、乗組員は自分の取った分の対価をもらっていたが、いまや多くが時給で働く被雇用者になった。『命懸けの漁』シリーズは現在も続いているが、漁船の数は三分の一に減ったうえ、大型化して安全になった船上でいささか退屈な低賃金労働が繰り返されるだけになっている。

漁獲量制限も、漁獲割当も、カニ漁の存続に寄与したことはまちがいない。最優先目標が雇用の保護であるなら、飛び入り歓迎アドレナリン全開のオリンピック方式にしがみついていればよい。だが乗組員の安全と経済的に持続可能な漁業をめざすのであれば、選ぶべき道は漁獲割当である。

今日では世界の漁場の半分以上が乱獲状態で、貴重なタンパク質資源の存続と世界の多くの人々の生計を脅かしている。漁獲割当制はひとりベーリング海のタラバガニ漁にとどまらず、地球環境にとって持続可能な所有権の可能性を提示した。ただしこの制度が機能するのは、州や国に所有権ルールを執行する力がある場合に限られる。公海上で条約が締結されているのはクジラやマグロなどごく少数の種に限られており、そのほかには地域的な漁業協定が結ばれているだけだ。EEZをひとたび出てしまえば、いまだにオリンピック方式がまかり通っている。だがそこにも漁獲割当が導入される日がいつか来るだろう。

現時点では、漁獲割当は四〇ほどの国で採用され、すでに全世界の漁獲量の約五分の一を占めるにいたっている。この戦略が「現代において知られざる政策の最大の成功」と呼ばれるのも当然だろう[11]。

キャップ&トレード制度の功罪

漁獲割当によって漁業資源を守るという手法は、所有権を再設計するアプローチだと言える。このアプローチは、有鉛ガソリン、スモッグ、酸性雨などによる環境汚染と闘ううえでも有効だ。酸性雨を例にとって説明しよう。

一九七〇年代から八〇年代にかけて、アメリカ中西部と南東部では石炭火力発電所が硫黄分を多く含む汚染物質を大量に大気中に放出していた。汚染物質はジェット気流に乗って沿岸部まで運ばれ、ニューイングランドやカナダに酸性雨を降らす。メイン州やヴァーモント州の誰も近くに住んでいない湖、森林、川で魚が大量死したり木が立ち枯れたりした。この現象は、森が生活に密着しているドイツでは「森の死（waldsterben）」と呼ばれる。衝撃的だがじつに適切な命名と言えよう。一九九〇年にアメリカ議会はこの問題に取り組むべく、汚染の所有権の考え方に変革をもたらす。

さきほど見たように、漁獲割当は魚を所有する新しい方法を示した。政府がその年の漁獲可能量を決め、その分のＩＦＱ枠を与える（または入札する）。議会はこのアプローチを採用し、汚染の所有権というものを創出した。汚染を所有するとはなんだか奇妙で理解し難いが、結果は上々だった。

環境保護庁がまず汚染物質の年間許容排出量を定める。たとえば硫黄酸化物（ＳＯｘ）一〇〇万トンというふうに。次に、一〇〇万トン分の排出許可枠を発行する。一枠で一トン排出してよい。漁船が捕獲する魚一トンにつきＩＦＱ一枠を持っていなければならないのと同じく、汚染物質を排出する企業は、煙突から大気中に硫黄酸化物一トンを排出するために許可枠を一枠持っていなければならない。許可枠を得られなかった発電所は汚染物質を排出してはならない。

魚の場合、持続可能な漁業が維持されるような水準に漁獲可能量が定められた。汚染物質の場合、目標は酸性雨を減らすことにある。当初は産業界の支持を得るために、許可枠は既存の発電所が現行水準の汚染物質を排出できるだけの枠が与えられた。しかしその後は、年間許容排出量は毎年減らされていく。したがって、発行される許可枠の数も減っていった。

この方式は、上限（キャップ）を定めたうえで余った排出枠は取引できることからキャップ＆トレードとして知られるようになる。所有権のあり方として興味深いのはここだ。それまで火力発電所は、政府から規制される他の汚染物質排出事業所と同じく、当局が定めた公衆衛生や環境保護のための基準に従うだけだった。排出が年間一〇〇〇トンに制限されていたら、それを超えないよう注意はする。だが排出量を一トン減らしたところで何の得もなかった。

キャップ&トレードはそんな彼らに一撃を喰らわせ、新たなビジネスチャンスの扉を開いたのだった。

大規模な火力発電所が合法的に年間一〇〇〇トンの排出許可枠を取得したとしよう。所定の発電をして汚染物質を一〇〇〇トン排出するのは、この発電所にとっていつものことで、特段の排出削減努力を必要としない。だが発電所の所長は、さほどコストをかけずに硫黄含有量の少ない石炭に切り替えられることを知っているとしよう。そして実際に切り替えたところ、汚染物質の排出量は七〇〇トンに抑えることができた。いまや彼らの手元には、余った三〇〇トン分の許可枠がある。キャップ&トレード制度の下では、この余った許可枠をまだ排出削減のできていない事業所に売ることができる。

このアプローチが非凡なのは、汚染に所有権を創出することによって、排出を削減するインセンティブを与えたことである。排出削減は収益源になるのだ。今日の火力発電所は電力だけでなく硫黄酸化物の排出許可枠も売る。彼らは排出量を減らそうといっそう努力し、より多くの枠を売って利益を上げようとする。

このプロセスで、環境保護庁はどの火力発電所のやり方がいいとか、どの技術が優れているといった判断はいっさいしていない。一定期間内に酸性雨を減らすという目標実現のために許容しうる排出総量を定め、それを監視しただけである。この燃料を使いなさいとか、あの技術はやめてこの技術にしなさいといったことも指示していないし、この発電所は閉鎖しなさいと命令したこともない。排出削減は、健全な市場での取引を通じて実現した。市場では最も革新的な技術を導入して排出を抑制した発電所が利益を上げ、後れをとった事業者は排出を継続するために許可枠を買わなければならない。かくして最小限のコストでの排出削減が期待できる。

結果は、漁獲割当のときと同じく、めざましいものだった。硫黄酸化物の排出量は予想を上回る速さで減少したのである。許可枠を余らせようと、発電所が良質の燃料の導入や脱硫装置の性能改善を競って行ったからだった。北東部の酸性雨は、いまとなっては遠い昔のことのようである。

キャップ&トレードは、酸性雨だけでなく、広く気候変動との闘いにもきわめて有効だと考えられる。一八〇〇年代の産業革命以来、エネルギー源としての化石燃料（石炭、天然ガス、石油など）の消費量は増え、二酸化炭素（ＣＯ２）などのガスが大気中にハイペースで蓄積されていった。こうした温室効果ガスは地球を温め、気候を変化させ、激しい嵐が頻発するようになり、海面上昇を招く結果となっている。気候変動を抑える最も直接的な方法は、温室効果ガスの排出を減らすことだ。ガスはすべて大気に混じってしまうので、どこで排出削減をしてもかまわない。地球規模の気候変動の観点から言えば、アフリカでＣＯ２の排出量を減らしてもアメリカで減らしても同じ効果が得られる。

酸性雨の場合と同じく、国または州が温室効果ガスの総排出許容量を決定し、排出許可枠を発行し、事業者はその枠が余ったら取引するという段取りだ。欧州連合（ＥＵ）がこの原理に基づいて二〇〇五年に排出量取引を開始し、現在では三一カ国一万一〇〇〇以上の事業所が参加している。カリフォルニア州は排出量取引を通じて二〇五〇年までに温室効果ガス排出量を一九九〇年比で八〇％減らすことを目標にしている。中国は世界最大規模の排出取引制度をスタートさせようとしている。こうしたスマートな所有権の設計が地球を救うかもしれない。

だがそうとは言えないかもしれない。漁業や酸性雨のケースでは、新しい所有権の形は関係者の行動を好ましい方向に変えることができた。だが意図せぬ結果を招くリスクはつねに存在する。なぜなら、工場も発電所も排出許可枠を自由に取引するからだ。その結果、クリーンな事業所とダーティな事業所が混在することになる。そのパターンは、じつはランダムではない。調査の結果わかったことだが、いつまでもダーティな事業所は、往々にして有色人種の住む貧しい地区に集中しているのである。

キャップ&トレードが招いたおぞましい結果は、ほかにもある。早い時期のあるキャップ&トレード・プログラムは、環境保護団体が「史上最大の環境スキャンダル」と非難する結果を招いた。[12]

一九九七年に京都で開催された国連気候変動枠組条約第三回締約国会議（ＣＯＰ３）で採択された京都議定書では、漁業資源や酸性雨と同じアプローチがグローバル規模で採用された。世界の名だたる経済学者たちが設計した議定書のプログラムでは、新たな所有権の形として認証排出削減量（ＣＥＲ）が創出される。漁船が漁をするためにＩＦＱを必要とし、発電所が硫黄酸化物を排出するために排出許可枠を必要とするように、政府と事業所は排出した分の温室効果ガスを相殺するためにＣＥＲを取得する必要がある。

温室効果ガスを大気中から取り除くプロジェクトは、実際にどれだけ吸収できたかに応じてＣＥＲを獲得することができる。獲得したＣＥＲは国や事業所に売ることが可能だ。植林をすればＣＯ２を吸収できるので、ＣＥＲが与えられる。ＣＥＲを他国の精油所やセメント工場に売って得た資金でまた植林を進めればよい。多くの経済学者と環境専門家は、すばらしいしくみだと考えた。ＣＥＲを取引するグローバル市場が出現し、熱帯雨林を救うことができるだろう、と。

すくなくとも計画上はそうなるはずだった。

当初、ＣＥＲはたしかに熱帯で森林保護プロジェクトを促進する効果があった。だがその一方で、予期せぬ事業の活発化も招くことになる。問題を起こしたのは、冷蔵庫に使われる冷媒を製造していた中国とインドのメーカーだった。その製造過程で、副生成物としてＨＦＣ２３（トリフルオロメタン、フロン２３）が放出される。トリフルオロメタンはＣＯ２の一万一七〇〇倍の温室効果を持つという厄介な性質を備えている。

ここで不届きないくつかのメーカーは、ＣＥＲ獲得のチャンスがあると気づく。五年が過ぎる頃にあきらかになったのは、これらのメーカーが生産量を倍増させ、世界のＣＥＲ新規発行枠のおよそ半分を獲得してきたことだった[13]。だが冷蔵庫市場は横這いだ。それなのになぜ彼らは冷蔵庫用の化学品の製造を倍増させたのだろうか。

彼らは冷媒の製造販売に依存するのをやめ、トリフルオロメタンを生成しては破壊することに専念するようになったのである。格好よく言えば、ビジネスモデルを転換したわけだ。トリフルオロメタンを発生させて焼却処分するだけで、一ポンドにつきＣＥＲ一枠を獲得できる。それをヨーロッパや日本に売りつけて利益を上げる。欧州議会のオランダ代表であるヘルベン＝ヤン・ヘルブランディは「常軌を逸している。強力な温室効果ガスをどんどん生産し、それを破壊して儲けている企業が存在するとは[14]」と憤る。

トリフルオロメタンを生成しては破壊すれば大きな利益を手にすることができるとしても、環境にとってのメリットはゼロである。いや、ゼロ以下だ。というのも、トリフルオロメタン生成・破壊事業者からなら、植林事業者より安くＣＥＲを買えるからである。よって、熱帯雨林保護には資金はほとんど入ってこない。この悪徳商法が発覚し中止されるまでの間に、中国とインドのトリフルオロメタン生成・破壊事業者は巨万の富を築くことができた。何十億ドルもが無駄に使われ、世界の気候は何ら好転しなかったのである。

京都議定書のＣＥＲ取引制度を設計したのは頭のいい経済学者たちだった。彼らは温室効果ガス排出削減プロジェクトを世界中で推進し、熱帯雨林を救おうとした。だが中国とインドの冷媒メーカーは、経済学者より頭がいいことを実証してみせた。所有権のルールと彼らが得た巨額の利益は、良きにつけ悪しきにつけ頭脳の産物である。

CERにせよ、IFQやその他の割当制度にせよ、ときに意図せざる結果を招くことがはっきりした。環境資源を巡って今後登場する新種の所有権スキームも同じだろう。だから私たち学者は謙虚にならなければならない。それでも、一定の成功を収めたこともたしかだ。所有権の設計次第で、キャッツツキルの農家やベーリング海のカニ漁師や中西部の石炭火力発電所をはじめ世界中の人々に、環境保護のモチベーションを与えられることがわかった。

自然界を守ることは、第一義的には政府の責任である。彼らは所有権の新しいルール作りに失敗することもあるが、実験し、再試行することができるなら、きっと成功するはずだ。所有権ツールキットは、種の絶滅を防ぎ、森林を保全し、大気と水を安全に維持するための道筋を示すことができる。おそらく人類が生き残る最大の希望は、汚染源を含めてもっと多くの環境資源を「私の！」と思えることに懸かっているのだ。

レンガと薪

デジタルの世界と自然界には共通点が数多くある。どちらも所有権がないというベースラインからスタートした。誰も所有していないということは、新しく出現した資源の特徴である。その資源を所有しようとする競争が始まった瞬間から、所有権をどう設定するかという問題が生じる。第1章の狐狩りのように早い者勝ちにすべきか？　第2章のパーキングチェアのように占有した人のものにすべきか？　第3章のディズニーのように労働に報いるべきか？　どの所有権ルールが最も効率的だろうか。最も公平だろうか。最も自由裁量の余地を広げ持続可能性を確保できるだろうか。

まったく同じ問いに、いま私たちはデジタルの世界で直面している。ただし自然界の資源とバーチャルの資源の間には重要な違いがある。これまでのところ、各国政府はデジタルの所有権に関して主導権を握ろうとはしていない。本来はそうすべきなのだろうが、いまのところは介入していない。デジタルの世界で所有権の最前線に立っているのは企業である。彼らは戦略的あいまいさといったツールを駆使し、ベースラインを定め、オプトイン／オプトアウトを設定する。何かをしようと決めたら、企業は法律ができるのを待ったりいちいち許可を申請したりはしない。彼らが突然新しいルールを持ち出してきたときには、公共の目的に寄与するのではなく、必ず彼ら自身の利益が最大化されるようになっている。

だからといって、それが必ずしも悪いとは言えない。実際、デジタル・イノベーションは三〇年前から現代の経済を牽引してきた。だがこの活力は代償を伴う。

アンドレス・G・ダ・シルヴァはそれを知って仰天することになる。大勢の消費者と同じくダ・シルヴァもアップルの iTunes のアカウントで映画を購入した。ところが驚いたことにある日、自分の購入した映画三本がアカウントから消え失せていたのである。アップルに問い合わせたが、カスタマーサービスの対応にまったく満足できなかったため、ダ・シルヴァはやりとりを多少脚色してツイッターに投稿した。それは大いにバズったものである。[15]

私：購入した映画三本が iTunes ライブラリから消えてしまったんですが。

アップル：たしかにそれらの作品は現在視聴不可となっております。ご購入いただきありがとうございました。二作品分のレンタルクーポンをお送りします！

私：え……なんですって？　ティム・クックはこんなことを承知しているんですか？

アップル：お客様、私どもは販売窓口でございまして。

私：窓口？

アップル：はい。お客様にお支払いいただきました代金はたしかに頂戴しております。ですが販売したものに関しましては、私どもはいかなる責任も負いません。また私どもは、お客様が購入されたものをずっと所有できるという保証はいっさいしておりません。私どもに保証できるのは、代金はたしかに頂戴したということだけです。

私：ふーん……じゃあなんだね、あの「購入」ボタンってやつは何の意味もないってことかい？　なんなら「幸運」ボタンにしたほうがいいんじゃない？

アップル：ご不満はよくわかります。ですので、クーポンを送らせていただきます〔一部報道によると、ダ・シルヴァはオーストラリアで作品を購入したが、その後カナダに移住し、カナダで視聴不可になった。この場合、国境をまたいだためライセンス契約に何らかの変更がもたらされ、視聴不可となった可能性があるという。騒ぎを受けてアップルは「一度ダウンロードした映画はいつでも楽しむことができ、意図的に行わない限り削除されることはありません。国設定を変更し、ダウンロードした映画のバージョンと同じものが移動先の国で利用可能でない場合、再ダウンロードできない作品も存在します。必要であれば国設定を元に戻し、再ダウンロードしていただくことも可能です」との声明を発表した。https://www.forbes.com/sites/johnarcher/2018/09/17/apple-responds-to-disappearing-itunes-movie-purchases-issue/?sh=422389672b6#:~:text=〝Any%20movies%20you%27ve%20already,available%20in%20the%20new%20country.〕。

リン・ナイガードも同じ不満を感じた一人だ。ただし彼女の場合の相手はアップルではなくアマゾンだった。ＩＴコンサルタントとしてオスロで働くナイガードは出張が多い。あるとき出張先のイギリスでKindleを購入した。彼女はすっかり満足し、やがてKindleのライブラリは四〇冊ほどに達する。出張先で読む楽しみが増えたわけである。ところが、である。ある朝ナイガードはアカウントがブロックされていることに気づく。そのうえ購入した本はすべてライブラリから消えていた。動転したナイガードはヘルプデスクにメールする。その結果わかったのは、アマゾンと関連会社は「サービスの停止、アカウントの解除、コンテンツの削除もしくは編集、または注文の解約をその自由裁量により行う権利を留保している」ことだった[16]。

要点を明確にするために、アマゾンはさらに追い討ちをかけてきた。「新規登録の試みもまた同じ措置の対象となりうることをご承知おきください[17]」。困惑したナイガードは、自分は長年にわたりアマゾンの顧客であり、購入履歴もクリーンだと返信した。だがアマゾンの最終回答はさらに冷酷無慈悲だったのである。「お客様のニーズに適う小売業者を見つけることをおすすめします。当方は本件に関してこれ以上の対応はいたしません[18]」。

ナイガードの友人がこの件をブログに書くと、ダ・シルヴァの投稿と同じくあっという間にネット社会に広まる。数日後、ナイガードのアカウントと購入した本は何の説明もなくいきなり復活した。おそらくアマゾンは、パブリックリレーションズ上の大失態を鎮静化しようと考えたのだろう。同社は数年前にも同様の大騒動を引き起こした前歴がある。読者が購入したジョージ・オーウェルのディストピア小説『一九八四年』を一斉に消去してしまったのだ。著作権を巡る係争が起きたことを受けての措置だったが、皮肉なことに『一九八四年』という小説は読者もご存じのとおり、ビッグ・ブラザーがまさにその手のことをするストーリーである。

この種のドタバタは映画や本にとどまらず、物理的なモノにもおよんでいる。対象になるのは、オンライン経由のアプリで動作するガジェット類だ。アーロ・ギルバートはRevolv（リヴォルヴ）というスマートホームハブ端末を使っていた。この端末一つでドアの施錠から警報装置や照明のオンオフまで操作できる。ところがある朝目覚めると、端末は機能しなくなっていた。単に故障したのではない。操作不能《ブリック》になり、文字通りレンガと化していたのである。ギルバートの端末だけでなく世界中のRevolvが、その日をもって操作不能になっていた[19]。

これは、グーグルがすべてのRevolvに対して強制停止《キル》スイッチをリモートでオンにした結果だった。なぜそんなことをしたのか。じつはグーグルはモノのインターネット（IoT）に事業を拡大中だった二〇一四年に、Revolvを手がけるネスト・ラボ（Nest Labs）を買収している。しかしその後に、スマートホーム機器類はNestシリーズで展開していくことを決めた。そうなると、Nestのマーケティングを強力に推進し、共食いを避けるために、Revolvは邪魔になる。ならばRevolvを動かしているアプリを終了してしまえ、というわけだ。Revolvの利用規約では、グーグルがアプリを終了する権利が留保されている〔サービスの終了は、猶予期間は短かったもののホームページで事前に予告された。現在のサイトは、サービスが終了したこと、二〇一八年一〇月末日まで返金が行われることが告知されたままとなっている。http://revolv.com〕。

ギルバートはブログにこう書いた。「グーグルが意図的に終了する次のハードウェアは何だろうか……あなたのスマートフォン端末Nexus（ネクサス）は大丈夫か？　煙探知機Nest Protect（ネストプロテクト）はどうだろう？　監視カメラのNest Cam（ネストカム）は？　メディアストリーミングのChromecast（クロームキャスト）だってあやしいぞ」[20]。残念ながら、不運なギルバートの端末は死んだままだ。まさにレンガよろしくドアストッパーとして使われている。

ここでアマゾンが街角の本屋だとして、ナイガードにやったのと同じ行動をとれるものか、想像してみよう。本屋の店員がナイガードの家のドアをこじ開け、書斎に入り込み、その本屋で買った本を残らず持ち出すというようなことが起きるはずもない。アップルの映画にしても、グーグルの端末にしても、同じことだ。にもかかわらず、オンラインでビッグテックはそれをやってのけ、所有権を好きなように設計している。彼らが作り出した「サービスの終了、アカウントの解除およびコンテンツの削除もしくは編集」を完全な自由裁量で行う権利は、誰も読まないオンライン上のライセンス契約に堂々と書かれているのだ。

アマゾン、アップル、グーグルは、デジタルコンテンツを所有することの意味を変えて利益を上げている。人類は歴史の大半を通じて、農地、馬、ハンマー、パンに支配される世界に生きていた。その世界で所有するのは有形の物理的なモノだった。自分の土地は踏みしめることができたし、自分の持ち物はつかむことができた。あなたが何かを所有していたら、ほとんどの場合、他人がそれを所有することはできない。そのモノはあなたの支配下にあり、煮て食おうと焼いて食おうとあなたの勝手である。他人を排除できるというこの本能的な感覚こそが所有権について多くの人が抱くものだったし、今日でもそれは変わらない。つまり所有権はオン／オフ・スイッチのイメージである。それは私のものだ、触るな！

インターネット企業はこのことはよく承知しており、所有についての人々の理屈抜きのこうした直観的オン／オフ反応を巧みに利用している。しかし彼らのやり方は、オン／オフとは似て非なるものだ。[21]

インターネット上の市場には、小さなショッピングカートのアイコンが用意されている。そこで私たちは、これはスーパーマーケットでおなじみのあれと同じだと考えやすい。買いたい品物をカートに放り込み、レジへ向かう。オンライン市場は、物理的占有が所有権に直結する世界を注意深く真似て作られており、占有がもたらす愛着を誘発するようにできている。これにだまされてはならない。

最近行われた調査によると、回答者の八三％は、デジタルコンテンツを物理的なモノと同じように所有していると考え、自分の好きなように扱ってよいと誤解しているという。[22] 友達に貸してもいいし、何度でも好きなだけ使えるし、売っても寄付してもいい。あるいは切り貼りしたり他のものと組み合わせたりして、マッシュアップの楽曲やコラージュを制作してもいいのだ、と。この調査を実施した研究者はこう述べている。「ウェブ上の購入（buy）ボタンにはいろいろな意味が込められている。〝貸す〟とも〝条件付きアクセスを提供する〟とも言わずに〝買う〟としてはあるものの、その意味は消費者の大半にとって非常に特殊であり、デジタルコンテンツの場合には通常の〝買う〟は当てはまらない」[23]。

ほとんどの場合、デジタル作品を再使用・転売・寄付・改変することには厳しい制限がついている。オン／オフ・スイッチはデジタルの世界には持ち込まれていない。自分のものとして占有するというあのおなじみの象徴的行為は、オンラインでは意味をなさない。むしろ占有は、消えゆくシステムの名残りというべきだろう。私たちはこの新しい現実に直面せざるを得ない。買うか借りるかという古くからある選択とはまた違い、オンラインでの所有はもっと奇妙に感じられる。すでに述べたように、スイッチではなく、むしろ調光ダイヤルや音量調節つまみのような調整ダイヤルのイメージだ。

インターネット経済はイノベーションに満ちているとよく表現され、「前例のない」とか「比類のない」といった形容詞がひんぱんに使われる。となると、バーチャル経済は人類の歴史においてまったく新しいものだとつい考えやすい。たしかにそういう面はある。だが所有権に関する限り、さして目新しいとは言えない。

法律家は所有権を薪の束に擬えることがある[24]。一世紀ほど前に初めて使われたこの比喩は、法学教育にも法律実務にも大きな変化をもたらした。所有権というものは個人間の権利の集合であって、分けることもできればまた一緒に束ねることもできるというイメージを植え付ける点で、なかなか有効な比喩だと言えよう。ある資源について「私の！」と主張するとき、あなたは薪の束を一束そっくり持っているつもりだろう。だから、薪を何本か売ることもできれば、貸すこともでき、抵当に入れる、使用許諾する、捨てる、燃やす、何をしてもいいと考える。だが実際には、何本かの薪を持っているだけであることが多い。たとえば土地を所有する場合、地主がいて、融資する銀行がいて、賃貸料を払うテナントがいる。通行権を持つ隣人、立ち入り許可を持つ配管工、採掘権を持つ鉱山会社も関わってくるだろう。これらの当事者はそれぞれ束の中の薪を一本ずつ持っている。それに、薪を束で持っていたら何でも許されるかと言えばそうではない。他人に迷惑をかけることは許されないし、その土地を犯罪目的で使用すること、どんな形であれ人種差別をすることも許されない。

ダ・シルヴァ、ナイガード、ギルバートが身をもって知ったように、オンラインで買うということは薪を束ごと買うことではない。買えるのは二本かせいぜい三本だけである。残りの薪は誰が所有するかについて、売り手はちゃんと明確にしている。アマゾンの映画の購入ボタンを押したら、あなたが手に入れるのは「非排他的・譲渡不可・再使用許諾不可の……個人的な非商業目的の私的使用に限定された使用許諾[25]」である。

いったいこれは何を意味するのか。法律用語をすべて取り除いたら、たいした意味はなくなる。要するに、あなたは「譲渡・複製・展示」する権利は獲得していない（アマゾンがとくに許可すれば話は別である）。また、購入品を「転売・貸与・賃貸・配布・放送」する権利もない。つまり薪の束の大半はアマゾンが握っている。購入ボタンを押して手に入るのは、ほんの数本の薪だけなのである。

iTunes、Kindle、Revolv のライセンスは大なり小なり同じやり方で、つまり非常にわかりにくい方法で運用されている。あなたの所有権の制限条件は、ウェブサイト上できわめて読みにくい法律用語を使って懇切丁寧に説明されているが、そんなものは誰も読まないし、読んだところで理解できまい（法学教授である私たちも、である）。

にもかかわらず、多くの人がかんたんに購入ボタンを押す。買い物で生活を楽しくしたいのだ。ライセンス契約の条項をしっかり読んだとしても、難解すぎるし、交渉の余地はないうえ、のべつ変更される。売り手はそうしたいと思ったら、あなたに知らせずに改定する権利がある。購入ボタンを押した瞬間に、あなたは事前通知なく行われる将来の改定まで了承すると同意したことになる。だがその改定はあなたの所有権の範囲を変えてしまうかもしれない。

要するに、今日あなたが買うのは用途の限られた薪一本だけである。残りの束はアップル、アマゾン、グーグルが持っている。しかも彼らはあなたが買った薪に紐を結びつけておいて、その紐の端を握っているのだ。そして都合次第で紐をたぐり寄せ、薪を取り戻す。オンラインのライセンス契約をよく読めばわかるように、その最前線に立っているのはアマゾンだ。購入ボタンを押したとき、オンライン・コンテンツは「通常は購入者の使用に供される」だけである。アマゾンは何の保証もしないどころか、実態はむしろ逆だ。なにしろコンテンツは「コンテンツ提供者によるライセンスの制限その他の理由で使用不可となる可能性がある」のだ。他の理由とは具体的に何か、アマゾンは沈黙している。

ライセンス契約によると、アマゾンがナイガードのKindleのアカウントを解除したり、ダウンロードした小説を消去したりしても、驚いたことに同社は「いっさいの責任を負わない」ことになっている。これはつまり、アマゾンはナイガードに対しても誰に対しても損害賠償の類をビタ一文払わないということだ。アマゾンの本をオンラインで所有するとは、そういうことなのである。ギルバートのRevolvを遠隔操作でグーグルが操作不能にできるのも、アップルがダ・シルヴァのiTunesアカウントから映画を消去できるのも、同じ理由からだ。話はアマゾン、グーグル、アップルにとどまらない。オンライン所有権に関する限り、束から薪一本への切り替えはありとあらゆるところで見受けられる。

インターネットの高速化とクラウド・ストレージのローコスト化が進むにつれ、ますます多くのモノやサービスがネット空間に流れ込んでいく。そして毎日聴く音楽にも買い込んだ本にも不透明なライセンス契約が適用されるようになる。コーヒーメーカーやサーモスタットからセキュリティシステムや音響システムにいたるまで、モノのインターネット全体にそうしたライセンス契約の効力がおよぶことになるのである。ブラウンの電動歯ブラシ Oral-B のアプリがあなたの歯ブラシを操作不能にしたとしても（実際にそういうことがあった）、まあたいした問題ではないだろう。だが糖尿病患者のモニターやペースメーカーやホームセキュリティの所有権構造に驚きの変化がもたらされたら、ことは命に関わる。

私たちの本能は、形あるモノを占有していることが大事なのだといまだに叫んでいる。たしかに人類の歴史の大半を通じてそうだった。だが次第に、大事なのは目に見える製品に埋め込まれた目に見えないソフトウェアになってきている。デジタル経済で私たちが所有できるのは1と0の羅列、言うなればマシンの中に宿る幽霊に対するはかないライセンスだけなのである。

Think Different

薪の束という発想は、所有権設計の技術を構成する重要な一要素である。購入ボタンは、束の設計を大幅に変更した一つの例に過ぎない。私たちがオンラインで関わり合う企業は、所有権エンジニアリングの達人であることを忘れてはいけない。だから彼らは利益を上げられるのだ。政府はそれを容認している。たぶん消費者である私たちはアップルの有名な古いスローガン〝Think Different（ものの見方を変えろ）〟に適応する必要があるのだろう。

まず私たちは、自分が所有しているつもりのものと実際に所有しているものとの差がどんどん広がっていることを認識しなければならない。両者の差の拡大は、けっして偶然ではない。デジタル所有権の巧妙なごまかしの結果なのだ。私たちは、実際以上に多く所有していると思わされている。オンラインで買うときに「私の！」と感じる原始的な感覚も所有の範囲も、実態を伴っていない。

この新しい世界はどのような代償を伴ったのだろうか。一つは、オンラインでの所有権の集中化である。かつて物理的な所有権は分散していた。本であれば、多くの人が有形の紙の本を所有していた。同じ本が多数存在するので、記憶は保存され拡散される。翻って今日では、本も映画も姿を消そうとしている。薪の束を所有しているのは一握りの企業だけで、それ以外の人は薪を一本持っているだけだ。ある日クラウドのどこかでボタンが押されたら、薪すなわち本の複製は一斉に消滅しかねない。ある評論家はこう書いている。「この物語の最悪の筋書きでは、われわれはある種のテクノ封建制度に突き進む。そこでは誰もがシリコンバレーの短命な成り上がり企業の奴隷と化す。この意味で、われわれが直面するのは所有権それ自体の終わりではなく、個人の所有権の終わりだと言える」[26]。

もう一つの代償は、自由の侵食である。物理的なモノの場合、所有権は通常広い範囲の選択肢を自動的に個人に与えることになる。あなたが本を所有しているとき、繰り返し読んでもいいし、誰かにプレゼントしてもいい。友人に貸しても、文鎮として使っても、気に入った箇所を切り抜いてスクラップブックに貼ってもいい。いちいち誰かの許可を得る必要はない。そうしたかったら、抗議の証として本をシュレッダーにかけたっていいのだ。書店にも出版社にもそれを止めることはできない。だがオンラインの購入ボタンを押すときには、こうした自由の大半を失う。売り手はあなたのふるまいが気に入らなかったとき、薪を消去することができるし、端末を文字通りレンガにしてしまうことができる。レイ・ブラッドベリの『華氏451度』（一九五三年）はまさにこのディストピア世界を予見したものだ。そこでは本は忌むべき禁制品として燃やされ、昇火士（ファイアマン）が残っている本を競って燃やす。残されるのは公式のテレビ放送だけだ。

テクノ封建制度と自由の喪失は、容易に解決できる問題ではない。オンライン・コンテンツに関する限り、アマゾンに購入ボタンの使用を禁じることは可能だろう。代わりに、「超限定的ライセンス取得ボタン」といったボタンにするよう命じる。これなら消費者をだましたことにはならないだろう。また目立つようにでかでかと「お買い上げいただきましたこの映画は、完全にはお客様の所有物ではございません。作品の貸与は禁じられております」と注意喚起するよう命じることも可能だと考えられる。こうすればすこしは役に立つかもしれないし、すくなくともやってみる価値はあるだろう。だが情報を消費者に押し付けてもさして効果がないことは、多くの調査で証明されている。私たちは、あまりうれしくない所有権の細部にすぐに慣れてしまう。デジタル経済が欲しいときに即座に多くの楽しみを与えてくれるのだから無理もない。

CDに代わってストリーミング・サービスが優勢になった理由はまさにそこにある。壁際にずらりと宝物のCDが並ぶ光景にノスタルジーを覚える人もいるかもしれないが、多くの人はスポティファイ（Spotify）のクリックひとつで選べる膨大なライブラリと強力なおすすめ機能のほうを好む。そこには懐かしのメロディから最新のヒット曲まで何でもそろっている。それに、消費者としてもメリットが大きい。薪のライセンスを得るほうが束を持つより安上がりだからだ。企業は消費者がその瞬間に欲しがるものを提供することによって収益を最大化する。そして消費者は、実際以上に所有していると感じて満足する。

おしきせ人生

所有権を巡る旅の最後に取り上げるのは、シェアリングエコノミー（sharing economy）すなわち共有経済である。ある意味で、共有経済はデジタル所有権と対照的だ。デジタルでは実際以上に所有していると誤解しがちなのに対し、共有経済では意図的に所有することを減らそうとする。所有権の束をあえて忘れ、誰かの所有するモノやサービスを一時的に使わせてもらう。マイクロペイメントと引き換えにマイクロ所有権で満足する。これはもはや薪一本ですらない。小枝の世界である。

「この中で電動ドリルをお持ちの方はいますか？」[27]

シドニーで開催されたＴＥＤで、レイチェル・ボッツマンは強いオーストラリア訛りでこのシンプルな問いを発した。

聴衆の大半が手を挙げたものの、いったいこの質問は何のためだろうとみな狐につままれたような表情だった。ボッツマンは新しい大きなことを考え、出現したばかりのトレンド、とくに消費のあり方にいちはやく目を付けて著作を発表してきた。彼女が二〇一〇年の『シェア』（邦訳・ＮＨＫ出版）で提唱した「共有消費」は、タイム誌の「世界を変える一〇のアイデア」に選ばれている。[28]そういうボッツマンだから、このかんたんな質問も当然ながら大きなアイデアに結びついていた。

「ではこれまでに何時間ぐらい電動ドリルを使いましたか？」

この質問に答えるのはそうかんたんではない。結局、トータル一二分か一三分程度だということがわかった。

「これはどう考えてもおかしいでしょう？　みなさんに必要なのは穴であってドリルではないはずです」。そしてボッツマンはこう問いかけた。「どうしてドリルを借りないのかしら？　もっといいのは、自分のドリルを他の人に貸してあげて、すこしだけお金を払ってもらうことじゃないでしょうか？」。

このように考えれば、共有経済はもうすぐそこだ。というより、なぜもっと早く思いつかなかったのかふしぎなほどである。

電動ドリルをシェアするメリットを見抜いたのはボッツマンの慧眼だ。だがそれが電動ドリルにとどまるものだったら、タイム誌が世界を変えるアイデアだと認めるはずもあるまい。たしかにこのアイデアは世界を変えた。ただし、大方の人が考えてもみなかった方法で。

変わったのは電動ドリルではないし、モノやサービスを貸すアイデアが目新しいわけでもない。従来との大きな違いは、スマートフォンとインターネットがマイクロ所有権を可能にする扉を開いたことである。あるテック系ジャーナリストは次のように的確に説明している。「iPhoneによって、インターネットとGPSがポケットに収まるようになった。大不況のせいで、多くの人が金欠になり自暴自棄になった。この二つの現象が重なって、共有経済の種が蒔かれたのだ。消費者は節約をする新しい方法を求めた。労働者は金を稼ぐ新しい方法を求めた。そしてスマートフォンがそのどちらにも新しい取引方法を提供した[29]」。

二〇年前は、電動ドリル、予備の寝室、使っていない車を他人に貸すのは容易ではなかったしコストもかかった。潜在的な借り手に知らせ、価格や条件を交渉し、代金を回収する安上がりな方法は存在しなかったからである。たとえあなたの家の部屋や道具や車を全部貸す用意があるとしても、取引を成立させるかんたんな方法は存在しなかった。コストを一気に大幅圧縮したのがインターネットである。ある学者が述べたとおり、それまで「塊」でしか扱えなかったものが、突如として「スライス」で扱えるようになった[30]。すると、まったく新しい市場が出現した。

平均的なアメリカ人の車は、一日の四％しか稼働していない。それがいまや、車が遊んでいる残り九六％の時間について価値を生み出すことが可能になった。ここにビジネスチャンスがあると考えたスタートアップは一社や二社ではない。ジップカー（Zipcar）、トゥーロ（Turo）、ゲッタラウンド（Getaround）、メイヴェン（Maven）といった新顔がひしめいている。彼らはハーツ（Hertz）やエイビス（Avis）といったレンタカー大手をバイパスし、あなたの車が遊んでいる時間にあなたのガレージから誰かに貸し出す。あるテック系記者はいくらか空想混じりにこんな記事を書いている。「いずれ、あらゆるモノがネットワークで結ばれプログラム可能になり、超高速のマイクロペイメントが自動的に行われ、誰が何を所有しているかソフトウェアが記録して貸し出しを実行できるようになるだろう。そのような世界では、無限に取引の可能性が存在することになる」[31]。

今度結婚することになったが、高価なウェディングドレスは買いたくない場合は？　レントザランウェイ（RentTheRunway）にアクセスすればいい。何百着もの中から自由にお好みのドレスを選ぶことができる。ほとんどの人は、式典や祝宴などのための特別なドレスを七回も着ればいいほうだという。ウェディングドレスだったら、生涯一度しか着ないだろう（そうであってほしい）。レントザランウェイは最低でも三〇回は貸し出したいと考えており、一部の商品は一五〇回も貸し出されたという。では、どこか初めての街で週末を過ごしたい場合は？　ヴァーボ（Vrbo）かエアビーアンドビー（Airbnb）をチェックしよう。ホテルよりだいぶ安いし、楽しい体験ができるだろう。もし来週駐車場を使わないなら、ジャストパーク（JustPark）に登録しよう。きっと誰かが利用して料金を払ってくれる。

企業や技術のニュースをよく読む人なら、こうしたシェアリングのスタートアップが雨後の筍のように増えていることを知っているだろう。シェアするのは服、バイク、道具類から半端仕事、余剰電力にいたるまでさまざまだ。インターネット・プラットフォーム企業が、個人では取引のむずかしいモノやサービスの市場を運用している。

もちろん、全部が全部うまくいくわけではない。ボッツマンの例に戻ると、ＤＩＹ好きはやっぱり電動ドリルを自分で所有したがることが判明している。ネイバーグッズ（NeighborGoods）、エコモード（Ecomodo）、クラウドレント（Crowd Rent）、シェアサムシュガー（Share Some Sugar）、シングループ（Thingloop）、オーソーウィ（OhSoWe）、スナップグッズ（SnapGoods）といったスタートアップがこの手の工具のシェアリングを手がけているが、あまりうまくいっていない[32]。地元の金物屋で三〇ドル出せばその場で、あるいはアマゾンに注文すればその日のうちに電動ドリルが手に入るのに、一日だけレンタルするためにお金や時間をかけて手続きをするのはごめんだという人が多いからだ。それに、ドリルなんて不要だという人も大勢いる。こういう人たちは既製のカーテンを取り付けてもらい、組み立て済みの家具を注文する。便利屋のタスクラビット（TaskRabbit）はここにビジネスチャンスがあると見抜き、ドリルと業者の両方を提供している。

こうした新しい市場を表す名前には事欠かない。「共同消費（collaborative consumption）」、「ギグエコノミー（gig economy）」、「ピアエコノミー（peer economy）」等々。こうした新しい経済がどこへ行き着くのか、予言の類も引きも切らない。たとえば「驚くほど大勢の若者が、アメリカ文化の中心的信条の一つである所有権について、疑いを抱き始めた」という[33]。すくなくとも理論上は、これは有望な傾向だ。自分の欲望とニーズを満たすのに全面的な所有権は必要ない。ニューヨーク・タイムズ紙の記者が指摘するとおり、「今日ではほんとうの意味でモノを買うということはなくなった。オンラインのサービスを申し込むだけだ。どうしてそれに抵抗できるだろう？[34]」。結局のところ、重要なのはサービスであってモノではない。

共有経済を楽観的に表現するなら、消費者は必要なサービスを必要なだけ受け取る、ということになる。これなら何も無駄にならない。

実際、仏教徒がよく言うように、私たちは物質的なものに囚われすぎているのだろう。現代の社会はあまりにも多くのモノを生産し、所有している。多くの人はモノにがんじがらめになってしまったと感じているはずだ。屋根裏や地下室やトランクルームにぎっしり詰まったもの、もうおそらく見ることもないものがいったいどれほどあるだろう。さして使わないものを持つことをやめてしまえば、心配事が減り、精神が自由になってよろこびがはじける（と、「こんまり」こと近藤麻理恵は言っている）。それに、使うときにだけ借りるというライフスタイルにすれば、持続可能な環境にも寄与できる。「多くの人が、モノを所有するとはどういうことなのかと改めて考え始めている」とある評論家は指摘した。[35]「そのことがこの国の社会や商取引に新しい形をもたらし、さらには新しい生き方を出現させつつある」。「シェアリングの普及によって、ごくふつうのものを消費するときに資源消費を減らすことが可能になった。たとえば、密集した都会の車庫や駐車場で眠っている車を通勤やレジャーに活用することによって。

共有経済のこの牧歌的な見方はなかなかに好ましいが、広い視野を欠くと言わねばならない。じつは共有経済は、実際には共有はしない。所有権の終わりでもない。所有権の技術が進化しただけである。この進化した技術は、私たちの市民としての行動、消費者としての行動を変えた。ちょうど漁獲割当、ディズニーのファストパス+、石油のユニタイゼーション、サウスダコタの受益者連続信託（いわゆる永久信託）が所有権のあり方を変えたように。この先は、マイクロ所有権とスマートフォンの相乗作用が市民として、また消費者としての人々の生活を様変わりさせるだろう。ちょうど有刺鉄線が大平原の生活を様変わりさせたように。

モノを所有する生活から借りては返す生活への転換は、意外にもコストを伴う。まず、共有経済はけっして禅のようなすべてを削ぎ落とした生活に導くわけではない。むしろ逆に、人目につく消費を促す。考えてみてほしい。ビュッフェスタイルの食事で大皿を半分空っぽにしている人がいるだろうか。どの皿もご馳走で山盛りにちがいない。一つひとつのモノやサービスが安くなれば、より多様なモノやサービスを消費したくなるものだ。すると、一つひとつのモノやサービスの消費は減っても、全体としては増えることになる。高級なドレスやハンドバッグを借りては返すうちに人々は充足を忘れ、贅沢ってすてき、と思うようになるかもしれない。自分の持っているものでは満足できなくなり、つねにワンランク上のモノやサービスが欲しくなる。

さらに言えば、共有経済では富は形成されない。逆に大半の人が富を消費する。人々は大きな買い物のために節約するとか、ローンを完済して抵当を解除するとか、宝石や車や何よりも家の所有権を確保するために計画的にお金を使うといった規律を失っていく。歴史をひもとくと、アメリカにおける資産形成の最大の要素は持ち家だった（家を買える人に関する限り、である。持ち家は資産格差の最大の要因でもあった）。ローンを払い終えれば家は人々に安全確実な住処を提供し、小さな家に住み替えれば現金収入をもたらしてくれる。対照的に、月々のサブスクに払う人、日々のストリーミングに払う人は富を蓄積しない。

家を買って地域に根を下ろすのではなく誰もが仮住まいで通り過ぎていくようになったら、地域社会も損害を被る。住民の多くがエアビーの借家人だったら、誰が独立記念日のパーティーを企画するのだろう。街から街へ移り住む住民ばかりだったら、子供たちはドアを叩いてお菓子をねだるだろうか。子供たちの誕生パーティーにお隣さんを招待するだろうか。いったん人気の観光スポットになると、隣人関係は壊れやすい。古くからの住民は家を投資家に売って出ていくからだ。投資家は観光客を呼び込み、短期的な収益を増やすことだけをめざす。この過程で住宅価格が高騰するため、古くからの住民はますます住みづらくなる。地域社会の絆は目に見えない資産であり数値化しにくいが、その喪失が痛手であることはまちがいない。この共有地の悲劇において、個々の住宅所有者はエアビーに登録して利益を得るという合理的な判断を下しているが、全体としてみれば、生まれ育った特別な場所との結びつきが断ち切られるという結果をもたらす。

こうした事態を重くみた一部の自治体は、短期の借家を禁じる措置、つまり実質的にエアビーを禁止するという対策を導入している。カリフォルニア州サンタモニカはその代表例だ。住宅の売買も制限し、すでに高い住宅価格が一段と高騰することを防ぎ、地域社会の絆を維持しようと試みている。だがこの措置は、サンタモニカを富裕な白人の集中する地区として存続させ、そのどちらでもないが海岸近くに短期滞在したいという人を排除するものだ。それに、家だけは立派だがじつは金に困っているという地元住民に代償を強いる結果にもなっている。

エアビー禁止条例は、所有権の調整ダイヤルをすこしばかりオフに近づけ、市場から遠ざけて非金銭的価値を重んじたのだと解釈することができる。サンタモニカは地域社会の連帯の喪失に取り組んだわけだが、それは個人の自主性を制限し人種的平等を損なうという代償を伴った（この代償は、私たちに言わせれば、差し引きで大きすぎる）。結局のところ、所有権のルールにはトレードオフがついて回る。

薪一本なのか小枝なのか、いったい誰が決めているのだろうか。答えは、所有権のリモートコントロール・レバーに誰の手がかかっているかによって決まる。個人所有者の選択に委ねるのか、管理組合か、地域社会か、市か、州か？　誰が決めるにしても、公正中立ということはあり得ない。どの選択も所有することの意味や範囲を変えることになる。

未来を予言してみようか。そう遠くない将来に、所有権が完全にそろった束は一握りの企業に集中し、ふつうの人はライセンスやアクセスを許諾する小枝一本だけを与えられるようになるだろう。そうなると、モノやサービスと人間とのつながりはごく希薄にならざるを得まい。そのような世界で生きるとはどういうことだろうか。

隣人や地域社会との絆が失われるだけではない。昔ながらの所有権において人々が経験してきた大切なモノとの結びつきが断たれることによって、人格や個性の一部も失われるだろう。とくに深く考えずに何回もクリックを繰り返すうちに、宝物のように大切なモノを所有し、愛で、あるいは使い倒して自分のものにしていくことから生まれる創造性や自己表現や自己認識といったものは失われかねない。たとえば、両親が若い頃に読んで赤線を引いた小説、欄外に書き込みがありページにソースの染みがついた料理本などを、両親の考えや価値観を体現するものとして愛おしむといったこととは無縁になる。いまの私たちはレシピ検索欄にキーワードを打ち込んで評価の高いレシピを探す。あるいはもっと手っ取り早く、フードデリバリーサービスのおすすめメニューから適当に注文する。愛車マスタング・コンバーティブルやフォルクスワーゲン・ビートルのオイル交換手順を覚えて手際よくこなすことは二〇世紀のカーマニアの自慢だったが、いまの私たちは配車アプリで車を呼んだり、安上がりなカーシェアリングを利用したりする。

だが人は消費者としてだけ存在しているわけではない。そこに、問題が潜んでいる。私たちのアイデンティティの多くは、所有するモノと分かちがたく結びついている。自分の家、自分の車、自分の本、自分の服に愛着を感じる。あるジャーナリストは、次のように哀切に語っている。「新しいレコードを買ってきて包装紙を剝がすときの乾いた音を覚えているだろうか。待ちに待った新車が届いたときの匂い、ようやく手に入れた念願の一軒家の玄関扉を開けるときの興奮を覚えているだろうか。人生のさまざまな瞬間は、モノを持つよろこび、届けられたモノを受け取るあのたしかな感覚に彩られていた[36]」。

モノを所有することから、誰かの束のうちの小枝一本を手渡されるだけへ。この一大変化の過程で、私たちは単純な物理的占有につきものの親密な関係性に秘められた深い価値を失いつつある。所有するモノは、自分の身体と同じく、自分が何者であるかを規定し、形成する。個人としてだけでなく、共同体の一員としての自分をも規定することになる。小枝を渡されるだけの新しい世界では、病気の隣人にスープを届けることはあるまい。友人と菜園に苗を植えることも、近所が総出で空き地の雑草取りをすることも、腕自慢が道具を持ち寄って地域の遊び場づくりをすることも、ないだろう。

　共有経済では、占有が一分の勝ちでしかない暮らし方をクリックで選んでいる。手元にはあるが自分のものとは言えない状態だ。自分が持っていると感じているモノから所有権はふわふわと離れて漂っている、と言ったらいいだろうか。小枝一本の選択肢しかないおしきせの生活は超がつくほど便利かもしれない。だがあなたはほんとうに婚約指輪を他人に貸したいだろうか。あるいは愛犬を二、三日貸し出したいだろうか。また、すべてを借り物で済ませ自分はいっさいモノを持たない友人には、どんなプレゼントをあげたらいいだろうか。

終章

幼児の所有権ルール

本書を貫く経糸《たていと》をここでおさらいしておこう。私たちは貴重なモノにいつも取り囲まれているが、欲しいものをしっかり握りしめていない。私たちは泥棒ではない。他人が自分のものをただ取り上げるということはない。私たちはまぬけではない。以上。

見知らぬ人同士が隣り合わせで平和に暮らしていけるのは、所有権についての共通理解があるからだ。所有権に関するルールの大半は複雑ではない。でないと、誰もすぐには理解できないからだ。所有権を巡る争いのうち、裁判官が判断を下すのはせいぜい一〇〇万件に一件程度だろう。残りはみんな自分たちで何とか決着をつけている。

どうしてそんなことが可能なのか。

一学期が無事に終了すると、最後の日に学生たちが愉快なプレゼントを進呈してくれることがある。ある年度には、薪の束をもらった。そう、ほんものの薪を紐で束ねてあるやつだ。別の年度にはぬいぐるみのキツネをもらった。ピアソン対ポスト訴訟のあのキツネということらしい。

プレゼントの中でとくにヘラーが気に入っているのは、「幼児の所有権ルール」がプリントされたTシャツである（インターネット上ではルールのさまざまなバージョンが出回っている。調べてみたが作者はわからなかった。誰のものなのだろうか?:)。Tシャツにプリントされていたルールをここで紹介しよう。

1　ボクが好きなんだからボクのもの。
2　ボクが手に持っているからボクのもの。
3　ボクがキミから取ったからボクのもの。
4　さっきまでボクが持っていたからボクのもの。
5　ボクのものなんだから、キミのものじゃない。
6　ボクが遊ぶのに必要なものは全部ボクのもの。
7　ボクにぴったりだからボクのもの。
8　最初に見つけたんだからボクのもの。
9　キミは手を離したんだからボクのもの。
10　壊れてるからキミのもの。

このルールは、どれももっともらしく聞こえるので思わず笑ってしまう。幼児がごく早いうちに発する言葉に「ボクの!」「ワタシの!」が含まれているのは偶然ではない。小さいうちから子供はモノを所有し占有したがるし、所有権というものを驚くほど明確に理解している。おもちゃのトラックで遊ぶのはとっても楽しい。でもそれでお姉ちゃんをぶったりしたら、取り上げられてもう自分のものじゃなくなる。幼児は、ルールの隙間を突いて交渉する達人だ。だから大人の私たちもそうなっている。日々の生活をうまく切り抜けるためにはそういう技が必要なのだ。

現実の世界では貴重な資源がのべつ出現する。そんなときこそ、所有権を摑みとるチャンスだ。最高裁の傍聴席であれ、人気番組のストリーミング再生、自宅上空でホバリングするドローン、サーフインに絶好の波、大雪の降った路上の駐車スポットであれ、人々は我こそはと所有権を主張する。本書でたびたび取り上げてきた所有権に関する六つの格言は、いまなお勝利を収めることが多い。だがつねに別のストーリーが存在し、所有権のあり方を覆そうとする。遅い者勝ち、占有は一分の勝ち、他人が蒔いた種を収穫する、という具合に。いや、ときには幼児の所有権ルールが勝利することもあるのだ。

こうしたルールのせめぎ合いには、利益を狙う人にとっても、公益を優先する人にとっても、チャンスが潜んでいる。

幼児ならディズニーランドでこう叫ぶだろう。「ボクが先に並んでいたんだから、ボクが先に乗る。割り込みはダメ！」。だがディズニーは超富裕層のためにいつも最優先で乗れるパスを発行した。幼児なら iTunes についてこう言うだろう。「ワタシが『ドーラといっしょに大冒険』をショッピングカートに入れて、ママが購入ボタンを押してくれたの。だからあれはワタシのもの。誰にも消したりできないわ」。だがアップルは『ドーラといっしょに大冒険』を都合によりいつでも消去することができる。所有者は所有権に絶えずマイナーチェンジを加えて私たちを巧みに操る。その目的は、デュータ大のバスケットボールの試合に過激なファンを確保するためだったり、遺伝子検査の 23andMe にサンプルを送ってもらうためだったり、あるいはベーリング海で安全で持続可能なタラバガニ漁を促進するためだったり、多種多様だ。

本書の冒頭で紹介したニー・ディフェンダーのことを覚えておられるだろうか。本書を執筆中に、航空会社の対応に変化があった。多くの航空会社が座席のディスプレイを撤去し、代わりに機内で Wi-Fi を提供し、航空会社が用意したエンターテイメント・プログラムを乗客が自分の端末でストリーミング再生できるようにしている。その結果、前席背中のトレイテーブルは一段と激しい所有権争

いの場となった。テーブルはモバイル端末などのデバイスを支えるために必須となるからである。また
アメリカン航空は、座席を従来の一〇センチからほんの形ばかりの五センチしかリクライニングできないようにした。デルタ航空も追随している。スピリット航空をはじめとする格安航空会社はもっと過激だ。リクライニング不可能な座席を導入し、座席を一定の角度に固定して、リクライニングボタンはなくしてしまった。なぜか。空の旅をもっと快適にするため、ではない。固定座席は構造が単純で、軽量で、薄く、保守が容易だからである。軽量だから燃料の節約になるし、薄いから座席間隔を詰められる。それに、所有権を巡る曖昧さもない。というわけで、ニー・ディフェンダーはさっぱり売れなくなった。ただし多くの乗客にとって、快適さが多少なりとも損なわれる結果となっている。

今日ではエコノミークラスにおける所有権争いは、フットレスト、アームレスト、窓の日よけに集中している。とくに窓は、外を見たい客とまぶしいと文句を言う客のいざこざが多い。所有権のベースラインを巡る争いは、埋め立てか湿地の保護か、庭木かソーラーパネルかを巡る係争と変わらない。上空一万メートルで争われるところが違うだけだ。

本書から学べる教訓を一つだけ挙げるとすれば、「私の！」という主張にはせめぎ合ういくつものストーリーからの選択が反映されている、ということになろう。さまざまなモノについて誰もがのべつ主張するストーリーはたった六つしかない。どのストーリーが勝つかはわかっていない。いままでは読者は隠れたルールを知ったはずである。だから、あなた自身のために、あなたの仲間や共同体のために、そして公共の利益のために、より効果的な主張ができるだろう。列に並んでいるとき、ネットサーフィンをしているとき、飛行機の座席で窮屈な思いをしているとき、考えてほしい。誰の手が所有権のリモートコントロール・レバーにかかっているのか、誰が・何を・なぜ所有しているのか、と。

謝辞

著者二人から

私たちのエージェント、レヴィン・ロスタン・グリーンバーク・リテラリー・エージェンシーのジム・レヴィンと編集者、ダブルデイのクリス・プオポロにまず感謝したい。ジムは企画書がデスクに置かれた最初の日から毎日、本書に寄り添ってくれた。本書のタイトルから意欲的な目的にいたるまで、すべてはジムのおかげである。彼のチームのマイク・ナルデュロとマシュー・ハフにも感謝する。クリスはたしかな手腕と軽やかなタッチで私たちを導いてくれた。彼女と一緒に仕事ができたのはほんとうに幸運だった。ダブルデイのチーム、マイク・コリカ、トッド・ドーティ、キャスリーン・フリデラ、マイケル・ゴールドスミス、ダン・メイヤー、レイチェル・モーランド、ローレン・ウェーバー、マイク・ウィンザー、キャロライン・ウィリアムズにも感謝する。

キャロル・ローズは私たちのキャリアを通じてどちらにとっても師である。ボブ・エリクソン、ハノック・ダガン、トム・メリルからは所有権の考え方を教わった。ボブ・フィッシュマンは『ヤバい経済学』的な所有権の切り口を教えてくれた。そしてまさに必要な瞬間にジム・レヴィンに紹介してくれたダン・アリエリーには感謝しかない。さらに、ここにお名前を挙げた同僚や友人のほかにも多くの人に助けてもらった。ジェイミー・ボイル、アン・カールソン、グレン・コーエン、クーパー・コステロ、マーティン・ドイル、ジェーン・ギンズバーグ、ジェリー・カン、ダン・ケヴルス、マイク・マッキャン、ジェド・パーディ、カル・ラウスティアラ、リチャード・リ、バフィー・スコット、クリス・スロボジン、ジャクソン・ウィリス、ティム・ウー、そしてコロラド大学、コロンビア大学、デューク大学、カリフォルニア大学ヘイスティングス・ロースクール、UCLA、UCSBのワークショップ参加者のみなさん、ほんとうにありがとう。リサーチ・アシスタントのコナー・クラーキン、アンドリュー・ハワード、ロブ・コーラー、サラ・ワイスにも感謝する。

マイケル・ヘラーから

本書で論じたさまざまなアイデアの著者にこの場を借りて感謝したい。とりわけ、私法論の長年の共同研究者のハノック・ダガンに。また、学長ジリアン・レスターと敬愛する同僚の下ですばらしい研究拠点となっているコロンビア大学ロースクール、研究に深い理解を示してくれたマルク&エヴァ・スターン学部研究基金、グレース・P・トーメイ寄付基金、ヘンリー&ルーシー・モーゼス学部研究基金にも深く感謝する。本書で取り上げた材料のフィールドテストの対象となってくれた学生たちにも感謝する。彼らは的外れだと感じたことは率直に指摘してくれた。執筆中に支えてくれた友人にも感謝する。デービッド・バッシュ、バート・ジェルマン、ダフネ・リンザー、アリシア・レイナー、ダニエル・ローゼンバーグ、ヴァージニア・ラッター、タマル・シャピロ、ジェイソン・スラヴィック、ありがとう。幼い頃から「私の！」の意味を教えてくれた両親と兄弟にも感謝する。そして共著者のジム・ザルツマン。彼はこのプロジェクトのエンジンで、いつもみんなを鼓舞し推進力を与えてくれる。ジムと一緒に本を書くのはとても楽しかった。最後になったが、いつも私の最初の読み手であり、最良の批評家であり、最愛の妻であるデボラには日々感謝している。そして人生に無上のよろこびを与えてくれるエリーとジョーナにも。

ジム・ザルツマンから

本書は七年にわたる充実した年月をかけて書かれた。所有権について、また所有権の未来を示す有望な事例について、友人や初対面の人たちと数え切れないほどブレインストーミングを重ねたが、それはとても楽しく実り多い時間だった。彼らの熱意は、当人が思う以上に本書の助けとなっている。UCSBブレン環境科学経営大学院、UCLAロースクール、デューク大学ロースクールからの研究資金の提供に厚くお礼申し上げる。共同の事業になったことで、本書はより価値のあるものになった。共著者のマイケル・ヘラーの財産法に関する深い知識、原稿を最善のものにする努力、当意即妙のウィットのおかげで執筆はたいへん愉快な作業だった。最後に、離れて暮らす家族に心からの感謝を。毎度ながら思い込んだら歯止めの利かない私の冒険を愛情深く支え励ましてくれる。こんな家族に恵まれて私はほんとうに幸運な男だ。

解説
所有のデザインで未来を変える

弁護士
水野　祐

本書は、コロンビア大学ロースクールの不動産法の権威であるマイケル・ヘラー教授と、カリフォルニア大学ロースクールとカリフォルニア大学サンタバーバラ校ブレン環境科学経営大学院の環境法を専門とするジェームズ・ザルツマン教授による共著 ***Mine!: How the Hidden Rules of Ownership Control Our Lives*** の邦訳である。所有（権）とは何か、それが過去にどこから来て、現在の私たちの生活にどのように影響を及ぼしているのか、所有のルールが目に見えない形で私たちの選択、行動、ビジネスをいかに「支配」しているか、社会全体の構造に影響を与えているかについて、統一的かつ洞察に富む視点を提供している。本書を読むと世界に通底するルール（原著のタイトルにある「Hidden Rules」）を垣間見たような感覚を憶える。そんなタイプの本を探し求めている読者（私もその一人だ）はここから先の解説は読み飛ばして、ぜひ本書の冒頭に移動してほしい。

本書の魅力の一つは、所有概念の課題や設計の工夫を論じるために挙げられている事例がすこぶる面白いことだ。混雑緩和と顧客体験の向上、そして売上の三方良しを実現したディズニーランドのファストパスやプライベートＶＩＰツアーから、熱狂的なバスケットボール・ファン「キャメロン・クレージー」を生み出すデューク大学のチケットの分配・割当方法、相乗りと電気自動車を促進するカープール・レーン、臓器や精子・卵子の売買、エネルギー資源の枯渇を回避するための石油・ガス採掘のユニタイゼーション（権利者がその権益の全部又は一部を持ち寄り、一つの操業単位として共通の計画のもとに開発・生産を行う方式）、気候変動を抑えるためのカーボンクレジット（温室効果ガス排出量・排出権取引制度）、雇用の流動化を促しイノベーションを加速させたシリコンバレーの競業避止契約、アスリートの移籍等を制約する保留条項に至るまで、ここでは挙げきれないが、本書で挙げられる事例はどれも身近でヴィヴィッドなものばかりだ。

マイケル・ヘラーの前著『グリッドロック経済　多すぎる所有権が市場をつぶす』（山形浩生／森本正史訳、亜紀書房、2018年）は、その副題に端的に示されている通り、自由市場と所有のパラドックスを指摘して注目された。富を生むとされてきた所有が、現代社会においては多すぎる、かつ、強すぎることにより、市場の「渋滞」（グリッドロック）を招き、イノベーションを停滞させる懸念があることを論じ、現代における所有概念の機能不全を訴えた。本書でもグリッドロック理論は随所に顔を出すが、グリッドロックという現代社会の病理に焦点を当てた前著に対して、本書は資本主義やそれを支える私有財産制の根本原理である所有概念全体に広く目を向けたものになっている。その意味で、前著よりもより広範な読者の関心をひく内容になっている。以下では、本書のポイントを三点に分けて解説してみたい。

一つ目のポイントは、所有（権）の設計をソーシャルエンジニアリングの手法と位置づける視点である。本書で頻出する所有の「調整ダイヤル（dimmer switch）」の語が象徴的なように、著者らは所有の設計を、私たちの行動を知らないうちに決定的に操作するソーシャルエンジニアリングの一手法であると位置づける。そして、所有を設計できる立場にある者、特に希少資源の所有者は、自らの得になるようにダイヤルを調整することにより意図的に私たちの行動を操っていることを指摘する。たとえば、現在隆盛しているテック企業は「所有（権）エンジニアリングの達人」であって、これらの企業がいかにこのエンジニアリングにより利益を上げているのかを指摘する。

二つ目のポイントは、所有を主張する典型的な理由・根拠を六点に整理していることである。著者らが「所有（権）ツールキット」と呼ぶ六点の理由・根拠とは、①早い者勝ち、②占有、③労働の報い（自分が蒔いた種は自分で収穫する）、④付属（私の家は私の城）、⑤自分の身体（私の身体は私のもの）、⑥家族（家族のものだから私のもの）である。著者らは、これら六点の理由・根拠とともに、ベースライン設定（デフォルト設定）や共有などの「小道具」を活用した所有のダイヤル調整により、さまざまな製品・サービスの設計や所有を巡る紛争の解決が図られていることを解き明かす。この「小道具」のうち、著者らが特に評価するのが、「自由共有財産（liberal commons property）」と呼ぶ共有形式だ。旧来の所有が限られた個人による排他的な独占権を前提にしていたのに対して、自由共有形式は希少資源を排他的ではなく集団で管理しつつ、個人の基本的な自律性は確保できるため、著者らは新しい所有の形としてこれを評価する。

三つ目のポイントは、地球環境問題の解決に所有の設計を活用する視点である。この点は、法的所有権の専門家であるマイケル・ヘラーと環境法を専門とするジェームズ・ザルツマンの共著である本書の最大の特徴であり、また果実でもある。著者らは、今日の環境問題の根本的な問題は、自然環境がもたらす利益を享受する側と自然環境が存在している土地の所有者が分断されてしまっていることが原因だとする。そのうえで、著者らが「みなし所有権（as-if ownership）」と呼ぶスキームは、自然環境を土地の「みなし付属物（as-if attachment）」としたうえで、土地所有者に自分たちの土地がもたらす環境サービスの所有意識を植え付け、環境サービスの利益を享受する側が自然環境サービスを提供する土地所有者に何らかの対価を補償する仕組みである（著者の一人ザルツマンはこのスキーム作りの専門家だという）。著者らは、このような「みなし所有権」や漁獲割当、キャップ&トレードといった本書でも紹介されている自由共有形式による所有の設計を通して、自然環境の多くの場面で「私のモノ！」という所有意識をもっと増やすことで、人々が自然を破壊するのではなく保全する方向に誘導することが地球環境問題に取り組むカギとなると訴える。

本書のポイントは以上の通りだが、一方で、本書を読み進めるうえで注意点もある。本書では「所有権（ownership）」という言葉をモノだけでなく、かたちのない権利やコト等、広い対象に使用している。だが、日本では法的な意味での所有権は有体物にしか生じず、かたちのない権利やコト等の無体物には発生しないとされている。そのため、たとえば、知的財産やデータ、温室効果ガスの排出権など、本書で所有権や所有の対象として論じられていることが、日本では所有権や所有の言葉を使用して論じると法的には不正確となってしまうものが存在している。このような相違は、日本が強く影響を受けているフランスやドイツといった大陸法の法体系と異なり、本書が英米法の法体系を前提に書かれていることに由来する。大陸法の物権法では所有権について厳密な定義が存在しているのに対し、英米法の物権法は権原や不動産権を中心に構成されており、「ownership」の語は幅広い対象に使用され、法的にも厳密に定義されていない。しかし、日本でも、法的な概念は別として、一般的には「所有」や「所有権」の語は有体物以外にも広く使用されており、逆に本書のような汎用的な所有（権）概念のほうが非法律家である読者にとって馴染みやすいかもしれない。また、法的には不正確だとしても、近代私有財産制が所有概念を中核として構成されていることは間違いなく、すでに紹介したポイントを中心に、本書が提示している統一的な視点やアイデアの価値が下がることはない。

また、本書では希少資源の所有を調整するための新しいテクノロジーとの相互作用の重要性が指摘されている。具体的には、プラットフォーム企業によるコンテンツ配信やシェアリングエコノミーなどを例に、インターネットを含むデジタル技術の台頭により所有概念が変化しつつあることや、デジタルコンテンツやパーソナルデータ、プライバシー、そしてインターネット上のバーチャル空間などを巡って新しい形態の所有が生まれていることについて言及されている。一方で、この領域では近年、ビットコインやデジタルデータを排他的に管理する技術であるNFT（Non-Fungible Token）に代表されるブロックチェーン技術の発展や、E・グレン・ワイルとエリック・A・ポズナーによる『ラディカル・マーケット　脱・私有財産の世紀　公正な社会への資本主義と民主主義改革』（安田洋祐監訳／遠藤真美訳、東洋経済新報社、2019年）や、そのE・グレン・ワイルやイーサリアムの考案者ヴィタリック・ブテリン、台湾のデジタル担当大臣オードリー・タンらにより設立された「RadicalxChange」により提唱・実践されている経済学におけるマーケットデザインの手法が注目されている。所有イノベーションとテクノロジーとの相互関係に関心を持たれた読者には、このあたりの動向を追いかけてみることをおすすめしたい。

本書は、所有概念が私たちの生活や社会に広範かつ深大な影響を及ぼしていること、現在の複雑な社会的・経済的課題に適応するために巧みに調整・設計が図られていること、そして伝統的な所有概念を再考し、デザインすることで、私たちの未来をより持続可能な形で構築することができる可能性を、法律の専門家ではない一般の読者にとってもわかりやすく説明または提示している。このような本書の知見は、個人的な意思決定・選択から、新しいビジネスの企画・開発、公共政策の策定に至るまで、幅広い分野と場面において役立つと確信している。

二〇二四年二月

原　注

本書に掲げた考え方の枠組みや一部の事例は、私たちの前著からの引用である。他の研究者の論文やジャーナリストの記事からも自由に引用した。引用元を以下に示す。それ以外は、自由にアクセスできるニュースソースや参考文献からの引用である。より範囲を広げた注記は本書のウェブサイト、https://www.minethebook.comを参照されたい。そこには引用元へのリンクや、本書に関連する記事や研究などさらに知識を深めたい方への参考資料も掲げておいた。

また本書のウェブサイトには、事例に関する写真やわかりやすいイラストへのリンクも掲載した。所有権グリッドロックのせいで、それらは本文に含めることができなかった。ニー・ディフェンダーがどんなものか知りたい人は、ぜひ本書のウェブサイトにアクセスしてほしい。

序　章

1 より詳しくは、以下を参照されたい。Melissa Dahl, “Your Toddler's Possessive Phase, Explained,” *Parents*, October 4, 2017.

2 Alexandra Sifferlin, “Knee Defender Passenger Says He Never Reclines His Seat, ” *Time*, September 3, 2014. ニー・ディフェンダーのエチケットに関する面白おかしい説明は、“Getting Away with It,” *This American Life*, Episode 477, October 19, 2012を聴取されたい。ホストのイーラ・グラスがジャーナリストのケン・ヒーガンと旅行する様子を聴くことができる。ヒーガンは身長が180センチ以上あり、機内でニー・ディフェンダーを使用した。

3 ニー・ディフェンダーはGadgetduck.comで販売されている。

4 Aimee Ortiz, “Recline in Your Airplane Seat? A Debate Rages in the Skies and Online,” *New York Times*, February 15, 2020.

5 Jayme Deerwester, “ ‘Recline to one another’: Ellen DeGeneres Defends Reclining Passenger in Punching Drama,” *USA Today*, February 19, 2020.

6 Jessica Bursztynsky, “Delta CEO Says He Doesn't Recline His Seat—but for Those Who Do, It's ‘Proper’ to Ask First,” CNBC.com, February 14, 2020.

7 Thomas Merrill, “Accession and Original Ownership,” *Journal of Legal Analysis* 1 (2009): 462–510.

8 Nick Schwartz, “Poll: Is It Acceptable to Recline Your Seat on an Airplane?” *USA Today*, February 13, 2020.

9 Katia Hetter, “Knee Defender Speaks Out About Airline Legroom Fight,” CNN, September 5,

2014.
10 Christopher Buccafusco and Christopher Jon Sprigman, "Who Deserves Those 4 Inches of Airplane Seat Space?," *Slate*, September 23, 2014.
11 Harold Demsetz, "Towards a Theory of Property Rights," *American Economic Review* 57 (1967): 347–59.　この論文は、希少性と所有権のイノベーションとの関係を現代の功利主義的観点から説明している。
12 簡潔な説明は以下を参照されたい。Tim Harford, " 'The Devil's Rope' : How Barbed Wire Changed America," *50 Ideas that Changed the World*, BBC World Service, August 17, 2017.
13 学術的な分析は以下を参照されたい。Richard Hornbeck, "Barbed Wire: Property Rights and Agricultural Development," *Quarterly Journal of Economics* 125 (2010): 767–810.
14 Jenna Wortham, "No TV? No Subscription? No Problem," *New York Times*, April 6, 2013.
15 David Thier, "How Many Are Watching 'Game of Thrones' Without Subscribing to HBO," *Forbes*, April 10, 2013. 以下も参照されたい。Kashmir Hill, "Even New York Times Is Oblivious to Fact That Sharing 'HBO Go' Passwords to Watch 'Game of Thrones' Breaks Law," *Forbes*, April 10, 2013.
16 Kristina Olson, " 'Hey, That's My Idea! ' : Children's Understanding of Idea Ownership," *Psychology Today*, August 16, 2013.
17 増え続ける知的財産の保護について調査したマーク・レムリーは、「知的財産を"財産化"したのはじつによからぬアイデアだった」と結論づけている。Mark Lemley, "Romantic Authorship and the Rhetoric of Property," *Texas Law Review* 75 (1997): 902.
18 所有権の絡まないイノベーションについての魅力的な説明は、以下を参照されたい。Kal Raustiala and Christopher Sprigman, *The Knockoff Economy: How Imitation Sparks Innovation* (New York: Oxford University Press, 2012).
19 Sarah Perez, "Netflix CEO Says Account Sharing Is OK," *TechCrunch*, January 11, 2016.
20 Greg Kumparak, "HBO Doesn't Care If You Share Your HBO Go Account . . . For Now," *TechCrunch*, January 20, 2014.
21 Richard Nieva, "Netflix Is Cool with You Sharing Your Account," CNET, January 6, 2016.
22 ある調査によると、オンラインで買い物をする人の83%は、デジタル商品を買うのと有形の商品を買うのは同じだと誤解しているという。以下を参照されたい。Aaron Perzanowski and Chris Jay Hoofnagle, "What We Buy When We 'Buy Now,' " *University of Pennsylvania Law Review* 165 (2017): 317–78.
23 Tim Wu, "Why Airlines Want to Make You Suffer," *The New Yorker*, December 26, 2014.
24 Matter of McDowell, 74 Misc.2d 663 (1973). 類似の問題として、共同所有者が別れることになったとき、飼い犬の所有権をどうするか、というものがある。Lauren Vinopal, "The Rise of the Dogvorce," *GQ*, January 15, 2020.
25 裁判におけるコイン投げについては、以下を参照されたい。Adam M. Samaha, "Randomization

in Adjudication," *William and Mary Law Review* 51 (2009): 1–86.

第1章

1 行列代行業については、以下を参照されたい。Adam Liptak, "Supreme Court Spectator Line Acts as a Toll Booth," *New York Times*, April 15, 2013; Sarah Kliff, "Paid Line-Standing: The Bizarre Congressional Practice that Shocked Ocasio-Cortez, Explained," *Vox*, February 13, 2019; Joe Pinsker, "The Growing Market for Getting Paid to Wait in Line," *The Atlantic*, July 25, 2014.

2 Dahlia Lithwick and Mark Joseph Stern, "Not All Must Rise," *Slate*, April 27, 2015.

3 Henry Wheaton, *Elements of International Law* (Boston: Little, Brown, 1855), 220.

4 *Johnson v. M'Intosh*, 21 U.S. 543, 589 (1823). くわしい解説は以下を参照されたい。Stuart Banner, *How the Indians Lost Their Land: Law and Power on the Frontier* (Cambridge, Mass.: Harvard University Press, 2005).

5 Anne Platoff, "Where No Flag Has Gone Before: Political and Technical Aspects of Placing a Flag on the Moon," NASA, August 1993.

6 Atossa Araxia Abrahamian, "How the Asteroid-Mining Bubble Burst," *MIT Technology Review*, June 26, 2019. 月面探査については、以下を参照されたい。Mike Wall, "Trump Signs Executive Order to Support Moon Mining, Tap Asteroid Resources," *Space*, April 6, 2020.

7 William Cronon, *Changes in the Land: Indians, Colonists, and the Ecology of New England* (New York: Hill and Wang, 1983).

8 Antoine de Saint-Exupéry, *The Little Prince* (New York: Reynal & Hitchcock, 1943).

9 *Pierson v. Post*, 3 Cai. R. 175, 178, 181 (N.Y.1805).

10 ルールと規範についての権威ある説明は、以下を参照されたい。Carol Rose, "Crystals and Mud in Property Law," *Stanford Law Review* 40 (1988): 577–610. 現実には、法律はその場しのぎの規範と確固たるルールの間で、「参考基準」を使って運用されている。参考基準によって人々は選択の結果を予想し、計画を立てることができる。以下を参照されたい。Hanoch Dagan, *Reconstructing American Legal Realism & Rethinking Private Law Theory* (Oxford: Oxford University Press, 2012),194. 以下も参照されたい。Lawrence Solum, "Legal Theory Lexicon 026: Rules, Standards, Principles, Catalogs, and Discretion," *Legal Theory Lexicon*. このブログには、所有権のツールに関する多くの役に立つ考えが投稿されている。

11 Ziv Carmon and Dan Ariely, "Focusing on the Forgone: How Value Can Appear So Different to Buyers and Sellers," *Journal of Consumer Research* 27 (2000): 360–70.

12 Brooks Barnes, "Disney Tackles Major Theme Park Problem: Lines," *New York Times*, December 27, 2010. このテーマについてもっと深く知りたい読者は、以下を読まれたい。Nelson Schwartz, *The Velvet Rope Economy* (New York: Doubleday, 2020).

13 Tara Palmeri, "Rich Manhattan Moms Hire Handicapped Tour Guides So Kids Can Cut Lines at Disney World," *New York Post*, May 14, 2013.

14 Jeff Rossen and Josh Davis, "Undercover at Disney: 'Deplorable' Scheme to Skip Lines," *Today*, May 31, 2013; Kevin Mintz, "Disney Rides Thrill Me as a Wheelchair User. But Park Changes for Disabled Visitors Ruin the Fun," *Los Angeles Times*, December 13, 2019.

15 Luz Lazo and Faiz Siddiqui, " 'No One Has to Pay a Toll.' Virginia Transportation Chief Defends High Tolls on I-66," *Washington Post*, December 6, 2017.

16 ロイ・チョイについては以下を参照されたい。Nicole Laporte, "How Roy Choi Built an Empire from One Beat-Up Taco Truck," *Fast Company*, November 18, 2014, and Raustiala and Sprigman, Knockoff Economy, 8–11, 184. キッチンカーの駐車スペースを巡るバトルについては、以下を参照されたい。Julia Moskin, "Turf War at the Hot Dog Cart," *New York Times*, June 30, 2009. 移民の起業については、以下を参照されたい。Rachel Wharton, "Food Cart Worker's Biggest Job: Defending Vendor Rights," *New York Times*, February 3, 2020.

17 Dahlia Lithwick and Mark Joseph Stern, "The Supreme Court Just Proved Its Secretive Rules Are Silly and Counterproductive," *Slate*, May 4, 2020.

第2章

1 パーキングチェアについては多くの学術論文が書かれている。たとえば以下を参照されたい。Susan S. Silbey, "J. Locke, Op. Cit.: Invocations of Law on Snowy Streets," *Journal of Comparative Law* 5 (2010): 66–91, and Richard A. Epstein, "The Allocation of the Commons: Parking on Public Roads," *Journal of Legal Studies* 31 (2002): S515–44.

2 占有が果たす伝達手段としての役割に関する権威ある論文としては、以下が挙げられる。Carol Rose, "Possession as the Origin of Property," *University of Chicago Law Review* 52 (1985): 73–88.

3 Julie Xie, "Boston's Space-Saving Tradition Explained," *Boston*, January 22, 2015.

4 Donovan Slack, "On Parking Markers, Southie, City Dig In," *Boston Globe*, December 30, 2004.

5 Chris Sweeney, "Space Savers Are Banned in the South End," *Boston*, February 9, 2017.

6 "Walsh: Space Saver Violence, Threats Won't Be Tolerated," WCVB, January 11, 2018. シカゴ市長のリチャード・ダレイの考えはちがう。「誰かが貴重な時間を使って雪かきをし、自分の車を掘り出したら、そのスペースに停めるべきではない。ここはシカゴだ。これはフェアな警告である」。以下を参照されたい。"Standing Up for Dibs," NBC News, December 8, 2010.

7 Steven Holt, "The Psychology of Boston's Snow Parking Wars," *City Lab*, January 22, 2018.

8 Rose, "Possession," 81.

9 James E. Krier, "Evolutionary Theory and the Origin of Property Rights," *Cornell Law Review* 95 (2009): 139–59. 人類学者の見解を知りたい向きは、以下を参照されたい。Robert Ardrey, *The Territorial Imperative* (New York: Atheneum, 1966).

10 トム・メリルは、法律における占有の直観的な意味を強く擁護している。"Possession as a Natural Right," *New York University Journal of Law and Liberty* 9 (2015): 345–74, and "Ownership and Possession," in Yun-chien Chang, ed., *The Law and Economics of Possession* (Cambridge, UK: Cambridge University Press, 2015), 9–39.

11 以下を参照されたい。Philippe Rochat, "Possession and Morality in Early Development," *New Directions for Child and Adolescent Development* (Summer 2011): 23–38.

12 Daniel Kahneman et al., "Experimental Tests of the Endowment Effect and the Coase Theorem," *Journal of Political Economy*, 98 (1990): 1325–48.

13 サルは所有権を理解するかもしれないが、所有者になることはできない。マカクザルが自撮りした写真がインターネット上で有名になったが、裁判所は人間以外は合法的に著作権を保有できないとの判断を示した。Sara Randazzo, "Copyright Protection for Monkey Selfie Rejected by U.S. Appeals Court," *Wall Street Journal*, April 23, 2018.

14 Richard Thaler, "Toward a Positive Theory of Consumer Choice," *Journal of Economic Behavior and Organization* 1 (1980): 39–47.

15 研究者は心理実験の一環として知らない人のカートからいくつか品物を取り上げた。以下を参照されたい。Jodi O'Brien, "Building and Breaching Reality," in Jodi O'Brien, ed., *The Production of Reality: Essays and Readings on Social Interaction*, 6th ed. (Thousand Oaks, Calif.: Sage Publications, 2016), 451–52; テレビのどっきり番組については以下を参照されたい。"Butterfly Crime Scene," *Impractical Jokers, TruTV*, season 1, episode 2, December 15, 2011. トイレットペーパー騒動については、以下を参照されたい。Jordan Reynolds, "Coronavirus Panic-buyers 'Stealing from Trolleys' at Black Country Cash and Carry," *Express and Star*(Wolverhampton, UK), March 11, 2020.

16 類似の話はいろいろと出回っている。たとえば、以下。Mariel Padilla, "Teenager, an Aspiring Detective, Returns $135,000 He Found," *New York Times*, May 9, 2020.

17 Monique Cole, "The Scandal in Boulder That Won't Go Away," *High Country News*, March 10, 2008.

18 魅力的な説明は以下を参照されたい。Eduardo Peñalver and Sonia K. Katyal, *Property Outlaws: How Squatters, Pirates, and Protesters Improve the Law of Ownership* (New Haven, Conn.: Yale University Press, 2010), 55–63. 無断居住者の占有に対して土地所有権で報いることの隠れた社会的価値については、以下を参照されたい。Hernando de Soto, *The Mystery of Capital: Why Capitalism Triumphs in the West and Fails Everywhere Else* (New York: Basic Books, 2000).

19 "Code of Hammurabi, c. 1780 BCE," trans. L. W. King (1910). ハムラビ法典によると、「家

長または男が家、庭、農場を離れ……他人がその家、庭、農場を占有し3年間使用した場合には、最初の所有者が戻ってきて所有権を主張しても認められない。それらを占有し使用していた者が引き続き使用できる」という。

20 David W. Dunlap, "Closing for a Spell, Just to Prove It's Ours," *New York Times*, October 30, 2011.

21 Oliver Wendell Holmes, Jr., "The Path of the Law," *Harvard Law Review* 10 (1897): 477.

22 John Sprankling, "An Environmental Critique of Adverse Possession," *Cornell Law Review* 79 (1994): 816–84.

23 Michael Heller, *The Gridlock Economy: How Too Much Ownership Wrecks Markets, Stops Innovation, and Costs Lives* (New York: Basic Books, 2008), 143–56.

24 Holmes, "Path of the Law," 477.

25 Rose, "Possession," 81.

26 Sandra Vehrencamp et al., "Negotiation of Territorial Boundaries in a Songbird," *Behavioral Ecology* 25 (November–December 2014): 1436–50; Marissa Ortega-Welch, "Learn Your Local Birds' Regional Accents," *Audubon*, April 12, 2017; Cara Giaimo, "Canada's Sparrows Are Singing a New Song. You'll Hear It Soon," *New York Times*, July 2, 2020.

27 以下を参照されたい。Dale Peterson, *The Moral Lives of Animals* (New York: Bloomsbury Press, 2011), 156–72.

28 Jason Goldman, "Defending Your Territory: Is Peeing on the Wall Just for Dogs?," *Scientific American*, March 7, 2011; Katherine Ralls, "Mammalian Scent Marking," *Science* 171 (1971): 443–49.

29 Marin Cogan, "Saving Seats for the State of the Union," *New York Magazine*, January 20, 2015.

30 Ira Iosebashvili, "Phish Fans Are Friendly—Until the Tarps Come Out to Save Seats," *Wall Street Journal*, August 21, 2018. 席取りを巡る常軌を逸した事例については、以下を参照されたい。Alfred Ng, "Gunman Fatally Shoots Pennsylvania Churchgoer After Fight over Seat at Sunday Service," *New York Daily News*, April 28, 2016.

31 Allison Carmen, "What Would Buddha Do on Southwest Airlines?," *Psychology Today*, September 22, 2014.

32 Dawn Gilbertson, "Is That Seat Taken? Southwest Airlines Seat-savers Drive Some Passengers Crazy," *USA Today*, December 20, 2017.

33 Gyasi Ross, " 'Is There a Problem?' That Scary Brown Man and White Privilege," KUOW.org, January 9. 2015.

34 Community.southwest.com, accessed May 31, 2020.

35 Gilbertson, "Is That Seat Taken?"

36 Genevieve Shaw Brown, "Travel Etiquette: Saving Seats at the Pool," ABC News, August 2,

2012.

37 同前。

38 同前。

39 Nick Corasaniti and Luis Ferré-Sadurní, "Reining In Beach-Spreading, Not to Be Confused with Manspreading," *New York Times*, August 11, 2017.

40 Susannah Luthi, "With Social Distance Safety Warnings, Birx Tempers Trump's Reopening Message," *Politico*, May 22, 2020.

41 Rory Carroll and Noah Smith, "California's Surf Wars: Wave 'Warlords' Go to Extreme Lengths to Defend Their Turf," *Guardian*, May 8, 2015.

42 Garrett Therolf, " 'Bay Boys' Surfer Gang Cannot Block Access to Upscale Beach, Coastal Commission Says," *Los Angeles Times*, February 12, 2016.

43 Carroll and Smith, "California's Surf Wars."

44 Therolf, " 'Bay Boys' Surfer Gang."

45 Carroll and Smith, "California's Surf Wars."

46 権威ある学術研究としては以下がある。James M. Acheson, *The Lobster Gangs of Maine* (Hanover, N.H.: University Press of New England, 1988). 最近の研究は以下を参照されたい。Jesse Dukes, "Consider the Lobstermen," *VQR* 87 (Summer 2011).

47 資源管理の手法としての陰口について、詳細な説明は以下を参照されたい。Robert Ellickson, *Order Without Law: How Neighbors Settle Disputes* (Cambridge, Mass.: Harvard University Press, 1994), 213–15.

48 ボンズのホームランボールを巡る騒動についてのおふざけドキュメンタリーに以下がある。Michael Wranovics, dir., *Up for Grabs* (Los Angeles: Laemmle/Zeller Films, 2005), DVD. この件について証言した法学教授のポール・フィンケルマンは専門的な論文を書いた。"Fugitive Baseballs and Abandoned Property: Who Owns the Home Run Ball?," *Cardozo Law Review* 23 (2002): 1609–33.

49 隕石は、空から莫大な価値をもたらす点で野球のボールと似ているかもしれない。隕石に関する著名な訴訟は以下を参照されたい。*Goddard v. Winchell*, 86 Iowa 71 (1892). 判決では、隕石は発見者ではなく土地所有者のものとされた。ただし州により判断はまちまちである。

50 Jon Tayler, "Angels Fan Who Caught Albert Pujols' 600th Home Run Gives Ball Back for Free," *Sports Illustrated*, June 5, 2017. 以下も参照されたい。Amber Sutherland, "Fan Who Caught Jeter's 3,000th Ball—and Gave It Back—Has No Regrets," *New York Post*, July 11, 2011.

51 *Popov v. Hayashi*, 2002 WL 31833731 (Cal. Super. Ct. 2002).

52 マイケル・ヘラーとハノック・ダガンは、財産・契約法が事前的アプローチに依拠しており、また依拠すべきである理由を説明している。事前のほうが個人の自主的判断を強化し、また相互作用的公正と集団的効用へのコミットメントが内包されることがその理由だ。以下

を参照されたい。*The Choice Theory of Contracts* (Cambridge, UK: Cambridge University Press, 2017); "The Liberal Commons," *Yale Law Journal* 110 (2001): 549–623; and "Why Autonomy Must Be Contract's Ultimate Value," *Jerusalem Review of Legal Studies* 20 (2019): 148–71.

53 Lawrence Solum, "Legal Theory Lexicon 001: Ex Ante & Ex Post," *Legal Theory Lexicon*.

第3章

1 Valerie Strauss, "53 Years Later, You Still Have to Pay to Use Martin Luther King Jr.'s Famous 'I Have a Dream' Speech," *Washington Post*, January 15, 2017; John Fund, "We Have a Brand!," *National Review*, January 4, 2015.

2 Ann Hornaday, "Ava DuVernay, David Oyelowo on Breaking Martin Luther King Jr. Out of Myth and Into Life," *Washington Post*, December 26, 2014.

3 Sarah Pulliam Bailey, "Martin Luther King Jr. Sermon Used in a Ram Trucks Super Bowl Commercial Draws Backlash," *Washington Post*, February 5, 2018.

4 Kurt Eichenwald, "The Family Feud over Martin Luther King Jr.'s Legacy," *Newsweek*, April 3, 2014.

5 同前。

6 John Locke, *Two Treatises of Government* (1689), chap. 5, "Of Property," sec. 27.

7「労働に報いる」という観点からでさえ、すべてが労働者の所有に帰するわけではない。以下を参照されたい。Hanoch Dagan, *Property: Values and Institutions* (Oxford: Oxford University Press, 2011), 82–83.

8 Locke, *Two Treatises*, chap. 5, sec. 49.

9 *Johnson v. M'Intosh*, 21 U.S. 543, 590 (1823).

10 以下を参照されたい。Stuart Banner, *How the Indians Lost Their Land: Law and Power on the Frontier* (Cambridge, Mass.: Harvard University Press, 2005), 150–90.

11 以下を参照されたい。William Cronon, *Changes in the Land: Indians, Colonists, and the Ecology of New England* (New York: Hill and Wang, 1983).

12 Kat Eschner, "The Little House on the Prairie Was Built on Native American Land," *Smithsonian Magazine*, February 8, 2017.

13 Laura Ingalls Wilder, *By the Shores of Silver Lake* (New York: Harper & Brothers, 1939), 76.

14 Mike Kessler, "Whose Land Is It Anyway," 5280.com, May 2016. こうした主張は恐竜の化石についてもなされ、争われている。化石は鉱業権保有者のものか、それとも土地所有者のものだろうか。モンタナ州では土地所有者が勝つ。以下を参照されたい。Holly Doremus, "Animal, Vegetable or Mineral?," Legal-Planet.org, May 31, 2020.

15 誰かが公道の脇に肥やしをかき集めて積み上げ、荷車を持ってくるためにその場を離れたところ、別の誰かが肥やしを持ち去ったらどうなるだろうか。古典的な判例 *Haslem v.*

Lockwood, 37 Conn. 500 (1871) では、裁判所はかき集めた人のものだと判断した。生産的な労働が物理的占有に勝ったわけである。19世紀の生活では、そして法律上も、公道に投げ捨てられた肥やしの清掃を人々に促すことが重大な問題だったのである。

16 "Cartoon Figures Run Afoul of Law," *Chicago Tribune*, April 27, 1989.

17 Lyda Longa, "Disney Denies Bid to Keep Characters; 3 Hallandale Day-care Centers Are Given One Month to Remove Murals," *South Florida Sun-Sentinel*, May 18, 1989.

18 Corie Brown, "Walt Disney and Jim Henson," *Entertainment*, May 3, 1991.

19 Thomas Jefferson to Isaac McPherson, August 13, 1813, Founders.archives.gov.

20 *Feist Publications v. Rural Telephone Service*, 499 U.S. 340, 349–50, 360 (1991).

21 ここではごく簡潔に説明した。特許による独占に代わる策として、各国は賞、助成金、税控除などを用意している。最近の状況についてまとめた研究には、以下がある。Daniel Hemel and Lisa Larrimore Ouellette, "Beyond the Patents-Prizes Debate," *Texas Law Review* 92 (2015): 303–82.

22 Avi Selk, "Depraved, Drug-Snorting Puppets Defile Good Name of 'Sesame Street,' Lawsuit over Trailer Claims," *Washington Post*, May 26, 2018.

23 Timothy Lee, "15 Years Ago, Congress Kept Mickey Mouse Out of the Public Domain. Will They Do It Again?" *Washington Post*, October 25, 2013; Zachary Crockett, "How Mickey Mouse Evades the Public Domain," *Priceonomics*, January 7, 2016.

24 "Top-Earning Fictional Characters," *Forbes*, October 19, 2004

25 Alexandra Alter, "New Life for Old Classics, as Their Copyrights Run Out," *New York Times*, December 29, 2018.

26 James Boyle, *The Public Domain: Enclosing the Commons of the Mind* (New Haven, Conn.: Yale University Press, 2008), 9.

27 孤児著作物問題を解決するためのグーグルの対応について、くわしくは以下を参照されたい。James Somers, "Torching the Modern-Day Library of Alexandria," *The Atlantic*, April 20, 2017.

28 Crockett, "How Mickey Mouse Evades."

29 Lee, "15 years ago."

30 *Eldred v. Ashcroft*, 537 U.S. 186 (2003).

31 Bill King, "Shifting Path for Right of Publicity," *Sports Business Journal*, August 13, 2018.

32 定員の問題については、以下を参照されたい。Michael Heller, "The Boundaries of Private Property," *Yale Law Journal* 108 (1999): 1187–202; Thomas Merrill and Henry Smith, "Optimum Standardization in the Law of Property: The *Numerus Clausus* Principle," *Yale Law Journal* 110 (2000): 9–40; Hanoch Dagan, *Property: Values and Institutions* (New York: Oxford University Press, 2011), 32–57.

33 希少性と所有権のイノベーションの関係を考察した主要な研究に、以下がある。Harold

Demsetz, "Towards a Theory of Property Rights," *American Economic Review* 57 (1967): 347–59.

34 伝統的に、法律家は財産と契約をまさにこの次元で区別してきた。財産権は対物であり、世界に対して有効な権利である。一方、契約は対人であり、当事者のみに対して拘束力を持つ。現代の法学理論はこの区別をなくした。トム・メリルとヘンリー・スミスはその復活を模索している。たとえば以下を参照されたい。"What Happened to Property in Law and Economics," *Yale Law Journal* 111 (2001): 357–98.

35 この説明は以下に拠った。Michael Heller, *The Gridlock Economy: How Too Much Ownership Wrecks Markets, Stops Innovation, and Costs Lives* (New York: Basic Books, 2008), 9–11.

36 James Surowiecki, "Righting Copywrongs," *The New Yorker*, January 14, 2002.

37 Public Enemy, "Caught, Can We Get a Witness?," *It Takes a Nation of Millions to Hold Us Back*, Def Jam, Columbia Records, June 28, 1988.

38 Kembrew McLeod, "How Copyright Law Changed Hip Hop: An Interview with Public Enemy's Chuck D and Hank Shocklee," *Stay Free!*, June 1, 2004.

39 "Remixing to Protest Sample Ruling," *Wired*, September 22, 2004. とはいえサンプリングやコラージュについての考え方は時代とともに変わるだろう。以下を参照されたい。Ben Sisario, "The 'Blurred Lines' Case Scared Songwriters. But Its Time May Be Up," *New York Times*, March 24, 2020.

40 この項の説明の多くは以下に拠った。Heller, *Gridlock Economy*, Chapter 3.

41 Michael Heller and Rebecca Eisenberg, "Can Patents Deter Innovation? The Anticommons in Biomedical Research," *Science* 280 (May 1998): 698–701.

42 Jorge L. Contreras, "The Anticommons at Twenty: Concerns for Research Continue," *Science* 361 (July 2018): 335–37.

43 Giorgia Guglielmi, "First CRISPR Test for the Coronavirus Approved in the United States," *Nature*, May 8, 2020.

44 *eBay Inc. v. MercExchange, L.L.C.*, 547 U.S. 388 (2006).

45 Chavie Lieber, "Fashion Brands Steal Design Ideas All the Time. And It's Completely Legal," *Vox*, April 27, 2018.

46 例として、以下を参照されたい。Carly Cardellino, "Splurge vs. Steal: Balenciaga Golden Thick Tube Ring Set," *Cosmopolitan*, April 10, 2013; Channing Hargrove, "Did Zara Knock Off These $795 Balenciaga Sneakers," *Refinery29*, September 27, 2017; and Matthew Schneier, "Did Gucci Copy 'Dapper Dan'? Or Was It 'Homage'?," *New York Times*, May 31, 2017.

47 Lieber, "Fashion Brands Steal."

48 驚くべき著作として以下を挙げておく。Kal Raustiala and Christopher Sprigman, *The Knockoff Economy: How Imitation Sparks Innovation* (New York: Oxford University Press,

2012).

49 Lieber, "Fashion Brands Steal."

50 次のパラグラフは以下から引用した。Raustiala and Sprigman, *Knockoff Economy*, 50–54.

51 ピストル・フォーメーション（ショットガン・フォーメーションの変形で、ランニングバックがクォーターバックの後方に位置する）のおかげで、クリス・オールトはネバダ大をカンファレンスの1位に押し上げることができた。他大学のチームもこれを真似し、非常に効果的だったため瞬く間にNFLにも広まっている。以下を参照されたい。Chris Brown, "The Future Is Already Here: How the Pistol Offense Is Changing the NFL," *SB Nation*, December 27, 2012.

52 Tony Alpsen, "10 Comedians Who Borrowed Jokes Without Making Headlines," *Vulture*, February 14, 2017.

53 Colin Patrick, "A Not-So-Funny Look at 6 Comedians Accused of Plagiarism," *Mental Floss*, January 21, 2016.

54 同じことがダンスの振り付けについても言える。Taylor Lorenz, "The Original Renegade," *New York Times*, February 18, 2020.

55 Ryan Buxton, "Metallica Drummer Lars Ulrich Recalls Battle with Napster: 'They F—ked With Us, We'll F—k With Them,' " *HuffPost*, September 24, 2013.

56 Raustiala and Sprigman, *Knockoff Economy*, 39–54.

57 Simona Romani, Giacomo Gistri, and Stefano Pace, "When Counterfeits Raise the Appeal of Luxury Brands," *Marketing Letters* 23 (September 2012): 807–24.

58 Hilary George-Parkin, "Why Notoriously Litigious Disney Is Letting Fan Stores Thrive," *Racked*, September 5, 2017.

59 同前。

60 Kristen Brown, "Deleting Your Online DNA Data Is Brutally Difficult," *Bloomberg*, June 15, 2018.

61 Murphy Heather, "Most White Americans' DNA Can Be Identified Through Genealogy Databases," *New York Times*, October 11, 2018.

62 Chris Anderson, "Elon Musk's Mission to Mars," *Wired*, October 21, 2012.

63 AncestryDNA Terms and Conditions, accessed June 5, 2020. これらの条件は予告なしに変更される。この点を私たちは問題にしている。

64 Erin Brodwin, "DNA-testing Companies Like 23andMe Sell Your Genetic Data to Drugmakers and Other Silicon Valley Startups," *Business Insider*, August 3, 2018.

65 Molly Wood, "Who Owns the Results of Genetic Testing?," *Marketplace*, October 16, 2018. Ancestry.comは契約条件の中で次のように述べている。「DNAの提供者は、その提供により今後開発されうるいかなる研究または商業製品に対しても、いっさいの権利を取得できないことを理解したものとする」。

66 Eduardo Porter, "Your Data Is Crucial to a Robotic Age. Shouldn't You Be Paid for It?," *New York Times*, March 6, 2018.

67 Giorgio Sirugo, Scott M. Williams, and Sarah A. Tishkoff, "The Missing Diversity in Human Genetic Studies," *Cell* 177 (March 2019): 26–30.

68 Adele Peters, "This Health Startup Lets You Monetize Your DNA," *Fast Company*, December 13, 2018.

69 Richard Thaler and Cass Sunstein, *Nudge: Improving Decisions About Health, Wealth, and Happiness* (New York: Penguin, 2009).

70 Steve Lohr, "Calls Mount to Ease Big Tech's Grip on Your Data," *New York Times*, July 25, 2019. 企業が個人についてどんなことを知っているのか、おおよそのところを知りたい読者は以下を参照されたい。Thorin Klosowski, "Big Companies Harvest Our Data. This Is Who They Think I Am," *New York Times*, May 28, 2020.

71 Shoshana Zuboff, *The Age of Surveillance Capitalism: The Fight for a Human Future at the New Frontier of Power* (New York: PublicAffairs, 2019).

72 Lohr, "Calls Mount."

第4章

1 "Hillview Man Arrested for Shooting Down Drone; Cites Right to Privacy," WDRB, July 28, 2015.

2 Cyrus Farivar, "Kentucky Man Shoots Down Drone Hovering Over His Backyard," *Ars Technica*, July 29, 2015.

3 本書で私たちが使う「付属」という言葉は、トム・メリルの「添付（accession）」という概念に基づいている。メリルによれば添付は、占有や労働と対等の原所有権の根拠となりうる。Thomas Merrill, "Accession and Original Ownership," *Journal of Legal Analysis* 1 (2009): 465–510. この広範な定義は、添付を単に抽象的・専門的な教義とみなしてきた法律家にとっては居心地が悪いかもしれない。

4 本章では土地に関する付属にフォーカスするが、付属はもっと広い概念だ。所有者不明の銀行口座の利息を回収し貧困救済基金に充当するテキサス州プログラムを最高裁が違法と判断したのも、付属の原則で説明がつく。裁判所は、元金に付加された利息はいかに少額であっても口座名義人のものだとした。以下を参照されたい。Michael Heller and James Krier, "Deterrence and Distribution in the Law of Takings," *Harvard Law Review* 112 (1999): 997–1025.

5 "Hillview Man Arrested," WDRB.

6 Eduardo Peñalver, "Property Metaphors and *Kelo v. New London:* Two Views of the Castle," *Fordham Law Review* 74 (2006): 2971.

7 Michael Heller, *Gridlock Economy: How Too Much Ownership Wrecks Markets, Stops*

Innovation, and Costs Lives (New York: Basic Books, 2008), 28–30.

8 上空の権利の変化についての最も網羅的で魅力的な説明は、以下を参照されたい。Stuart Banner, *Who Owns the Sky?: The Struggle to Control Airspace from the Wright Brothers On* (Cambridge, Mass.: Harvard University Press, 2008).

9 Colin Snow, "Amazon's Drone Delivery Plans: What's Old, What's New and When?" *Forbes*, June 17, 2019.

10 Farivar, "Kentucky Man."

11 以下を参照されたい。John Sprankling, "Owning the Center of the Earth," *UCLA Law Review* 55 (2008): 979–1040.

12 Merrill, "Accession and Original Ownership," 465 and n6. メリルは新しく生まれた家畜の所有権に関する絶対のルールに1つだけ例外を設けている。イギリスの慣習法では、白鳥の赤ちゃんとひなの所有権は、白鳥の所有者と雄の間で平等に分割される。

13 *Mánava Dharma Sástra; Or, The Institutes of Manu*, trans. Sir William Jones (Madras: Higginbotham, 1863), 237.

14 Felix Cohen, "Dialogue on Private Property," *Rutgers Law Review* 9 (1954): 368.

15 Abigail Curtis, "Foragers, Landowners at Odds in Proposed Wild Picker Law," *Bangor Daily News*, March 29, 2017.

16 Katie Mingle, "Right to Roam," *99% Invisible*, episode 313. 以下を読まれることを奨めたい。Ken Illgunas, *This Land Is Our Land: How We Lost the Right to Roam and How to Take It Back* (New York: Plume, 2018).

17 Curtis, "Foragers."

18 本書の説明の多くは次のすばらしい記事から引用した。Tad Friend, "The Gold Diggers," *The New Yorker*, May 31, 1999.

19 Daniella Greenbaum, "Nonsensical Critics Are Accusing an 18-Year-Old Girl of Cultural Appropriation and Racism—and They're Missing Something Much Bigger," *Business Insider*, May 2, 2018.

20 ナバホ族の視点からこの件を理解するには、以下を参照されたい。DJ Pangburn, "A Navajo Artist Breaks Down His Tribe's Urban Outfitters Lawsuit," *Vice*, August 3, 2016.

21 Janna Rose, "Biopiracy: When Indigenous Knowledge Is Patented For Profit," *Conversation*, March 7, 2016.

22 エロティックなフィクション新時代には、翻案権はますますひんぱんに係争を引き起こすようになった。Alexandra Alter, "A Feud in Wolf-Kink Erotica Raises a Deep Legal Question: What Do Copyright and Authorship Mean in the Crowdsourced Realm Known as the Omegaverse?," *New York Times*, May 23, 2020.

23 Merrill, "Accession," 499.

24 同前 493.

25 Bettina Boxall, "Overpumping of Central Valley Groundwater Creating a Crisis, Experts Say," *Los Angeles Times*, March 18, 2015.

26 Scott Shafer and Jeremy Raff, "California's Central Valley: 'More Than Just Farmers on Tractors,' " KQED, August 25, 2014.

27 同前。

28 Stuart Eskenazi, "The Great Sucking Sound," *Houston Press*, November 19, 1998. ネスレはフロリダ州でも同じような係争に巻き込まれている。Julie Creswell, "Where Mermaids Play, a Nasty Water Fight," *New York Times*, March 8, 2020.

29 Eskenazi, "Great Sucking Sound."

30 William Blackstone, *Commentaries on the Laws of England* (1765), bk. 2, chap. 1; Francis Hargrave, *Tracts Relative to the Laws of England* (1787) :1:498.

31 Oliver Wendell Holmes, "The Path of the Law," *Harvard Law Review* 10 (1897): 469.

32 Eskenazi, "Great Sucking Sound."

33 同前。

34 たとえば以下を参照されたい。Eugene Volokh, "Mechanisms of the Slippery Slope," *Harvard Law Review* 116 (2003): 1026–137.

35 Garrett Hardin, "The Tragedy of the Commons," *Science* 162 (December 1968): 1243–48.

36 Boxall, "Overpumping of Central Valley."

37 Bruce Kramer and Owen Anderson, "The Rule of Capture—an Oil and Gas Perspective," *Environmental Law* 35 (2005): 899–954.

38 所有権を分割する手段は多数存在する（土地の分譲地法など）。だがそれを再統合する手法は少ない。統合は所有権を巡るイノベーションの中でも最先端を行くものだ。たとえば以下を参照されたい。Michael Heller and Roderick Hills, Jr., "Land Assembly Districts," *Harvard Law Review* 121 (2008): 1465–527.

39 Andrew Rice, "A Stake in the Sand," *New York Times*, March 19, 2010.

40 Aurora Torres et al., "The World Is Running Out of Sand," *Smithsonian*, September 8, 2017.

41 *Stop the Beach Renourishment v. Florida Dept. of Environmental Protection*, 560 U.S. 702 (2010).

42 Rice, "Stake in the Sand."

43 Vince Beiser, "The Secret Ingredient to China's Aggression? Sand," *New York Times*, July 31, 2018.

44 "A 'Great Wall of Sand' in the South China Sea" (editorial), *Washington Post*, April 8, 2015.

45 Sam LaGrone, "PACOM Harris: U.S. Would Ignore a 'Destabilizing' Chinese South China Sea Air Defense Identification Zone," *USNI News*, February 26, 2016.

46 Geoff Ziezulewicz, "U.S. Warship Sails Contested Waters in South China Sea After White House Rejects Maritime Claims There," *Navy Times*, July 14, 2020.

47 Mark Hanrahan, "China's Global Times: Are Paper's Warnings of War with U.S. Legitimate?," NBC News, January 13, 2017.

48 Bernice Hirabayashi, "Cat Fight: State Supreme Court Will Decide Whether No-Pet Rules Have Teeth," *Los Angeles Times*, December 24, 1992.

49 *Nahrstedt v. Lakeside Village Condominium Assn.*, 8 Cal. 4th 361 (Cal. 1994).

50 Bill Batson, "Nyack Sketch Log: A Legally Haunted House," *Nyack News & Views*, October 21, 2014.

51 *Stambovsky v. Ackley*, 169 A.D.2d 254, 263 (N.Y. App. Div. 1991).

52 Batson, "Nyack Sketch Log."

53 Alfred Brophy, "Grave Matters: The Ancient Rights of the Graveyard," *Brigham Young University Law Review* (2006): 1479–82.

54 Felicity Barringer, "Trees Block Solar Panels, and a Feud Ends in Court," *New York Times*, April 7, 2008.

55 Paul Rogers,"Tree Creates Green Dilemma for Homeowners," *Chicago Tribune*, February 1, 2008.

56 Associated Press, "In California, It's Redwoods vs. Solar Panels," NBC News, February 20, 2008.

57 Sara Bronin, "Solar Rights," *Boston University Law Review* 89 (2009): 1258.

58 *Hadacheck v. Sebastian*, 239 U.S. 394 (1915).

59 Thomas Merrill, "Trespass, Nuisance, and the Costs of Determining Property Rights," *Journal of Legal Studies* 14 (1985): 13–48.

60 Ronald Coase, "The Problem of Social Cost," *Journal of Law and Economics* 3 (1960): 1–44.

61 本項の四通りの選択肢は、以下の権威ある著作から借用した。Guido Calabresi and Douglas Melamed, "Property Rules, Liability Rules, and Inalienability: One View of the Cathedral," *Harvard Law Review* 85 (1972): 1089–1128.

62 このアプローチはマイケル・ヘラーとジェームズ・クリエが開発し、公的な規則にも応用された。 "Deterrence and Distribution in the Law of Takings," *Harvard Law Review* 112 (1999): 997–1025.

63 自然資源に関する争いの多くは同じ構造を持っている。沼地は埋め立てるのか、湿地は保護するのかは通常の使い方のベースラインをどう設定するかによってちがってくる。またベースラインは時代によって変わってくる。以下を参照されたい。*Just v. Marinette County* 201 N.W.2d 761 (Wisc. 1972). また *Miller v. Schoene* 276 U.S. 272 (1928) は、スギとリンゴの木の無知な所有者同士の同様の迷惑紛争を考察している。フランク・ミシェルマンは損失と利益を区別するジレンマの分析で有名だ。 以下を参照されたい。Frank Michelman "Property, Utility and Fairness: Comments on the Ethical Foundations of 'Just Compensation,' " *Harvard Law Review* 80 (1967): 1196–97.

64 Rogers, "Tree Creates Green Dilemma."

65 法改正を巡るかんたんな説明は、以下を参照されたい。Scott J. Anders et al., "California's Solar Shade Control Act: a Review of the Statutes and Relevant Cases," University of San Diego, Energy Policy Initiatives Center (March 2010).

66 Troy Rule, *Solar, Wind and Land: Conflicts in Renewable Energy Development* (New York: Routledge, 2014), 48–73.

第5章

1 本章のタイトルは、1960年代後半に女性の健康と性に関する古典的なフェミニズム運動を先駆的に行った人物に敬意を表したものである。Boston Women's Health Collective, *Our Bodies, Ourselves* (New York: Simon & Schuster, 1973).

2 David Porter and Carla K. Johnson, "First Case of Organ Trafficking in U.S.?," NBC News, July 24, 2009.

3 Samantha Henry, "Brooklyn Man Sentenced 2½ Years in Fed Organ Trafficking Case," NBC New York, July 11, 2012.

4 同前。

5 Tracy Connor, "Brooklyn Black-Market Kidney Broker Pleads Guilty to Selling Israeli Organs to Desperate Americans," *New York Daily News*, October 27, 2011.

6 Porter and Johnson," First Case of Organ Trafficking."

7 Frank McCormick et al., "The Terrible Toll of the Kidney Shortage," *Journal of the American Society of Nephrology* 29 (2018): 2775–76; Anthony Gregory, "Why Legalizing Organ Sales Would Help Save Lives, End Violence," *The Atlantic*, November 9, 2011.

8 影響力のある分析としては、以下を参照されたい。Michael Sandel, *What Money Can't Buy: The Moral Limits of Markets* (New York: Farrar, Straus and Giroux, 2012).

9 この点について精緻な理論を展開した権威ある論文として、以下を掲げる。Margaret Jane Radin, "Property and Personhood," *Stanford Law Review* 34 (1982): 957–1015.

10 本章が激しい議論の戦わされている領域に踏み込んでいることを私たちは承知しており、自己所有権を巡る議論の枠組みとなる論拠を十全に示すことはできかねる。より深く知りたい読者は、手始めに以下を読まれたい。Sandel, *What Money Can't Buy, and Debra Satz, Why Some Things Should Not Be for Sale: The Moral Limits of Markets* (Oxford: Oxford University Press, 2012). その後は、同書の参考文献の中から次に読む本を選ぶとよい。このテーマは没頭するだけの価値がある。

11 Alex Tizon, "My Family's Slave," *The Atlantic*, June 2017.

12 Stef Kight, "Report: 400,000 People Are in Modern Slavery in U.S.," *Axios*, July 19, 2018. より悲観的な著作には以下がある。Daniel Rothenberg, *With These Hands: The Hidden World of Migrant Farmworkers Today* (Berkeley: University of California Press, 2000).

13 以下を参照されたい。Sarah Maslin Nir, "The Price of Nice Nails," *New York Times*, May 7, 2015.

14 *Terrace v. Thompson*, 263 U.S. 197 (1923).

15 シェリー訴訟については、以下を参照されたい。334 U.S.1(1948). こうした私的証書の効果については、以下を参照されたい。Richard Brooks and Carol Rose, *Saving the Neighborhood: Racially Restrictive Covenants, Law, and Social Norms* (Cambridge, Mass.: Harvard University Press, 2013). 政府の役割については、以下を参照されたい。Richard Rothstein, *The Color of Law: A Forgotten History of How Our Government Segregated America* (New York: Liveright, 2017).

16 Melissa Homestead, *American Women Authors and Literary Property, 1822–1869* (Cambridge, UK: Cambridge University Press, 2005), 29.

17 *Bradwell v. Illinois*, 83 U.S. 130, 141–42 (1872).

18 Abbie Boudreau et al., " 'Premier' Donor Eggs Command High Prices for Desirable Genes," ABC News, November 5, 2015.

19 同前。

20 読みやすい概要説明は、以下を参照されたい。Paris Martineau, "Inside the Quietly Lucrative Business of Donating Human Eggs," *Wired*, April 23, 2019.

21 Boudreau, " 'Premier' Donor Eggs."

22 David Tuller, "Payment Offers to Egg Donors Prompt Scrutiny," *New York Times*, May 10, 2010.

23 Boudreau, " 'Premier' Donor Eggs."

24 Jana Kasperkevic, "How Much Can You Get for Selling Your Body (Parts)?," *Guardian*, January 31, 2014; Brian Grow and John Shiffman, "In the U.S. Market for Human Bodies, Almost Anyone Can Dissect and Sell the Dead," Reuters, October 24, 2017.

25 Alex Mayyasi, "The Market for Human Hair," *Priceonomics*, December 2, 2015.

26 ただし、以下も参照されたい。Elisabeth Landes and Richard Posner, "The Economics of the Baby Shortage," *Journal of Legal Studies* 7 (1978): 323–48.

27 Margaret Jane Radin, "Market-Inalienability," *Harvard Law Review* 100 (1987): 1881–87.

28 Sandel, *What Money Can't Buy*はこの枠組みを開発した。

29 卵子売買と同じく、養子市場も赤ちゃんを商品として扱い、人種差別が甚だしい。白人の赤ちゃんを養子にするには4万ドルかかるが、黒人の赤ちゃんならその半額である。"Six Words: 'Black Babies Cost Less to Adopt,' " NPR, June 27, 2013.

30 Clare Huntington and Elizabeth Scott, "Conceptualizing Legal Childhood in the Twenty-First Century," *Michigan Law Review* 118 (2020): 1371–1457.

31 Brian Resnick, "The Living Cadavers: How the Poor Are Tricked into Selling Their Organs," *The Atlantic*, March 23, 2012.

32 S.2048—National Organ Transplant Act, Senate Report No. 98-382 (1984), 17.

33 卵子売買に対するフェミニストの立場からの批判は、以下を参照されたい。Naomi Pfeffer, “Eggs-Ploiting Women: A Critical Feminist Analysis of the Different Principles in Transplant and Fertility Tourism,” *Reproductive BioMedicine Online* 23 (2011): 634–61.

34 Rebecca Skloot, “Taking the Least of You,” *New York Times Magazine*, April 16, 2006.

35 Rebecca Skloot, *The Immortal Life of Henrietta Lacks* (New York: Broadway Books, 2011): 199–201.

36 *Moore v. Regents of University of California*, 51 Cal. 3d 120, 143-146, 157-158, 170 (1990).

37 Pam Belluck, “Why Didn't She Get Alzheimer's? The Answer Could Hold a Key to Fighting the Disease,” *New York Timess*, November 4, 2019.

38 憲法でないとしたら、財産はどうやって規定されるのか？　法律だけということはない。それでは財産をすべて消滅させてしまうような過剰な権力を州に与えることになるからだ。アメリカでは、答えは法理学および制度に息吹を吹き込む自由主義的価値観の中にあるように思われる。以下を参照されたい。Hanoch Dagan and Michael Heller, “America's Property Pact” (draft on file with authors)、以下も参照されたい。Thomas W. Merrill, “The Landscape of Constitutional Property,” *Virginia Law Review* 86 (2000): 885–999.

39 Alex Kuczynski, “Her Body, My Baby,” *New York Times Magazine*, November 28, 2008.

40 Tamar Lewin, “Coming to U.S. for Baby, and a Womb to Carry It,” *New York Times*, July 5, 2014.

41 同前。

42 *In the Matter of Baby M*, 109 N.J. 396, 410, 440 (1988).

43 Elizabeth Landau, “What Is Virginity Worth Today?,” CNN, January 22, 2009.

44 Big Al, “Curt Flood and the Birth of the Million Dollar Baseball Player,” *Bleacher Report*, October 3, 2009.

45 Brad Snyder, *A Well-Paid Slave: Curt Flood's Fight for Free Agency in Professional Sports* (New York: Viking, 2006), 313.

46 Kurt Streeter, “Is Slavery's Legacy in the Power Dynamics of Sports?,” *New York Times*, August 18, 2019.

47 Ryan O'Hanlon, “Why Don't Soccer Stars Sign Contracts Like LeBron James and Kevin Durant?,” *Ringer*, August 17, 2017; Ini-Obong Nkang, “How the Search for Football's Next Big Thing Is Fueling a Modern-Day Slave Trade,” *Conversation*, August 12, 2019.

48 Allen Barra, “How Curt Flood Changed Baseball and Killed His Career in the Process,” *The Atlantic*, July 12, 2011.

49 Tim Wu, “How to Fix Olympic Ice Hockey,” *New York Times*, February 14, 2018.

50 Kelsey Kennedy, “Michael Phelps Wore Nike Instead of Under Armour on the Last Sports Illustrated Cover,” *Quartz*, August 18, 2016.

51 Tom Schad, "Spencer Haywood Says He Sees 'Tinge of Slavery' with Treatment of College Players," *USA Today*, March 19, 2018.

52 Chelsea Howard, "Chris Webber, Isiah Thomas Refer to Slavery When Discussing College Athletics," *Sporting News*, February 28, 2018.

53 Billy Witz, "N.C.A.A. Outlines Plan to Let Athletes Make Endorsement Deals," *New York Times*, April 29, 2020.

54 Sophie Quinton, "These Days, Even Janitors Are Being Required to Sign Non-Compete Clauses," *USA Today*, May 27, 2017.

55 Evan Starr, J. J. Prescott, and Norman Bishara, "Understanding Noncompetition Agreements: The 2014 Noncompete Survey Project," *Michigan State Law Review* (2016): 369–464. 総合的な新しい分析は、以下を参照されたい。Karla Walter, "The Freedom to Leave," *American Progress*, January 9, 2019.

56 Billy Jean Louis, "Burger King Faces Class Action Lawsuit for 'No-Poaching' Rule," *South Florida Business Journal*, October 17, 2018.

57 Andrew Keshner, "The No. 1 Reason You Should NOT Sign Your Employer's Non-Compete Clause," *Marketwatch*, December 14, 2019.

58 この箇所の理論的枠組みは以下から借用した。Hanoch Dagan and Michael Heller, "Specific Performance," available at https://ssrn.com/abstract=3647336 and from "Choice Theory: A Restatement," in Hanoch Dagan and Benjamin Zipursky, eds., *Research Handbook on Private Law Theory* (Elgar Publishing, 2021), available at https://ssrn.com/abstract=3432743.

59 Lorraine Mirabella, "Employers Use Non-Compete Agreements Even for Low-Wage Workers," *Baltimore Sun*, July 7, 2017.

60 Timothy B. Lee, "Massachusetts Just Stole an Important Page from Silicon Valley's Playbook," *Vox*, July 1, 2016.

第6章

1 本項の多くは以下に拠った。Michael Heller, *Gridlock Economy: How Too Much Ownership Wrecks Markets, Stops Innovation, and Costs Lives* (New York: Basic Books, 2008), 121–25. 同書はハノック・ダガンとヘラーが提唱した所有権理論に基づいており、こちらは以下を参照されたい。Hanoch Dagan and Michael Heller, "The Liberal Commons," *Yale Law Journal* 110 (2001): 602–11. このほか、以下も参照されたい。Vann R. Newkirk II, "The Great Land Robbery: The Shameful Story of How 1 Million Black Families Have Been Ripped from Their Farms," *The Atlantic*, September 2019; and Lizzie Presser, "Kicked Off the Land: Why So Many Black Families Are Losing Their Property," *The New Yorker*, July 22, 2019.

2 Emergency Land Fund, *The Impact of Heir Property on Black Rural Land Tenure in The Southeastern Region of the United States* (1980): 283–86.

3 Anna Stolley Persky, "In the Cross-Heirs," *ABA Journal*, May 2, 2009.

4 Presser, "Kicked Off the Land."

5 Robert S. Brown, *Only Six Million Acres: The Decline of Black Owned Land in the Rural South* (Black Economic Research Center, 1973), 53.

6 Presser, "Kicked Off the Land."

7 同前。

8 同前。

9 Thomas Mitchell, "Reforming Property Law to Address Devastating Land Loss," *Alabama Law Review* 66 (2014): 1–61.

10 Toni Morrison, *Song of Solomon* (New York: Alfred A. Knopf, 1977), 235.

11 本項の多くは以下に拠った。Heller, *Gridlock Economy*, 125–31.

12 *Hearings on H.R. 11113*, 89th Congress, 2d Session, 10 (1966) (Rep. Aspinal), cited in *Hodel v. Irving*, 481 U.S. 704, 708 (1987).

13 78 Cong. Rec. 11,728 (June 15, 1934) (Rep. Howard), cited ibid.

14 *Hodel* 481 U.S. at 708, 712–13.

15 Dagan and Heller,"The Liberal Commons"、以下も参照されたい。Henry E. Smith, "Exclusion Versus Governance: Two Strategies for Delineating Property Rights," *Journal of Legal Studies* 31 (2002): S453–87.

16 William Blackstone, *Commentaries on the Laws of England* (1765), bk. 2, chap. 1. この点に関するより高度で現代的な考察は、以下を参照されたい。Thomas Merrill, "Property and the Right to Exclude," *Nebraska Law Review* 77 (1998): 730–55.

17 Dagan and Heller, "Liberal Commons," 609–20.

18 たとえばミズーリ州最高裁がこう書いている。「相続や遺言は絶対的な権利または自然権ではないが、法律上の権利として創出された」。State ex rel. *McClintock v. Guinotte*, 204 S. W. 806, 808 (1918).

19 下院歳入委員会での公聴会、104th Congress, 1st Session, February 1, 1995, 952.

20 本項は以下に拠った。Michael Graetz and Ian Shapiro, *Death by a Thousand Cuts* (Princeton: Princeton University Press, 2005), 65.

21 Angelique Haugerud, *No Billionaire Left Behind* (Stanford, Calif.: Stanford University Press, 2013), 70

22 Josh Hoxie, "Half of Prince's $300 Million Estate Could Be Taxed. That's a Good Thing," *American Prospect*, June 8, 2016.

23 David Cay Johnston, "Talk of Lost Farms Reflects Muddle of Estate Tax Debate," *New York Times*, April 8, 2001.

24 Graetz and Shapiro, *Death by a Thousand Cuts*, 13.

25 Anita Singh, "Julian Fellowes: Inheritance Laws Denying My Wife a Title Are Outrageous,"

Telegraph, September 13, 2011.
26 イギリスについては、以下を参照されたい。Kabir Chibber, "This Is the Proof that the 1% Have Been Running the Show for 800 Years," *Quartz*, November 23, 2014. フィレンツェについては、以下を参照されたい。Elsa Vulliamy, "The City Where the Names of the Wealthiest Families Haven't Changed for 600 Years," *Independent*, May 30, 2016.
27 Joe Conason, *It Can Happen Here: Authoritarian Peril in the Age of Bush* (New York: Thomas Dunne Books, 2007), 135.
28 Franklin Delano Roosevelt, Message to Congress on Tax Revision, June 19, 1935.
29 Bess Levin, "Gary Cohn Thinks You'd Have to be a 'Moron' to Pay the Estate Tax," *Vanity Fair*, August 29, 2017.
30 本項および引用は以下に拠った。Oliver Bullough, "The Great American Tax Haven: Why the Super-Rich Love South Dakota," *Guardian*, November 14, 2019.
31 Bullough, "Great American Tax Haven."
32 同前。
33 同前。
34 同前。
35 Mark Hall, "The Greatest Wealth Transfer in History: What's Happening and What Are the Implications," *Forbes*, November 11, 2019.
36 John Chipman Gray, *Restraints on the Alienation of Property*, 2nd ed. (Boston: Boston Book Co., 1895), 242–47.
37 Thomas Jefferson to John Adams, October 28, 1813, Founders.archive.gov. 以下も参照されたい。"America's New Aristocracy," *The Economist*, January 22, 2015.
38 ジョン・アダムズからトーマス・ジェファーソンへの書簡、November 15, 1813, Founders.archive.gov.
39 "Maid Testifies Helmsley Denied Paying Taxes," *New York Times*, July 12, 1989.
40 "Where There's a Will, There's a Way to Stay 'Queen of Mean' " (editorial), *Chicago Sun-Times*, August 31, 2007.
41 Bullough, "Great American Tax Haven."
42 Alina Tegund, "There's More to Estate Planning Than Just the Will," *New York Times*, September 5, 2014.
43 本項で論じる私法論は以下に拠った。Carolyn J. Frantz and Hanoch Dagan, "Properties of Marriage," *Columbia Law Review* 104 (2004): 75–133, and in Hanoch Dagan and Michael Heller, *The Choice Theory of Contracts* (Cambridge, UK: Cambridge University Press, 2017), 60–61, 121–22.
44 "Frederica von Stade New York Farewell Concert," *The New Yorker*, April 22, 2010; Nimet Habachy, "Frederica von Stade's Farewell to the Opera Stage," WQXR, February 23, 2011.

45 "La Dame aux Beaux Plombages," *Illustrated London News*, August 31, 1985.

46 *In re Marriage of Graham*, 574 P.2d 75 (Co. 1978).

47 *Elkus v. Elkus*, 169 A.D.2d 134 (1st Dept, 1991).

48 Darlena Cunha, "The Divorce Gap," *The Atlantic*, April 28, 2016.

49 Ian Ayers and Robert Gertner, "Filling Gaps in Incomplete Contracts: An Economic Theory of Default Rules," *Yale Law Journal* 99 (1989): 87–130; 簡潔な説明としては、以下を参照されたい。Lawrence Solum, "Legal Theory Lexicon: Default Rules and Completeness," *Legal Theory Blog*, September 30, 2012.

50 Justin Elliott and Paul Kiel, "The TurboTax Trap: Inside TurboTax's 20-Year Fight to Stop Americans from Filing Their Taxes for Free," *ProPublica*, October 17, 2019.

51 *Estate of Hanau v. Hanau*, 730 S.W.2d 663 (Tex. 1987).

52「準（quasi）」や「建設的（constructive）」といった言葉を所有権に関する議論で見かけたら、それは単なるレトリックだと考えてよい。法律家はこうした言葉を「実際には存在しない状況があたかも存在するかのようなふりをするために」使っている。Jesse Dukeminier et al., *Property*, 9th ed. (New York: Wolters Kluwer, 2018), 37n19.

53 結婚に伴う財産レジームを選ぶことが自由意志を強めるという見方については、以下を参照されたい。Dagan and Heller, *Choice Theory of Contracts*, 121–22.

第7章

1 Jillian Anthony et al., "50 Reasons Why NYC Is the Greatest City in the World Right Now," *Time Out*, September 18, 2018.

2 Albert Appleton, "How New York City Kept Its Drinking Water Pure—and Saved Billions of Dollars," *On the Commons*, October 24, 2012.

3 同前。

4 Gretchen Daily and Katherine Ellison, *The New Economy of Nature: The Quest to Make Conservation Profitable* (Washing- ton, D.C.: Island Press, 2002), 74.

5 James Salzman et al., "The Global Status and Trends of Payments for Ecosystem Services," *Nature Sustainability* 1 (2018): 136.

6 "The Scaredest I've Been in a Long Time," *Deadliest Catch*, May 31, 2016.

7 Matt Jenkins, "The Most Cooked-Up Catch," *High Country News*, July 27, 2009.

8 同前。

9 Scott Campbell, Jr., "Making 'The Deadliest Catch' Less Deadly," *Wall Street Journal*, November 14, 2011.

10 Jenkins, "Most Cooked-Up Catch."

11 Eric Pooley, "How Behavioral Economics Could Save Both the Fishing Industry and the Oceans," *Harvard Business Review*, January 24, 2013.

12 Christopher Booker, "The Clean Development Mechanism Delivers the Greatest Green Scam of All," *Telegraph*, August 28, 2010.

13 Mark Schapiro, " 'Perverse' Carbon Payments Send Flood of Money to China," *Yale Environment 360*, December 13, 2010.

14 同前。

15 Mike Masnick, "You Don't Own What You've Bought: Apple Disappears Purchased Movies," *Tech Dirt*, September 12, 2018.

16 Joel Johnson, "You Don't Own Your Kindle Books, Amazon Reminds Customers," NBC News, October 24, 2012.

17 同前。

18 Suw Charman-Anderson, "Amazon Ebooks Are Borrowed, Not Bought," *Forbes*, October 23, 2012.

19 Cory Doctorow, "Google Reaches into Customers' Homes and Bricks Their Gadgets," *Boing Boing*, April 5, 2016

20 Arlo Gilbert, "The Time That Tony Fadell Sold Me a Container of Hummus," *Arlo Gilbert*, April 3, 2016.

21 このテーマについてもっと深く知りたい読者は以下を参照されたい。Aaron Perzanowski and Jason Schultz, *The End of Ownership: Personal Property in the Digital Economy* (Cambridge, Mass.: MIT Press, 2016).

22 David Lazarus, "You Don't Really 'Buy' Digital Goods," *Los Angeles Times*, May 13, 2016.

23 同前。

24 J. E. Penner, "The 'Bundle of Rights' Picture of Property," *UCLA Law Review* 43 (1996): 711–820.

25 "Amazon Prime Video Terms of Use," *Prime Video*, accessed June 1, 2020.

26 Jacob Brogan, "What's the Future of Ownership?," *Slate*, October 3, 2016.

27 Rachel Botsman, "The Case for Collaborative Consumption," *TedxSydney*, May 2010.

28 Bryan Walsh, "Today's Smart Choice: Don't Own. Share," *Time*, March 17, 2011.

29 Ben Tarnoff, "The Future: Where Borrowing Is the Norm and Ownership Is Luxury," *Guardian*, October 17, 2016.

30 Lee Anne Fennell, *Slices and Lumps: Division and Aggregation in Law and Life* (Chicago: University of Chicago Press, 2019).

31 Tarnoff, "The Future."

32 Sarah Kessler, "The 'Sharing Economy' Is Dead, and We Killed It," *Fast Company*, September 14, 2015.

33 Janelle Nanos, "The End of Ownership: America's New Sharing Economy," *Boston Magazine*, April 30, 2013.

34 Brian X. Chen, "We're Living in a Subscriptions World. Here's How to Navigate It," *New York Times*, January 15, 2020.

35 Nanos, "End of Ownership."

36 Brooke Masters, "Winners and Losers in the Sharing Economy," *Financial Times*, December 28, 2017.

Mine!《マイン》　私《わたし》たちを支配《しはい》する「所有《しょゆう》」のルール

2024年３月20日　初版印刷
2024年３月25日　初版発行

＊

著　者　マイケル・ヘラー
　　　　ジェームズ・ザルツマン
訳　者　村井章子《むらいあきこ》
発行者　早川　浩

＊

印刷所　精文堂印刷株式会社
製本所　株式会社フォーネット社

＊

発行所　株式会社　早川書房
東京都千代田区神田多町２－２
電話　03-3252-3111
振替　00160-3-47799
https://www.hayakawa-online.co.jp
定価はカバーに表示してあります
ISBN978-4-15-210317-8　C0036
Printed and bound in Japan
乱丁・落丁本は小社制作部宛お送り下さい。
送料小社負担にてお取りかえいたします。